Previdência Social no Brasil:
(des)estruturação do trabalho e condições para sua universalização

EDITORA AFILIADA

Conselho Editorial da
área de Serviço Social

Ademir Alves da Silva

Dilséa Adeodata Bonetti

Elaine Rossetti Behring

Ivete Simionatto

Maria Lúcia Carvalho da Silva

Maria Lucia Silva Barroco

Dados Internacionais de Catalogação na Publicação (CIP)
(Câmara Brasileira do Livro, SP, Brasil)

Silva, Maria Lucia Lopes da
    Previdência social no Brasil : (des)estruturação do trabalho e condições para sua universalização / Maria Lucia Lopes da Silva. – São Paulo : Cortez, 2012.

    ISBN 978-85-249-1953-4

    1. Política social 2. Previdência social – Brasil I. Título.

12-09815   CDD-362.10981

Índices para catálogo sistemático:

1. Brasil : Previdência social : Bem-estar social   362.10981

Maria Lucia Lopes da Silva

Previdência Social no Brasil:
(des)estruturação do trabalho e condições para sua universalização

1ª edição
1ª reimpressão

PREVIDÊNCIA SOCIAL NO BRASIL: (des)estruturação
do trabalho e condições para sua universalização
Maria Lucia Lopes da Silva

Capa: Ramos Estúdio
Preparação de originais: Ana Paula Luccisano
Revisão: Maria de Lourdes de Almeida
Composição: Linea Editora Ltda.
Assessoria editorial: Elisabete Borgianni
Secretaria editorial: Priscila F. Augusto
Coordenação editorial: Danilo A. Q. Morales

Nenhuma parte desta obra pode ser reproduzida ou duplicada
sem autorização expressa da autora e do editor

© 2012 Copyright by Autora

Direitos para esta edição
CORTEZ EDITORA
Rua Monte Alegre, 1074 – Perdizes
05014-001 – São Paulo – SP
Tel. (11) 3864 0111   Fax: (11) 3864 4290
E-mail: cortez@cortezeditora.com.br
www.cortezeditora.com.br

Impresso no Brasil – agosto de 2017

Aos meus amores que se foram e deixaram saudades:
papai, mamãe e o mano Joaquim

Sumário

Lista de tabelas 11

Lista de gráficos.. 15

Lista de siglas... 17

Agradecimentos 21

Prefácio... 23

Introdução.. 29

Capítulo I
Acumulação do capital, organização do trabalho e proteção social........................... 61

1.1 O trabalho assalariado como condição de acesso à proteção social 62

1.2 O padrão de acumulação fordista, a organização do trabalho e a proteção social, de 1940 a 1970.................................. 78

1.3 A acumulação flexível, a condição estrutural do trabalho e os sistemas de proteção social a partir da década de 1970 108

Capítulo II

A previdência social no Brasil no contexto da seguridade social: Concepção e financiamento 125

2.1 O significado da seguridade social na Constituição Federal de 1988 126

2.2 A concepção de previdência social como um *contrato social* 149

2.3 Formato do financiamento e gasto da seguridade social................. 179

2.4 Balanços recentes entre as receitas e as despesas da seguridade social e importância de cada fonte no financiamento dos gastos do sistema... 191

Capítulo III

A condição estrutural do trabalho no Brasil e o seu reflexo na cobertura da previdência social em períodos específicos do século XX 209

3.1 Particularidades da formação do mercado de trabalho no país e da estruturação da previdência social, com cobertura a categorias específicas (1920 a 1970)... 213

3.2 A instituição da seguridade social no Brasil em um contexto internacional de mudanças no mundo do trabalho com reflexos no país e o seu rebatimento na cobertura da previdência social (década de 1980) 265

3.3 A reestruturação produtiva no Brasil e o seu impacto no mundo do trabalho e na cobertura da previdência na década de 1990........ 280

Capítulo IV

A (des)estruturação do trabalho e a cobertura da previdência social no Brasil no contexto da crise do capital na primeira década do século XXI 293

4.1 Aspectos gerais da economia e da organização do trabalho no início do século XXI que desafiam a universalização da cobertura da previdência social 296

4.2 Indicadores do trabalho nos anos 2000 comparados à PEA contribuinte ao sistema previdenciário e aos não contribuintes...... 319

4.3 Perfil dos contribuintes ao RGPS e dos não contribuintes para qualquer regime de previdência na primeira década do século XXI .. 349

Capítulo V

Condições para a universalização da cobertura da previdência social no contexto da (des)estruturação do trabalho e da seguridade social no Brasil 363

5.1 Limites à universalização da cobertura da previdência social no Brasil 366

5.2 Limites de proteção social aos desempregados e subempregados 385

5.3 Estratégias recentes do governo federal para ampliar a cobertura do RGPS 398

5.4 Amostra de propostas dos movimentos sociais pela ampliação do acesso ao RGPS 416

Considerações finais: Possibilidades de avanços rumo à universalização da previdência social 443

Referências bibliográficas 467

Sobre a Autora 491

Lista de Tabelas

TABELA 1 — Diferença entre o financiamento e o gasto da Seguridade Social, segundo a análise do Ministério da Previdência Social e da Associação Nacional dos Auditores Fiscais da Receita Federal — Anfip, 2001 a 2009 192

TABELA 2 — Renúncias e outros gastos tributários para a Confins — diversos exercícios 201

TABELA 3 — Seguridade Social: média sobre o total do percentual das fontes de recursos, 2000-2007 206

TABELA 4 — Retrospectivos: previdência e assistência social, Institutos e Caixas de Aposentadoria e Pensões — 1923/1951 248

TABELA 5 — Institutos e Caixas de Previdência e Assistência Social — número de associados e resultados financeiros, por Institutos e Caixas — 1952/1957 252

TABELA 6 — Institutos e serviços de previdência e assistência social — número de associados e resultados financeiros — 1959/1968 258

TABELA 7 — Segurados do Instituto Nacional da Previdência Social, por categoria, segundo as Unidades da Federação — 1978/1983 263

TABELA 8 — População Economicamente Ativa (PEA) (entre 16 e 64 anos de idade), contribuinte para qualquer regime de previdência a partir de qualquer trabalho e não contribuinte (quantidade em %), segundo os anos de 1987-1989 277

TABELA 9 — População Economicamente Ativa (PEA) (entre 16 e 64 anos de idade), ocupada na semana de referência, contribuinte para regimes específicos de previdência (RGPS, militares e RPPS) a partir de qualquer trabalho e não contribuinte (quantidade em %) segundo os anos de 1987-1989 279

TABELA 10 — População Economicamente Ativa (PEA) (entre 16 e 64 anos de idade), contribuinte para qualquer regime de previdência a partir de qualquer trabalho e não contribuinte (quantidade em %), segundo os anos de 1990-1999 287

TABELA 11 — População Economicamente Ativa (PEA) (entre 16 e 64 anos de idade), ocupada na semana de referência, contribuinte para regimes específicos de previdência (RGPS, militares e RPPS) a partir de qualquer trabalho e não contribuinte (quantidade em %) segundo os anos de 1990-1999 288

TABELA 12 — Evolução das contratações, demissões e o saldo líquido, em postos de trabalho registrados, e o percentual de admissões em faixas de remuneração de até dois salários mínimos de 2005 a 2009 310

TABELA 13 — Nível de ocupação, taxa de atividade e taxa de desocupação (%), a partir da População Economicamente Ativa (PEA) (entre 16 e 64 anos de idade), Brasil, segundo os anos de 2001-2008 325

TABELA 14 — Nível de ocupação, taxa de atividade e taxa de desocupação (%), a partir da População Economicamente Ativa (PEA) (10 e mais de idade), Brasil, segundo os anos de 2001-2008 327

TABELA 15 — Rendimento médio real habitual da população ocupada, por região metropolitana (%), ago./2002, ago./2003,

PREVIDÊNCIA SOCIAL NO BRASIL

ago./2004, ago./2005, ago./2006, ago./2007, ago./2008, ago./2009, jul./2010, ago./2010 (10 anos e mais de idade) 329

TABELA 16 — Trabalhadores assalariados com carteira de trabalho assinada no trabalho principal e contribuintes para qualquer regime de previdência a partir de qualquer trabalho, com base na População Economicamente Ativa (PEA) ocupada (10 anos e mais de idade) (%), Brasil, 2001-2009 331

TABELA 17 — População Economicamente Ativa (PEA) (entre 16 e 64 anos de idade), contribuinte para qualquer regime de previdência a partir de qualquer trabalho, e não contribuinte (quantidade em %), segundo os anos de 2001-2008 335

TABELA 18 — População Economicamente Ativa (PEA) (entre 16 e 64 anos de idade), ocupada na semana de referência, contribuinte para regimes específicos de previdência (RGPS, militares e RPPS) a partir de qualquer trabalho, e não contribuinte (quantidade em %) segundo os anos de 2001-2008 342

TABELA 19 — População Economicamente Ativa (PEA) (10 anos e mais de idade), ocupada na semana de referência, contribuinte para regimes específicos de previdência (RGPS, militares e RPPS) a partir de qualquer trabalho, e não contribuinte (quantidade em %) segundo os anos de 2001-2008 343

TABELA 20 — População Economicamente Ativa (PEA) (10 anos e mais de idade), ocupada, contribuinte para regime de previdência, em qualquer trabalho, por grandes regiões — 2008/2009 348

TABELA 21 — Perfil da População Economicamente Ativa (PEA) (entre 16 e 64 anos de idade), contribuinte para o Regime Geral de Previdência Social — RGPS, segundo o sexo — Brasil, 2002, 2004, 2006 e 2008 350

TABELA 22 — Perfil da População Economicamente Ativa (PEA) (entre 16 e 64 anos de idade), não contribuinte para qualquer regime de Previdência Social, segundo o sexo — Brasil, 2002, 2004, 2006 e 2008 357

TABELA 23 — Perfil da População Economicamente Ativa (PEA) (entre 16 e 64 anos de idade), condição e regime de contribuição previdenciária, segundo a renda, Brasil — 2008 375

TABELA 24 — Benefício da Prestação Continuada de Assistência Social (BPC), requerido, por espécie (quantidade em %), Brasil, segundo os anos de 2004, 2005, 2006, 2007, 2008 e 2009 394

TABELA 25 — Benefício da Prestação Continuada de Assistência Social (BPC), concedido, por espécie (quantidade em %), Brasil, segundo os anos de 2004, 2005, 2006, 2007, 2008 e 2009 395

TABELA 26 — Benefício da Prestação Continuada de Assistência Social (BPC), indeferido, por espécie (quantidade em %), Brasil, segundo os anos de 2004, 2005, 2006, 2007, 2008 e 2009 395

TABELA 27 — Benefício da Prestação Continuada de Assistência Social (BPC), concedido por decisão judicial, por espécie (quantidade em %), Brasil, segundo os anos de 2004, 2005, 2006, 2007, 2008, 2009 e 2010 397

Lista de Gráficos

GRÁFICO 1 — Evolução do superávit da seguridade social — sem e com os efeitos da Desvinculação dos Recursos da União — 2000 a 2008 196

GRÁFICO 2 — Indicadores do trabalho, considerando a População Economicamente Ativa (PEA) (10 anos e mais de idade) e contribuintes para qualquer regime de previdência (%), Brasil, 1992-2009 333

GRÁFICO 3 — População Economicamente Ativa (PEA) (entre 16 e 64 anos de idade), contribuinte para qualquer regime de previdência a partir de qualquer trabalho e não contribuinte (quantidade e %), segundo os anos de 1987-2008 339

GRÁFICO 4 — População Economicamente Ativa (PEA) (entre 16 e 64 anos de idade), ocupada, contribuinte para regimes específicos de previdência (RGPS, militares e RPPS) a partir de qualquer trabalho, e não contribuinte (quantidade em %) segundo os anos de 1987-2008 345

GRÁFICO 5 — Perfil da População Economicamente Ativa (PEA) (16-64 anos) contribuinte para o RGPS, segundo a faixa etária, nos anos de 2002, 2004, 2006 e 2008 352

GRÁFICO 6 — Perfil da População Economicamente Ativa (PEA) (16-64 anos) contribuinte para o RGPS, segundo a renda nos anos de 2002, 2004, 2006 e 2008 354

GRÁFICO 7 — Perfil da População Economicamente Ativa (PEA) (16-64 anos) contribuinte para o RGPS, segundo anos de estudo, nos anos de 2002, 2004, 2006 e 2008........................ 355

GRÁFICO 8 — Perfil da População Economicamente Ativa (PEA) (16-64 anos) não contribuinte, segundo a faixa etária, nos anos de 2002, 2004, 2006 e 2008... 359

GRÁFICO 9 — Perfil da População Economicamente Ativa (PEA) (16-64 anos) não contribuinte, segundo a renda nos anos de 2002, 2004, 2006 e 2008 360

GRÁFICO 10 — Perfil da População Economicamente Ativa (PEA) (16-64 anos) não contribuinte, segundo os anos de estudo, nos anos de 2002, 2004, 2006 e 2008 361

Lista de Siglas

AEPS — Anuário Estatístico da Previdência Social
ANC — Assembleia Nacional Constituinte
Anfip — Associação Nacional dos Auditores Fiscais da Receita Federal
APL — Arranjos Produtivos Locais
Asmare — Associação dos Catadores de Papel, Papelão e Material Reaproveitável
Beps — Boletim Estatístico da Previdência Social
BID — Banco Interamericano de Desenvolvimento
Bird — Banco Internacional para a Reconstrução e o Desenvolvimento
BM — Banco Mundial
BPC — Benefício de Prestação Continuada da Assistência Social
CAPs — Caixas de Aposentadorias e Pensões
CBO — Classificação Brasileira de Ocupações
CDP — Certificado da Dívida Pública
Ceme — Central de Medicamentos
CFESS — Conselho Federal de Serviço Social
CGTB — Central Geral dos Trabalhadores do Brasil
CLP — Comissão de Legislação Participativa
CLT — Consolidação das Leis do Trabalho
CNSS — Conselho Nacional de Seguridade Social
Confins — Contribuição para o Financiamento da Seguridade Social
Contag — Confederação Nacional dos Trabalhadores na Agricultura
CPMF — Contribuição Provisória sobre a Movimentação Financeira

CSLL — Contribuição Social sobre o Lucro Líquido
CTB — Central dos Trabalhadores e Trabalhadoras do Brasil
CUT — Central Única dos Trabalhadores
Dasp — Departamento Administrativo do Serviço Público
Dataprev — Empresa de Processamento de Dados da Previdência Social
DBA — Departamento de Benefícios Assistenciais
Dieese — Departamento Intersindical de Estatística e Estudos Socioeconômicos
DRU — Desvinculação de Receita da União
EC — Emenda Constitucional
EFPC — Entidade Fechada de Previdência Complementar
FAT — Fundo de Amparo ao Trabalhador
FELC — Fórum Estadual Lixo e Cidadania de Minas Gerais
FET — Fundo de Estabilização Fiscal
FIES — Fundo de Incentivo ao Ensino Superior
FIPPS — Fórum Itinerante e Paralelo sobre a Previdência Social
FIPSS — Fórum Itinerante das Mulheres em Defesa da Seguridade Social
FMI — Fundo Monetário Internacional
FNAS — Fundo Nacional de Assistência Social
FNPS — Fórum Nacional sobre Previdência Social
FNS — Fundo Nacional de Saúde
FRGPS — Fundo do Regime Geral de Previdência Social
FS — Fundo Social
FSE — Fundo Social de Emergência
Fsindical — Força Sindical
FSM — Fórum Social Mundial
Fumin — Fundo Multilateral de Investimentos
Funabem — Fundação Nacional de Bem-Estar do Menor
Funrural — Fundo de Assistência ao Trabalhador Rural
Gesst — Grupo de Estudos e Pesquisas em Seguridade Social e Trabalho
Iapas — Instituto de Administração Financeira da Previdência e Assistência Social
IAPs — Institutos de Aposentadorias e Pensões
IBGE — Instituto Brasileiro de Geografia e Estatística
ICMS — Imposto sobre Circulação de Mercadoria e Serviços
Inamps — Instituto Nacional de Assistência Médica da Previdência Social

INPS	Instituto Nacional da Previdência Social
INSS	Instituto Nacional de Seguro Social
Ipase	Instituto de Previdência e Assistência dos Servidores do Estado
Ipea	Instituto de Pesquisa Econômica Aplicada
IPI	Imposto sobre Produtos Industrializados
IPMF	Imposto Provisório sobre a Movimentação Financeira
IRPJ	Imposto de Renda das Pessoas Jurídicas
ISSB	Instituto de Serviços Sociais do Brasil
IVA-F	Imposto sobre Valor Agregado Federal
LBA	Fundação Legião Brasileira de Assistência Social
LOA	Lei Orçamentária Anual
Loas	Lei Orgânica de Assistência Social
Lops	Lei Orgânica da Previdência Social
LRF	Lei de Responsabilidade Fiscal
MDS	Ministério do Desenvolvimento Social e Combate à Fome
MEI	Programa do Microempreendedor Individual
MNCR	Movimento Nacional de Catadores de Materiais Recicláveis
MNPR	Movimento Nacional de População de Rua
MPAS	Ministério da Previdência e Assistência Social
MPS	Ministério da Previdência Social
MST	Movimento dos Trabalhadores Rurais Sem Terra
MTE	Ministério do Trabalho e Emprego
NAP	Núcleo de Avaliação de Políticas
NCST	Nova Central Sindical de Trabalhadores
OCDE	Organização para a Cooperação e o Desenvolvimento Econômico
OIT	Organização Internacional do Trabalho
OMC	Organização Mundial do Comércio
PBF	Programa Bolsa Família
PDV	Programa de Demissão Voluntária
PEA	População Economicamente Ativa
PEC	Proposta de Emenda Constitucional
PED	Pesquisa de Emprego e Desemprego
PEP	Programa de Educação Previdenciária
PIA	População em Idade Ativa
PIB	Produto Interno Bruto

PIS	—	Programa de Integração Social
PME	—	Pesquisa Mensal de Emprego
PNAD	—	Pesquisa Nacional por Amostra de Domicílios
PNUD	—	Programa das Nações Unidas para o Desenvolvimento
Pró-rural	—	Programa de Assistência ao Trabalhador Rural
PSPS	—	Plano Simplificado de Previdência Social
Refis	—	Programa de Recuperação Fiscal
RGPS	—	Regime Geral de Previdência Social
RJU	—	Regime Jurídico Único
RMV	—	Renda Mensal Vitalícia
RPPS	—	Regime Próprio de Previdência Social
Sabi	—	Sistema de Administração de Benefícios por Incapacidade
Sead	—	Fundação Sistema Estadual de Análise de Dados
Sebrae	—	Serviço Brasileiro de Apoio às Micro e Pequenas Empresas
Senaes	—	Secretaria Nacional de Economia Solidária
Senarc	—	Secretaria Nacional de Renda de Cidadania
Sies	—	Sistema Nacional de Informações em Economia Solidária
Simples	—	Regime Especial Unificado de Arrecadação de Tributos e Contribuições devidos pelas Microempresas e Empresas de Pequeno Porte
Sinpas	—	Sistema Nacional de Previdência e Assistência Social
SNAS	—	Secretaria Nacional de Assistência Social
SPS	—	Secretaria de Previdência Social
SRFB	—	Secretaria da Receita Federal do Brasil
Suas	—	Sistema Único de Assistência Social
SUS	—	Sistema Único de Saúde
Susep	—	Superintendência de Seguros Privados
UDN	—	União Democrática Nacional
UFF	—	Universidade Federal Fluminense
UGT	—	União Geral dos Trabalhadores

Agradecimentos

Os quase trinta anos de trabalho e militância política no campo da seguridade social, especialmente da previdência social, colocaram-me na rota de pesquisa sobre o tema. Este livro resultou de tese de doutorado, defendida em março de 2011, na Universidade de Brasília.

Durante o período de elaboração da tese contei com a contribuição de instituições, de vários profissionais, colegas de trabalho, companheiros de militância e pessoas amigas, aos quais sou imensamente grata. Reitero, aqui, com renovados carinho e consideração, todos os agradecimentos registrados na tese para não ter que repeti-los e tirar--lhes a originalidade.

Ressalto, todavia, que as contribuições e incentivos da Banca Examinadora da tese e a confiança da Assessoria da área de Serviço Social e do Conselho Editorial da Cortez Editora foram determinantes para que este livro viesse a público.

Assim, agradeço à Cortez Editora por acreditar e investir na publicação deste trabalho. Agradeço, com especial carinho e profunda emoção, as contribuições teórico-metodológicas e as análises críticas que adensaram as reflexões desenvolvidas neste trabalho, recebidas da Banca Examinadora da tese, composta pelos admiráveis e queridos professores doutores: Ivanete Boschetti (orientadora, do Departamento de Serviço Social da Universidade de Brasília), Elaine Behring (Departamento de Serviço Social da Universidade Estadual do Rio de

Janeiro), Marilda Iamamoto (Departamento de Serviço Social da Universidade Estadual do Rio de Janeiro), Mário Theodoro (Departamento de Serviço Social da Universidade de Brasília) e Rosa Stein (Departamento de Serviço Social da Universidade de Brasília). Todos vocês, juntos na Banca Examinadora e individualizados pelos vínculos acadêmicos, políticos e afetivos que nos unem, por meio de contribuições diferenciadas, foram essenciais para tornar o momento de conclusão do doutorado o início de *novos tempos* em minha vida. Este livro é uma viva expressão desses *novos tempos*. Obrigada por esta felicidade.

Aos meus familiares, amigos e amigas com os quais compartilhei dores e felicidades nos últimos seis anos, agradeço pelas trocas, pelo apoio, pelo carinho e cuidado amoroso. Agradeço também pela compreensão por minhas ausências em momentos importantes de suas vidas. Foi esse todo vindo de vocês associado ao grande prazer decorrente das descobertas e novos conhecimentos propiciados pelos estudos e pesquisas que me deram o conforto, a serenidade e a concentração para produzir as reflexões aqui apresentadas e a força para superar as passagens extenuantes de minha vida ocorridas nesse período.

Portanto, se este livro é fruto da persistente luta pela felicidade individual e coletiva é também prova de que nossos ideais, o amor e a esperança continuam nos impulsionando, apesar das perdas afetivas e de outras adversidades que pinçam nosso cotidiano. Assim, ele é símbolo da superação de momentos difíceis e exaustivos. Mas é, sobretudo, fruto da convicção de que apesar da barbárie em que se transforma este "exuberante" mundo do capital, a construção de uma nova ordem social libertária, sem opressão, exploração e alienação é possível e, neste caminho, a luta por direitos sociais e o pleno acesso a esses direitos têm lugar e importância. É esta a essência das reflexões que aqui desenvolvo. Minha esperança é que este trabalho contribua para o fortalecimento desta perspectiva e luta, por isso, sou imensamente grata aos que contribuíram para que ele existisse e viesse a público.

Brasília, *novos tempos de vida*, em 2012.

A Autora

Prefácio

Prefaciar o livro de Maria Lucia Lopes da Silva é um privilégio e uma emoção. Privilégio porque se trata de uma obra que, tenho certeza, fará história, pelas análises profundas e contundentes, daquelas que contribuem para o avanço teórico do conhecimento e, também, apresentam argumentos irrefutáveis para fortalecer a luta política. E emoção porque a conheço há muito tempo, e para além da condição de orientadora de mestrado e doutorado, estabelecemos uma sólida e fraterna amizade, dessas que fortalecem e percorrem a vida. Minha análise da obra, contudo, não se move pela amizade sincera, mas pela sua inegável qualidade teórico-metodológica.

Trata-se do terceiro livro da autora, que demarca e demonstra seu processo de amadurecimento teórico-metodológico. O primeiro livro, que me colocou em contato com sua produção, foi publicado em 1997 com o título *Previdência social: um direito conquistado* e já sinalizava suas preocupações temáticas e posicionamento político: a previdência social é direito conquistado pela classe trabalhadora! No segundo livro, resultado de sua dissertação de mestrado, e publicado em 2009 sob o título *Trabalho e população em situação de rua no Brasil*, pode parecer, desavisadamente, que a autora fez um *détour* temático. Reles engano, que pode ser comprovado na leitura desse terceiro livro, apresentado com brilhantismo ao Programa de Pós-graduação em Política Social do Departamento de Serviço Social da UnB em 2011 como tese de doutorado, intitulada *(Des)estruturação do trabalho e condições para a universalização da previdência social no Brasil*. As três obras têm um fio condutor que demonstra a coerência teórico-metodológica e política da autora: a relação entre (não) trabalho e direitos, analisada à luz da tradição marxista, apropriada com segurança e consistência. Se o primeiro livro apresenta a histórica e árdua luta da classe trabalhadora para assegurar a previdência social brasileira como direito e como política de seguridade social, o segundo demonstra a triste e indignante realidade de trabalhadores e trabalhadoras sem trabalho, que só tem a rua como espaço de vida. O trabalho é, portanto, central e estrutura as duas obras. Se no primeiro a autora demonstra como ele (trabalho) pode garantir direitos e proteção social, no segundo revela como sua ausência obriga homens e mulheres a fazerem da rua a única possibilidade de uma subsistência marcada cotidianamente pela privação.

Podemos considerar que este livro, que agora vem a público, sintetiza a trajetória de uma profissional que fez de seu cotidiano de trabalho na área da saúde, previdência e da assistência social um espaço de investigação científica, de competência profissional e de militância política. O texto expressa, condensa e resulta da articulação dessas três dimensões. O conhecimento profundo e detalhado das complexas regras e meandros da previdência social, que enriquece e fornece minuciosas informações ao leitor, não deriva somente do processo científico da pesquisa. É evidente que sua apropriação se deu ao longo de todos os anos em que Lucia Lopes, como é nacionalmente conhecida, atuou como assistente social do Instituto Nacional de Seguro Social (INSS) e ocupou diversos cargos de gestão. Mas, sobretudo, fez do cotidiano profissional uma possibilidade concreta e objetiva para conhecer a realidade para além de sua aparência fenomênica.

Certamente, esse movimento dialético foi fundamental para a autora destrinçar os mistérios e mitos que circundam a previdência social e fazem com que muitos profissionais, pesquisadores e mesmo analistas a tratem como uma "matéria de natureza técnica". O compromisso profissional com a previdência social como direito social conquistado pela classe trabalhadora e seu profundo conhecimento do tema a autorizam a assumir a posição, defendida no trabalho e contra muitas teses predominantes, de que a universalização da seguridade social é possível. Mas só é possível num contexto de correlação de forças favoráveis ao trabalho e às lutas da classe trabalhadora. Aqui se vislumbra mais uma coerência com seus trabalhos anteriores: a previdência e a seguridade social são conquistas da classe trabalhadora e só por meio de suas lutas podem avançar para a universalidade.

Tal convicção, certamente, alimentou sua militância em diversos coletivos, e estimulou sua inserção no sindicato dos previdenciários, no Conselho Regional de Serviço Social e, mais recentemente, no Conselho Federal de Serviço Social. O posicionamento firme e crítico em defesa da classe trabalhadora é recorrente no livro e não deixa dúvidas quanto à natureza engajada de sua incursão teórica. A estatura teórico-política do trabalho confirma que o conhecimento científico pode e deve estar a serviço da transformação do real.

Estas qualidades já seriam suficientes para referenciar o livro que, não tenho dúvidas, contribuirá com a luta de quem acredita ser possível, e necessário, resistir à barbárie e universalizar direitos. Suas reflexões, contudo, vão além e não recaem no possibilismo fácil, que se limita a defender a ampliação de direitos no capitalismo. A abordagem teórico-metodológica de tradição marxista, solidamente manuseada e incorporada com firmeza, não faz nenhuma concessão à sedução social-democrata. Com o rigor próprio do método dialético-materialista, a autora lança mão, com raro domínio, de um arsenal de dados empíricos, e os analisa criticamente, mostrando que os dados "falam pela boca de quem os lê". Soube a autora, com maestria, utilizar a pesquisa empírica sem cair no empiricismo e no positivismo.

O trabalho é categoria fulcral no desenvolvimento da tese, pois é a partir dele que a autora delineia e desenvolve seu objetivo de mostrar as possibilidades e limites de universalização da previdência social em um contexto de crise do capital. O trabalho é compreendido como central na estruturação das relações capitalistas de produção e sua capacidade de gerar mais-valia é reiterada incessantemente. Não há, portanto, qualquer ode ao trabalho no capitalismo.

Também não se engana a autora quanto ao papel do Estado capitalista, nem tampouco das políticas sociais e, mais particularmente, a previdência social, em sua função de reprodução ampliada do capital. Seu reconhecimento como direito social e a defesa de sua universalidade não são iludentes, ao contrário, a situam como processo contraditório resultante da permanente luta entre capital e trabalho. A previdência social não é abordada de forma técnica e tecnicista, como se observa em muitos estudos e análises. Aqui, ela assume o caráter político que lhe é inerente e peculiar, como espaço de conflitos e constante disputa entre capital e trabalho. A autora recusa qualquer estratégia de mercantilização da previdência e defende com determinação e energia seu caráter de direito social.

O estudo demonstra de forma inequívoca que a previdência social brasileira não padece de nenhuma crise ou déficit financeiro e mostra que os principais limites para sua expansão poderiam ser superados com uma política econômica e social mais comprometida com os direitos da classe trabalhadora e menos com a rentabilidade econômica. Conforme sinaliza a própria autora em suas considerações finais, alguns elementos impeditivos de sua universalização possuem caráter estrutural, determinado pela natureza mesmo da sociedade capitalista. Limitam e dificultam a universalização da previdência

> a grande dependência do trabalho assalariado formal, o qual em função do papel que cumpre no processo de acumulação do capital não se generaliza na sociedade nem no âmbito da classe trabalhadora; o novo modo de organização da economia capitalista mundial com base em um padrão de acumulação presidido pelo capital financeiro articulado aos grandes grupos industriais transnacionais e os processos deletérios relativos ao trabalho e às políticas sociais a ele vinculados, a exemplo da desestruturação do trabalho assalariado formal.

Outros elementos, contudo, possuem caráter conjuntural e poderiam ser politicamente assumidos por um governo comprometido com os interesses da classe trabalhadora. Entre estes está a não realização plena dos objetivos da seguridade social; a ausência de controle democrático da sociedade sobre a previdência social; o crescimento das ocupações baseadas em relações informais de trabalho; os limites da política de emprego do governo federal e a tendência à legitimação do "trabalho desprotegido" como alternativa ao desemprego estrutural; o papel contraditório do Estado e das políticas sociais, sempre sujeitos às pressões do capital; o controle do capital sobre o trabalho, por meio do Estado, e a dilapidação da seguridade social.

Avanços expressivos podem ser alcançados rumo à universalização da previdência social, mesmo no contexto da sociedade capitalista, conclui a autora, o que constitui uma mediação fundamental em defesa dos direitos do trabalho. As informações e dados sobre o trabalho e a previdência, analisados com solidez teórica, são argumentos irrefutáveis que sustentam essa tese. Ancorada em sua trajetória de pesquisa e luta militante, o trabalho não se contenta em apresentar essa importante conclusão, fundamental para contrapor as falsas teses que utilizam o argumento do "déficit" da previdência para defender sua mercantilização e restrição dos direitos. Ao final do trabalho, a autora apresenta uma verdadeira programática, com "propostas que podem expandir o acesso à previdência social", fiel ao seu pensamento que "não basta conhecer a realidade, é preciso transformá-la".

Trata-se, pois, de um trabalho corajoso, exigente, contundente, fundamentado e engajado, que recusa qualquer tipo de neutralidade teórico-acadêmica. Meu reconhecimento acadêmico se soma à admiração pessoal, pois a proximidade com as dificuldades e perdas vividas pela autora no decorrer de sua elaboração, enaltecem ainda mais sua perseverança e compromisso com a emancipação humana.

Paris, primavera de 2012.

Ivanete Salete Boschetti

*Minha posição é polêmica. Coloco-me, porém,
do lado que me parece guardar a verdade,
como militante do pensamento socialista.*

FLORESTAN FERNANDES*

---

* Cf. Fernandes (1982, p. 4).

Introdução

> *Hoje vivemos em um mundo firmemente mantido sob as rédeas do capital, numa era de promessas não cumpridas e esperanças amargamente frustradas, que até o momento só se sustentam por uma teimosa esperança.*
>
> (István Meszáros)[1]

A análise de condições para a universalização da previdência social no Brasil requer situá-la na totalidade histórica levando-se em conta a configuração assumida pelo capital no processo de renovação do padrão de acumulação no cenário contemporâneo, cujas estratégias incidem na desestruturação do trabalho e dos direitos relativos à seguridade social.

As medidas para amortecer os efeitos da crise que marca a cena contemporânea mundial são movidas pela busca incessante do capital por superlucros e se sustentam na superexploração da classe trabalhadora mediante a extração do trabalho excedente. Tais medidas estão conectadas à reestruturação produtiva, à financeirização do capital e

---

1. Mészáros, István. *Para além do capital*: rumo a uma teoria da transição. 3. reimpr. Tradução de Paulo Cezar Castanheira e Sérgio Lessa. São Paulo: Boitempo, 2009. p. 37.

à redefinição das funções do Estado, que compõem a estratégia de enfrentamento da *onda longa recessiva* (Mandel, 1982) que se tornou evidente no início da década de 1970.

Sob a ideologia neoliberal, esta estratégia e os seus efeitos mudaram as relações e a dinâmica da sociedade capitalista contemporânea.

A face financeira do capital comanda a acumulação, afeta a configuração do Estado e da sociedade civil, a organização dos trabalhadores e as lutas sociais. Como diz Iamamoto (2007, p. 21):

> Na busca incessante e ilimitada do aumento exponencial da riqueza quantitativa — o crescimento do valor pelo valor —, os investimentos financeiros tornam a relação social do capital com o trabalho aparentemente invisível. Intensifica-se a investida contra a organização coletiva de todos aqueles que, destituídos de propriedade, dependem de um lugar nesse mercado (cada dia mais restrito) para produzir o equivalente de seus meios de vida.

Nesse contexto, potencializado pelas diretrizes neoliberais, advindas dos poderes imperialistas e impostas aos países do capitalismo periférico, como o Brasil, aprofundam-se as desigualdades sociais, o desemprego maciço prolongado, a desregulamentação e a informalização das relações de trabalho, elevando-se o quantitativo dos destituídos de direitos. O Estado assume nova configuração, com funções cada vez mais vinculadas aos interesses do capital, e o fundo público passa a ter destinação voltada, fundamentalmente, para beneficiar o capital ao invés do investimento em proteção social. Em face disso, intensificam-se a privatização e a mercantilização da satisfação das necessidades sociais, o que significa que:

> o bem-estar social tende a ser transferido ao foro privado dos indivíduos e famílias, dependentes do trabalho voluntário ou dos rendimentos familiares dos diferentes segmentos sociais na aquisição de bens e serviços mercantis, restando ao Estado, preferencialmente, a responsabilidade no alívio da pobreza extrema. [...] Adquirem destaque políticas sociais

voltadas à preservação dos mínimos vitais dos segmentos da crescente população excedente lançados ao pauperismo: e ao seu controle político, preservando o direito à sobrevivência de imensos contingentes sociais e alimentando o consenso de classe necessário à luta hegemônica (Iamamoto, 2009, p. 342-43).

É um cenário de fragilização da seguridade social no Brasil e no mundo, especialmente, no que se refere aos direitos previdenciários, derivados e dependentes do trabalho.

Este livro, conforme anunciado, resulta de pesquisa realizada durante o doutorado do Programa de Pós-graduação em Política Social (PPGPS) do Departamento de Serviço Social (SER) da Universidade de Brasília (UnB), iniciado em março de 2007. O objeto da pesquisa localizou-se na relação entre trabalho e previdência social no Brasil. Para situá-lo nessa relação é preciso, primeiro, resgatar a organização do sistema previdenciário brasileiro.

Esse sistema é constituído por três regimes básicos e um complementar.[2] Os regimes básicos são: a) o Regime Próprio de Previdência Social (RPPS) destinado aos servidores públicos civis da União do Distrito Federal, dos estados e municípios e aos militares do Distrito Federal e dos estados, o qual é organizado e gerido por cada ente federado, sob supervisão da União, quando esta não é a gestora; b) o regime dos servidores públicos militares da União, organizado e gerido pela União; e c) o Regime Geral de Previdência Social (RGPS) destinado a

---

2. Em 30 de abril de 2012 foi sancionada a Lei n. 12.618, que institui regime de previdência complementar para os servidores públicos federais titulares de cargos efetivos, inclusive, os membros dos órgãos que menciona; fixa o limite máximo para a concessão de aposentadorias e pensões pelo regime de previdência de que trata o art. 40 da Constituição Federal; autoriza a criação de 3 (três) entidades fechadas de previdência complementar, denominadas Fundação de Previdência Complementar do Servidor Público Federal do Poder Executivo (Funpresp-Exe), Fundação de Previdência Complementar do Servidor Público Federal do Poder Legislativo (Funpresp-Leg) e Fundação de Previdência Complementar do Servidor Público Federal do Poder Judiciário (Funpresp-Jud); altera dispositivos da Lei n. 10.887, de 18 de junho de 2004; e dá outras providências. Entrará plenamente em vigência em 30 de outubro de 2012 (180 dias da data de sua publicação — prazo para organização das entidades criadas). Portanto, o regime não foi considerado como parte do sistema.

todos os cidadãos maiores de 16 anos[3] que a ele se vinculem mediante contribuição e a seus dependentes, o qual é organizado e gerido pela União e tem seus serviços e benefícios viabilizados pelo Instituto Nacional do Seguro Social (INSS).

O regime complementar é facultativo e composto pela previdência complementar aberta e fechada. As instituições que oferecem planos individuais de previdência aberta ao mercado são fiscalizadas pela Superintendência de Seguros Privados (Susep) do Ministério da Fazenda. E as Entidades Fechadas de Previdência Complementar — EFPC (fundos de pensão) não possuem fins lucrativos e mantêm planos coletivos de previdência acessíveis aos empregados de uma empresa e aos servidores da União, dos estados, do Distrito Federal e dos municípios e aos associados ou membros de entidades de caráter profissional ou classista. As EFPC são supervisionadas pelo Ministério da Previdência Social (MPS).

A pesquisa voltou-se apenas para a Previdência Social que se organiza sob a forma de RGPS e compõe a seguridade social e desde a Constituição Federal de 1988 até o momento não se tornou universal, conforme estabelece a Carta Constitucional.

O problema investigado

O trabalho sempre esteve no centro das mutações do capitalismo. Todavia, esta centralidade tornou-se mais evidente a partir das transformações ocorridas nesse modo de produção em sua etapa monopolista. Sob o padrão *fordista/keynesiano*, o pacto social entre empresários, trabalhadores e o Estado teve como base a estimulação do consumo, a busca do pleno emprego e a estruturação de sistemas de proteção social. Foi essa a solução encontrada para amortecer os efeitos da crise do capitalismo, cujo ápice da depressão ocorreu entre 1929 e 1932. Desde

---

3. Os adolescentes com idade entre 14 e 16 anos, na condição de aprendiz, têm direito à proteção previdenciária.

então, tornou-se mais explícita a relação entre o padrão de acumulação do capital, a organização do trabalho e a proteção social. Isto porque o trabalho assalariado, sem nenhum período precedente comparável, destacou-se como o centro do capitalismo e determinante das relações sociais, e assim, o centro das mutações desse modo de produção.

No período entre as décadas de 1940 e 1970, o Estado social[4] consolidou-se em vários países do capitalismo avançado e o trabalho assalariado estável fortaleceu-se como condição de acesso à proteção social. A generalização do trabalho assalariado nesses países foi determinante para a consolidação dos sistemas de proteção social, que se destinavam aos empregados e aos seus dependentes econômicos. Estes eram assistidos em relação à saúde, tinham direito a aposentadorias, pensões e outros benefícios compensatórios à incapacidade temporária de trabalho ou mesmo benefícios que possibilitavam o acesso ao consumo, ao lazer, à educação etc. Aos inaptos para o trabalho era oferecida a assistência social.

Vale dizer que até mesmo nos países em que foram estruturados sistemas de seguridade social com vocação universal, como na Inglaterra e nos países escandinavos, o pleno emprego constituía-se em importante meta, e os sistemas de proteção social também contavam com as cotas oriundas do trabalho assalariado estável e tinham os seguros sociais como eixo central.

Ian Gough (1978, p. 66), ao desenvolver suas reflexões sobre o Estado social,[5] faz referência ao seu caráter contraditório, por atender aos interesses de acumulação e proteção social:

---

4. Neste trabalho usaremos a expressão Estado social para significar o Estado Social de Direitos que se constrói para organizar a vida política e social no período pós-Segunda Guerra Mundial com base no fordismo-keynesianismo. Cf. Pisón (1998). Outras terminologias são encontradas na literatura, como *Welfare State* (Estado de Bem-Estar) e *État Providence* ou Estado Providência. A primeira de origem anglo-saxônica é usada para designar as políticas sociais estruturadas com base no *fordismo-keynesianismo* no pós-guerra. A última terminologia é usada para designar o Estado Providência, constituído na França, no século XIX, ou a ideia de Estado responsável pela regulação do mercado para responder às situações de riscos pessoais e sociais, constituído naquele país no século XX. Cf. Boschetti, v. 15, n. 1, p. 57-96, jan./jun. 2003.

5. O que o autor denomina "Estado del bienestar" (tradução para o espanhol de *Welfare State*) equivale ao que neste trabalho denominamos Estado social.

[...] el Estado tiende a actuar con el fin de asegurar las condiciones que reproduzcan ese modelo y las relaciones de exploración dentro de él, que bajo el capitalismo significa asegurar la acumulación continua de capital [...] el Estado del Bienestar engloba una actitud racional que también se opone a la del mercado. En algún sentido actúa para "satisfazer las necesidades" y extender los derechos y haciéndolo así, contradice los simples requerimientos directos del sistema de economía capitalista. [...] esta es, pues, la razón por la que nosotros caracterizamos el Estado del bienestar como un fenómeno contradictório.*

Já Robert Castel,[6] ao se referir ao Estado social, destaca o seu papel como fiador dos sistemas de seguridade social que se formaram, o que equivale à figura "do guardião de uma nova ordem de distribuição dos bens" (Castel, 1998, p. 405), ou seja, o guardião das prestações dos contribuintes da seguridade social para serem usadas em dadas situações.

O Brasil não viveu a experiência de generalização do emprego nem de Estado social conforme foi desenvolvido nos países do capitalismo avançado. Todavia, na década de 1930 começou a ganhar expressão um sistema de proteção social no país destinado basicamente aos trabalhadores assalariados inseridos nas relações formais de trabalho e aos seus dependentes. Seguindo essa lógica, o sistema se de-

---

* [...] Estado tende a agir de forma a garantir as condições que reproduzam esse modelo e as relações de exploração dentro dele, que sob o capitalismo significa garantir a acumulação contínua de capital [...] o Estado de bem-estar inclui uma atitude racional que também se opõe a de mercado. Em certo sentido, atua para 'satisfazer as necessidades' e estender os direitos, e dessa forma, contradiz os simples requisitos diretos do sistema da economia capitalista. [...] esta é a razão pela qual caracterizamos o Estado de Bem-estar como fenômeno contraditório.

6. Robert Castel estudou a condição do trabalho ao longo da história, tendo a Europa como *locus* de pesquisa, sobretudo a França. Seu objetivo foi analisar a questão social. Embora eu não considere apropriada a ideia defendida pelo autor de "nova questão social" para explicar as mutações recentes do capitalismo, considero valiosa sua pesquisa e concordo com ele em aspectos particulares. Mas essa concordância não anula duas restrições globais à sua obra. A primeira refere-se à social-democracia como alternativa de organização social, pois acredito que somente o socialismo possibilitará liberdade ampla aos seres humanos. A segunda restrição diz respeito à base teórico-conceitual, que perpassa sua obra, por meio dos conceitos de "solidariedade", "integração" e "coesão social" de Durkheim, os quais, a meu ver, se opõem à visão marxiana, que orienta este texto, sobretudo no que se refere à luta de classes como um processo permanente, na sociedade capitalista, em face do antagonismo de interesses entre as classes sociais fundamentais.

senvolveu, em consonância com a estruturação do mercado de trabalho no país até a década de 1980, quando uma nova lógica de proteção social foi estabelecida, com a instituição da seguridade social pela Constituição Federal de 1988. Tratava-se de uma lógica menos dependente do trabalho assalariado formal e com vocação universal, porém essa perspectiva não foi plenamente adotada.

O colapso do padrão de acumulação *fordista / keynesiano* na década de 1970 é um dos reflexos da nova crise do capital que se manifestou naquela década. Para amortecer os efeitos dessa crise, a estratégia central do capital foi composta pela reestruturação produtiva, a redefinição das funções do Estado e a financeirização do capital. Esses processos, embora possuam características específicas, não podem ser vistos de modo desarticulados entre si nem da ideologia neoliberal, que ganhou força nas sociedades capitalistas a partir daquele decênio.

A reestruturação produtiva mudou o mundo do trabalho.[7] Sob o padrão de acumulação chamado *flexível*,[8] as metamorfoses ocorridas apresentaram-se sob um novo modo de produzir, com métodos e processos de trabalho baseados em tecnologias avançadas; modos de gestão da força de trabalho direcionados à conciliação de classes; e medidas que reduziram a criação e oferta de empregos estáveis e aprofundaram o desemprego e o trabalho precário. Esse quadro tornou a composição da classe trabalhadora mais heterogênea e complexa e exigiu um perfil de trabalhador capaz de usar intensamente o seu poder intelectual em favor do capital, elevando os níveis de exploração sobre o trabalho e dos lucros dos capitalistas.

Nesse contexto, o comando da acumulação pelo capital financeiro[9] e as mudanças nas funções do Estado sob a ideologia neoliberal

---

7. O mundo do trabalho é compreendido neste livro como o complexo que envolve a regulação institucional do trabalho (sindicalismo, justiça do trabalho, registros e classificações profissionais, quadro de ocupações), o mercado de trabalho, sua configuração (PIA, PEA, entre outros) e sua dinâmica (taxa de atividade, nível de ocupação, emprego, desemprego, informalidade, alteração no quadro de ocupações etc.). Sobre o tema, cf. Cardoso (2006), Silva (2009).

8. Cf. Harvey (2004c).

9. Aqui também chamado "capital portador de juros", "finanças" ou nos termos de Marx "capital fetiche".

compuseram um cenário no qual os sistemas de proteção social estruturados sob o *fordismo/keynesianismo* sofreram grandes ataques. Nos países do capitalismo avançado, onde estes sistemas estavam mais estruturados e sob um controle democrático da sociedade mais forte, foram preservados em aspectos essenciais, ainda que com transformações em seus critérios de abrangência.

Nos países do capitalismo periférico a reestruturação produtiva, a financeirização do capital e as mudanças no papel do Estado como estratégias neoliberais de amortecimento dos efeitos da crise, ocorreram em níveis, formas, ritmos e épocas diferentes, de acordo com as características de cada país. Mas, em todos eles, em decorrência de suas dívidas externas, essas estratégias de ajustes neoliberais desenvolveram-se sob o comando dos países do capitalismo avançado e, em geral, com a mediação do Fundo Monetário Internacional (FMI), do Banco Internacional para a Reconstrução e o Desenvolvimento (Bird)[10] e do Banco Interamericano de Desenvolvimento (BID).[11] As consequências desses processos, na essência, são iguais àquelas ocorridas nos países do capitalismo avançado, com efeitos lesivos mais acentuados para a classe trabalhadora, inclusive com fortes ataques às políticas sociais em estruturação.

O Brasil realizou o seu ajuste estrutural, sobretudo, a partir de 1995, seguindo o mesmo padrão neoliberal de outros países de capitalismo periférico. O ajuste, em condições submissas, provocou mudanças na condição estrutural do trabalho, as quais resultaram no aumento da exploração dos trabalhadores. Entre os sinais dessa superexploração do trabalho encontram-se o desemprego crônico; o aprofundamento da precarização das relações e condições de trabalho; o uso intensivo da força de trabalho, combinado com métodos e tecnologias avançadas direcionadas para elevar a produtividade; a queda da renda média mensal real dos trabalhadores; e as alterações do perfil e da composição da classe trabalhadora. Houve, portanto, o

---

10. O Bird (International Bank for Reconstruction and Development) foi criado em 1944 e, juntamente com a Associação Internacional para o Desenvolvimento (AID), criada em 1960, constitui o chamado Banco Mundial.

11. O BID foi criado em 1959.

aprofundamento da desestruturação do trabalho no país. No âmbito do Estado, ocorreu um retrocesso nas políticas sociais em estruturação, a exemplo da seguridade social, instituída pela Constituição Federal de 1988, em uma conjuntura de lutas por direitos sociais no país, mas de avanço do projeto neoliberal em escala mundial, com reflexos no Brasil, particularmente na década de 1990. Além disso, o Estado presidiu a privatização de várias empresas e bancos estatais e a regressão de muitos direitos sociais e do trabalho.

Nesse contexto, ocorreu a redução da cobertura da previdência social, que como em outros países se desenvolveu com grande dependência do trabalho assalariado estável, principalmente até 1988, quando a seguridade social foi instituída. De acordo com análise do Instituto de Pesquisa Econômica Aplicada (Ipea),

> a inserção das pessoas no mundo da proteção social pela via do trabalho — que até 1980, constituía a regra para pouco mais da população ocupada — passou a ser uma expectativa ainda menos crível para a maioria dos trabalhadores brasileiros no decorrer deste último quarto de século (Ipea, 2007, p. 8).

Segundo outro estudo desse mesmo instituto de pesquisas, com base nos microdados da Pesquisa Nacional por Amostra de Domicílios — (PNAD/IBGE),[12] em 1987, a previdência social assegurava cobertura

---

12. Neste trabalho são usadas muitas informações e dados produzidos pela Fundação Instituto Brasileiro de Geografia e Estatística (IBGE). Por isso, é preciso esclarecer conceitos adotados por esse órgão: a) *condição de ocupação*: pessoas classificadas, quanto à condição de ocupação na semana de referência da pesquisa, em ocupadas e desocupadas; b) *pessoas ocupadas*: pessoas que tinham trabalho durante toda ou parte da semana de referência, e ainda, pessoas que não exerceram o trabalho remunerado que tinham nesse período por motivo de férias, licença, greve etc.; c) *pessoas desocupadas*: as pessoas sem trabalho na semana de referência, que tomaram alguma providência efetiva de procura de trabalho nesse período. Usamos como sinônimos pessoas sem ocupação e procurando ocupação; d) *pessoas economicamente ativas*: são as pessoas ocupadas e desocupadas na semana de referência; e) *pessoas não economicamente ativas*: pessoas não classificadas na semana de referência como ocupadas ou desocupadas; f) *taxa de atividade*: é a percentagem das pessoas economicamente ativas (de um grupo etário) em relação ao total de pessoas (do mesmo grupo etário); g) *nível de ocupação*: é a percentagem das pessoas ocupadas (de um grupo etário) em relação ao total de pessoas (do mesmo grupo etário); h) *taxa de desocupação*: é a

a 51,8% da População Economicamente Ativa (PEA) (ocupada e desocupada), com idade entre 16 e 64 anos. A partir de então, porém, esse percentual começou a decrescer, de modo que em 1997 o percentual de cobertura previdenciária desse universo correspondia a 45,1%.[13] Um decréscimo acentuado, coincidente com o agravamento do desemprego e da queda da renda média mensal real dos trabalhadores. Entretanto, de acordo com esse estudo, a partir de 2001 percebe-se a recuperação dessa cobertura, concomitantemente à melhoria dos indicadores do mercado de trabalho, de forma que em 2007 a cobertura previdenciária representava 51,2%[14] da PEA (ocupada e desocupada), na faixa etária entre 16 e 64 anos. Ainda assim, essa cobertura não alcançava nem os patamares de 1987. As pessoas da PEA que tinham direitos sociais assegurados representaram uma proporção menor entre 1987 e 2007, comparativamente à década anterior a 1987, em que os indicadores do mercado de trabalho apontavam o fortalecimento do emprego, com carteira assinada. Além disso, a partir de 1997 houve um grande aumento do percentual de pessoas desocupadas no âmbito da PEA, à procura de emprego. Assim, mesmo que a melhoria dos indicadores do trabalho a partir do início do século XXI tenha contribuído para a recuperação paulatina da cobertura previdenciária para a população ocupada, essa cobertura ainda foi limitada, considerando o grande

---

percentagem das pessoas desocupadas (de um grupo etário) em relação às pessoas economicamente ativas (do mesmo grupo etário); i) *ocupação*: cargo, função, profissão ou ofício exercido pela pessoa. A Pesquisa Nacional por Amostra de Domicílios (PNAD) adota a idade de dez anos ou mais de idade para a definição dos quantitativos e percentuais globais a que se referem os conceitos citados. Cf. IBGE (2008, p. 35-7) e IBGE (2009, p. 32-3). Porém, neste trabalho, nas tabelas de elaboração própria, cujos dados consideram a PEA, priorizamos considerar a faixa etária entre 16 e 64 anos, para não computarmos trabalho infantil e para considerarmos o limite de idade até o qual mais facilmente se acessa ao mercado de trabalho. Contudo, usaremos também a faixa de dez anos e mais de idade, para fins de comparações com informações do IBGE ou de outros órgãos e pesquisadores em que nos referenciamos.

13. Em estudo que realizamos com base nos microdados da PNAD, no ano de 1997, a cobertura do universo de pessoas com estas características correspondia a 44,3%. Os dados do estudo serão mostrados neste livro. Cf. Tabela 10.

14. No estudo que realizamos com base nos microdados da PNAD, no ano de 2007, o percentual de cobertura previdenciária da População Economicamente Ativa (PEA) ocupada correspondia a 49,5%. Cf. Tabela 17.

percentual da força de trabalho desocupada. Se fosse considerada apenas a população ocupada, o percentual de cobertura da previdência social em 2007 já era maior do que o de 1987 (Ipea, 30 set. 2008, p. 13-15).

Com o aprofundamento da crise do capital a partir de setembro de 2008, a tendência de melhoria dos indicadores do trabalho foi interrompida, ainda que os dados da PNAD realizada em 2008, coletados antes do ápice da crise, não registrem essa interrupção, o que veio ocorrer somente em 2009. Assim, a PNAD/2008 registrou a queda da informalidade e o aumento do nível de ocupação, do emprego com carteira assinada, da renda real média mensal e da cobertura previdenciária sobre a população ocupada (IBGE, 2009). Os dados da PNAD/2009, por sua vez, mostram os efeitos da crise, em 2009, sobretudo em relação ao nível de ocupação e à taxa de desocupação. Considerando a PEA, com dez anos e mais de idade, houve queda no nível de ocupação de 57,5% em 2008, para 56,9% em 2009 e também o crescimento da taxa de desocupação em 18,5% em 2009, comparativamente a 2008 (IBGE, 2010, p. 59 e 61).

As análises referentes ao impacto da crise sobre o trabalho e a seguridade social em 2009 são divergentes entre as instituições que estudam o tema. De acordo com a Anfip (jul. 2010, p. 96):

> Essa crise [que se manifestou no último trimestre de 2008] afetou direta e indiretamente a execução de programas e ações e a arrecadação das receitas da seguridade social em 2009. Diretamente pelos seus efeitos sobre a produção e o emprego, indiretamente, porque o governo adotou diversas medidas anticíclicas para enfrentar e minimizar as suas consequências, renunciando a receitas e ampliando gastos.

No entanto, para o IBGE, em relação ao emprego com carteira assinada houve crescimento de 2008 para 2009, em 1,5%, da mesma forma que o rendimento médio mensal real teve crescimento de um para o outro ano, em 2,2% (IBGE, 2010, p. 66 e 70).

De qualquer modo, como nos anos anteriores, os indicadores relacionados ao trabalho repercutiram na cobertura previdenciária, em 2009, como será demonstrado adiante.

É importante, todavia, ressaltar que não foram somente os indicadores relacionados ao trabalho que influenciaram a cobertura previdenciária em anos recentes. A instituição do orçamento da seguridade social, que sustenta o financiamento das ações das políticas de saúde, previdência e assistência social, pela Constituição Federal de 1988, também favoreceu a recuperação da cobertura previdenciária desde então.

A aplicação dos objetivos da seguridade social de equidade na participação do custeio e da diversidade das fontes de financiamento, ainda que de modo parcial, foi um importante fator de favorecimento da cobertura previdenciária, cuja maior expressão é o percentual dos chamados *segurados especiais*[15] da previdência social no conjunto dos segurados do RGPS.

De acordo com o Ministério da Previdência Social (MPS), com base nos dados da PNAD, em 2007, os *segurados especiais* foram estimados em 7,78 milhões do universo estimado de 53,82 milhões das pessoas ocupadas, com idade entre 16 e 59 anos, que possuíam cobertura da previdência naquele ano (Brasil, out. 2008, p. 1). Essa categoria de segurado, criada em 1991, com base nas determinações constitucionais referentes à seguridade social, tem reduzida participação no custeio da seguridade social,[16] porém sua cobertura não desequilibra o sistema devido à multiplicidade de fontes de financiamento que o sustenta, ainda que essa diversidade da base de financiamento não

---

15. Categoria de segurado criada pela Lei n. 8.212, de 1991, que em seu art. 12, inciso VII c/c art. 195, § 8º, da Constituição Federal, considera *segurado especial* o produtor, o meeiro, o parceiro e o arrendatário rurais e o pescador artesanal e seus cônjuges, que trabalham em regime de economia familiar, sem empregados permanentes.

16. A contribuição dos segurados especiais, incluindo o empregador rural, corresponde 2,1% sobre a receita bruta da comercialização de sua produção agrícola. Cf. Brasil (1991a, art. 25). A Lei n. 11.718, de 23 de junho de 2008, traz as seguintes recomendações: até 31 de dezembro de 2010 vale a regra atual para o trabalhador empregado e contribuinte individual rural, para obtenção da aposentadoria por idade: ele deverá comprovar apenas o exercício da atividade rural. De 2010 a 2015, para fins de carência para aposentadoria por idade, cada mês de contribuição será multiplicado por três, até o limite de 12 meses no ano. De 2016 a 2020, a contagem será em dobro. Neste caso, o trabalhador rural empregado terá que contribuir por pelo menos seis meses por ano para ter direito à aposentadoria por idade. Cf. Brasil (2008d) e Brasil (1º a 15 de ago. 2008, p. 1).

esteja sendo plenamente explorada e as fontes possuam diferentes importâncias no conjunto do orçamento.

Vale registrar que o orçamento da seguridade social não tem sido destinado exclusivamente ao pagamento de ações referentes à saúde, previdência e assistência social como determina a Constituição Federal. Percebem-se desvios acentuados de recursos desse orçamento para outras ações do governo federal. Os maiores percentuais de desvio ocorrem em função da incidência da Desvinculação de Receita da União (DRU), para favorecer o cumprimento de compromissos do governo federal com os serviços da dívida. A média de desvio do orçamento da seguridade social no período de 2000 a 2008, por meio da incidência da DRU representou 26,4 bilhões, com maior destaque para os anos de 2007 e 2008, em que essa incidência representou 39,1 bilhões em ambos os anos (Anfip, 2009, p. 50).

A proteção social das pessoas desocupadas é inexpressiva. O seguro desemprego tem alcance limitado e é condicionado a uma vinculação anterior ao trabalho com carteira assinada, com raras exceções. As estratégias de ampliação da proteção social usadas pelo governo federal, em anos recentes, tendem à centralidade da assistência social, no âmbito da seguridade social (Mota [org.], 2008), com destaque para os programas de transferência de renda, que alcançam os desempregados.[17] Nota-se, contudo, que essa tendência à centralidade da assistência social é de cunho político-ideológico, pois material e estruturalmente essa política continua periférica e não se constitui prioridade para novos investimentos.

Portanto, no que se refere à proteção social no Brasil, por meio do acesso à previdência, tomando-se como base os dados da PNAD/2009, nota-se que a situação dos trabalhadores é muito difícil. Nesse ano, comparativamente a 2008, houve um pequeno crescimento da PEA ocupada contribuinte para qualquer regime de previdência. Entretanto, no cômputo geral da PEA ampliou-se a quantidade estimada e o percentual de pessoas não coberto por qualquer regime de previdência.

---

17. Os que se enquadram nos critérios de renda familiar *per capita* adotados pelo programa.

A PEA total em 2009 foi estimada em 101,1 milhões de pessoas, sendo 92,7 milhões ocupadas e 8,4 milhões desocupadas. Da PEA ocupada, 53,5% (49,6 milhões) contribuíam para algum regime de previdência, restando 43,1 milhões sem proteção. Essa quantidade estimada de pessoas da PEA ocupada sem proteção, acrescida de 8,4 milhões estimados para a PEA desocupada, atinge 51,5 milhões da PEA total sem cobertura previdenciária (IBGE, 2010, p. 59, 61 e 67). Em 2008 esse número correspondeu a 51,3 milhões (IBGE, 2009). Portanto, estima-se que existem, atualmente, no Brasil, mais de 50 milhões de pessoas da população economicamente ativa sem cobertura previdenciária. É uma estimativa elevada que afeta os níveis de pobreza e a qualidade de vida dos trabalhadores.

As categorias que se encontram fora da cobertura previdenciária são aquelas que, na PEA, estão em ocupações precárias, possuem os menores rendimentos ou não os possuem de forma alguma, possuem os menores níveis escolares ou são analfabetos funcionais. Isso sem referir os que no conjunto da População em Idade Ativa (PIA), desistiram de procurar trabalho e não possuem rendimentos. Estes, geralmente, desconhecem as formas de acesso à previdência e, se as conhecessem, dificilmente teriam como ter acesso a ela, no modelo atual. Esse universo de pessoas não foi computado na PEA, em função da metodologia usada, mas por suas características compõe o grupo dos que não possuem cobertura previdenciária.

Assim, a não aplicação plena dos objetivos da seguridade social e das recomendações constitucionais relacionadas ao seu orçamento e à insuficiência de rendimentos, sobretudo por falta de acesso ao trabalho assalariado estável, constituem os principais obstáculos para ingresso na previdência social, no modelo atual.

As medidas do governo federal, na última década, para reverter esse quadro foram limitadas e se apoiaram numa visão neoliberal de previdência social como *contrato social,* representando o compromisso entre gerações de trabalhadores (Brasil, 16 a 31 jul. 2008). Isso a distancia dos princípios de seguridade social e responsabiliza exclusivamente o trabalhador pelos custos do sistema, negando a perspectiva de

PREVIDÊNCIA SOCIAL NO BRASIL

compromisso plural e solidário, orientado pela Constituição Federal ao defini-la como política de seguridade social. Essa visão reflete a dita "nova contratualização" que na visão de Boaventura de Sousa Santos (2010, p. 327):[18]

> Em primeiro lugar, trata-se de uma contratualização liberal individualista, moldada na ideia de contrato de direito civil, entre indivíduos, e não na ideia do contrato social entre agregações colectivas de interesses sociais divergentes [...]
>
> [...] A nova contratualização é, enquanto contratualização social, um falso contrato, uma mera aparência de compromisso constituído por condições impostas, sem discussão ao parceiro mais fraco no contrato, condições tão onerosas quanto inescapáveis.

As iniciativas do governo federal são limitadas também porque se apoiam em uma política de emprego baseada no rendimento mínimo do trabalho e na alta rotatividade. O ano de 2009 é exemplo dessa situação, "de cada 16 contratos assinados de trabalho, 15 correspondiam

---

18. Boaventura de Sousa Santos é português, doutor em Sociologia do Direito, com vasta experiência acadêmica e diversas obras publicadas. Algumas de suas obras são polêmicas. A coletânea de artigos *Pela mão de Alice: o social e o político na pós-modernidade*, publicada no Brasil ao final dos anos 1990, foi acertadamente criticada pelo campo da tradição marxista. Cito o artigo Subjetividade, cidadania e emancipação em que o autor afirma que "o erro de Marx foi pensar que o capitalismo, por via do desenvolvimento tecnológico das forças produtivas, possibilitaria ou mesmo tornaria necessária a transição para o socialismo. Como se veio a verificar, entregue a si próprio, o capitalismo não transita para nada senão para mais capitalismo. A equação automática entre progresso tecnológico e progresso social desradicaliza a proposta emancipadora de Marx e torna-a, de fato, perversamente gêmea da regulação capitalista" (Santos, 1997, p. 243). Essa afirmação de autor, em nossa opinião, é inconsistente teoricamente. O conjunto das obras de Marx mostra que não é possível uma transição "automática" para o socialismo, mas que para isso é indispensável a organização da vontade política dos trabalhadores, como diz José Paulo Netto, no artigo, O Marx de Sousa Santos: uma nota polêmica, publicado pela revista acadêmica do Programa de Pós-graduaçao da Escola de Serviço Social (PPGESS), da Universidade Federal do Rio de Janeiro (UFRJ), em 1997. Cf. Netto (1997). Assim, apesar desta referência sobre *contrato social* em Boaventura, discordamos do autor sobre a importância da obra de Marx para a compreensão do capitalismo contemporâneo e para apontar caminhos para a emancipação política e humana. Discordamos também de sua visão sobre "pós-modernidade" e "novos movimentos sociais" e de parte de sua análise sobre contrato social nos capítulos 1º e 9º desta obra: Santos (2010). Porém, concordamos com os conteúdos citados neste trabalho. Cf. Santos (1997, 2010) e Netto (1997).

a demissões no mesmo exercício" (Anfip, jul. 2010, p. 57). Ademais, os programas do governo federal não modificam as causas estruturais do não acesso ao RGPS e ainda restringem direitos. Um exemplo é o Programa de Educação Previdenciária (PEP), em andamento desde 1999, mas com pouco impacto, inclusive porque seu foco está na informação sobre *os direitos e deveres dos beneficiários da previdência social*, mas não altera a condição de renda das pessoas alcançadas por ele. Outro exemplo é o Plano Simplificado de Previdência Social (PSPS) criado pela Lei Complementar n. 123, de dezembro de 2006, e regulamentado pelo Decreto n. 6.042, de 12 de fevereiro de 2007. Esse plano assegura um percentual de contribuição individual reduzido de 20% para 11% sobre o salário mínimo com vista a atrair os trabalhadores que têm dificuldades para recolher o percentual de 20%.[19] Porém, para que isso ocorra, é preciso que o contribuinte faça opção pela exclusão do direito ao benefício de aposentadoria por tempo de contribuição. É uma iniciativa que incentiva o acesso à previdência reduzindo direitos e uma forte expressão da estratégia que visa tornar a previdência social em *um seguro social pobre para pessoas pobres*. Ainda assim, os estimados mais de 50 milhões de trabalhadores que, em 2009, estavam sem cobertura previdenciária permanecem sem proteção (IBGE, 2010), mesmo que existam diversas categorias e grupos sociais tentando negociar com o governo federal formas mais adequadas aos seus perfis para contribuírem com o sistema, a exemplo dos catadores de materiais recicláveis e várias entidades do movimento de mulheres.

Em face desse quadro e considerando que, no âmbito das relações informais de trabalho, outras formas de ocupações precárias se expandem neste contexto marcado pelo desemprego crônico no país e grande parte do contingente nessas ocupações precárias não dispõe de cobertura previdenciária, considerando ainda o antagonismo entre a universalização do trabalho assalariado e a lei geral de acumulação capitalista, questiona-se:

---

19. O percentual de 11% foi reduzido para 5% em 7 de abril de 2011 pela MP n. 529 para o microempreendedor, porém permaneceu 11% para o contribuinte individual (autônomo e facultativo).

Diante da desestruturação do trabalho, da corrosão do significado de seguridade social previsto na Constituição Federal de 1988 e da insuficiência de renda do elevado quantitativo de trabalhadores, sem vinculação ao modelo atual de previdência social contributivo e, fundamentalmente, dependente do trabalho assalariado estável, quais os limites e possibilidades de universalização da cobertura da previdência social no Brasil?

Essa é a indagação central que traduz o problema investigado no decorrer do doutorado, cuja pesquisa e seus achados, no formato de tese, resultaram neste livro.

Dessa forma, a tese examinou, no contexto contemporâneo de desestruturação do trabalho e da seguridade social no Brasil, as condições para a universalização da previdência social. O seu conteúdo original foi preservado e acrescido pela atualização de aspectos considerados relevantes ao debate.

A pesquisa partiu da hipótese de que a (des)estruturação do trabalho, a corrosão do significado de seguridade social previsto na Constituição Federal de 1988 e o elevado quantitativo de trabalhadores sem vinculação ao modelo atual de previdência social, conforme configurados na primeira década do século XXI, no Brasil, refletem a redefinição das funções do Estado e as mudanças estruturais no papel das forças produtivas no capitalismo contemporâneo sustentadas pelo padrão de acumulação *flexível* em escala mundial, cujos efeitos principais são o desemprego maciço prolongado, a precarização do trabalho e a queda na renda média mensal real dos trabalhadores. Em face disso, aprofundam-se os limites para a universalização da cobertura da previdência social no país, que se viabiliza, sobretudo, a partir do trabalho assalariado estável, não universal. Entretanto, com base nos fundamentos que sustentam a previdência social, no âmbito da seguridade social, como um *contrato social solidário e democrático*, em um contexto da luta de classes e de uma correlação de forças política favorável aos trabalhadores, é possível vislumbrar possibilidades de avanços na direção de sua universalização. Isso requer o aprofundamento da democracia e a reorientação das diretrizes macroeconômicas vigentes, a partir de processos combinados que conduzam: à criação de novos postos de trabalho assalariado formal e estável; ao alargamento da participação dos trabalhadores inseridos nas relações informais de trabalho, na base do RGPS; à elevação da renda média mensal real dos trabalhadores; e à plena efetivação da visão de seguridade social expressa na Constituição Federal de 1988, por meio do aprofundamento de seus objetivos, especialmente o da equidade na forma de participação no custeio, apoiado na diversidade da base de financiamento do sistema, inclusive criando novas fontes de financiamento, se necessário.

O objeto de pesquisa foi circunscrito a um universo temático constituído a partir de quatro eixos: a relação entre o padrão de acumulação do capital, organização do trabalho e a proteção social; concepção e financiamento da previdência social no Brasil no contexto da seguridade social; a condição estrutural do trabalho no Brasil e o seu impacto na cobertura da previdência social em períodos específicos do século XX; a (des)estruturação do trabalho e da seguridade social no Brasil no contexto de crise do capital na primeira década do século XXI e condições para a universalização da cobertura da previdência social.

O percurso realizado para elucidá-lo assentou-se em um referencial teórico-metodológico cujos eixos norteadores formaram-se a partir das categorias teóricas: trabalho, Estado, políticas sociais, seguridade social e previdência social.

A discussão sobre o *trabalho* ocupa lugar central neste livro. É a partir dela que outras categorias teóricas vão ganhando importância no trato do objeto de estudo. O diálogo em torno desta categoria desenvolveu-se, sobretudo, com Marx e Engels no que se refere ao seu significado para a constituição do ser social e na produção da vida material, nos marcos do capitalismo. Nas reflexões, contamos com o apoio das ideias de diversos autores que se colocam no campo da tradição marxista. Assim, as ideias apontadas neste livro sobre a categoria trabalho estão referenciadas no lastro desta tradição teórica e política.

Na visão marxiana, o trabalho possui dupla dimensão. Este livro reconhece e analisa estas duas dimensões do trabalho, a partir do que reafirma a sua centralidade na estruturação do capitalismo e das relações sociais na contemporaneidade. Um dos pressupostos afiançados por este estudo é, portanto, o de que a sua capacidade de gerar mais-valia continua insubstituível e vital para o capitalismo, mesmo em um contexto de desemprego crônico e de desestruturação do trabalho assalariado. Dessa forma, o capitalismo pode superexplorar a força de trabalho pela intensificação de seu uso, pode precarizar as relações de trabalho e restringir direitos dos trabalhadores, pode reduzir a criação e a oferta de postos de trabalho e aumentar o uso de tecnologias avançadas e de métodos de trabalho para incrementar a produção e elevar a produtividade, mas não pode prescindir da força humana de trabalho. É ela que produz a mais-valia que fundamenta o modo de produção capitalista.

No contexto *fordista/keynesiano* o trabalho assalariado confirmou-se como condição de acesso à proteção social. Foi a partir da relação capital/trabalho em conjunturas nas quais a correlação de forças entre as classes sociais esteve favorável aos trabalhadores e às suas lutas que vários direitos se viabilizaram, inclusive os direitos relativos à seguridade social. Isso aponta uma relação contextual entre *trabalho, Estado* e *políticas sociais*. E mostra que as diversas formas de intervenção do Estado são condicionadas pelos interesses e capacidade de classes sociais, os quais são determinados especialmente no nível da produção.

Assim, a categoria Estado é compreendida, neste trabalho, como uma expressão da luta de classes, o qual representa primordialmente os interesses da classe dominante. Porém, incorpora também relativamente as demandas da classe trabalhadora, explicitadas na luta de classes. Partindo dessa diretriz, a categoria Estado é debatida com base na contribuição de diversos autores da tradição marxista. Assim, suas funções são analisadas a partir de diferentes pontos de vistas. A seguinte passagem da obra de Iamamoto reúne os eixos centrais a partir dos quais os diálogos sobre o Estado e as suas funções no capitalismo se desenvolvem:

> É importante acentuar o papel que cumpre ao *Estado* nesse modo de dominação. O Estado tem o papel-chave de sustentar a estrutura de

classes e as relações de produção. O marxismo clássico já estabelecia as funções que pertencem ao domínio do Estado: criar as condições gerais da produção, que não podem ser asseguradas pelas atividades privadas dos grupos dominantes: controlar as ameaças das classes dominadas ou frações das classes dominantes, através de seu braço repressivo (exército, polícia, sistema judiciário e penitenciário); e integrar as classes dominantes, garantindo a difusão de sua ideologia para o conjunto da sociedade. Essas funções coercitivas se unem às funções integradoras, destacadas pela análise gramsciana, exercidas pela ideologia e efetivadas por meio da educação, cultura, dos meios de comunicação e categorias do pensamento. Para Mandel (1985) as funções repressivas e integradoras se entrelaçam para providenciar as condições gerais da produção (Iamamoto, 2007, p. 120).

O contexto contemporâneo é marcado pelo comando do capital financeiro sobre os processos de acumulação, articulado aos grandes grupos industriais transnacionais, como bem configura François Chesnais (2005, p. 35):

> O mundo contemporâneo apresenta uma configuração específica do capitalismo, na qual o capital portador de juros está localizado no centro das relações econômicas e sociais. As formas de organização capitalistas mais facilmente identificáveis permanecem sendo os grupos industriais transnacionais [...]. Mas a seu lado, menos visíveis e menos atentamente analisadas, estão as instituições financeiras bancárias, mas sobretudo as não bancárias, que são constitutivas de um capital com traços particulares.

Sob essa configuração do capitalismo contemporâneo o Estado assume funções diferenciadas das assumidas em outros contextos, porém sempre vinculadas às necessidades do capital, como bem delimita Iamamoto, apoiada em Husson (1999) e Ianni (2004b):

> A mundialização não suprime as funções do Estado, de reproduzir os interesses institucionalizados entre as classes e grupos sociais, mas, modifica as condições de seu exercício na medida em que aprofunda o fracionamento social e territorial. O Estado passa a presidir os "grandes

equilíbrios" sob a vigilância estrita das instituições financeiras supranacionais, consoante a sua necessária submissão aos constrangimentos econômicos, sem que desapareçam suas funções de regulação interna (Iamamoto, 2007, p. 121).

Quanto às políticas sociais, neste trabalho foram problematizados o seu surgimento e desenvolvimento no contexto da acumulação capitalista e da luta de classes, com o propósito de demonstrar os seus limites e possibilidades. Assim, a partir da perspectiva crítico-dialética, as políticas sociais foram concebidas "como uma mediação entre economia e política, como resultado de contradições estruturais engendradas pela luta de classes e delimitadas pelos processos de valorização do capital" (Behring, 2009b, p. 302).

Assim, foram analisadas, conforme sugere Behring (2009b, p. 304):

como processos e resultados de relações complexas e contraditórias que se estabelecem entre Estado e sociedade civil no âmbito dos conflitos e luta de classes que envolvem o processo de produção e reprodução do capitalismo, nos seus grandes ciclos de expansão e estagnação.

Esse esforço foi direcionado, sobretudo, para entender a seguridade social conforme estruturada no mundo capitalista no pós-guerra e instituída no Brasil, em 1988. Esforço equivalente foi feito para compreender a previdência social no âmbito da seguridade social.

No capitalismo, a seguridade social estruturou-se tendo como referência a organização social do trabalho e constituiu-se como o centro dos sistemas de proteção social. A sua conformação em cada país deu-se de acordo com as condições específicas do desenvolvimento do capitalismo, da luta de classes e capacidade de pressão da classe trabalhadora. Assim, assumiu uma face mais abrangente ou mais restrita, segundo o contexto em que se fundou e desenvolveu.

No Brasil, sua instituição aconteceu em um período histórico de luta por direitos sociais e restabelecimento das liberdades democráticas. Assim foi concebida como um conjunto articulado de ações de iniciativa dos poderes públicos e da sociedade, voltadas para viabilizar os direitos referentes à saúde, à previdência e à assistência social (Brasil, 2008a, art. 194) e foi orientada para atender a um conjunto de objetivos que apontam para a sua universalização e capacidade de incidir na redução da pobreza e das desigualdades sociais no país. Todavia, sua estruturação deu-se, no contexto da *onda longa recessiva*, sob os auspícios da ideologia liberal e financeirização do capital, o que corroeu o seu significado original. Constituiu grande conquista dos trabalhadores na década de 1980. No tempo presente "é, sobretudo, um campo de lutas e de formação de consciência crítica em relação à desigualdade social no Brasil, de organização dos trabalhadores" (CFESS, 2000, p. 2).

A caracterização da previdência social como política de seguridade social permite que seja comparada a um *contrato social*. Duas visões de *contrato social*, que serão analisadas neste trabalho, permeiam os debates entre os que assim a concebem: uma baseada na visão do liberal John Rwals (dominante) e outra na visão do democrata Rousseau. Assim, como uma política de seguridade social, que viabiliza direitos derivados e dependentes do trabalho, a previdência social tem sofrido as mesmas determinações econômicas e políticas que dilapidaram o significado da seguridade social. Sob a visão neoliberal, tem sido tratada como um seguro privado, como um *contrato social entre gerações de trabalhadores*, ao mesmo tempo que tem sido alvo de disputa do grande capital, como um negócio rentável. A perspectiva de ser um *contrato social democrático e solidário*, no contexto da universalização da seguridade social, aparece no contraponto desse debate e condição, nos marcos do capitalismo.

Esse é um microextrato do referencial teórico, que fundamenta o trato do objeto da pesquisa realizada, o percurso para elucidá-lo e as reflexões desenvolvidas neste livro.

O objetivo geral da pesquisa foi identificar limites e possibilidade de universalização da cobertura da previdência social no Brasil diante do aprofundamento da desestruturação do trabalho assalariado, da dilapidação da seguridade social e do elevado quantitativo de trabalhadores sem vinculação ao modelo atual de previdência social contributivo e fundamentalmente dependente do trabalho assalariado formal. Este objetivo geral vinculou-se aos seguintes objetivos específicos: recuperar o debate sobre o trabalho assalariado como condição de acesso à proteção social, sob o *fordismo/keynesianismo*, e sobre as funções da política social, principalmente da seguridade social à luz do pensamento de autores do campo da tradição marxista; resgatar o significado de seguridade social expresso pela Constituição Federal de 1988 e a concepção de previdência social como uma política de seguridade social, fundada na visão de *contrato social solidário e democrático*, com vista a mostrar a dilapidação dessa noção e, ao mesmo tempo, o potencial universalizante de proteção social que ela possui; evidenciar a condição estrutural do trabalho no Brasil na primeira década do século XXI, a partir da análise dos indicadores do trabalho e de seus rebatimentos na cobertura da previdência social; explicitar os diferentes graus de dependência histórica do sistema de previdência social no Brasil do trabalho assalariado estável, bem como os impactos e restrições que esta dependência impõe à universalização da previdência social no país; revelar o formato de financiamento e gasto da seguridade social estabelecidos pela Constituição Federal de 1988 e as suas potencialidades na direção da universalização do acesso ao sistema; mostrar o perfil das pessoas da PEA contribuintes do RGPS e dos não contribuintes para qualquer regime de previdência, na primeira década do século XXI; apontar limites e possibilidades de ampliação da cobertura da previdência social mediante o incremento do emprego estável, da plena efetivação do orçamento da seguridade social e da equidade na forma de participação no custeio da seguridade social, da promoção da filiação ao RGPS a partir da vinculação a outras ocupações diferentes do trabalho assalariado e da criação de novas formas de custeio da seguridade.

Recorte metodológico

O objeto de pesquisa foi abordado a partir da perspectiva crítico-dialética, e sob esta ótica, o esforço foi superar a aparência fenomênica e empírica referente à relação entre trabalho assalariado e previdência social no Brasil, especialmente na primeira década do século XXI, com vista a identificar, na essência dessa relação, os limites e possibilidades de avanços na direção da universalização da previdência social no país, no contexto de desestruturação do trabalho e da seguridade social.

No decorrer da pesquisa, tentou-se assegurar que a relação teoria/história perpassasse todo o processo investigativo, em decorrência da compreensão de que até mesmo as categorias mais abstratas são produtos de sua própria condição histórica e não possuem pleno valor senão nos limites destas condições (Marx, 2003). Do mesmo modo, procuramos conduzir as análises na perspectiva de totalidade, de forma que os complexos constitutivos da totalidade macro, estruturada e articulada, não fossem vistos como desconectados. Pois, como nos ensina Marx, a sociedade burguesa "é uma totalidade concreta" e o "concreto é concreto por ser a síntese de múltiplas determinações, logo, unidade da diversidade" (Marx, 2003, p. 248). O que, no dizer de Netto (2009, p. 690), em chave analítica lukacsiana, significa ser "uma totalidade concreta inclusiva e macroscópia, de máxima complexidade, constituída por totalidades de menor complexidade". E como tal, a sociedade burguesa é uma totalidade dinâmica, cujo movimento brota do caráter contraditório de todas as totalidades que a compõem. Para apreendê-la nesse movimento, é preciso descobrir as relações entre os processos que ocorrem nas totalidades que a constituem e entre elas e a totalidade macro, que é a própria sociedade.

Assim, com a pretensão de ir além do aparente, o ponto de partida foi a aproximação com o objeto, inserido na realidade concreta, a partir da reunião e tratamento de dados e informações já existentes sobre ele, obtidos por meio de revisão bibliográfica e de extração de banco de dados específico. Ainda que, quanto à estratégia para coleta de dados, se tenha realizado uma pesquisa fundamentalmente documental ou bibliográfica, "que se restringe à análise de documentos" (Appolinário, 2004, p. 152), foi adotada a extração de dados do Banco de Dados Agregados mantido pelo Instituto Brasileiro de

Geografia e Estatística (IBGE), o Sistema IBGE de Recuperação Automática (Sidra), em que se pôde capturar microdados da PNAD sobre trabalho, rendimentos e previdência disponíveis para os anos de 1987 a 2008.[20]

No curso da pesquisa, as fontes de dados e informações privilegiadas foram:

a) Sobre a condição do trabalho no Brasil: relatórios-sínteses e microdados das pesquisas anuais estruturais realizadas pelo IBGE, especialmente a Pesquisa Nacional por Amostra de Domicílios (PNAD), das décadas de 1980, 1990 e 2000, e Pesquisa Mensal de Emprego (PME) da década de 2000; as revistas *Análise da Seguridade Social* da Associação Nacional dos Auditores Fiscais da Receita Federal (Anfip), da década de 2000, e *Anuários dos Trabalhadores* do Departamento Intersindical de Estatística e Estudos Socioeconômicos (Dieese) dos anos de 2005 e 2008, e o estudo sobre o salário mínimo nominal e necessário, de 1994 a 2010;

b) Sobre a evolução de cobertura da previdência social: relatórios-sínteses e microdados disponíveis da Pesquisa Nacional por Amostra de Domicílios (PNAD/IBGE) do período entre 1987 a 2009, o documentário *Estatística do século XX* do Instituto Brasileiro de Geografia e Estatísticas (IBGE); *Informes de Previdência Social* da década de 2000, *Previdência em questão* do ano de 2008, produzidos pelo Ministério da Previdência Social, e estudos realizados pelo Ipea sobre o tema.

Os dados e informações dessas e outras fontes indicadas no subitem a seguir permitiram comparações referentes ao objeto investigado. Assim, após selecioná-los, foram organizados de modo a possibilitarem análises atribuindo-lhes significado na construção de respostas à indagação perseguida e aos objetivos pretendidos.

---

20. Não usamos dados sobre aos anos de 1991, 1994 e 2000 porque, nesses anos, a PNAD não ocorreu.

As categorias teóricas, o objeto de investigação e os objetivos pretendidos balizaram a organização dos dados e informações.

A análise dos conteúdos, em consonância com o problema e a delimitação do objeto foi realizada em duas dimensões interligadas: *histórica* e *comparativa*. Com isso, pretendeu-se uma aproximação com a condição estrutural do trabalho no país desde os primórdios da organização do mercado de trabalho no Brasil. Dedicou-se, porém, maior detalhamento aos períodos de 1930 a 1980 e às últimas três décadas, sobretudo à primeira década do século XXI e seu rebatimento na cobertura da previdência social, bem como a identificação de limites e possibilidades para a universalização da cobertura da previdência social, no contexto da desestruturação do trabalho e da dilapidação da seguridade social no país.

A dimensão *histórica* predominou no desenvolvimento do eixo *O padrão de acumulação do capital, organização do trabalho e a proteção social*, o qual, além de resgatar aspectos do debate acerca do trabalho assalariado como condição de acesso à proteção social e de sua centralidade na vida dos seres humanos e na determinação das relações sociais, a partir da visão marxiana, tratou como destaque os períodos em que foram hegemônicos: o padrão de acumulação *fordista* e a estruturação dos sistemas de proteção social (de 1945 à década de 1970); e o padrão de acumulação *flexível* e as mudanças no mundo do trabalho e nos sistemas de proteção social desde a década de 1970. O desenvolvimento deste eixo ofereceu informações e base teórico-contextual para as análises subsequentes.

Buscou-se maior interligação entre as duas dimensões de análise, *histórica* e *comparativa*, no tratamento dos eixos seguintes. O primeiro: *A condição estrutural do trabalho no Brasil e o seu reflexo na cobertura da previdência social em períodos específicos do século XX* no qual foram enfatizados: particularidades da formação do mercado de trabalho no país e da concomitante estruturação da previdência social com cobertura a categoriais específicas entre 1920 e 1970; a instituição da seguridade social no Brasil em um contexto internacional de mudanças no mundo do trabalho com reflexos no país e o seu rebatimento na cobertura da previdência social (década de 1980); e a reestruturação produtiva no Brasil e o seu impacto no mundo do trabalho e na cobertura da previdência na década de 1990. O segundo: *A (des)estruturação do trabalho e a cobertura da previdência social no Brasil no contexto da crise do capital na primeira década do século XXI*, no qual foram abordados: aspectos gerais da economia e da organização do trabalho no início do século XXI que desafiam a universalização da cobertura do RGPS; indicadores do trabalho nos anos 2000 comparados à PEA contribuinte ao sistema previdenciário e aos não contribuintes; e perfil dos contribuintes ao RGPS e dos não contribuintes para a previdência na primeira década do século XXI.

O desenvolvimento dos dois grandes eixos anteriormente arrolados possibilitou desvelar os aspectos centrais do objeto de pesquisa. Por um lado, identificaram-se os determinantes decorrentes da formação social e econômica do país que agiram sobre a estruturação do mercado de trabalho e da previdência social. Por outro, a relação orgânica entre variáveis do mercado de trabalho no país (taxa de desocupação; taxa de emprego; taxa de atividade; nível de ocupação; e níveis da renda média mensal real dos trabalhadores) e as variáveis da cobertura da previdência social no Brasil no curso da história (quantidade e perfil do público sob cobertura e fora dessa cobertura), especialmente na primeira década do século XXI. Por isso, as comparações entre as variáveis do mercado de trabalho e as variáveis relacionadas à cobertura previdenciária, conforme apontadas nos eixos temáticos comentados, foram efetuadas no desenrolar das análises, procurando-se situá-las historicamente.

O período principal de referência para a pesquisa foi a primeira década do século XXI, embora tenha-se recorrido a outros períodos para que a análise não ficasse incompleta. Nessa década, o destaque para os anos de 2001 a 2008 pela elaboração da maioria das tabelas e gráficos deveu-se ao fato de as PNADs serem fontes privilegiadas de dados, e de que em 2000 e em 2010 não houve PNAD porque foram anos de realização de censos populacionais; os microdados da PNAD 2009 só ficaram disponíveis em meados de outubro de 2010, quando já era muito tarde para utilizá-los e atender ao cronograma da pesquisa. Mesmo assim, os dados de 2009 foram amplamente utilizados em partes específicas do trabalho. A escolha dos dados das PNADs como privilegiados na pesquisa deveu-se ao fato de ser a única pesquisa estrutural existente no Brasil, realizada anualmente, que produz dados e informações sobre trabalho, rendimentos e o sistema previdenciário brasileiro, com possibilidades de comparações seriadas. Embora seja uma amostra expandida para a população é a única que atende aos propósitos desta pesquisa, que nos propusemos a realizar.

Os demais eixos temáticos descritos na delimitação do objeto foram agrupados, conforme indicado a seguir, e desenvolvidos numa perspectiva crítica, fundada no referencial teórico apontado, respeitando o contexto histórico em que os fatos ocorreram, dados e informações foram produzidos e normas foram estabelecidas. Além disso, comparações entre variáveis de um mesmo tema, mas de períodos ou anos diferentes, foram feitas (a exemplo das receitas e despesas da seguridade), bem como comparações entre variáveis de temas diferentes em um mesmo período também foram (por exemplo, a participação das diversas fontes de custeio nas receitas da seguridade e principais categorias cobertas pela previdência), com o propósito de desvendar o objeto de estudo, como sugerem os tópicos a seguir:

a) *A previdência social no Brasil no contexto da seguridade social: concepção e financiamento,* no qual foram tratados os tópicos, o significado de seguridade social na Constituição Federal de 1988; a concepção de previdência como um *contrato social* nas perceptivas *liberal* e na *rousseauniana;* formato de financiamento e gasto da seguridade social; balanços recentes entre as receitas e as despesas da seguridade social e importância de cada fonte no financiamento dos gastos do sistema.

b) *Condições para a universalização da cobertura da previdência social no contexto da (des)estruturação do trabalho e da seguridade social no Brasil* abordou os limites para a universalização da previdência no modelo atual; os limites de proteção aos desempregados e subempregados; estratégias recentes do governo federal para ampliar o acesso ao RGPS; e amostra de propostas dos movimentos sociais pela ampliação do acesso à previdência social.

As principais fontes de dados e informações foram:

1. Documentos estatísticos produzidos por órgãos públicos ou privados, de abrangências internacionais e nacionais sobre a condição do trabalho e a cobertura da previdência social no país na primeira década do século XXI, como:

a) Relatórios de pesquisas estruturais sobre a realidade econômica e social do país realizados pelo IBGE.

b) Livro-síntese Estatísticas do século XXI — IBGE.

c) Relatório de Desenvolvimento Humano — PNUD.

d) Microdados e Sínteses de Indicadores da Pesquisa Nacional por Amostra de Domicílio — PNAD/IBGE.

e) Anuários Estatísticos — MPS.

f) Anuários dos Trabalhadores — Dieese.

g) Relatórios das Pesquisas Mensais de Emprego — PME/IBGE.

h) Boletins estatísticos, informativos, periódicos, revistas, jornais, livros, arquivos em mídia eletrônica.

i) Teses.

2. Normas e regulamentos sobre o mundo do trabalho (mercado de trabalho, relações de trabalho e condições de trabalho) e a seguridade social no Brasil:

a) Constituição Federal.

b) Emendas Constitucionais.

c) Leis complementares, leis ordinárias.

d) Decretos do Executivo, decretos legislativos, portarias, resoluções.

e) Relatórios de gestão, planos de ação, programas e projetos governamentais.

3. Documentos técnicos, científicos e literários sobre o tema ou relacionado:

a) Livros, artigos, revistas, periódicos, informativos, portais virtuais.

b) Teses e dissertações.

c) Relatórios, comunicados, notas técnicas, pareceres técnicos, apresentações, sínteses, resenhas, balanços orçamentários e financeiros.

Quanto aos instrumentos e técnicas de pesquisas, a revisão bibliográfica e a análise de documentos, bem como a extração de microdados da PNAD do Sidra (Sistema do IBGE de Recuperação Automática), Banco de Dados Agregados mantido pelo IBGE foram os instrumentos utilizados, por meio deles se pôde fazer o levantamento e análise criteriosa dos dados e informações obtidos na perspectiva de revelar o objeto de investigação.

A condição estrutural do trabalho no país na primeira década do século XXI é complexa. Trata-se de uma década marcada pelo desemprego crônico, taxa de desocupação superior a 7%, taxa de atividade inferior a 63%, nível de ocupação inferior a 57,5% e um percentual de empregados com carteira assinada inferior a 60% no total de empregados no trabalho principal (IBGE, 2010, p. 269). Igualmente é complexa a cobertura previdenciária; em 2009, estimou-se cerca de 51,5 milhões da PEA fora da cobertura (Idem, ibidem).

Esses dados por si justificam esta pesquisa. Os seus resultados ajudaram a mostrar os limites para a universalização da cobertura da previdência social no modelo atual, e a apontar possibilidades de avanços na direção dessa universalização, em outra perspectiva. Com isso, espera-se subsidiar a luta dos trabalhadores e a ação dos formuladores das políticas de seguridade social para ampliar a proteção previdenciária.

Este livro organiza-se em cinco capítulos, além das considerações finais.

O primeiro capítulo, *Acumulação do capital, organização do trabalho e proteção social*, resgata o trabalho assalariado como condição de acesso à proteção social na sociedade capitalista, destacando as reflexões sobre o padrão de acumulação *fordista*, a organização do trabalho e a proteção social entre 1940 a 1970, e sobre a acumulação *flexível*, a condição estrutural do trabalho e os sistemas de proteção social a partir da década de 1970.

O segundo capítulo, *A previdência social no Brasil no contexto da seguridade social: concepção e financiamento*, aborda o significado da seguridade social na Constituição Federal de 1988, a concepção de previdência como um *contrato social*, o formato de financiamento e gasto da seguridade social, e os balanços recentes entre as receitas e as despesas da seguridade social e a importância de cada fonte no financiamento dos gastos do sistema.

O terceiro capítulo, *A condição estrutural do trabalho no Brasil e o seu reflexo na cobertura da previdência social em períodos específicos do século XX*, foi desenvolvido com ênfase nas particularidades da formação do mercado de trabalho e da estruturação da previdência social, com cobertura a categorias específicas (1920 e 1970); na instituição da seguridade social no Brasil em um contexto internacional de mudanças no mundo do trabalho com reflexos no país e o seu rebatimento na cobertura da previdência social (década de 1980); e na reestruturação produtiva no país e o seu impacto no trabalho e na cobertura do RGPS na década de 1990.

Já o quarto capítulo, *A (des)estruturação do trabalho e a cobertura da previdência social no Brasil no contexto da crise do capital na primeira década do século XXI*, estrutura-se a partir de três eixos: aspectos gerais da economia e da organização do trabalho no início do século XXI que desafiam a universalização da cobertura da previdência social; indicadores do trabalho nos anos 2000 comparados à PEA contribuinte ao sistema previdenciário e aos não contribuintes; e perfil dos contribuintes ao RGPS e dos não contribuintes para qualquer regime de previdência na primeira década do século XXI.

E o quinto capítulo, *Condições para a universalização da cobertura da previdência social no contexto da (des)estruturação do trabalho e da seguridade social no Brasil,* em que se discute limites à universalização da previdência social; limites de proteção aos desempregados e subempregados; estratégias recentes do governo federal para ampliar o acesso ao RGPS; e amostra de propostas dos movimentos sociais pela ampliação do acesso à previdência social. A título de considerações finais, são apontadas reflexões sob o título, possibilidades de avanços rumo à universalização da previdência social.

CAPÍTULO I

Acumulação do capital, organização do trabalho e proteção social

> O capital pressupõe o trabalho assalariado, e o trabalho assalariado pressupõe o capital. Eles se condicionam e se reproduzem, reciprocamente. Numa fábrica têxtil algodoeira, produz o trabalhador apenas artigos de algodão? Não, ele produz capital. Produz valores que servem de novo para comandar seu trabalho e para criar através deles mesmos, novos valores. (Karl Marx)[1]

Neste capítulo, o propósito é refletir sobre a relação entre a acumulação do capital, a organização do trabalho e os sistemas de proteção social em contextos históricos específicos. O ponto de partida é o debate sobre o trabalho, seus sentidos, centralidade no universo das atividades humanas e na determinação das relações sociais, e condição do trabalho assalariado estável como meio de acesso à proteção social. Na sequência, tem-se breve reflexão sobre a estruturação dos sistemas de proteção social sob o padrão de acumulação fordista,[2]

---

1. Cf. Marx (1988b, p. 673; nota 20).

2. Padrão de acumulação desenvolvido no século XX, com base na produção em massa, em unidades produtivas verticalizadas, na separação entre elaboração e execução no processo de trabalho, no trabalho parcelar, na produção em série, com controle rígido do tempo. A base da

entre as décadas de 1940 a 1970 e, posteriormente, sobre a condição desses sistemas sob o padrão de *acumulação flexível*,[3] a partir da década de 1970. Neste texto, reflexões já desenvolvidas e divulgadas por mim são retomadas sob nova forma.[4] O capítulo contém três subitens.

1.1 O trabalho assalariado como condição de acesso à proteção social

É por meio do trabalho consciente que o ser humano se distingue dos animais irracionais, modifica e domina a natureza, imprimindo-lhe configuração útil à vida humana.[5]

Para produzir os meios de subsistência, os seres humanos estabelecem relações, as quais variam de acordo com o nível de desenvolvimento dos meios de produção e ocorrem em condições históricas determinadas.[6] Dessa forma, a produção é uma atividade social e histórica que gera objetos materiais e relações sociais entre pessoas e classes sociais. A produção social gera também ideias e representações que expressam as relações sociais, pois os seres humanos, ao desenvolverem sua produção material, transformam o seu pensamento a partir da realidade que lhes é própria. Como bem assinalaram Marx e

---

acumulação está na aposta do consumo de massa, possibilitado pelos salários e tempo livre para os operários. Sua estruturação partiu da ideia de Henry Ford, em 1914, que foi o primeiro a praticá-la.

3. Conforme caracterização de David Harvey (2004c).

4. Neste capítulo, há ideias que estão no livro, de minha autoria, *Trabalho e população em situação de rua no Brasil*, publicado pela Cortez Editora e aparecem com nova redação. Cf. Silva (2009).

5. Cf. Marx e Engels (2002, p. 10-1); e Marx (1988a, p. 202).

6. Marx considera meios de produção as condições materiais necessárias à realização do processo de trabalho: os meios de trabalho (instrumento de trabalho) e o objeto de trabalho (matéria a que se aplica o trabalho). Para ele, o que distingue as diferentes épocas econômicas é o como se faz. Os meios de trabalho medem o desenvolvimento da força humana de trabalho e indicam as condições sociais em que o trabalho se realiza. O grau de desenvolvimento das forças produtivas, por sua vez, implica a divisão social do trabalho, cujos estágios diferentes representam formas diversas de relações entre os indivíduos no tocante à matéria, aos instrumentos e produtos do trabalho, isto é, formas diferentes de propriedade: tribal, comunal, feudal, capitalista etc. Sobre isso, cf. Marx (1988a, p. 201-24); e Marx e Engels (2002, p. 10-21).

Engels (2002, p. 20), "não é a consciência que determina a vida, mas sim a vida que determina a consciência", ou melhor, "não é a consciência dos homens que determina o seu ser; é o seu ser social que, inversamente, determina a sua consciência" (Marx, 2003, p. 5).[7]

O processo de produção em qualquer formação social é contínuo e percorre periódica e ininterruptamente as mesmas fases, assim é também um processo de reprodução. Destarte, o trabalho humano como atividade do processo de produção social dos meios de vida dos seres humanos é estruturante da sociabilidade, central na formação da consciência e na determinação do modo de vida destes seres. Sob esta ótica, o trabalho é condição básica da história da humanidade, pois a sociedade não para de consumir e de produzir.[8]

Como atividade geradora de valores-de-uso,[9] o trabalho é essencial para manter a vida humana, pois é vital para o intercâmbio material entre o ser humano e a natureza (Marx, 2003, 1988a; Marx e Engels, 2002). Nessa condição, os diferentes valores-de-uso são produtos do trabalho de distintos indivíduos. Assim, visto isoladamente, ainda que seja "objeto de necessidades sociais, [...] ligado ao todo social, o valor-de-uso não exprime nenhuma relação social de produção" (Marx, 2003, p. 12). Do ponto de vista econômico, na sociedade capitalista, em que a mercadoria é fonte elementar da riqueza (Marx, 2003; 1988a), o trabalho é visto como uma expressão da relação social baseada na propriedade privada, no dinheiro e no capital. Deixa de ser visto apenas como atividade vital do ser humano e passa a ser trabalho assalariado, alienado, fetichizado, "um meio de criar a riqueza" (Marx, 2003, p. 253).

Desse modo, o trabalho materializado na mercadoria, segundo Marx (1988a; 2003), possui duplo significado. É dispêndio de força de

---

7. José Paulo Netto e Marcelo Braz, ao refletirem sobre o sentido de "ser social" segundo a visão de Marx, destacam: "O que chamamos de sociedade são os modos de existir do ser social: é na sociedade e nos membros que a compõem que o ser social existe: a sociedade, e seus membros, constitui o ser social e dele se constitui" (Netto e Braz, 2006, p. 37).

8. Cf. Marx e Engels (2002, p. 10-21) e Marx (1988b, p. 659-73).

9. Para Marx, a utilidade de uma coisa faz dela um valor-de-uso, que se realiza com o consumo. Os valores-de-uso formam o conteúdo material da riqueza, em qualquer forma social. Cf. Marx (1988a, p. 42).

trabalho especial, para uma finalidade específica, e em função disso, trabalho útil e concreto que produz valores-de-uso, voltado para o atendimento das necessidades sociais. Mas, é também, no sentido fisiológico, dispêndio de força humana de trabalho e, como tal, trabalho humano igual ou abstrato, "no qual se apaga a individualidade dos trabalhadores" (Marx, 2003, p. 14) e, nessa condição, determina o valor das mercadorias.

As relações entre as pessoas, grupos e classes sociais nos processos que geram o valor das mercadorias ocorrem sob a aparência de uma relação entre coisas, como diz Marx:

> O trabalho criador de valor-de-troca caracteriza-se, finalmente, pelo fato de as relações entre pessoas se apresentarem por assim dizer como que invertidas, *como uma relação social entre coisas*. É comparando um valor de uso com [...] outro na sua qualidade de valor-de-troca que o trabalho das diversas pessoas é comparado no seu aspecto de trabalho igual e geral. Se é pois verdade dizer que o valor-de-troca é uma relação entre pessoas, é necessário acrescentar: *uma relação que se esconde sob a aparência das coisas* (Marx, 2003, p. 19-20; grifos nossos).

Dessa maneira, para compreender o trabalho como criador do valor das mercadorias, é preciso compreender também a produção do capital. Marx (1988a; 1988b, 2003, 2005a, 2005b) explica a produção do capital a partir da mercadoria. Para ele, inicialmente, as mercadorias apresentam-se em sua forma natural, como valores-de-uso. Mas só são mercadorias por serem ao mesmo tempo coisas úteis e veículos de valor. Uma coisa pode ser útil sem ser valor, como o ar, pois sua utilidade não decorre do trabalho humano. Igualmente, uma coisa pode ser útil, fruto do trabalho humano e não ser mercadoria, como aquela produzida para consumo próprio. Para ser mercadoria, o valor-de-uso precisa ter destinação social e chegar a quem vai servir por meio da troca.[10] Como valores-de-uso, as mercadorias constituem o valor material da riqueza. Coisa alguma pode ser valor, se não é útil. As coisas

---

10. Sobre o assunto, cf. Marx (1988a, p. 48, 189-90, 683).

PREVIDÊNCIA SOCIAL NO BRASIL

só são mercadorias quando possuem a forma natural, como valor-de-uso e a forma de valor.

O valor da mercadoria é determinado pelo tempo de trabalho socialmente necessário à sua produção[11] e torna-se visível como valor-de-troca quando as mercadorias se confrontam na troca e o valor-de-troca passa a ter um valor expresso sob a forma de dinheiro. Na circulação, o dinheiro é meio de compra ou pagamento e realiza o preço da mercadoria. Para transformar o dinheiro em capital é preciso, por um lado, na esfera da circulação, converter o dinheiro que exercerá a função de capital em meios de produção e força de trabalho.[12] Por outro, na produção, é preciso transformar os objetos de trabalho (matéria a que se aplica o trabalho) em mercadoria, cujo valor seja superior à soma dos valores das mercadorias necessárias para produzi-la (meios de produção e força de trabalho). Assim, as mercadorias produzidas devem conter o valor desembolsado para a aquisição dos meios de produção e da força de trabalho, acrescido de mais-valia.[13] As mercadorias resultantes são vendidas no mercado e seus valores convertidos em dinheiro, o qual é novamente convertido em capital. A repetição periódica desse ciclo constitui a reprodução simples do capital. A reprodução em escala ampliada constitui a acumulação.[14] Portanto, como diz Marx (2003, p. 247), "o capital, [...] sem o trabalho assalariado, [...] não é nada", ou seja, no modo de produção capitalista, há uma relação de dependência orgânica do capital em relação ao trabalho assalariado. É dessa relação de exploração do capital sobre o trabalho assalariado que se origina a acumulação. Como não há capitalismo sem acumulação,

---

11. Segundo Marx, "tempo de trabalho socialmente necessário é o tempo de trabalho requerido para produzir-se um valor-de-uso qualquer, nas condições de produção socialmente normais, existentes, e com grau médio de destreza e intensidade de trabalho". Cf. Marx (1988a, p. 46).

12. Para Marx, força de trabalho é o conjunto das faculdades físicas e mentais existentes no corpo e na personalidade de um ser humano, as quais ele põe em ação quando produz valores-de-uso de qualquer espécie. Cf. Marx (1988a, p. 187).

13. A mais-valia constitui o excedente do valor do produto em relação ao valor dos componentes consumidos (meios de produção e força de trabalho). Cf. Marx (1988a, p. 234).

14. Para Marx, a aplicação da mais-valia em capital ou a nova transformação da mais-valia em capital constitui a acumulação. Cf. Marx (1988b).

a exploração do capital sobre o trabalho é inerente a este modo de produção. Como o que move o capital é a busca incessante pelo máximo de lucro, o seu alcance pressupõe o máximo de mais-valia e de exploração do trabalho.

A partir das assertivas marxianas de que as coisas só são mercadorias quando constituem valor-de-uso e valor, e que a mola propulsora do capital é a busca por lucros e expansão da produção, István Mészáros oferece-nos uma importante reflexão contemporânea sobre o assunto. Para o autor, nesta etapa contemporânea do capitalismo, "o impulso capitalista para a expansão da produção não está de modo algum necessariamente ligado à necessidade humana como tal, mas somente ao imperativo abstrato da 'realização' do capital" (Mészáros, 2009, p. 677) ou, como diz Ricardo Antunes, ao comentar a visão e apresentar a obra de Mészáros ao Brasil, "o capital não trata valor-de-uso (o qual corresponde diretamente à necessidade) e o valor-de-troca como estando separados, mas de um modo que subordina o primeiro ao último" (Antunes, 2009, p. 17). Logo, há um incentivo exorbitante ao consumo, tornando obsoletas mercadorias que às vezes não chegam nem a ser usadas, mas mesmo sem jamais serem usadas, ao serem comercializadas, as mercadorias cumprem, para o capital, sua utilidade expansionista e reprodutiva.[15]

No modo de produção capitalista, a jornada de trabalho é composta por duas partes: uma é determinada pelo tempo de trabalho necessário à produção e reprodução da força de trabalho (tempo que determina o valor do salário) e a outra corresponde ao trabalho excedente (trabalho não pago, mas utilizado pelo capitalista). Assim, a jornada de trabalho compreende o trabalho necessário (pago) e o trabalho excedente (não pago). A mais-valia é a parte do valor total da mercadoria em que se incorpora o trabalho excedente. É o valor excedente do produto, em relação ao valor dos componentes consumidos (Marx, 1988a, p. 210-369; 1988b, p. 583-647; 2005a; 2005b). A produção da mais-valia ocorre pela dilatação da jornada de trabalho (mais-valia

---

15. Cf. Mészáros (2009, caps. 15 e 16, p. 634-700).

absoluta) ou pela contração do tempo de trabalho necessário e extensão do trabalho excedente (mais-valia relativa) (Marx, 1988b). A mais-valia é a base de sustentação do capitalismo, sem ela não existe acumulação. Como a mais-valia resulta do trabalho humano, a compra da força de trabalho é essencial ao capital. Por isso, Mészáros (2009, p. 30), confirmando a visão de Marx, diz que "o capital depende absolutamente do trabalho — no sentido de que o capital inexiste sem o trabalho, que ele tem de explorar permanentemente". A força de trabalho é uma mercadoria diferente de todas as outras pela sua capacidade de gerar valor e valorizar o capital (Marx, 1988a, p. 263; 1988b, p. 618; 623-24), ou seja, "ela cria valor — ao ser utilizada, ela produz mais valor do que o necessário para reproduzi-la, ela gera um valor superior ao que custa" (Netto e Braz, 2006, p. 100). Portanto, é preciso que a força de trabalho seja reproduzida continuamente para ser adquirida pelo capitalista. O salário e as políticas sociais têm, entre outras, esta função de reprodução da força de trabalho. As políticas sociais decorrem, por um lado, das necessidades de acumulação do capital, e por outro, das necessidades de proteção e reprodução material dos trabalhadores. Elas são estruturadas com a mediação do Estado, em contextos particulares de acumulação e/ou da luta de classes, em que interesses antagônicos entre as classes sociais fundamentais estão em jogo, o que pressupõe organização e capacidade de pressão dos trabalhadores. Isso revela a relação entre acumulação do capital, organização do trabalho e proteção social, como mostra Gough, ao falar das funções do Estado social sob o capitalismo:

> [...] un marco para o entendimiento de las funciones del Estado del bienestar bajo el capitalismo. Desde el punto de vista de la economía política podemos distinguir su función de *reproducción de fuerza de trabajo de mantener la población no trabajadora*. En un contexto más amplio estas actividades pueden relacionarse con las funciones de *asegurar la acumulación y la legitimación* (Gough, 1978, p. 125; grifos nossos).*

---

* [...] uma referência para o entendimento das funções do Estado de bem-estar sob o capitalismo. Do ponto de vista da economia política, podemos diferenciar sua função de *reprodução*

Ao analisar o desenvolvimento do capitalismo e da política social, Ian Gough mostra que a acumulação do capital gera continuamente novas necessidades ou requisitos na área de política social. Assim, destaca a industrialização como impulsionadora do trabalho assalariado e também de tempos difíceis para os trabalhadores, como o enfrentamento da velhice e das enfermidades diante do desemprego e da falta de renda, e mostra que os sistemas de seguridade social surgem, entre outras razões, para responder a essa situação:

> Las contingencias como la vejez o la enfermedad dejan a las familias de la clase trabajadora sin defensa de forma totalmente distinta a la de, por ejemplo, un campesino. Es mas, el capitalismo genera una nueva contingencia sin precedentes: el desempleo. El subempleo, la falta de trabajo en ciertas estaciones del ano e incluso el empleo ocasional, todos ellos eran conocidos antes de la Revolución Industrial, pero la falta de cualquier actividad productiva es un fenómeno peculiar del capitalismo.
> La misma condición de ser asalariado, entonces, expone a la familia a las dificultades de perdida del salario, sea por la razón que sea. El desarrollo de los modernos sistemas de seguridad social está basado en este hecto primordial (Gough, 1978, p. 94-5).*

Desse modo, as inseguranças intrínsecas a esta nova forma de trabalho — o trabalho assalariado — assumem características diferentes em relação a outras formas de trabalho conhecidas pelos trabalhadores, antes da industrialização. Tais diferenças manifestam-se, sobretudo, pelo desemprego ou perda do salário por qualquer razão,

---

de força de trabalho de manter a população não trabalhadora. Num contexto mais amplo, estas atividades podem ser relacionadas com as funções de *assegurar a acumulação e a legitimação.*

* As contingências, como a velhice ou a doença, deixam as famílias da classe trabalhadora indefesas, porém, de forma totalmente diferente, por exemplo, às famílias de camponeses. E mais, o capitalismo gera uma nova contingência sem precedentes: o desemprego. O subemprego, a falta de trabalho em certas estações do ano e, inclusive, o emprego temporário já eram conhecidos antes da Revolução Industrial, no entanto, a falta de qualquer atividade produtiva é um fenômeno peculiar do capitalismo.

A mesma condição de ser assalariado, então, expõe a família às dificuldades de perda do salário, seja qual for a razão. O desenvolvimento dos modernos sistemas de previdência social baseia-se neste fato primordial.

deixando o trabalhador assalariado e a sua família expostos a diversas dificuldades, sem ter como superá-las, pela inexistência de rendimentos. Essa situação nova e complexa para os trabalhadores e suas famílias e as inseguranças e tensões políticas dela decorrentes explicam, parcialmente, o surgimento dos sistemas de proteção social, como um dos mecanismos capazes de restabelecer a renda perdida pelos trabalhadores em face do desemprego e/ou da incapacidade temporária ou permanente para o trabalho.

As reflexões de Ian Gough sugerem que o trabalho assalariado tornou-se condição de acesso à proteção social, no capitalismo industrial, sobretudo, no contexto do fordismo, quando se estruturaram os sistemas de proteção social, conformando o Estado social.[16]

Partindo da análise acerca do papel da política social no conjunto das estratégias anticíclicas, no contexto da política keynesiana de elevar a demanda global a partir da ação do Estado, Behring, apoiada em Mandel, oferece importantes subsídios, na mesma linha de raciocínio apontada por Gough (1978), conforme mencionado anteriormente. Diz a autora:

> O crescimento dos seguros sociais tem múltiplas causas, e sua evolução enquanto estratégia anticíclica ocorre, sobretudo, a partir de 1929.[17] Inicialmente, houve pressão do movimento operário em torno da *insegurança da existência* que peculiariza a condição operária (desemprego, invalidez, doença, velhice). Superando o recurso à caridade e à beneficência privada pública, o movimento operário impõe o princípio dos *seguros sociais*, criando caixas voluntárias e, posteriormente obrigatórias para cobrir perdas. Este processo levou ao princípio da *segurança social*, a partir do qual os assalariados deveriam ter cobertura *contra toda perda de*

---

16. Isso não significa que não existiram experiências anteriores. Na realidade, existiram experiências desde o surgimento dos seguros acidente, saúde e velhice na Alemanha, entre 1883 e 1889, como analisaremos em outros capítulos. Mas a generalização e fortalecimento dos sistemas de proteção social, que nasceram derivados e dependentes do trabalho assalariado, ocorreram no pós-Segunda Guerra Mundial, no contexto mencionado pelo autor.

17. A autora notifica: "o que não significa a ausência de experiências anteriores, como o sistema bismarkiano na Alemanha. No entanto, o que se quer delimitar é o período de generalização da constituição de padrões de proteção social".

salário corrente (Mandel, 1978, p. 83). [...] A partir do período já delimitado, o Estado, enquanto gestor das medidas anticrise, implementa sistemas nacionais de seguridade (Behring, 2007, p. 167; grifos da autora).

Deve-se registrar, todavia, que Ian Gough destaca que a proteção ao trabalhador não é a única razão pela qual existem os sistemas de seguridade social. Em última instância, esses sistemas atendem às necessidades de organização capitalista na indústria e influenciam a disciplina do trabalhador na fábrica, ou seja, atendem às necessidades de controle do capital sobre o trabalho. Por isso, alguns benefícios vinculam-se a uma "boa conduta":

> [...] el sistema de seguridad social nunca ha sido una respuesta a un proceso puramente técnico de industrialización. Siempre ha sido esencial, por ejemplo, para mantener el incentivo al trabajo y para reforzar la disciplina de la fábrica sobre la fuerza del trabajo cuando actúa el seguro de desempleo. Por esta razón, en todos los países capitalistas avanzados, a un trabajador se le puede negar el subsidio de desempleo si el/ella ha dejado un trabajo previo sin una "buena causa", o fue despedido por "mala conducta" o si niega a aceptar una oferta distinta de trabajo, o participa en una huelga. En ultimo término esto se adapta a las necesidades de la organización capitalista de la industria (Gough, 1978, p. 95).*

Isso demonstra que o Estado social viabilizou proteção social ao trabalho, por meio dos sistemas de proteção social, mas esses sistemas também foram constituídos para atender às necessidades de acumulação do capital e de legitimação do sistema capitalista naquele contexto do capitalismo monopolista sob o fordismo/keynesianismo.

---

* [...] o sistema de previdência social nunca foi uma resposta a um processo puramente técnico de industrialização. Sempre foi essencial, por exemplo, para manter o incentivo ao trabalho e para reforçar a disciplina da fábrica sobre a força do trabalho, quando o seguro-desemprego passa a atuar. Por esta razão, em todos os países capitalistas avançados, é possível negar ao trabalhador o subsídio de desemprego se ele/ela deixou um emprego anterior sem uma "boa razão", ou foi demitido por "má conduta" ou se não quis aceitar uma oferta diferente de trabalho, ou, ainda, participa de uma greve. Em última instância, isto se adapta às necessidades da organização capitalista da indústria.

Desse modo, as políticas sociais no âmbito do Estado social constituíram-se para atender às reivindicações dos trabalhadores assalariados, os quais em face do pacto social com os capitalistas, que incluía a busca do pleno emprego, adquiriam grande capacidade de pressão política e negociação econômica. Mas também essas políticas se estabeleceram por necessidade e interesse do capital, conforme veremos de modo mais detalhado, no item subsequente. No entanto, é importante antecipar um instigante comentário de Ian Gough sobre as razões que explicam por que a luta dos trabalhadores por melhores condições de vida por meio da intervenção do Estado pode, em longo prazo, favorecer aos interesses do capital.

O autor explica, inicialmente, que com o propósito de compreender melhor a origem e as funções das diferentes políticas do Estado social, iniciou suas investigações pelo estudo de Marx sobre a legislação fabril na Inglaterra no século XIX, o qual demonstra que a legislação fabril resultou da luta da classe trabalhadora contra a exploração. Entretanto, esta legislação, em última instância, "sirvió a los intereses a largo plazo del capital evitando la explotación excesiva y el agotamiento de la fuerza de trabajo" (Gough, 1978, p. 127), ainda que essa legislação tenha sido contrária aos interesses imediatos de cada capitalista individualmente. Para o autor, a intervenção do Estado, naquele contexto, era necessária para vencer as pressões do mercado sobre cada empresa privada e, esta intervenção não foi uma iniciativa dos capitalistas, ocorreu em decorrência de séculos de lutas dos trabalhadores, como registra Marx. Todavia, esse processo é um tanto paradoxal, pois também favoreceu ao capital. Essa leitura pode se aplicar a alguns aspectos do que ocorreu em relação ao Estado social:

> Paradójicamente, parece que la clase trabajadora coadyuva indirectamente a la acumulación de capital a largo plazo y que fortalece las relaciones sociales capitalistas luchando por sus propios intereses dentro del Estado. Uno podría aplicar este enfoque a buena parte de la política de bienestar de este siglo. El meollo de la cuestión está en el hecho de que la clase trabajadora es tanto un elemento del capital (capital variable) como una clase de seres humanos que viven esforzándose por mejorar

sus necesidades y su nivel de vida. Por esto todavía nos deja con varios problemas pendientes (Gough, 1978, p. 128).*

Diante dessa e de outras reflexões, o autor descreve a natureza contraditória do Estado capitalista, afirmando que este: "proporciona el terreno político sobre el cual la lucha de clases tiene lugar y se puede resolver temporalmente, y es también un mecanismo para asegurar la acumulación y reproducción del capital y sus relaciones sociales"** (Idem, ibidem, p. 128).

Nota-se que a visão de Ian Gough sobre as funções do Estado social (reprodução da força de trabalho e da população não trabalhadora, apoio à acumulação do capital e legitimação do modo de produção capitalista) possui certa conexão com a visão de Ernest Mandel sobre as funções do Estado no capitalismo. Isso fica evidente na seguinte formulação mandeliana:

> as funções superestruturais que pertencem ao domínio do Estado podem ser genericamente resumidas como a proteção e a reprodução da estrutura social (as relações de produção fundamentais), à medida que não se consegue isso com os processos automáticos da economia (Mandel, 1982, p. 333).

Compreender a natureza do capitalismo e do papel do Estado nesse modo de produção, em contextos de seu desenvolvimento, é essencial para entender a relação entre acumulação, organização do trabalho e proteção social, o que será retomado posteriormente. Até

---

* Paradoxalmente, parece que a classe trabalhadora é indiretamente coadjuvante da acumulação de capital a longo prazo e que fortalece as relações sociais capitalistas, lutando por seus próprios interesses dentro do Estado. Poderíamos aplicar esta perspectiva a boa parte da política de bem-estar deste século. O cerne da questão está no fato de que a classe trabalhadora é tanto um elemento do capital (capital variável), como uma classe de seres humanos que vivem se esforçando por melhorar suas necessidades e seu nível de vida. Por isso, ainda nos deixa com vários problemas pendentes.

** Proporciona o terreno político sobre o qual a luta de classes tem lugar e pode ser resolvida temporariamente, e é também um mecanismo para assegurar a acumulação e reprodução do capital e suas relações sociais.

aqui, o essencial é acentuar o trabalho assalariado como condição de acesso à proteção social. Nessa perspectiva, Castel (1998), embora demonstre visão teórica e política diferente de Gough (1978) e Mandel (1982), oferece contribuições ao debate.

O autor considera que a condição de assalariado existiu, de modo disperso, desde a sociedade pré-industrial e que a Revolução Industrial antecipou "a condição salarial" moderna, sem manifestá-la como uma unidade, o que só ocorreu na era fordista. Para ele, a "condição salarial" caracteriza-se por ser uma situação social em que quase todos são assalariados e a identidade social é definida pela posição ocupada na escala social, na qual os assalariados estabelecem sua identidade, realçando a diferença em relação ao escalão inferior e almejando ascensão ao estrato superior.[18] Assim, a "sociedade salarial" é movida pelas aspirações de promoção pelo consumo, por novas posições, direitos, garantias e proteções.

Para o autor, a consolidação dos sistemas de proteção social no fordismo deu-se de forma vinculada e dependente da condição salarial:

> Compreende-se, assim, que a condição de assalariado seja, simultaneamente, a base e o calcanhar de aquiles da proteção social. A consolidação do estatuto da condição de assalariado permite o desenvolvimento das proteções, ao passo que sua precarização leva novamente à não seguridade social (Castel, 1998, p. 413).

Ao analisar a crise iniciada na década de 1970, Castel (1998) destaca que as mudanças na conjuntura do emprego são as principais manifestações da crise que afetou a "sociedade salarial", a partir de então. O desemprego, a precarização do trabalho e a desestabilização dos estáveis e a fragilização dos sistemas de proteção social são aspectos que marcam essas mudanças. Porém, para o autor, na França ainda se vive da sociedade salarial e dos sistemas de proteções que restaram, e "o trabalho continua sendo uma referência não só economicamente,

---

18. 1975 é considerado pelo autor o ano da apoteose da sociedade salarial na França (Castel, 1998, p. 452).

mas também psicologicamente, cultural e simbolicamente dominante, como provam as reações dos que não o têm" (Idem, ibidem, p. 578).

Para ele, a inscrição no mundo do trabalho como condição para acesso à proteção social continua muito forte e, embora a "sociedade salarial" não seja perene, é uma construção histórica que sucedeu a outras formações sociais, a qual "pode permanecer como referência viva, porque realizou uma montagem não igualada entre trabalho e proteções" (Idem, ibidem, p. 580). Portanto, uma das construções inéditas da história social depois do século XIX foi "[...] o sutil acoplamento da seguridade e do trabalho" (Castel, 1998, p. 280).

Sobre essa relação seguridade social e trabalho, no âmbito da análise sobre o trabalho assalariado como condição de acesso à proteção social, convém resgatar ideias de Ana Elizabete Mota difundidas em sua obra *Cultura da crise e seguridade social*, publicada em 1995. A autora, ao falar sobre os sistemas de proteção social que se instalaram nas sociedades capitalistas ocidentais, destaca, inicialmente, que "os sistemas de proteção social conformam um conjunto de práticas na área da previdência, saúde e assistência social, que se vinculam estreitamente com as necessidades do processo de assalariamento na fase de acumulação intensiva" (Mota, 1995, p. 125). E prosseguindo em suas reflexões, a autora, apoiada em Coriat (1985), diz que "no horizonte capitalista, sempre estiveram presentes *os limites* da seguridade social diante da questão do trabalhado assalariado" (Idem, ibidem, p. 129; grifos da autora), pois ao capital não interessa divulgar junto aos operários que é possível se obter renda sem trabalho. Dessa convicção, diz ela, origina-se o princípio definidor da seguridade social: "só se beneficiarão da assistência social aqueles que não se podem submeter ao trabalho assalariado; por igual, não se beneficiarão da previdência aqueles que não tenham emprego" (Idem, ibidem, p. 129). Esse comentário da autora ajuda a explicitar a função político-ideológica da seguridade social, sobretudo dos seguros sociais na legitimação das relações de exploração que fundam a sociedade capitalista e se expressam no trabalho assalariado. Depreende-se, pois, que o fato de somente os trabalhadores assalariados poderem ter acesso aos benefícios advindos

dos seguros sociais, como mecanismos de preservação da renda em decorrência de incapacidade temporária ou permanente ao trabalho, funciona como "sedução" ao trabalho.

Os trabalhos de Ivanete Boschetti[19] também recuperam a justaposição contraditória entre previdência e assistência social mediada pelo trabalho como condição de acesso aos direitos: "o trabalho é o elemento que assegura inclusão na previdência [...]. De forma inversa, as prestações monetárias asseguradas pela assistência são destinadas aos que por algum tipo de incapacidade [...] estão impossibilitados de trabalhar" (Idem, ibidem, p. 64).

A dupla motivação para a criação dos sistemas de proteção social — atender a necessidades do capital e dos trabalhadores assalariados estáveis — tornou-se bem visível nos processos que resultaram no desenvolvimento desses sistemas nos países do capitalismo avançado. Da mesma forma, tornou-se nítida a grande dependência desses sistemas da contribuição dos próprios trabalhadores, ainda que os empregadores e, em alguns países, o Estado também tenham participação na formação do fundo público destinado a sustentá-los. De qualquer modo, como diz Behring (2007, p. 167-8):

> O Estado [...] implementa sistemas nacionais de seguridade, com contribuição tripartite (usualmente), tomando emprestado as enormes somas mobilizadoras. Tais sistemas nunca foram financiados pelo imposto progressivo sobre o lucro, o que poderia constituir uma verdadeira redistribuição em favor dos trabalhadores [...] Dessa forma, o salário indireto, ou diferido, que é sustentado pela taxação dos trabalhadores, além de configurar um empréstimo ao Estado, [...] também responde à baixa da *procura total* (grifos da autora).

No Brasil, a relação trabalho assalariado formal e proteção social, sendo o primeiro um condicionante da segunda, fez-se notar, desde o início do desenvolvimento do sistema de proteção social no país, a

---

19. Cf. Boschetti (2003 e 2006).

partir do seguro social, sofrendo modificações após a instituição da seguridade social, em 1988, como será demonstrado adiante.

No tempo presente, a caracterização do trabalho assalariado como condição de acesso à proteção social nos países capitalistas é uma visão que se apoia na compreensão de que, apesar de mudanças intensas na condição do trabalho, desde meados da década de 1970, o trabalho assalariado permanece central no universo das atividades humanas e na estruturação das relações sociais no capitalismo. Aqui, vale destacar que, embora esta visão seja dominante entre os autores do campo da tradição marxista, não é consensual.

Para André Gorz,[20] o trabalho útil na visão marxiana não é elemento de integração social. Ademais, o trabalho com finalidade econômica[21] tornou-se atividade dominante, a partir da industrialização, e nessa situação, foi condição de acesso à proteção social. Para ele, as chamadas "sociedades do trabalho"[22] são recentes e, nelas, o trabalho remunerado aparece como fundamento de direitos e fator de socialização:

> É pelo trabalho remunerado (mais particularmente, pelo trabalho assalariado) que pertencemos à esfera pública, adquirimos uma existência e uma identidade social (isto é, uma profissão), inserimo-nos em uma rede de relações e de intercâmbios, onde a outros somos equiparados e sobre os quais vemos conferidos certos direitos, em troca de certos deveres. O trabalho socialmente remunerado e determinado — mesmo para aqueles e aquelas a quem falta trabalho — é, de longe, o fator mais importante da socialização. Por isso, a sociedade industrial pode perceber a si mesma como uma 'sociedade de trabalhadores', distinta de todas as demais que a precederam. [...] Esse trabalho necessário à subsistência, com efeito, jamais foi fator de integração social (Gorz, 2003, p. 21-2).

---

20. André Gorz tem o trabalho como centro de sua obra. Militante de esquerda teve o socialismo como horizonte. Ao final de sua vida, porém, já não acreditava na capacidade revolucionária da classe trabalhadora. Sua visão sobre o trabalho e o lugar deste na sociedade provocou polêmicas. Seu *locus* de pesquisa é a Europa, contudo sua obra repercute no Brasil.

21. Expressão usada pelo autor como sinônimo de emprego e trabalho assalariado. Cf. Gorz (2003, p. 21).

22. O autor utiliza como sinônimos as expressões sociedade salarial e sociedade do trabalho.

Entretanto, para Gorz as chamadas "sociedades do trabalho" esgotaram-se, "a subordinação de todas as atividades [...] humanas ao trabalho assalariado e às finalidades econômicas perde hoje sentido e necessidade" (Idem, ibidem, p. 215).

Antunes (2005, p. 83) tem opinião diferente sobre o tema:

> Ao contrário daqueles autores que defendem a perda da centralidade da categoria *trabalho* na sociedade contemporânea, as tendências em curso, [...] não permitem concluir pela perda desta centralidade no universo de uma sociedade produtora de mercadorias (grifo do autor).

Granemann também recusa a ideia da perda da centralidade do trabalho. Para ela, "o trabalho continua a ser o centro da estruturação capitalista" (Idem, 1999, p. 162) e "o eixo fundamental da sociabilidade humana" (Idem, 2009, p. 225).

Frente a essa polêmica, concordamos com as ideias de Antunes e Granemann. O trabalho, a nosso ver, permanece central no capitalismo e determinante das relações sociais. A redução de postos de trabalho e o incremento do uso de tecnologias para elevar a produtividade das empresas não lhe tiraram a capacidade peculiar de gerar riqueza. A fonte de riqueza no capitalismo contemporâneo continua sendo o trabalho não pago.

Nessa perspectiva, embora os sistemas de proteção social na contemporaneidade estejam sendo brutalmente afetados pela desestruturação do trabalho assalariado, este ainda dá a sustentação básica a esses sistemas nos países onde persistem. Contudo, não se pode negar que outras estratégias do capital, inclusive o ataque sistemático à organização sindical provocando o arrefecimento das lutas, também afetaram o desmantelamento destes sistemas de proteção social. Assim, é flagrante que a desestruturação do trabalho, a partir da década de 1970, influenciou o desmantelamento dos sistemas de proteção social e que vários condicionantes da formação e sustentação do Estado social mudaram. Isso não significa, porém, que o trabalho assalariado tenha perdido a centralidade nas sociedades capitalistas nem que tenha deixado de ser condição fundamental de acesso à proteção social.

1.2 O padrão de acumulação fordista, a organização do trabalho e a proteção social, de 1940 a 1970

A crise é inerente ao capitalismo. A natureza e contradições entre as condições constitutivas desse modo de produção fazem-no assim. Ou, como dizem Netto e Braz (2006, p. 157), "a crise é constitutiva do capitalismo: não existiu, não existe e não existirá capitalismo sem crise". Baseado em Marx, o geógrafo David Harvey (2004c) retoma três das condições formadoras do capitalismo, as quais, em sua opinião, são incompatíveis para assegurar um desenvolvimento equilibrado e terminam por provocar as crises desse modo de produção. A primeira é a sua orientação para o crescimento, como meio para garantir lucros e sustentar a acumulação do capital.[23] A segunda é o seu crescimento em valores reais, apoiado na exploração do trabalho vivo da produção, com base na diferença entre o que o trabalho cria e aquilo de que se apropria. A terceira é a sua dinamicidade tecnológica e organizacional para o domínio do mercado e controle do trabalho. Netto e Braz (2006), também apoiados na visão marxiana, apontam três contradições do capitalismo que fazem eclodir as crises. A primeira é a *anarquia da produção*, ou seja, embora cada unidade produtiva isoladamente seja bem organizada, fruto de planejamento racional, o conjunto da produção capitalista não obedece a planejamento ou controle. A segunda contradição é a *queda da taxa de lucro* como resultado da ação da maioria dos capitalistas para maximizar os seus lucros, contrariando a intencionalidade de cada um isoladamente. A terceira contradição, na

---

23. Ao apontar esta condição, o argumento de Harvey parece inconsistente, pois o capitalismo orienta-se para obter super-lucros e acumulação e não para o crescimento, embora este os viabilize. Registramo-na para preservar a visão do autor.

opinião desses autores, é o *subconsumo das massas trabalhadoras*, ou seja, a expansão da produção de mercadorias, sem que haja correspondente expansão da capacidade aquisitiva das massas trabalhadoras.

A natureza de crises constitutivas, decorrente das causas citadas, torna o capitalismo propenso a produzir fases periódicas de superacumulação, superprodução de valores-de-uso e subconsumo, de maneira que "a oferta de mercadorias torna-se excessiva em relação à procura [...] e, então se restringe ao limite a produção" (Netto e Braz, 2006, p. 158), estabelecendo-se a crise. Em consequência, alastra-se o desemprego, aumenta a capacidade produtiva ociosa, o excesso de mercadoria, o excedente de capital-dinheiro, entre outros, até se configurar um quadro de depressão econômica — ápice da crise. Logo, verifica-se que:

> A história, real e concreta, do desenvolvimento do capitalismo, a partir da consolidação do comando da produção pelo capital, é a história de uma sucessão de *crises econômicas* — de 1825 até as vésperas da Segunda Guerra Mundial, as fases de prosperidade econômicas foram *catorze vezes* acompanhadas por crises; a última explodiu em 1937/1938, mas foi interrompida pela guerra. Em pouco mais de um século, como se constata, a dinâmica capitalista revelou-se profundamente *instável*, com períodos de expansão e crescimento da produção sendo bruscamente cortados por depressões, caracterizadas por falências, quebradeiras e, no que toca aos trabalhadores, desemprego e miséria (Netto e Braz, 2006, p. 156; grifos dos autores).[24]

Vale destacar que, mesmo no contexto de crise, o capitalismo cria as condições para atender às necessidades de acumulação do capital. A criação de uma população trabalhadora excedente às necessidades médias de expansão do capital é uma dessas condições.

Não basta à produção capitalista a força de trabalho disponível pelo incremento natural da população. Ela precisa de um exército in-

---

24. A publicação deste trabalho antecedeu a crise que teve como detonador a *quebra de bancos* em 2008.

dustrial de reserva[25] que não dependa desse limite. Por isso, parte dos trabalhadores é induzida ao desemprego ou subemprego, criando-se uma superpopulação relativa excedente, que se torna, ao mesmo tempo, produto e condição para a acumulação do capital e para a existência do modo de produção capitalista. Essa população excedente "proporciona o material humano a serviço das necessidades variáveis de expansão do capital e sempre pronto para ser explorado" (Marx, 1988b, p. 733-34). É ela que move a lei da oferta e demanda de trabalho em condições favoráveis ao capital, torna-se fonte de enriquecimento individual do capitalista e acelera a sua própria reprodução no curso da acumulação do capital. A superpopulação relativa é central à lei geral da acumulação:

---

25. Expressão usada por Marx. Neste trabalho usaremos as expressões, "exército industrial de reserva", "superpopulação relativa" e "população excedente", indiscriminadamente, com o mesmo significado, sem achar que isso esteja na contramão da visão hegemônica na tradição marxista. Conhecemos e respeitemos a opinião contrária do marxista José Nun (1969) sobre o assunto, comentada por outros autores como Cardoso [1977?], mas não concordamos com ela, nem a consideramos hegemônica no âmbito da tradição marxista. De forma resumida, para José Nun (1969) é incorreto se utilizar como sinônimos as categorias "exército industrial de reserva" e "superpopulação relativa". Para o autor, nem toda a população relativa corresponde ao exército industrial de reserva. Este é um conceito que corresponde às particularidades do modo de produção capitalista e é similar ao conceito de "massa marginal" que corresponde à parte não funcional da superpopulação relativa, como diz: "Lamare 'masa marginal' a esa parte afuncional o disfuncional de la superpoblación relativa. Por lo tanto, este concepto — lo mismo que el de ejército industrial de reserva — se situa en nivel de las relaciones que se establecen entre la población sobrante y el sector produtivo hegemônico" [Chamarei de "massa marginal" essa parte afuncional ou desfuncional da superpopulação relativa. Portanto, este conceito — assim como o de "exército industrial de reserva" — situa-se no nível das relações que se estabelecem entre a população excedente e o setor produtivo hegemônico]. Já o conceito de superpopulação relativa é mais amplo e pertence à teoria geral do materialismo histórico (Nun, 1969, p. 180). Já o conceito de superpopulação relativa é mais amplo e pertence à teoria geral do materialismo histórico, é o que diz: "El concepto de superpoblación relativa corresponde a la teoria general del materialismo histórico" [O conceito de superpopulação relativa corresponde à teoria geral do materialismo histórico] (Idem, ibidem, p. 182). O autor apoia-se nos *Grundrisse* (Marx, 1856-1857) para fundamentar suas ideias. Assim, por um lado, não consideramos esta interpretação de Nun (1969) coerente com o debate desenvolvido por Marx em *O capital*, capítulo XXIII, que trata da Lei Geral da Acumulação, especialmente no item 3 "Produção progressiva de uma superpopulação relativa ou de um exército industrial de reserva", e 4 "Formas de existência da superpopulação relativa, a Lei Geral da Acumulação Capitalista", em que ambos os conceitos são tratados de modo equivalente. Cf. Marx (1988b, p. 730-52). Por outro lado, não acatamos o argumento de Nun de buscar fundamentos nos *Grundrisse* para explicar um pensamento mais bem elaborado por Marx, em *O capital* (1867).

Quanto maiores a riqueza social, o capital em função, a dimensão e energia de seu crescimento e consequentemente a magnitude absoluta do proletariado e da força produtiva do seu trabalho, tanto maior o exército industrial de reserva. A força de trabalho disponível é ampliada pelas mesmas causas que aumentam a força expansiva do capital. A magnitude relativa do exército industrial de reserva cresce, portanto com as potências da riqueza, mas, quanto maior este exército de reserva em relação ao exército ativo, tanto maior a massa da superpopulação consolidada, cuja miséria está na razão inversa do suplício de seu trabalho. E, ainda, quanto maiores essa camada de lázaros da classe trabalhadora e o exército industrial de reserva, tanto maior, usando-se a terminologia oficial, o pauperismo. *Esta é a lei geral, absoluta, da acumulação capitalista* (Marx, 1988b, p. 747; grifos do autor).

Assim, as crises — ou fases de interrupção de superacumulação — abalam a sociedade. São crises por excesso de produção diante de necessidades sociais não atendidas, ou seja, são crises decorrentes de muita produção e oferta de mercadorias por parte dos capitalistas e pouca capacidade de consumo das massas trabalhadoras. Enquanto sobram mercadorias e moedas, as massas trabalhadoras sofrem com a necessidade delas. É a contradição da abundância de capital que não sacia a escassez do trabalho. As crises geralmente afetam os capitalistas pela redução momentânea dos níveis de acumulação, mas afetam, sobretudo, os trabalhadores, que são empurrados ao desemprego e à miséria. Como diz David Harvey (2004b, p. 78):

Essas crises são tipicamente registradas como excedentes de capital (em termos de mercadoria, moeda e capacidade produtiva) e excedente de força de trabalho lado a lado, sem que haja aparentemente uma maneira de conjugá-los lucrativamente a fim de realizar tarefas socialmente úteis.

Registra-se que "entre uma crise e outra, decorre *o ciclo econômico*[26] e nele podem distinguir-se, esquematicamente, quatro fases: a crise, a

---

26. Sobre os ciclos econômicos, os autores registram a seguinte nota: "até a crise de 1929, os ciclos tinham uma duração aproximada entre 8 e 12 anos; a partir da Segunda Guerra Mundial,

depressão, a retomada e o auge" (Netto e Braz, 2006, p. 159), que se repetem a cada novo ciclo.

Conforme já mencionado, na opinião de alguns autores vinculados à tradição marxista,[27] há uma diversidade de causas das crises capitalistas demarcando os ciclos econômicos. Grande parte deles converge na compreensão de que essa multiplicidade de causas resulta da própria dinâmica contraditória deste modo de produção. Para Netto e Braz (2006), essas crises são em si também contraditórias, pois evidenciam as contradições do modo de produção capitalista, ao mesmo tempo que criam as condições para a sua reanimação. Isso significa que as crises são funcionais ao modo de produção capitalista, visto que constituem mecanismos que lhes possibilitam recompor as condições necessárias à sua continuidade.

Mandel desenvolveu uma análise particular em relação ao espiral da crise, em que destaca algumas causas centrais, entre elas, o uso de tecnologias avançadas na maximização dos lucros. Aqui, independentemente da análise mais geral feita pelo autor, retoma-se sua análise acerca da função que tem a crise de assegurar que a lei do valor se imponha:

> No início de cada ciclo [...] há racionalização, intensidade crescente do trabalho, progresso técnico acentuado [...]. Em uma economia mercantil, a alta acentuada da produtividade significa sempre a baixa do valor unitário das mercadorias [...]. No entanto, é justamente em um período de "superaquecimento" [...que] os capitalistas proprietários de mercadorias — sobretudo os industriais que já aplicaram as técnicas mais avançadas — podem com mais ou menos sucesso manter os preços antigos em vigor, o que lhes assegura abundantes superlucros. A venda insuficiente, a superprodução, a ruptura brutal do equilíbrio entre a oferta e a procura constituem o mecanismo que gera a baixa dos preços, isto é, que impõe os novos valores das mercadorias que resultam do aumento da produtividade, provocando uma grande perda de lucros e

---

esses ciclos foram encurtados, ao mesmo tempo que os impactos das crises tornaram-se menos catastróficos que aqueles de 1929". Cf. Netto e Braz (2006, p. 159).

27. Entre eles: Ernest Mandel (1982), David Harvey (2004c), José Paulo Netto e Marcelo Braz (2006).

uma excessiva desvalorização de capitais para os capitalistas (Mandel, 1990, p. 213, apud Netto e Braz, 2006, p. 161-62).

Em síntese, essa explicação de Mandel remete à contradição entre as medidas adotadas pelos capitalistas individualmente para obter superlucros, por meio da elevação da produtividade com o uso de métodos e tecnologias avançadas. Nesse caso, a ideia é reduzir o tempo socialmente necessário para produzir as mercadorias que irão comercializar e a ação similar realizada por todos ou pela ampla maioria dos capitalistas. Ou seja, enquanto apenas uma pequena parte dos capitalistas adota estas medidas e outros ainda produzem as mesmas mercadorias com base em um tempo socialmente necessário superior, o lucro dos que conseguiram reduzir este tempo socialmente necessário torna-se maior, pois vendem as mercadorias pelo mesmo preço que os demais capitalistas, mas a produção de suas mercadorias custa-lhe menos. Porém, quando todos os capitalistas (ou a maioria) conseguem utilizar métodos e tecnologias que reduzem igualmente o tempo socialmente necessário à produção das mercadorias, ocorre queda nos lucros, pois os preços cairão estabelecendo a quantidade de trabalho socialmente necessária. A lei do valor, então, impõe-se.

As crises que se manifestaram ao final da década de 1920 e início da década de 1970[28] são típicas de superacumulação, superprodução e subconsumo, durante as quais o exército industrial de reserva se expandiu em decorrência do desemprego generalizado.

A crise dos anos 1930, cujo ápice da depressão econômica ocorreu entre 1929 e 1932, foi uma crise econômica (superacumulação, superprodução e subconsumo) e de legitimidade político-ideológica do capitalismo. Além de ser dotada das mencionadas características típicas das crises do modo de produção capitalista, o *crack* de 1930 ocorreu em um contexto político bastante particular. Apesar das inúmeras dificuldades, a Revolução Bolchevique triunfava, configurando a União Soviética como a primeira experiência socialista, o que ameaçava e punha em xeque o modo de produção capitalista. Isso, sem dúvida,

---

28. Para Mandel (1982), esta crise teve início e se manifestou ao final da década de 1960.

aliado à pressão política do movimento dos trabalhadores, provocou uma reação nos setores capitalistas no sentido de buscar alternativas que pudessem amortecer os efeitos da crise. Entre as alternativas buscadas pelo capital encontravam-se aquelas voltadas para a reativação do emprego e do consumo. A estratégia para viabilizá-las foi um pacto social no pós-Segunda Guerra, envolvendo o Estado, segmentos do movimento organizado dos trabalhadores e representantes dos setores capitalistas. Tal pacto deu-se sob condições históricas precisas, ou seja, em torno do padrão de acumulação fordista e modo de regulação[29] keynesiano[30] e beveridgiano.[31] Foi isso que possibilitou ao capitalismo, durante cerca de trinta anos, crescimento econômico, generalização do emprego e consolidação dos sistemas de proteção social, repercutindo na formação do Estado social, em vários países do capitalismo avançado, em consonância com suas histórias e condições.

Para compreensão das funções e características do Estado social, além da natureza contraditória do modo de produção capitalista sumariamente abordada, é preciso retomar a origem das políticas sociais no contexto da luta de classes e o papel do Estado no capitalismo.

No que se refere às políticas sociais, a literatura especializada não afirma com exatidão a partir de quando elas começaram a ser estruturadas. Entretanto, grande parte dos autores ligados à tradição marxista vincula a origem dessas políticas aos movimentos de massas que ocorreram ao final do século XIX e a sua generalização no pós-Segunda Guerra Mundial, quando foi possível o pacto entre capital e trabalho que deu sustentação ao Estado social. Essa é a opinião, por exemplo,

---

29. A cada novo regime de acumulação vincula-se um modo de regulação. Sua existência cria compromissos entre agentes sociais no poder, segmentos e grupos sociais de classes, mediante consensos construídos e materializados em leis, regulamentos, estatutos, entre outros.

30. Conjunto de estratégias administrativas, científicas e de poderes do Estado voltado para estabilizar o capitalismo, desenvolvidas com base na teoria econômica de John Mynard Keynes (1883-1946). Tornou-se a base da regulação que sustentou, no período entre 1945 a 1973, o padrão produtivo fordista/taylorista em vários países.

31. Conjunto de propostas sobre a organização de pontos e serviços sociais constante no plano Beveridge de seguridade social, aprovado pelo Parlamento da Inglaterra em 1942. Cf. Beveridge (1943). Alguns autores utilizam a terminologia "beveridgiano" para referir-se à mesma coisa. Neste trabalho, optou-se pela terminologia "beveridgiano" também utilizada por Boschetti (2003).

PREVIDÊNCIA SOCIAL NO BRASIL

de Pisón (1998). Para este autor, os primeiros vestígios do que seria o Estado social aparecem nos movimentos revolucionários ocorridos na Europa em 1848 e na Comuna de Paris, em 1871. A passagem de sua obra, a seguir, aponta nessa direção:

> En efecto, hay que señalar las fechas de 1848 y 1871 con los movimientos sociales e revolucionarios que surgieron como unas fechas clave en el origen del Estado social pues las reivindicaciones sociales y políticas que los impulsó apuntan a un modelo estatal bien distinto del estado liberal existente: sufragio universal, educación, mejores condiciones de vida, derecho al trabajo etc. (Pisón, 1998, p. 33).*

Segundo o autor, as políticas sociais de Bismarck, implementadas na década de oitenta do século XIX e outros acontecimentos desse mesmo século, por representarem esforços de pactos entre o capital e o trabalho, também influenciaram os fundamentos do Estado social. A Constituição do México, em 1917, a Constituição de Weimar, na Alemanha, em 1919, e o *New Deal* nos Estados Unidos, em 1932, expressaram, assim, em graus diversos, a afirmação de direitos sociais. A vitória da Revolução Russa, em 1917, abriu precedente de oposição ideológica, política e econômica em relação ao Estado liberal, funcionando como pressão. Todavia, somente no segundo pós-guerra, as condições para viabilizá-lo foram estabelecidas.

Na mesma linha de raciocínio e agregando outros componentes, Ian Gough destaca que "la presión de las clases subordinadas y otros grupos de presión asociados con ellas es de gran importancia para explicar la introducción de medidas de bienestar" (Gough, 1978, p. 133).** Cita como exemplos: os sistemas de seguridade de Bismarck na década de 1880, na Alemanha; o sistema de desemprego de Lloyd-George, de 1911, na

---

* Com efeito, é preciso associar as datas de 1848 e 1871 com os movimentos sociais e revolucionários que surgiram como datas chave na origem do Estado social, pois as reivindicações sociais e políticas que os impulsionou apontam para um modelo estatal bem diferente do Estado liberal existente: sufrágio universal, educação, melhores condições de vida, direto ao trabalho etc.

** A pressão das classes subordinadas e de outros grupos de pressão associados a elas é de grande importância para explicar a introdução de medidas de bem-estar.

Inglaterra; a melhoria e ampliação dos sistemas de seguridade social da Itália, em 1969, entre outros. O autor destaca também que as formas, por meio das quais as pressões da classe trabalhadora impactaram na formação do Estado social, foram muito distintas, sinalizando dois extremos:

> En un extremo, las reformas se pueden introducir como un resultado directo de la acción de masas extraparlamentaria, como en Francia después de mayo de 1968 y en Italia después del "otoño caliente" de 1969. Al otro extremo del espectro, la reforma puede ser ideada por los representantes de la clase dirigente en el Estado con el fin de evitar el crecimiento peligroso de un movimiento de clase independiente e incluso puede ser contestado por las clases subordinadas — la utilización de la seguridad social de Bismarck proporciona el primero y clásico ejemplo de esta táctica (Idem, ibidem, p. 133).*

Para Ian Gough, o Estado social não resulta apenas das pressões dos trabalhadores. Há exemplos de casos em que as políticas sociais foram introduzidas pelo Estado com o interesse de preservar as relações capitalistas, inclusive contra a classe trabalhadora, e de medidas originalmente resultantes da luta de classes adaptadas para servir às necessidades do capital.

Essa posição do autor, por um lado, é absolutamente coerente com a crítica que faz em sua obra a autores que defendem uma visão monolítica acerca do papel do Estado no capitalismo. Por outro lado, demonstra que no capitalismo as políticas sociais resultam de relações complexas e conflitantes que se processam no âmbito da luta de classes. Isso ocorre quando interesses antagônicos estão em jogo e, assim, os sujeitos coletivos de natureza econômica, política e social, envolvidos com os processos ligados ao desenvolvimento capitalista, assumem

---

* De um lado, as reformas podem ser introduzidas como resultado direto da ação de massas extraparlamentares, como na França, depois de maio de 1968, e na Itália após o "outono quente" de 1969. Do outro lado do espectro, a reforma pode ser idealizada pelos representantes da classe dirigente no Estado com o intuito de evitar o crescimento perigoso de um movimento de classe independente e, inclusive, pode ser contestado pelas classes subordinadas — a utilização da previdência social de Bismarck proporciona o primeiro e clássico exemplo desta tática.

compromissos e papéis determinantes, com o intuito de evitar maiores perdas ou obter ganhos satisfatórios para as classes, grupos ou segmentos que representam. Geralmente, anos de lutas e negociações são necessários para que seja alcançada uma correlação de forças que possibilite que estes atores coletivos, em equilíbrio de poder, possam fazer acordos capazes de assegurar ganhos e benefícios para todos. Nesse sentido, a origem das políticas sociais e a sua generalização no pós-guerra foram processos característicos:

> O crescimento fenomenal da expansão de pós-guerra dependeu de uma série de compromissos e reposicionamentos por parte dos principais atores dos processos de desenvolvimento capitalista. O Estado teve de assumir novos (keynesianos) papéis e construir novos poderes institucionais; o capital corporativo teve de ajustar as velas em certos aspectos para seguir com mais suavidade a trilha da lucratividade segura; e o trabalho organizado teve de assumir novos papéis e funções relativos ao desempenho nos mercados de trabalho e nos processos de produção. O equilíbrio de poder, tenso, mas mesmo assim firme, que prevalecia entre o trabalho organizado, o grande capital corporativo e a nação-Estado, e que formou a base de poder da expansão de pós-guerra, não foi alcançado por acaso — resultou de anos de luta (Harvey, 2004c, p. 125).

Para fazer uma análise das razões que possibilitaram o Estado social nos países do capitalismo avançado, a partir de 1945, é preciso inicialmente destacar a mudança da correlação de forças no mundo ao final da Segunda Guerra. Por um lado, os Estados Unidos surgiram como única potência capitalista hegemônica, uma vez que o Japão e outros países capitalistas da Europa entraram temporariamente em colapso. Os Estados Unidos eram líderes na tecnologia, na produção e o aparato militar do país era superior a qualquer outro no mundo (Harvey, 2004b). Além disso, o dólar, apoiado em um fortíssimo estoque de ouro, impôs-se como a moeda mais forte do planeta e tornou-se a moeda-reserva mundial pelos acordos de Bretton Woods.[32] Por outro lado, a União Soviética

---

32. Os acordos de *Bretton Woods* também vincularam o desenvolvimento econômico do mundo à política fiscal e monetária norte-americana. Cf. Harvey (2004c, p. 131).

aparece como potência mundial, fortalecendo o bloco dos países "socialistas", com o apoio da Europa Oriental, o qual foi reforçado com a vitória da Revolução Chinesa, em 1949. Diante desse cenário, em que visivelmente houve uma redução da base de exploração capitalista, o que favoreceu o equilíbrio de forças, o objetivo imediato dos Estados Unidos foi assegurar a estabilidade da Europa Ocidental e do Japão para reconstruir as relações capitalistas nestes países (Gough, 1978). Entre as medidas adotadas com essa finalidade destacou-se o Plano Marshall, que foi apoiado, inclusive, por partidos de esquerda que estavam no poder em alguns países. O Plano Marshall, segundo Harvey (2004b), constituiu um instrumento, por meio do qual os Estados Unidos usaram seu poder econômico para construir economias fortes com base em princípios capitalistas, sobretudo naqueles países que se encontravam em áreas geopolíticas essenciais, como os que se localizavam nas zonas de influência da União Soviética. Nesse sentido, os objetivos do Plano Marshall foram atendidos. Ao final da década de 1940 vários países apoiados pelo plano tiveram suas economias restabelecidas, como o Japão, Taiwan, Coreia do Sul (Harvey, 2004b). Além desse cenário político e econômico resultante da Guerra, o movimento organizado dos trabalhadores cresceu e fortaleceu-se significativamente. Diante disso, os Estados-nação passaram a intervir fortemente nos assuntos econômicos e de políticas sociais com o apoio de setores capitalistas.

Foram muitas as razões que levaram os diferentes setores capitalistas a apoiarem a intervenção dos Estados na economia e nas políticas sociais. Parte dessas razões foi resumida por Panitch e incorporada por Gough em sua análise sobre o Estado social:

> 1. La necesidad de sostener la cooperación de los sindicatos durante el curso de la guerra con la promesa de una preeminencia continuada en el campo de las decisiones políticas después de la guerra y una firme promesa de no regresar a las condiciones anteriores a la guerra.
> 2. El reconocimiento de que la experiencia de pleno empleo y de planificación general había conducido a acrescentes expectativas de una elevación del nivel de vida después de la guerra y de seguridad para la clase obrera.

3. El ejemplo de la economía soviética (muy alabado durante la alianza en la guerra) y la preocupación por su efecto en la clase obrera en el periodo de postguerra.

4. Y, finalmente, el radicalismo masivo que se mostró en el éxito electoral de los partidos de la clase trabajadora en los años inmediatos a la postguerra (Panitch, 1977, p. 78, apud Gough, 1978, p. 149-50).*

Nesse contexto, foi possível o "acordo", que, para Gough, possibilitou uma mudança irreversível no papel do Estado nos anos do pós-guerra, resultando, em países do capitalismo avançado, num Estado social mais intervencionista, com destaque para a Inglaterra:

> Un "acuerdo" político de postguerra entre los representantes del capital y del movimiento obrero organizado era esencial para poner las bases del "boom" sin precedentes de las dos décadas seguientes. Como parte de estas estrategias, las reformas de bienestar y el Estado del bienestar jugaron un importante papel.

> La aparición del Estado del bienestar, como parte de un acuerdo de postguerra entre el capital y el trabajo y de una estructura estatal más intervencionista, fue un fenómeno general de este periodo, pero fué quizá más marcado en Inglaterra (Gough, 1978, p. 150).**

---

* 1. A necessidade de a cooperação dos sindicatos durante a guerra com a promessa de uma preeminência continuada no campo das decisões políticas depois da guerra e uma firme promessa de não voltar às condições anteriores à guerra.

2. O reconhecimento de que a experiência de pleno emprego e de planejamento geral conduzira a crescentes expectativas de uma elevação do nível de vida depois da guerra e de previdência para a classe operária.

3. O exemplo da economia soviética (muito aplaudido durante a aliança na guerra) e a preocupação por seu efeito na classe operária no período da pós-guerra.

4. E, finalmente, o elevado radicalismo que se mostrou no sucesso eleitoral dos partidos da classe trabalhadora nos anos subsecuentes ao pós-guerra.

** Um "acordo" político do pós-guerra entre os representantes do capital e do movimento operário organizado era essencial para estabelecer as bases do "boom" sem precedentes das duas décadas seguintes. Como parte destas estratégias, as reformas de bem-estar e o Estado de bem-estar desempenharam um importante papel.

O surgimento do Estado de bem-estar como parte de um acordo do pós-guerra entre o capital e o trabalho e de uma estrutura estatal mais intervencionista foi um fenômeno geral deste período, porém, foi talvez mais marcante na Inglaterra.

Diante disso, percebe-se que o Estado social decorreu das necessidades de expansão do capital para amortecer os efeitos da crise, mas também das lutas dos trabalhadores, como diz Peter Leonard (1978, p. 42): "El Estado del bienestar puede ser considerado como una función de las necesidades del desarrollo capitalista y como el resultado de las luchas políticas de la clase trabajadora organizada".* Seu desenvolvimento tornou-se possível devido, primeiramente, a um contexto econômico, político e social favorável, em que interesses que envolvem as classes sociais fundamentais, a produção e reprodução da sociedade capitalista estavam em disputa; e a partir de um novo equilíbrio de forças que se seguiu à Segunda Guerra Mundial. Novas regras, então, de convivência política e econômica foram estabelecidas entre os países capitalistas em um contexto de embate ideológico e político com o bloco dos países "socialistas". Assim, a partir de acordos políticos e econômicos, em especial os acordos de Bretton Woods, realizados em 1944, foram criadas instituições políticas e financeiras, com a finalidade de estabilizar o sistema financeiro mundial do bloco capitalista, intermediar conflitos políticos e promover apoios financeiros e humanitários aos processos de reconstrução dos países, sob os princípios do capitalismo, após as calamidades da Segunda Guerra. Entre as instituições criadas não se pode deixar de mencionar, no plano político, a Organização das Nações Unidas (ONU) e no plano econômico, o Banco Internacional para a Reconstrução e o Desenvolvimento (Bird),[33] o Banco Interamericano de Desenvolvimento (BID), o Fundo Monetário Internacional (FMI) e a Organização para a Cooperação e o Desenvolvimento Econômico (OCDE). Nesse processo, os Estados Unidos assumiram posição de liderança hegemônica na defesa da economia capitalista e do poder burguês. Na verdade, além de maior financiador,

---

* O Estado de bem-estar pode ser considerado como uma função das necessidades do desenvolvimento capitalista e como o resultado das lutas políticas da classe trabalhadora organizada.

33. O BIRD (International Bank for Reconstruction and Development) foi criado em 1944, e juntamente com a Associação Internacional para o Desenvolvimento (AID), criada em 1960, constitui o chamado Banco Mundial.

"o país se tornou o principal protagonista da projeção do poder burguês por todo o globo" (Harvey, 2004b, p. 53).

Portanto, o Estado social pode se desenvolver apoiado, sobretudo, no pacto entre o capital e o trabalho, no longo período de crescimento econômico — a "onda longa expansiva" (Mandel, 1982),[34] e na correlação de forças no mundo, expressa pela chamada "Guerra Fria" entre o bloco de países capitalistas, liderado pelos Estados Unidos, e o bloco de países "socialistas", liderado pela União Soviética.

Sob essas condições, o Estado social estabeleceu-se em países de capitalismo avançado, cujas histórias econômicas, políticas e sociais atribuíram-lhe características próprias.

De acordo com Navarro (1998), no período entre 1950 e 1970, sob a hegemonia das ideias keynesianas, basicamente todos os países da Organização para a Cooperação e o Desenvolvimento Econômico (OCDE) alcançaram a generalização do emprego, o comércio internacional cresceu com intensidade, a economia teve as maiores taxas de crescimento e produtividade, com aumento da capacidade de consumo da população.

Sob o pacto keynesiano, o Estado cumpriu seu papel no crescimento econômico por meio do gasto público, que estimulava a demanda agregada[35] e o pleno emprego, e mediante a regulação dos mercados

---

34. Segundo Mandel (1982), a história do capitalismo em nível internacional é marcada não apenas por uma sucessão de períodos cíclicos a cada sete ou dez anos, mas também por uma sucessão de períodos mais longos, de aproximadamente cinquenta anos. O autor destaca quatro experiências de ondas longas: 1) *a onda longa da Revolução Industrial* (de fins do século XVIII à crise de 1847); 2) *a onda longa da primeira Revolução Tecnológica* (entre a crise de 1847 e início da década 1990 do século XIX); 3) *a onda longa da segunda Revolução Tecnológica* (entre o início de 1890 e a Segunda Guerra Mundial) e 4) *a onda longa da terceira Revolução Tecnológica* (iniciada nos anos 1940 na América do Norte e entre 1945/48 nos demais países imperialistas até 1973). Cada uma dessas épocas é caracterizada por um período inicial de *acumulação acelerada*, portanto, um período com "tonalidade expansionista", graças ao impulso da Revolução Tecnológica, seguindo um período de *acumulação gradativamente desacelerada*, portanto período com "tonalidade de estagnação", quando o impulso tecnológico se esgota. Sobre o tema cf. Mandel (1982, p. 83-5).

35. "Quantidade de bens ou serviços que a totalidade dos consumidores deseja e está disposta a adquirir em determinado período de tempo e por determinado preço. Obtém-se, portanto, a demanda agregada de um produto somando-se todas as demandas individuais desse produto.

financeiros para amortecer os efeitos de crise e evitar fuga de capitais. Foi o período de maior desempenho da economia capitalista, com enorme crescimento econômico e elevadas taxas de lucro, acompanhados de um processo de redistribuição de renda, que implicou o aumento da capacidade de consumo da classe trabalhadora, possibilitado por esse prolongado período de crescimento econômico e elevados lucros e pela correlação de forças favorável aos trabalhadores, dado o crescimento do movimento organizado dos trabalhadores e da existência dos outros condicionantes políticos de pressão, como o crescente poder e prestígio do bloco dos países "socialistas".

Em relação à generalização das políticas sociais e ao pacto social com os operários para dar sustentação às medidas anticrise, vale retomar comentário feito por Behring e Boschetti, com base em análise de Mandel[36] sobre a crise do capitalismo, iniciada ao final da década de 1920, e as medidas adotadas para amortecer os seus efeitos:

> As proposições de Keynes estavam sintonizadas com a experiência do *New Deal* americano, e inspiraram especialmente as saídas europeias da crise, sendo que ambas têm um ponto em comum: a sustentação pública de um conjunto de medidas anticrise ou anticíclicas, tendo em vista amortecer as crises cíclicas de superprodução, superacumulação e subconsumo, ensejadas a partir da lógica do capital. Mandel sinalizava que tais medidas, nas quais se incluem as políticas sociais, objetivavam amortecer a crise. Com elas, poderia existir algum controle sobre os ciclos econômicos. As políticas sociais se generalizaram nesse contexto, compondo o rol de medidas anticíclicas do período, e também foram o re-

---

A demanda agregada depende de todos os fatores que determinam a demanda individual mais o número de compradores do bem ou serviço em questão existentes no mercado. É a soma das despesas das famílias, do governo e os investimentos das empresas, consistindo na medida da demanda total de bens e serviços numa economia. Tanto a política monetária (determinação das taxas de juros) e a política fiscal (determinação dos impostos e gastos governamentais) tentam influenciar a demanda agregada para alcançar metas desejadas de crescimento e emprego" (Sandroni, 2004, p. 160).

36. As autoras resgatam a visão de Mandel sobre a crise referenciada em: Mandel, Ernest. *A crise do capital*. São Paulo: Ensaio/Unicamp, 1990; e Mandel, Ernest. *O capitalismo tardio*. São Paulo: Nova Cultural, 1982.

sultado de um pacto social estabelecido nos anos subsequentes com segmentos do movimento operário, sem o qual não podem ser compreendidas (Behring e Boschetti, 2006, p. 71).

Na opinião de Behring, a política social precisa ser compreendida no contexto das demais medidas anticíclicas, para que não se tenha uma análise superdimensionada de seu papel. Nesse sentido, a autora refere-se a uma conjugação de estratégias e técnicas anticíclicas, as quais, por intermédio dos poderes públicos, têm por objetivo conter a queda da taxa de lucros e, com isso, obter certo controle sobre o ciclo do capital.[37] Vejamos o que diz:

> A política keynesiana de elevar a demanda global a partir da ação do Estado, em vez de evitar a crise, vai apenas amortecê-la por meio de alguns mecanismos, que seriam impensáveis pela burguesia liberal *stricto sensu*. Eis alguns deles: *a planificação indicativa* da economia, na perspectiva de evitar os riscos das amplas flutuações periódicas; a intervenção na relação capital/trabalho por intermédio da *política salarial* e do *controle de preços*; a *política fiscal* e, dentro dela, os mecanismos de renúncia fiscal; a oferta de *crédito* combinada a uma *política de juros*; as *políticas sociais*. Este conjunto de estratégias e técnicas anticíclicas, por meio dos poderes públicos, objetiva a queda da taxa de lucros, obtendo, com isso, algum controle sobre o ciclo do capital (Behring, 2007, p. 166-67; grifos da autora).

Ao dar prosseguimento à sua análise, a autora deixa claro, porém, que "a política social não é apenas uma estratégia econômica, mas também política, no sentido da legitimação e controle dos trabalhadores" (Idem, ibidem, p. 169). Os seguros sociais — que são viabilizados, sobretudo, pela taxação dos próprios trabalhadores — possibilitam que a queda do consumo em um contexto de crise não seja tão dramática e brusca (essa é uma de suas funções econômicas), ainda que por si sós não sustentem os efeitos anticíclicos. Além disso, os pactos keynesianos entre capital e trabalho foram feitos em situação limite para

---

37. A autora refere-se aos ciclos do capital segundo análise de Mandel (1982).

os trabalhadores, os quais, por meio deles, terminam por legitimar as relações de exploração e são levados ao imediatismo dos acordos em torno da produtividade. A partir dessa visão, Behring tece críticas às concepções de política social como "direito de cidadania e/ou como elemento redistributivo", chamando-as "insuficientes" e "mistificadoras da realidade" (Idem, ibidem, p. 174).

O conjunto dessas análises demonstra que as políticas sociais resultam de relações complexas e conflitantes que se desenvolvem no contexto da luta de classes em que interesses antagônicos estão em disputa. Assim, possuem caráter contraditório e atendem a interesses dos trabalhadores, assegurando-lhes ganhos diretos (salários melhores) e indiretos (benefícios e serviços complementares). Ademais, ao mesmo tempo que limitam os ganhos dos capitalistas, as políticas sociais lhes beneficiam, reduzindo o custo da reprodução da força de trabalho, reproduzindo as relações de produção e favorecendo a acumulação do capital.

Convém notar que os sistemas de proteção social que compuseram o Estado social tiveram a seguridade social como eixo central e o trabalho como o ponto de conjugação entre assistência social e os seguros sociais. Nos países do capitalismo avançado, o acesso à proteção social se deu pela via dos seguros sociais, mediante contribuição prévia e pela assistência social aos incapazes para o trabalho, ficando os desempregados aptos para o trabalho sem proteção social. Ainda que essa não tenha sido uma posição única, há que se considerar as diferenças de cobertura desses sistemas em cada país. Essa situação, por um lado, estabelece o trabalho assalariado como condição de acesso à proteção social. Por outro, evidencia a relação de conflito entre a previdência e a assistência social, a partir do trabalho, como um aspecto incorporado em experiências de estruturação do Estado social:

> As principais políticas que conformam e consolidam o Estado social nos países capitalistas desenvolvidos foram orientadas pelo primado do trabalho e instituíram-se como direito do trabalho. Na impossibilidade de garantir o direito ao trabalho para todos, os Estados capitalistas desenvolvidos garantiram direitos derivados do exercício do trabalho para

os trabalhadores capazes e inseridos no mercado de trabalho. Este princípio orientou a construção do Estado social em praticamente todos os países europeus no século XX. Os critérios de inaptidão ao trabalho continuam a prevalecer na assistência social, mesmo após sua inclusão no Estado social como direito de cidadania (Boschetti, 2003, p. 59).

No que se refere à seguridade social, Robert Castel (1998) considera que, nas formações sociais anteriores ao que ele denomina "sociedade salarial", as proteções eram vinculadas à propriedade e os trabalhadores eram privados dessas proteções, por não disporem de propriedade privada. A "sociedade salarial" justapôs à propriedade privada outro tipo de propriedade, a *propriedade social*, de forma que os trabalhadores pudessem continuar fora da propriedade privada, sem serem privados de seguridade social. Nessa perspectiva:

> A seguridade social procede de uma espécie de *transferência de propriedade* pela mediação do trabalho e sob a égide do Estado. Seguridade e trabalho vão tornar-se substancialmente ligados porque, numa sociedade que se organiza em torno da condição de assalariado, é o estatuto conferido ao trabalho que produz o homólogo moderno das proteções tradicionalmente asseguradas pela propriedade (Castel, 1998, p. 387; grifos do autor).

O autor explica esta "propriedade de transferência" como as somas poupadas pelos trabalhadores e retidas automática e obrigatoriamente para serem utilizadas em face de doença, velhice ou outras condições estabelecidas. Assim:

> O pagamento das cotizações é uma obrigação inevitável, mas abre um direito inalienável. A propriedade do assegurado não é um bem vendável, é tomada num sistema de obrigações jurídicas e as prestações são liberadas por agências públicas. É uma [...] propriedade para a seguridade. O Estado que se faz seu avalista, desempenha um papel protetor (Idem, ibidem, p. 405).

A obrigação de os trabalhadores assalariados pagarem cotas para viabilizar o seguro social reforça sua característica como direito derivado e dependente do trabalho assalariado.

Como procuramos mostrar, os Estados sociais têm natureza contraditória, atendem aos interesses de acumulação do capital e a determinados interesses do trabalho, formam-se com base na teoria econômica de Keynes, voltada para harmonizar crescimento econômico, pleno emprego e proteção social, e no Plano Beveridge de seguridade social (Pereira, 2003; Pisón, 1998; Faleiros, 2002), o que lhes imprimiu características gerais comuns.[38] Sofreram, entretanto, influências específicas da trajetória histórica, econômica, política e social dos países nos quais se desenvolveram. Assim, as diferenças entre eles os colocaram em "posição intermediária entre o capitalismo liberal, [...] dos Estados Unidos, e o socialismo [...] da ex-União Soviética" (Pereira, 2003, p. 203).[39] Todavia, pode-se dizer que, apesar das diferenças entre os Estados sociais que se estabeleceram houve uma mudança de direção do Estado rumo à social-democracia, com ampliação de direitos e afrouxamento dos princípios liberais. Estes últimos atribuíam carac-

---

38. Segundo Pisón, os Estados sociais têm como características comuns, o caráter de Estado protetor, que: se legitima pelo reconhecimento dos direitos sociais e viabilização do bem-estar e ainda pela participação dos cidadãos nas decisões e pelo pluralismo político; se materializa fundado na teoria econômica de Keynes e no Plano Beveridge de seguridade social; intervém em vários ângulos da vida social e econômica e dirige atenção para os pobres. Cf. Pisón, 1998. A remissão a esta visão de Pisón não compromete a análise mais ampla e contextualizada do Estado social registrada neste trabalho.

39. Consideramos que o enquadramento dos modelos de Estado social adotados nos diferentes países em um esquema classificatório pode forçar identidades e diferenças impossíveis de assim serem concebidas, devido às especificidades econômicas, políticas, sociais e culturais desses países. Todavia, a classificação de Esping-Andersen, bastante conhecida, pode oferecer, de forma resumida, uma aproximação panorâmica sobre modelos de Estado social. A classificação distribui os Estados sociais conhecidos em três tipos: 1) *Welfare State Liberal ou Conservador* — arquetípico dos Estados Unidos, Canadá e Austrália; 2) *Welfare State Corporativista* — característico da Áustria, Itália e Alemanha; e, 3) *Welfare State Social-Democrata* — próprio dos países escandinavos. A classificação do autor dá-se com base nos princípios de desmercadorização, estratificação social e formas de entrelaçamento das atividades do Estado, mercado e família, no que se refere à provisão dos bens e serviços. No primeiro modelo predomina a assistência social aos pobres, os seguros sociais são modestos e há pouca desmercadorização. No segundo, os direitos são ligados às classes e ao *status* (característica também do primeiro modelo); há um compromisso com a preservação da família tradicional, o seguro social exclui as esposas não inseridas no mercado de trabalho e os benefícios estimulam a maternidade. Já o modelo social-democrata é universalista e desmercadorizante, exclui o mercado e constrói uma solidariedade em favor do Estado social: todos são dependentes e beneficiários e contribuem com o sistema. Cf. Esping-Andersen (1991).

terísticas e valores específicos ao Estado liberal, que o precedeu, todavia "ambos têm um ponto em comum: o reconhecimento de direitos sem colocar em xeque os fundamentos do capitalismo" (Behring e Boschetti, 2006, p. 63).

Essa inferência de Behring e Boschetti conduz-nos a uma reflexão sintética sobre as funções do Estado no capitalismo, em seus estágios mais recentes de desenvolvimento,[40] a partir da visão de autores vinculados à tradição marxista. Como diz Behring (2009a, p. 70-71):

> O Estado capitalista modificou-se ao longo da história deste modo de produção, a qual se faz na relação entre luta de classes e requisições do processo objetivo de valorização e acumulação do capital, seguindo aqui a fecunda e clássica orientação marxiana de que os homens realizam sua história, porém não nas condições por eles escolhidas. Nesse sentido, o Estado acompanha os períodos longos do desenvolvimento do capita-

---

40. Ao longo de sua existência, o capitalismo moveu-se (move-se) e transformou-se (transforma-se), a partir de processos conjugados entre o desenvolvimento das forças produtivas, das mudanças das atividades estritamente econômicas, das inovações tecnológicas e organizacionais e de processos sociopolíticos e culturais que envolvem as classes sociais. Com base nessa linha de análise sobre o desenvolvimento do capitalismo, Netto e Braz (2006), apoiados em autores vinculados à tradição marxista, descrevem uma periodização histórica do desenvolvimento do capitalismo, em linhas gerais bem conhecidas, a qual adotaremos como referência. Tal periodização começa por um estágio que vai da *acumulação primitiva* ao estabelecimento da manufatura, quando se inicia o estágio inicial do capitalismo denominado *capitalismo comercial* (século XVI a meados do século XVIII). Na segunda metade do século XVIII (por volta da oitava década) o capitalismo entra em novo estágio, *capitalismo concorrencial* (também chamado de "liberal" ou "clássico"), que se caracteriza pelas mudanças políticas (Revolução Burguesa) e técnicas (Revolução Industrial) com a organização da produção pela indústria. Esse estágio perdurou até o último terço do século XIX. Entre fins do século XIX e os primeiros anos do século XX, o surgimento dos monopólios industriais (truste, cartel, *pool*, entre outros) e bancários fez com que o grande capital passasse a ser conhecido como o *capital monopolista*. A fusão dos capitais monopolistas industriais e bancários constitui o capital financeiro que ganhou centralidade no quarto estágio evolutivo do capitalismo — o *estágio imperialista* que se gestou nas últimas décadas do século XIX e, passando por diversas transformações, percorreu todo o século XX e se prolonga na entrada do século XXI. Em decorrência de suas transformações no *estágio imperialista* identificam-se pelo menos três fases: a fase *clássica*, que, segundo Mandel (1978), vai de 1890 a 1940, os "anos dourados", do fim da Segunda Guerra Mundial à entrada dos anos 1970 e o *capitalismo contemporâneo*, de meados dos anos 1970 aos dias atuais — é esta referência que adotaremos. Alguns autores atribuem designações diferentes para a fase posterior à Segunda Guerra Mundial, como é o caso de Mandel, que a denomina "capitalismo tardio". Cf. Netto e Braz (2006, p. 168-238); Mandel (1982).

lismo de expansão e estagnação e se modifica histórica e estruturalmente, cumprindo seu papel na reprodução social do trabalho e do capital, e expressando a hegemonia do capital, nas formações sociais particulares, ainda que com traços gerais comuns.

As mudanças que se processaram no Estado capitalista ao longo da história notam-se, sobretudo, a partir das funções que assumiu em períodos particulares. Assim, inicialmente consideremos a posição de Mandel (1978), mencionada rapidamente neste capítulo. Para o autor, as funções do Estado podem ser classificadas em três eixos fundamentais:

- Criar as condições gerais de produção que não podem ser asseguradas pelas atividades privadas dos membros da classe dominante;
- Reprimir qualquer ameaça das classes dominadas ou de frações particulares das classes dominantes ao modo de produção corrente através do exército, da polícia, do sistema judiciário e penitenciário;
- Integrar as classes dominantes, garantir que a ideologia da sociedade continue sendo a da classe dominante e, em consequência, que as classes exploradas aceitem a sua própria exploração sem o exercício direto da repressão contra elas (Mandel, 1978, p. 333-34).

A primeira função pode ser compreendida como a de criar infraestrutura, condições técnicas e outros pré-requisitos essenciais à produção, que não podem ser criados diretamente pela iniciativa privada de membros das classes dominantes, por exemplo: geração e fornecimento de energia elétrica de alcance público; construção de estradas, ferrovias e pontes que liguem cidades, estados, países etc.; abastecimento de água potável e para fins de desenvolvimento econômico; meios de transporte e de comunicação; serviços postais etc. Além de um sistema monetário e um mercado nacional com condições para funcionar, oferecimento de tecnologias e desenvolvimento científico que favoreça a produção, garantia de leis e ordem estáveis, entre outros.

A segunda função volta-se para o papel de repressão, com vista a impor a vontade da classe dominante, por meio do aparelho repressor do Estado.

A terceira função traz dois aspectos: um relacionado ao papel de integrar as classes dominadas e outro que se volta para assegurar como hegemônica a ideologia da classe dominante. Ambos são aspectos de funções de natureza ideológica, a serem asseguradas por meio da educação, da cultura, das religiões, das leis e da política, entre outros.

De acordo com Mandel (1978, p. 336), ainda que o Estado burguês seja um produto direto do Estado absolutista, é um Estado que "se distingue de todas as formas anteriores de dominação de classe por uma peculiaridade da sociedade burguesa que é inerente ao próprio modo de produção capitalista: o isolamento das esferas públicas e privada da sociedade", em decorrência da expansão da concorrência capitalista. Com essa aparência de autonomia do Estado em relação às diferentes facções da classe dominante, é mais fácil assegurar que este ente político funcione como "um capitalista total ideal, servindo aos interesses de proteção, consolidação e expansão do modo de produção capitalista como um todo, acima e ao contrário dos interesses conflitantes do 'capitalismo total real' constituído pelos 'muitos capitais' do mundo real" (Idem, ibidem, p. 336). Assim, as funções centrais do Estado no capitalismo, na opinião de Mandel, visam assegurar os interesses da classe dominante.

David Harvey (2004b), ao discorrer sobre "poderes do Estado e acumulação do capital" em sua obra *O novo imperialismo*, prioriza uma reflexão sobre o papel do Estado no capitalismo contemporâneo. Ele assevera que os processos moleculares de acumulação do capital podem criar (e criam) suas próprias redes e estruturas de operação no espaço independente da estrutura do Estado, no entanto:

> A condição preterida para a atividade capitalista é um Estado burguês em que instituições de mercado e regras contratuais (incluindo os contratos de trabalho) sejam legalmente garantidas e em que se criem estruturas de regulação para conter conflitos de classes e arbitrar entre as reivindicações das diferentes facções do capital [...]. Políticas relativas à segurança da oferta de dinheiro e aos negócios e relações comerciais externas também têm de ser estruturadas para beneficiar a todos (Harvey, 2004b, p. 80).

Essa posição do autor, de certa forma, tem conexões com a visão mandelina no que se refere a dois aspectos: a) papel do Estado como "árbitro" dos conflitos e interesses concorrentes entre as facções do capital; b) função do Estado de garantir determinados pré-requisitos para a produção, como a garantia legal de instituições de mercado. Para além dessas, Harvey realça outras funções do Estado relacionadas à acumulação:

> O Estado [...] tem tido um papel-chave na acumulação original ou primitiva,[41] usando seus poderes [...] para formar a adoção de arranjos institucionais capitalistas [...] para adquirir e privatizar ativos como base original da acumulação do capital [...] o Estado assume ainda todo tipo de outros papéis influentes — entre eles a taxação (Harvey, 2004b, p. 80).

No que se refere à acumulação, Harvey enfatiza que as funções assumidas pelo Estado relacionadas a apoiar ou fazer oposição aos processos de acumulação do capital dependem da maneira como o Estado se forma e dos agentes que participam dessa formação. Todavia, o Estado é e sempre foi o agente principal da dinâmica do capitalismo, embora a evolução do capitalismo não seja um simples reflexo dos poderes do Estado:

> Os Estados social-democratas tipicamente procuram conter a exploração excessiva da força de trabalho e favorecem os interesses de classe do trabalho sem abolir o capital. Por outro lado, o Estado pode ser um agente ativo de acumulação do capital. Os Estados desenvolvimentistas do Leste e do Sudeste asiático [...] têm influído diretamente na dinâmica da acumulação do capital por meio de suas ações (com frequência restringindo as aspirações do trabalho). Mas, esse tipo de intervencionismo estatal já existe há muito tempo. [...] O Estado há muito tempo, e ainda hoje, é o agente fundamental da dinâmica do capitalismo [...] mas, descrever a evolução do capitalismo como mera expressão dos poderes do Estado [...] é demasiado limitador (Harvey, 2004b, p. 81-82).

---

41. Para o autor, a acumulação original ou primitiva, conforme caracterizada por Marx (1988b), ainda existe na contemporaneidade. Portanto, ele se refere aos processos contemporâneos, assim classificados por ele.

Sobre o contexto fordista, David Harvey menciona a variedade de obrigações assumidas pelo Estado, particularmente com o propósito de "controlar ciclos econômicos" para assegurar uma relativa estabilidade lucrativa aos capitalistas, a partir de uma combinação entre a política fiscal e monetária. Ressalta ainda o papel de proteção social ao trabalho:

> O Estado [...] assumiu uma variedade de obrigações. Na medida em que a produção de massa, que envolvia pesados investimentos em capital fixo, requeria condições de demanda relativamente estáveis para ser lucrativa, o Estado se esforçava para controlar ciclos econômicos com uma combinação apropriada de políticas fiscais e monetárias no período pós-guerra. Essas políticas eram dirigidas para as áreas de investimentos públicos — em setores como o transporte, os equipamentos públicos etc. — vitais para o crescimento da produção e do consumo de massa e que também garantiam um emprego relativamente pleno. Os governos também buscavam fornecer um forte complemento ao salário social com gastos de seguridade social, assistência médica, educação, habitação etc. Além disso, o poder estatal era exercido direta ou indiretamente sobre os acordos salariais e os direitos dos trabalhadores na produção (Harvey, 2004c, p. 129).

Ian Gough (1978) começa sua reflexão advertindo que o elemento comum a todas as teorias marxistas de Estado e que as distingue em relação a outras teorias é a visão de subordinação do Estado a classe ou classes dominantes dentro desse modo de produção, ou seja, é como dizem Marx e Engels: "la clase economicamente dominante es también la clase politicamente dominante o clase governante"* (Marx e Engels apud Gough, 1978, p. 103). No entanto, para o autor, a realidade é muito mais complexa do que sugere esta frase de Marx e Engels difundida em *O Manifesto Comunista*.

Para explicitar sua posição, o autor nota que, sob o capitalismo, há uma aparente divisão entre economia e política, a esfera privada

---

* A classe economicamente dominante é também a classe politicamente dominante ou classe governante.

da esfera pública, de maneira que todos os homens apareçam como livres e iguais para lutar por seus objetivos e o Estado como representante do interesse comum. Dessa forma, o Estado possui uma aparente autonomia no que diz respeito às relações de exploração. Com base nessa compreensão, de acordo com Ian Gough, muitos estudiosos refutam que o Estado possa assegurar direitos e atender a necessidades do cidadão, porque, na realidade, o Estado é um mediador apenas dos interesses do mercado. Em sua opinião, isso representa apenas meia verdade. Por um lado, certo grau de autonomia do Estado em relação à classe economicamente dominante possibilita a ele assegurar os interesses dessa classe de forma mais adequada. Por outro, também é verdade que a separação e relativa autonomia do Estado permitem que se consigam numerosas reformas e que o Estado de nenhuma forma atue como instrumento passivo de uma única classe. Dentro destes limites, há espaço para manobras, estratégias e políticas. Diante disso, o autor afirma:

> Por lo tanto, nosotros rechazamos la opinión pluralista del Estado, en le sentido de que es un árbitro neutral entre grupos en competencia en la sociedad; y también rechazamos la opinión economicista cruda, en el sentido de que es únicamente un instrumiento de la clase dominante en la sociedad. Un análisis basado en la autonomía relativa del Estado capitalista evita ambos errores y permite lo que es esperanzadoramente un entendimiento fructífero del Estado del bienestar moderno (Gough, 1978, p. 110).*

Em sua extensa e consistente análise sobre o Estado social, Gough (1978, p. 116) considera que as atividades básicas do Estado social são "la reproducción de la población trabajadora y el mantenimiento de la población no trabajadora" e que estas atividades correspondem

---

* Portanto, rejeitamos a opinião pluralista do Estado, no sentido de que é um árbitro neutro entre grupos em concorrência na sociedade; e também rejeitamos a opinião economicista crua, no sentido de que é apenas um instrumento da classe dominante na sociedade. Uma análise baseada na autonomia relativa do Estado capitalista evita ambos os erros e permite o que é esperançosamente um entendimento frutífero do Estado de bem-estar moderno.

àquelas básicas do Estado em qualquer sociedade humana. Ele incorpora ainda em sua análise que o Estado social tem que se ocupar de mais duas funções vitais, as quais foram destacadas por O'Connor, em seu trabalho *The fiscal crisis of the state*. São elas: "funciones básicas y a menudo contradictorias [...] acumulación y legitimación" (Idem, ibidem, p. 120).* Portanto, na visão de Ian Gough, as funções do Estado social estão direcionadas para assegurar a reprodução da força de trabalho, a manutenção da população não trabalhadora (exército industrial de reserva), a acumulação do capital e a legitimação do modo de produção capitalista — visão com a qual concordamos.

István Mészáros, ao fazer uma análise do Estado moderno e de suas funções no "sistema do capital",[42] ressalta que o mesmo, com a sua estrutura burocrática, torna-se mais um complexo aparato legal e político que "se afirma como pré-requisito indispensável para o funcionamento permanente do *sistema do capital*" (Mészáros, 2009, p. 109; grifo nosso). Essa afirmação baseia-se na leitura que faz de contradições internas ou "defeitos estruturais" do "sistema do capital", em cuja reparação o papel do Estado é essencial. Em sua análise, Mészáros destaca que no "sistema do capital" a *produção* e seu *controle* estão isolados entre si e diametralmente opostos. Da mesma forma, a *produção* e o *consumo* possuem existência separada, o que provoca um excesso de consumo

---

* A reprodução da população trabalhadora e a manutenção da população não trabalhadora, [...] funções básicas e, amiúde, contradições [...] acumulação e legitimação".

42. Na visão de Mészáros, capital e capitalismo são fenômenos distintos. O sistema do capital antecede o capitalismo e tem vigência também na sociedade pós-capitalista. O capitalismo, por sua vez, é apenas uma das formas possíveis de realização do capital, caracterizada pela subsunção total do trabalho ao capital, o que Marx denomina capitalismo pleno. O autor cita como um exemplo da existência de capital antes do capitalismo, o capital mercantil e da existência de capital pós-capitalismo, as experiências da União Soviética e do leste europeu conhecidas como "socialismo real". Mészáros denomina essas experiências de "sistema de capital pós-capitalista" porque, em sua visão, foram experiências que não superaram o sistema sociometabólico do capital, cujo núcleo central é constituído pelo capital, trabalho assalariado e Estado — três dimensões interligadas. Para eliminar o sistema sociometabólico do capital, estes três elementos precisam ser superados. Essa visão do autor é especialmente polêmica e sua explicitação nesta nota não significa concordância com ela, mas apenas o compromisso de contextualizar a sua reflexão sobre as funções do Estado no que ele chama "sistema do capital" e nós chamamos capitalismo. Nossa concordância com o autor se dá no que se refere ao papel vital do Estado no processo global da acumulação do capital.

em determinados locais e escassez em outros. Na mesma perspectiva, há uma contradição entre *produção* e *circulação*, que dificulta a realização da circulação global. Para o autor, nessas três situações "o defeito estrutural" está localizado na ausência de unidade, assim o Estado moderno é exigência do " sistema do capital" para corrigir esse defeito:

> O Estado moderno constitui a única estrutura corretiva compatível com os parâmetros estruturais do capital como modo de controle sociometabólico. Sua função é retificar — deve-se enfatizar mais uma vez: apenas até onde a necessária ação corretiva puder se ajustar aos últimos limites sociometabólicos do capital — a falta de unidade em todos os três aspectos referidos (Mészáros, 2009, p. 107).

Segundo o autor, o exercício do "controle tirano" sobre o trabalho, a partir dos locais de trabalho, para demonstrar uma aparente unidade entre as forças contraditórias que atuam na produção; a atuação para reduzir a desigualdade na distribuição do consumo; o papel de consumidor direto em escala sempre crescente ou ainda, a atuação no domínio do consumo em suas fronteiras nacionais e fora delas, tudo isso faz do Estado um elemento intrínseco à materialidade do sistema do capital. Nessa perspectiva:

> O Estado moderno pertence à materialidade do *sistema do capital*, e corporifica a necessária dimensão coesiva de seu imperativo estrutural orientado para a expansão e para a extração do trabalho excedente. É isto que caracteriza todas as formas conhecidas do Estado que se articulam na estrutura da ordem sociometabólica do capital (Mészáros, 2009, p. 121; grifos nossos).

Esse resumido resgate sobre as funções do Estado no capitalismo[43] conduz-nos à compreensão de que, apesar de tais funções serem diferentes no tempo e no espaço, não mudam na essência. O Estado capitalista possui natureza contraditória e, embora incorpore reivindicações dos trabalhadores no contexto da luta de classes, assume, principal-

---

43. E, segundo Mészáros, no "sistema do capital".

mente, funções direcionadas para assegurar condições favoráveis à acumulação do capital e à reprodução das relações de exploração que sustentam o modo de produção capitalista.

Retomando a discussão sobre o padrão de acumulação fordista, organização do trabalho e proteção social, vale advertir que a maior parte das análises aqui recuperadas sobre o Estado social fundamentou-se na Europa, como é o caso da contribuição de Ian Gough, que tem como base a Inglaterra. Não correspondem, portanto, à realidade do Brasil, que não experimentou a generalização do trabalho assalariado nem a consolidação do Estado social, ainda que a proteção social no país tenha nascido vinculada ao trabalho assalariado, como sugere Malloy (1986, p. 51): "Já em 1923, o sistema previdenciário fora definido como parte integrante das relações de trabalho"; e como também é sugerido pelo Ipea:

> A proteção social no Brasil, que nasce no início dos anos de 1930 pela vinculação com o trabalho, se estruturou em função da inserção na estrutura ocupacional e do acesso a benefícios vinculados a contribuições pretéritas. No entanto, o capitalismo aqui instalado e a atuação regulatória do Estado no campo trabalhista não lograram universalizar o fenômeno do assalariamento formal, tornando incompleto o 'processo civilizatório' de um capitalismo minimamente organizado, tal qual levado a cabo nas experiências dos países europeus ocidentais (Ipea, 2007, p. 8).

Assim, de acordo com o Ipea (2007), historicamente jamais foi possível assegurar proteção social a toda a população ocupada no Brasil, ficando desprotegidos, sobretudo, os que não têm acesso ao trabalho estável e possuem baixa renda.

A partir de 1988, com a instituição da Seguridade Social pela Constituição Federal surgiram possibilidades de reversão desse quadro. Amplia-se "legalmente a proteção social para além da vinculação com o emprego formal" (Ipea, 2007, p. 8), inclusive, em relação ao acesso aos benefícios da previdência social, bastando, nesse caso, assegurar a contribuição prévia ao sistema. Mas, a hegemonia política, econômica e ideológica do neoliberalismo prevalecente nas décadas subsequentes inibiu o desenvolvimento da seguridade social, conforme foi concebida. Logo, ainda que a saúde tenha sido regulamentada, em 1990, como um direito de todos e dever do Estado; a assistência social tenha ganhado o estatuto de política social, em 1993; e tenha havido um relativo crescimento da cobertura da previdência social aos trabalhadores rurais a partir da década de 1990 e de outros trabalhadores não assalariados, a seguridade social é ainda é "um projeto inconcluso" (Fleury, 2004).

A cobertura previdenciária aos setores urbanos, na década de 1990 e na primeira década do século XXI, foi muito restrita. Sem dúvida, "isso se deve, fundamentalmente, à concessão de benefícios mediante contribuição prévia, em um contexto de grande informalidade das relações de trabalho no país" (Ipea, 2007, p. 9). Ademais, no Brasil, o custeio da seguridade social, especialmente da previdência social, apesar da instituição do orçamento da seguridade social, com uma multiplicidade de fontes de financiamento, e a possibilidade de qualquer cidadão filiar-se à previdência social, mesmo não estando empregado, ficou muito dependente das contribuições dos trabalhadores assalariados.[44]

A informalidade crescente no Brasil, em particular a partir da década de 1980, é um fator a ser considerado na análise acerca das condições para universalização da previdência social. Para tanto, neste livro, para delimitar o setor informal, usaremos como referência as características apontadas pela Organização Internacional do Trabalho (OIT), nos anos 1970:

> O setor informal compreende um conjunto de atividades (formas de produção) cujas características principais são: i) o reduzido tamanho do empreendimento; ii) a facilidade de entrada de novo concorrente; iii) a inexistência de regulamentação; iv) a utilização de tecnologias intensivas em mão de obra; v) a propriedade familiar, entre outras (OIT, 1972, apud Theodoro, 2002, p. 12-13).

---

44. Sobre o assunto cf. Boschetti (2006), Boschetti e Salvador (2006) e Salvador (2010).

Essas características estão relativamente presentes na definição de Theodoro (2009, p. 91), ao usar as expressões "setor informal", "atividade informal" e "setor não estruturado":

> Para delimitar uma parte da força de trabalho que engloba os trabalhadores que estão fora das relações assalariadas, ou seja, aqueles que se dedicam ao trabalho autônomo e às atividades de pequena escala organizados em microunidades de produção de bens ou de serviços, assim como os assalariados não declarados e aqueles trabalhadores sem remuneração.

Outra dimensão do trabalho também importante nesse debate sobre a estruturação da proteção social no Brasil é aquela vinculada ao chamado setor de subsistência, aqui compreendido conforme reconceituado[45] por Delgado (2009, p. 20; grifo do autor): "conjunto de atividades e relações de trabalho, *não assalariadas*, que propiciam meios de subsistência à maior parte das famílias rurais, sem geração de excedente monetário". Visando elucidar esta definição, o autor adverte: a) "a falta de excedente monetário indica baixo grau da mercantilização da produção, mas não sua ausência" (Idem, ibidem, p. 20); b) "esta economia produz autoconsumo e vende produtos e serviços com vista à provisão de suas necessidades básicas de consumo de subsistência" (Idem, ibidem).

Nos capítulos seguintes retomaremos a análise sobre a proteção social no Brasil, a partir da discussão sobre a previdência social, antes e no contexto da seguridade social.

O ciclo de expansão capitalista e de consolidação dos sistemas de proteção social nos países de capitalismo avançado ocorreu da década

---

45. Em 2004, Delgado trabalhava com uma noção conceitual de setor de subsistência como sendo o conjunto de atividades econômicas e relações de trabalho, não reguladas pelo contrato monetário de trabalho e que não tem como prioridade a produção de mercadorias ou serviços com fins lucrativos, mas propiciam meios de subsistência e/ou ocupação à parte expressiva da população (Delgado, jul. 2004). Posteriormente, sem fugir à essência, com base em estudos mais recentes, tomou como referência reflexões realizadas sobre o tema por Caio Prado Jr., Celso Furtado e Raimundo Faoro, e recuperou e reformulou esta referência nos termos acima mencionados. Cf. Delgado (2009).

de 1940 a de 1970, quando nova crise afetou o sistema e prolongou-se pelas décadas subsequentes. É disso que trata o próximo item.

1.3 A acumulação flexível, a condição estrutural do trabalho e os sistemas de proteção social a partir da década de 1970

O colapso do sistema financeiro mundial, acentuado pela decisão dos Estados Unidos de desvincular o dólar do ouro (rompendo com o acordo de *Bretton Woods*), a crise do comércio internacional, a elevação das taxas de inflação, o choque da elevação dos preços do petróleo em 1973 e a recessão econômica generalizada entre 1974 e 1975 são expressões da crise do capitalismo manifesta na década de 1970. Naquele momento, o padrão de acumulação e regulação fordista/keynesiano entrou em colapso. E, como diria a visão mandelina, *o período de acumulação acelerada*, a "onda longa expansionista" (Mandel, 1982) esgotou-se.

A partir do início da década de 1970, a economia dos países de capitalismo avançado entra numa fase de estagnação e a taxa de lucro declina, como mostram Netto e Braz (2006, p. 213):

> Entre 1968 e 1973, ela [a taxa de lucro] cai, na Alemanha Ocidental, de 16,3 para 14,2%, na Grã-Bretanha, de 11,9 para 11,2%, na Itália, de 14,2 para 12,1%, nos Estados Unidos, de 18,2 para 17,1% e, no Japão, de 26,2 para 20,3%. Também o crescimento econômico se reduziu: *nenhum país capitalista central conseguiu manter as taxas do período anterior* (grifos dos autores).

Nesse cenário, ocorreu paralelamente uma redução dos investimentos nos sistemas de proteção social comparativamente aos anos anteriores, provocando uma queda na qualidade desses serviços. De acordo com Ian Gough, a redução dos investimentos no Estado social tanto na Inglaterra como em outros países do mundo está intimamente vinculada à crise econômica nos países capitalista, que se acentuava ao longo da década de 1970. Diz o autor:

Los recortes en el gasto público, especialmente en el Estado del bienestar, aquí y en el extranjero están relacionados evidentemente con la crisis sin precedentes de la economía capitalista mundial. Desde el final de 1973 hasta 1975 ésta experimentó un retroceso sin paralelo desde antes de la guerra. El PNB de los países de la OCDE disminuyó el 5%, la producción industrial tocó casi fondo y el comercio mundial disminuyó un 14%. El desempleo llegó a una cifra impresionante de 15 millones en el conjunto de todos los países de la OCDE. Al mismo tiempo la inflación aumentó y el mundo capitalista avanzado experimentó un déficit comercial colectivo cada vez mayor (Gough, 1978, p. 237).*

As justificativas dos governos naquele contexto de crise e de pressão dos movimentos organizados dos trabalhadores (principalmente pelos sindicatos e partidos de esquerda) para a redução dos gastos públicos eram contrárias aos argumentos keynesianos de anos anteriores. A redução dos gastos em serviços de proteção social do Estado ajudaria a enfrentar o desemprego e o déficit da balança comercial, redirecionando recursos para o setor privado assegurar maior oferta de vagas de emprego e gerar mais exportações. Tais argumentos não eram mais do que frágeis justificativas para reorientar o fundo público, de maneira a atender aos objetivos e às necessidades do capital, no contexto de crise na década de 1970.

No decorrer da década de 1970 e 1980, nos países do capitalismo avançado, ocorreu uma profunda mudança na economia e na correlação de forças políticas. No fordismo, houve um grande fortalecimento dos sindicatos e dos partidos de esquerda, refletido nas fortes pressões exercidas sobre o capital no decorrer dos "anos dourados" e na consequente queda na taxa de acumulação até o final da década de 1970. A partir de então, esse movimento começa a sofrer pressões

---

* Os cortes no gasto público, especialmente no Estado de bem-estar, aqui e no exterior estão relacionados evidentemente com a crise sem precedentes da economia capitalista mundial. Desde o final de 1973 até 1975, esta experimentou um retrocesso em paralelo desde antes da guerra. O PNB dos países da OCDE reduziu-se em 5%, a produção industrial chegou quase ao fundo do poço e o comércio mundial encolheu 14%. O desemprego chegou à cifra impressionante de 15 milhões no conjunto de todos os países da OCDE. Ao mesmo tempo, a inflação aumentou e o mundo capitalista avançado experimentou um déficit comercial coletivo cada vez maior.

do capital para que sua organização e lutas fossem fragilizadas. Diante do esgotamento do potencial de acumulação nesses países, evidenciado no início dos anos 1970, as forças conservadoras de direita tentaram redirecionar a correlação de forças, com ataques sistemáticos ao movimento organizado dos trabalhadores já abalado diante do desemprego. A onda de perseguição ao movimento ganhou fôlego, sobretudo na década de 1980. O propósito era criar novas condições políticas e econômicas para assegurar a retomada das altas taxas de lucros e a acumulação crescente do capital, sem ter que dividir qualquer ganho com os trabalhadores, ainda que fosse por meio de investimento em políticas sociais e salariais.

Nesse período, particularmente na década de 1980, as experiências do chamado "socialismo real" dão sinais de esgotamento, repercutindo na correlação de forças no mundo, favorecendo a perspectiva capitalista, que se encarregou de apregoar o "fim do socialismo".

Assim, as décadas de 1970 e, sobretudo 1980, foram marcadas pela busca de um novo padrão de acumulação capitalista. Nas estratégias adotadas, o Estado e as corporações econômicas tiveram papéis destacados. Os governos da Inglaterra, em 1979 (Margareth Thatcher), dos Estados Unidos, em 1980 (Ronald Regan) e da Alemanha, em 1982 (Helmult Khol), assumiram em suas plataformas vários compromissos sob as diretrizes neoliberais voltadas para o desmonte dos direitos sociais; enxugamento da máquina estatal; redirecionamento do fundo público para atender aos interesses do capital; ataque aos sindicatos diminuindo o seu poder; reforma fiscal, reduzindo a taxação sobre os mais altos rendimentos. Paralelamente, as empresas começaram a modificar a organização da produção, por meio de novos métodos e processos de trabalho com base na microeletrônica. Com isso, a reestruturação produtiva, a redefinição das funções do Estado e a financeirização do capital sob as diretrizes do neoliberalismo constituíram as estratégias fundamentais no processo de construção de um novo padrão de acumulação. Harvey (2004c) chama esse processo de passagem do fordismo para o padrão de acumulação flexível, assim caracterizada:

É marcada por um confronto direto com a rigidez do fordismo. Ela se apoia na flexibilidade dos processos de trabalho, dos mercados de trabalho, dos produtos e padrões de consumo. Caracteriza-se pelo surgimento de setores de produção inteiramente novos, novas maneiras de fornecimento de serviços financeiros, novos mercados, e, sobretudo taxas altamente intensificadas de inovação comercial, tecnológica e organizacional. A acumulação flexível envolve rápidas mudanças dos padrões de desenvolvimento desigual tanto entre setores como entre regiões geográficas, criando, por exemplo, um vasto movimento no emprego no chamado setor de serviços, bem como conjuntos industriais completamente novos em regiões até então subdesenvolvidas [...] A acumulação flexível parece implicar níveis relativamente altos de desemprego estrutural [...] rápida destruição e reconstrução de habilidades, ganhos modestos (quando há) de salários reais [...] e o retrocesso do poder sindical — uma das colunas políticas do regime fordista (Harvey, 2004c, p. 140-41).

Essa crise e as estratégias do capital para amortecer os seus efeitos afetaram a condição do trabalho, tanto nos aspectos objetivos (desemprego, baixos rendimentos etc.) como nos aspectos subjetivos (enfraquecimento dos sindicatos, cooptação ideológica etc.). Afetaram também os sistemas de proteção social, especialmente os direitos derivados e dependentes do trabalho assalariado estável — substituído pelo desemprego, o trabalho em tempo parcial, os empregos temporários, os instáveis e não vinculados a direitos —, como dizem Behring e Boschetti (2006, p. 133):

> A reestruturação produtiva, as mudanças na organização do trabalho e a hegemonia neoliberal [...], têm provocado importantes reconfigurações nas políticas sociais. O desemprego de longa duração, a precarização das relações de trabalho, a ampliação de oferta de empregos intermitentes, em tempo parcial, temporários, instáveis e não associados a direitos, limitam o acesso aos direitos derivados de empregos estáveis.

A reestruturação produtiva surge, portanto, como estratégia determinante das mudanças no mundo do trabalho a partir dos anos 1970 nos países centrais. Segundo Elizabete Mota (1995, p. 65), esse processo "tem, como exigência básica, a reorganização do papel das forças produtivas na recomposição do ciclo de reprodução do capital, tanto na esfera da produção como na das relações sociais". Assim, implicou um novo modo de organizar a produção, com base em novos métodos e processos de trabalho, baseados em tecnologias avançadas; em novos padrões de gestão e envolvimento da mão de obra; em relações de trabalho, baseadas na desregulamentação dos direitos. Repercutiu na obsolescência de atividades e qualificações; na exigência de um perfil de trabalhador capaz de usar de forma intensa a sua capacidade intelectual em favor do capital; na redução da criação e oferta de novos postos de trabalho; na crescente cooptação do movimento sindical, pelas formas denominadas sindicalismo de participação; na redução dos laços de solidariedade no âmbito do trabalho; e numa maior heterogeneidade da classe trabalhadora. Entre as consequências, a expansão do desemprego prolongado e do trabalho precarizado, e o aumento do exército industrial de reserva destacam-se como relevantes no aprofundamento da exploração e das desigualdades sociais tanto nos países centrais como nos periféricos, como dizem Netto e Braz (2006, p. 220-21):

> O mais significativo é o fato de o capitalismo contemporâneo ter transformado o *desemprego maciço* em *fenômeno permanente* — se, nos seus estágios anteriores, o desemprego oscilava entre "taxas aceitáveis" e taxas muito altas, agora todas as indicações asseguram que a crescente enormidade do exército industrial de reserva torna-se irreversível [...]
>
> A precarização e a "informalização" das relações de trabalho trouxeram de volta formas de exploração que pareciam próprias do passado (aumento das jornadas, trabalho infantil, salário diferenciado para homens e mulheres, trabalho semiescravo ou escravo) e ao final do século XX, ao cabo de vinte anos de ofensiva do capital, a massa trabalhadora não padece apenas nas periferias — também nos países centrais a lei geral da acumulação capitalista mostra o seu efeito implacável (grifos dos autores).

Antunes (2003, 2004, 2005) explica as mutações do mundo do trabalho a partir da concorrência intercapitalista e da necessidade de controle do capital sobre o trabalho. Para ele, essas mutações ocorreram em um contexto em que, além da crise estrutural do capitalismo, outros processos se desenvolveram, sendo o fim do "bloco socialista" um dos mais importantes. Com isso, a propagação da falsa ideia do "fim do socialismo"; a opção político-ideológica pela social-democracia, em detrimento do projeto socialista, por parte da esquerda; além da expansão do projeto econômico, político e social neoliberal implicaram a desorganização dos Estados sociais, em estreita articulação com o processo de reestruturação produtiva. Para o autor, esta processualidade afetou a classe trabalhadora também política e ideologicamente, fragilizando o movimento sindical.

Outras consequências da acumulação flexível para o mundo do trabalho são apontadas por Antunes (2003; 2004; 2005), algumas das quais também são destacadas por Mattoso (1995) e Harvey (2004a, 2004b, 2004c). Para Antunes, as principais consequências são: redução do operariado manual, fabril, estável e especializado, que se desenvolveu na era fordista; impulso de um novo proletariado fabril e de serviços nos diversos modos de trabalho precarizado (terceirizados, subcontratados, temporários etc.); aumento do trabalho feminino e dos assalariados médios no setor de serviços; a exclusão dos jovens e dos idosos do mercado de trabalho; expansão do trabalho domiciliar; ação dos trabalhadores mais internacionalizada. Essas mudanças tornaram a classe trabalhadora mais heterogênea, fragmentada e complexificada. Para Mattoso (1995), que também reconhece a classe trabalhadora com essas características, a reestruturação produtiva imprime mudanças no mundo do trabalho, que se traduzem em *inseguranças* para os trabalhadores. Para Harvey (2004c), o mercado de trabalho, a partir de 1973, passou por uma reestruturação favorecida pelo elevado excedente de mão de obra e fragilização do movimento sindical, com redução do emprego e expansão do trabalho precarizado. Iamamoto (2008a) demonstra concordar com esses dois e outros autores quanto ao "redimensionamento da classe trabalhadora e de sua polarização", em função dos processos que estimulam respostas "flexíveis" no mercado, nos processos de trabalho, nos produtos e padrões de consumo, chamando a atenção para as particularidades nacionais:

De um lado, tem-se um grupo central, proporcionalmente restrito, de trabalhadores regulares com cobertura de seguros e direitos de pensão, dotados de força de trabalho de maior especialização e salários relativamente mais elevados. De outro lado, presencia-se um amplo grupo periférico, formado de contingentes de trabalhadores temporários e/ou de tempo parcial, dotados de habilidades facilmente encontráveis no mercado, sujeitos aos ciclos instáveis da produção e dos mercados. A contenção salarial, somada ao desemprego e à instabilidade do trabalho, acentua as alterações na composição da força de trabalho, com a expansão do contingente de mulheres, jovens, migrantes, minorias étnicas e raciais, sujeito ao trabalho instável e invisível, legalmente clandestino. Cresce o trabalho desprotegido e sem expressão sindical, assim como o desemprego de longa duração (Iamamoto, 2008a, p. 27).

Ainda quanto às particularidades locais, a autora destaca na situação brasileira que: "a modernidade das forças produtivas do trabalho social convive com padrões retrógrados nas relações no trabalho" (Iamamoto, 2007, p. 129). Essa situação pode ser extensiva a outras realidades. A reestruturação produtiva não mudou "linearmente" a situação do trabalho no mundo. Apesar das mudanças, o velho convive com o novo como expressão do *desenvolvimento desigual*.[46]

A reestruturação da produção do capital surge para dar sustentação a um novo padrão de acumulação, o qual Harvey (2004c) chama de "acumulação flexível", cuja noção orienta este trabalho. Porém, "esta revolução tecnológica e organizacional na produção, tratada [...] como reestruturação produtiva" (Behring, 2003, p. 33) é um dos movimentos desencadeados para sustentar o novo padrão de acumulação e conformação do capitalismo contemporâneo. A financeirização do capital e as mudanças nas funções do Estado são igualmente relevantes.

Quanto à organização da economia mundial e a acumulação do capital apoiadas prioritariamente no capital financeiro, é indispensável

---

46. Para Iamamoto (2007, p. 129), apoiada em Marx, é "a desigualdade entre o desenvolvimento econômico e o desenvolvimento social, entre a expansão das forças produtivas e as relações sociais na formação capitalista".

recorrer à análise da François Chesnais, que ressalta o papel dos Estados nacionais nesse processo, bem como a importância da interconexão internacional dos mercados de ativos financeiros. Em sua opinião:

> O capital portador de juros [...] não foi levado ao lugar que hoje ocupa por um movimento próprio. Antes que ele desempenhasse um papel econômico e social de primeiro plano, foi necessário que os Estados mais poderosos decidissem liberar o movimento dos capitais e desregulamentar e desbloquear seus sistemas financeiros. Foi igualmente preciso que recorressem a políticas que favorecessem e facilitassem a centralização dos fundos líquidos não reinvestidos das empresas e das poupanças das famílias. Nos termos dessas transformações, instituições especializadas (antes pouco visíveis) tornaram-se [...] as proprietárias dos grupos: proprietários-acionistas de um tipo particular que têm estratégias inteiramente submetidas à maximização [do] "valor acionário". Correntemente designados pelo nome de "investidores institucionais", esses organismos (fundos de pensão, fundos coletivos de aplicação, sociedade de seguros, bancos que administram sociedades de investimento) fizeram da centralização dos lucros não reinvestidos das empresas e das rendas não consumidas das famílias, especialmente os planos de previdência privados e a poupança salarial, o trampolim de uma acumulação financeira[47] de grande dimensão. A progressão da acumulação financeira foi estreitamente ligada à liberalização dos movimentos dos capitais e à interconexão internacional dos mercados dos ativos financeiros — obrigações públicas e privadas, ações e produtos derivados (Chesnais, 2005, p. 35-36).

Portanto, a forte presença do capital-dinheiro sob a face de capital a juros e a expansão do sistema de crédito, a partir da década de 1970, impulsionaram a acumulação financeira e a fusão de interesses entre o capital financeiro e a indústria, com o apoio decisivo do Estado. Não por acaso, as contrarreformas do Estado elegeram centralmente os

---

47. Segundo o autor, entende-se por acumulação financeira, "a centralização em instituições especializadas de lucros industriais não reinvestidos e de rendas não consumidas, que têm por encargo valorizá-los sob a aplicação em ativos financeiros — divisas, obrigações e ações — mantendo-os fora da produção de bens e serviços" (Chesnais, 2005, p. 37).

sistemas de seguros sociais. A redução da previdência pública para dar lugar à expansão dos fundos de pensão foi vital aos processos de centralização do capital. Da mesma forma, a elevação das taxas de juros, que fizeram crescer o endividamento público, foi vital à revitalização da finança de mercado. Tudo começou, na década de 1980, com o crescimento da dívida pública norte-americana e dos países europeus, estendendo-se para outros países capitalistas. O crescimento das dívidas públicas tornou os governos mais dependentes dos mercados financeiros.

Assim, no decorrer das últimas quatro décadas ocorrerão mudanças substanciais na estrutura e gestão da riqueza capitalista e na operação dos mercados financeiros. Na opinião de Luiz Gonzaga Beluzzo (2005, p. 10), as principais tendências foram:

> 1) O maior peso da riqueza financeira na riqueza total; 2) o poder crescente dos administradores da massa de ativos mobiliários (fundos mútuos, fundos de pensão, seguros) na definição das formas de utilização da "poupança" e do crédito; 3) a generalização da abertura das contas de capital, dos regimes de taxas flutuantes e de uso de derivativos; 4) as agências de classificação de riscos assumem o papel de tribunais, com pretensões de julgar a qualidade das políticas econômicas nacionais.

Ainda sobre o processo de organização da economia mundial apoiada principalmente no capital financeiro, vale realçar dois comentários de Iamamoto. O primeiro procura desvendar "os mistérios do fetichismo", no que se refere ao poder do capital financeiro:

> O capital que rende juros, cunhado por Marx de *capital fetiche*, aparece como se tivesse o poder de gerar mais dinheiro no circuito fechado das finanças — como se fosse capaz de criar ovos de ouro —, independentemente da retenção que faz dos lucros e dos salários criados na produção. Mas, o fetichismo das finanças só é operante se existe produção de riquezas, ainda que as finanças minem seus alicerces ao abordarem parte substancial do valor produzido (Iamamoto, 2008a, p. 24; grifos da autora).

O segundo comentário da autora ressalta as consequências sociais do predomínio do capital financeiro na organização da economia mundial:

O predomínio do capital fetiche conduz à banalização da vida humana, à descartabilidade e indiferença perante o outro, o que se encontra na raiz das novas configurações da *questão social* na era das finanças. Ele atesta a radicalidade da alienação e a invisibilidade do trabalho social — e dos sujeitos que o realizam — na era do capital fetiche. A subordinação da sociabilidade humana às coisas — ao capital-dinheiro e ao capital-mercadoria —, retrata na contemporaneidade, um desenvolvimento econômico que se traduz como barbárie social (Idem, ibidem, p. 29; grifos da autora).

No que se refere à redefinição das funções do Estado, comporta lembrar que sob o fordismo, no pós-guerra, o Estado assumiu várias funções: controlou ciclos econômicos, combinando políticas fiscais e monetárias dirigidas para as áreas de investimento público, vitais ao crescimento da produção e do consumo de massa, e à garantia do pleno emprego; assegurou um grande complemento salarial com gastos de seguridade social, educação, habitação etc.; além de exercer o seu poder direta ou indiretamente sobre os acordos salariais e os direitos dos trabalhadores. A partir de meados do decênio de 1970, essas funções foram alteradas. O neoliberalismo apontou o Estado social como o responsável pela crise do capitalismo no decênio e a estratégia construída para enfrentá-la pautou-se em pontos que impuseram ao Estado perda de poderes (Navarro, 1998). Assim, o Estado perdeu poderes de controle da mobilidade do capital, redirecionou investimentos fiscais dirigidos às políticas de proteção social ao capital, mas não reduziu sua intervenção. Como diz Harvey (2004a, p. 94), "a fim de fazer funcionar a atual vaga do neoliberalismo, o Estado tem de penetrar ainda mais intensamente em certos segmentos da vida político-econômica e tornar-se ainda mais intervencionista do que antes". O que mudou foram as áreas e/ou as formas de intervenção, conforme as necessidades do capital. Para o autor, em alguns aspectos, como o controle do trabalho, a intervenção do Estado tem sido bem mais fundamental:

> Embora possa ter havido variações substanciais de país para país, há fortes evidências de que as modalidades, os alvos e a capacidade de intervenção estatal sofreram uma grande mudança a partir de 1972 em todo o mundo capitalista [...]. Isso não significa, porém, que o intervencionismo estatal tenha diminuído de modo geral, visto que, em alguns aspectos — em particular no tocante ao trabalho —, a intervenção do Estado alcança hoje um grau bem mais fundamental (Harvey, 2004c, p. 161).

Os mecanismos utilizados na busca de um novo consenso de classes, nesse contexto, foram completamente diferentes dos que viabilizaram esse consenso e deram sustentação à expansão econômica do pós-guerra, como as negociações e acordos coletivos de trabalho entre empresas e sindicatos, expansão dos sistemas de seguridade social e democratização da legislação reguladora do trabalho. Ao contrário, tais mecanismos foram direcionados para reduzir o poder sindical e elevar os níveis de exploração dos trabalhadores pelo capital. Por isso, um maior controle do Estado sobre o trabalho foi decisivo, principalmente no que se refere à elaboração de novas normas para a organização do trabalho e atuação sindical. Na realidade, conforme dizem Netto e Braz (2006, p. 227; grifos dos autores), sob o neoliberalismo, "o que pretendem os monopólios e seus representantes nada mais é que um *Estado mínimo para o trabalho e máximo para o capital*". Nos termos de Harvey (2004c, p. 160):

> Hoje, o Estado [...] é chamado a regular as atividades do capital corporativo no interesse da nação e é forçado, ao mesmo tempo, também no interesse nacional, a criar um "bom clima de negócios", para atrair o capital financeiro transnacional e global e conter [...] a fuga de capitais para pastagens mais verdes e mais lucrativas.

Portanto, para atender às necessidades das atividades capitalistas o Estado interveio para assegurar às instituições de mercado que as regras contratuais fossem legalmente garantidas e fossem criadas estruturas de regulação para conter conflitos de classes, arbitrar diferentes interesses de facções do capital, e que fossem estabelecidas políticas relativas à segurança da oferta de dinheiro, segurança dos negócios e relações comerciais. Assim, a reestruturação produtiva, para a conformação de um novo padrão de acumulação do capital, não pode ser vista separada da refuncionalização do Estado e da financeirização do capital. São processos combinados.

A análise da alternância de papéis assumidos pelo Estado no processo de acumulação do capital reforça a compreensão desta instituição na sociedade capitalista como um produto da luta de classes, que representa primordialmente os interesses da classe dominante, ainda que incorpore demandas da classe trabalhadora, explicitadas na luta de classes em contexto específicos, em que a correlação de força seja favorável aos trabalhadores.

A reestruturação produtiva e as mudanças nas funções do Estado ocorreram mormente nos países industrializados, em que o Estado social alcançou maior desenvolvimento. Isso teve grande repercussão nos sistemas de proteção social. Sobre o tema, Behring (2008) alerta-nos quanto a uma nova configuração que vem sendo assumida pela seguridade social, nos termos já anunciados por Mota (1995, 2008), desde o final da última década do século passado, em face da nova condição do trabalho:

> No contexto do *Welfare State*, o trabalho é o elemento que determina a justaposição contraditória entre previdência e assistência social, o que em tese geraria uma cobertura para todos, inseridos e não inseridos na relação salarial, diga-se no emprego formal [...], contudo, o esgotamento desse período e o ingresso numa onda longa de estagnação do capitalismo em sua fase madura colocam condições novas para a luta política do trabalho e que tem relação com a mudança da correlação de forças em favor do capital, nos seus esforços de retomada das taxas de lucros, com fortes impactos para a seguridade social. [...] o impacto mais evidente das novas condições do trabalho e da alocação do fundo público foi o crescimento das demandas decorrentes do acirramento do

desemprego, das desigualdades e do pauperismo, provocando a predominância das políticas de assistência social, com o que alguns autores vêm identificando um processo de assistencialização da seguridade social, já que isso ocorre no mesmo passo da contenção das demais políticas, imprimindo uma direção específica à alocação do fundo público para as políticas sociais, ao lado da refilantropização e do crescimento do chamado terceiro setor (Behring, 2008, p. 154-55).

Apesar dessa e de outras mudanças no Estado social, não se pode falar em completo desmonte dos sistemas de proteção social típicos desse modelo de Estado. Para Soares (2000), onde já havia um Estado social[48] estruturado, com financiamento assegurado, as políticas de ajuste neoliberal sofreram resistências da burocracia do Estado e da população, embora tenham ocorrido cortes do gasto social e deterioração dos padrões do serviço público em todos os casos. Nos países onde não existia Estado social constituído, o ajuste foi mais de cunho econômico, como a abertura comercial e deslocalização de indústrias.

Portanto, pode-se dizer que os Estados sociais já existentes foram atacados, tanto ideologicamente, ao serem responsabilizados pela crise e citados pelos neoliberais como um modelo que não deu certo, quanto do ponto de vista material com as seguintes consequências: cortes expressivos dos investimentos, "assistencialização da seguridade social" (Mota, 2008), o que em nossa opinião se traduz como uso intensivo, por parte do Estado, da função político-ideológica da assistência social com vista à legitimação do poder constituído; queda da qualidade dos serviços públicos e privatizações de empresas estatais em setores estratégicos de grande rentabilidade. Isso repercutiu, mas não destruiu os Estados sociais já consolidados. A resistência dos setores interessados foi decisiva. Além disso, o discurso de que as causas da crise dos anos 1970 são os excessivos gastos do Estado social e das elevadas cargas tributárias mostrou-se falacioso. Navarro (1998),

---

48. A autora usa a terminologia Estado de bem-estar para significar o que neste trabalho denominamos Estado social.

mediante pesquisa sobre o tema, mostrou dois ângulos da questão. Por um lado, os gastos públicos dos Estados sociais não foram impedimentos para o crescimento econômico, como anunciou o neoliberalismo, na medida em que países como a Suécia, Dinamarca e Bélgica, que possuem uma altíssima carga tributária e elevados gastos sociais, continuam crescendo. Por outro, exceto o controle da inflação, os indicadores sociais e econômicos, como a taxa de crescimento econômico, a taxa de investimentos e o crescimento das desigualdades sociais, no período de hegemonia das políticas neoliberais, entre 1979 e 1996, são negativos, se comparados com os das décadas de 1960 e 1970, quando as políticas keynesianas eram dominantes.

De qualquer modo, os efeitos do neoliberalismo sobre o Estado social foram cruciais:

> O Estado foi demonizado pelos neoliberais e apresentado como um trabalho anacrônico que deveria ser reformado — e, pela primeira vez na história do capitalismo, a palavra *reforma* perdeu o seu sentido tradicional de conjunto de mudanças para ampliar direitos; *a partir dos anos oitenta do século XX, sob o rótulo de reforma(s) o que vem sendo conduzido pelo grande capital é um gigantesco processo de contrarreforma(s), destinado à supressão ou redução de direitos e garantias sociais* (Netto e Braz, 2006, p. 227; grifos dos autores).

Os efeitos dessa crise sobre os países em que o Estado social ainda não havia sido consolidado foram mais drásticos, porque a capacidade de resistência dos trabalhadores foi menor do que nos países com experiências consolidadas. Ademais, os indicadores econômicos e sociais já ruins se agravaram. Isso retardou a formação de um Estado social nesses países.

Nos países periféricos, a reestruturação produtiva e a redefinição das funções do Estado ocorreram em níveis, formas, ritmos e tempos diferentes em cada país, de acordo com suas realidades. Mas sempre em condições submissas às regras estabelecidas pelos países centrais, com a intermediação do FMI ou Bird devido à imensa dívida externa dos países periféricos.

O Brasil realizou o seu ajuste estrutural a partir de meados da última década do século XX, seguindo o mesmo padrão dos países periféricos, mas condicionado à correlação de forças políticas e às matizes de sua formação social e econômica. A financeirização do capital, a reestruturação produtiva e a reorientação das funções do Estado ocorreram interligadas e impuseram mudanças multidimensionais ao mundo do trabalho e à macroeconomia, que repercutiram no aprofundamento das desigualdades sociais, na elevação da concentração de renda, em desemprego elevado prolongado, precarização do trabalho e queda da renda média real dos trabalhadores. Ademais, essas mudanças tiveram impacto no sistema de proteção social, que começava a se estruturar, após a aprovação da seguridade social em 1988. Essa repercussão fez-se notar na redução de direitos previdenciários, duramente atacados pelas "reformas" regressivas de direitos, chamadas por Behring (2003) de *contrarreforma do Estado*, que, como diz Oliveira (2003a, p. 17), "é uma contrarrevolução, é o movimento pelo qual o capital tenta anular os novos atores políticos e tampar outra vez a Caixa de Pandora da desarrumação da relação de dominação". Da mesma forma, implicou redução da cobertura da previdência social no Brasil — devido a sua dependência histórica do trabalho assalariado — e a centralidade de atenção na área de assistência social, seguindo a tendência de outros países, não visando à estruturação material da política, mas à barganha político-ideológica por meio de programas assistencialistas, a exemplo do Programa Bolsa Família (PBF).

As reflexões sobre a acumulação do capital, a organização do trabalho e a proteção social iniciadas neste capítulo, não se esgotam nele nem no desenvolvimento deste trabalho. Mas, apontaram perspectivas teóricas essenciais ao desenvolvimento dessas reflexões. Uma delas diz respeito à acumulação do capital explicitada por Marx (1988b) ao referir-se a lei geral de acumulação capitalista: no capitalismo é indissociável a produção da riqueza da produção da pobreza. O desenvolvimento do capitalismo é, necessariamente, produção exponenciada da riqueza e produção reiterada de pobreza. Nesse sentido, "é falsa a tese segundo a qual o crescimento econômico é a única condição necessária para enfrentar, combater e reduzir o pauperismo que decorre da acumulação capitalista — e, na mesma medida, para reduzir desigualdades" (Netto, 2007, p. 143). Assim, como diz o autor, a experiência do Estado social, nos "anos dourados do capitalismo", entre 1945 e início da década de 1970 foi uma excepcionalidade, visto que "o experimento histórico nele plasmado tenha sido um capítulo da dinâmica capitalista em que o crescimento econômico esteve conectado à diminuição da pobreza absoluta e à redução das desigualdades" (Netto, 2007, p. 144). Em sua opinião, isso só ocorreu porque, para além das diferenças históricas, econômicas e sociais existentes entre os países que viveram esta experiência, houve um denominador comum em sua base em que três elementos conjugaram-se: um lapso de quase trinta anos de crescimento econômico em níveis bastante elevados; uma forte organização dos trabalhadores, com atuante movimento sindical; e o medo da burguesia ocidental diante da expansão do socialismo (Netto, 2007).

No que se refere à organização do trabalho, ficou evidente que no capitalismo o trabalho assume uma função vital na geração da riqueza que é apropriada pelo capital, pois a fonte de riqueza no capitalismo é a mais-valia, o que explica o controle do capital sobre o trabalho, inclusive, com a colaboração do Estado capitalista. Dessa maneira, a organização do trabalho, compreendida tanto como organização na e para a produção quanto como organização política dos trabalhadores, sofre condicionamentos da ação controladora do capital, que se volta para a reprodução das relações de exploração que sustentam o modo de produção capitalista. Os períodos de expansão e estagnação do desenvolvimento do capitalismo repercutem na organização do trabalho e podem influir no avanço ou refluxo das lutas dos trabalhadores, porém jamais eliminam a capacidade de resistência e potencial revolucionário dessa classe.

Assim, apesar dos efeitos da crise e das investidas do capital para desmantelar o Estado social e desmontar as organizações dos trabalhadores, ainda há uma luz no fim do túnel, pois:

> É possível identificar a existência de movimentos de resistência e de defesa de direitos conquistados que, mesmo recorrentemente ameaçados

e desqualificados pelas classes dominantes e pela burocracia sindical, como está acontecendo no Brasil, vêm obrigando o governo a fazer negociações e fazer recuos no legislativo (Mota, 2009a, p. 64).

Outra perspectiva teórica assinalada nas reflexões aqui desenvolvidas diz respeito à compreensão das políticas sociais como reflexo da correlação de forças decorrente da relação entre o capital e o trabalho, a qual pode ser resumida na análise, a seguir, feita por Behring (2009b, p. 315-16):

> As políticas sociais são concessões/conquistas mais ou menos elásticas, a depender da correlação de forças na luta política entre os interesses das classes sociais e seus segmentos envolvidos na questão. No período de expansão, a margem de negociação se amplia; na recessão, ela se restringe. *Portanto, os ciclos econômicos, que não se definem por qualquer movimento natural da economia, mas pela interação de um conjunto de decisões ético-políticas e econômicas de homens de carne e osso, balizam as possibilidades e limites da política social* (grifos da autora).

No período de expansão após a Segunda Guerra Mundial houve avanços em relação às políticas sociais, enquanto no período iniciado em meados da década de 1970, marcado pela recessão, perceberam-se limites nas negociações. Há, portanto, uma profunda interligação entre os processos de acumulação do capital, a organização do trabalho e a proteção social, os quais são sempre determinados por fatores vinculados à natureza contraditória do capitalismo e da correlação de forças estabelecida pela luta de classes em períodos específicos.

Este trabalho tem como eixo estruturante o debate sobre a universalização da previdência social, no contexto da seguridade social, cujo financiamento é tido como elemento vital no rol das possibilidades de alargamento da cobertura dessa política social. Para desenvolver este debate é preciso localizar a concepção de seguridade social, de previdência social, e conhecer seu formato de financiamento e gasto. É do que se tratará no próximo capítulo.

CAPÍTULO II

A previdência social no Brasil no contexto da seguridade social: concepção e financiamento

Os proletários nada têm a perder fora suas correntes: têm o mundo a ganhar (Karl Marx e Friedrich Engels).[1]

A previdência social nasce e se estrutura no Brasil concomitantemente à estruturação do mercado de trabalho, entre as décadas de 1920 e 1970. Por um lado, sua organização constituiu uma resposta às lutas dos trabalhadores por proteção social, em face das inseguranças decorrentes da nova base produtiva e das estratégias de apoio ao novo padrão de acumulação do capital que se formou no país nesse período. Este novo padrão encontrava-se sustentado em uma estrutura produtiva de base urbano-industrial, em substituição ao padrão de acumulação fundado em atividades econômicas de base agrário-exportadora, predominante até a terceira década do século XX. Por outro lado, a estruturação da previdência serviu de apoio às novas necessidades de expansão do capital, ajudando na reprodução da força de trabalho e

---

1. Marx, Karl; Engels, Friedrich. *O Manifesto Comunista*. Tradução de Maria Lucia Como. Rio de Janeiro: Paz e Terra, 1998. p. 65. (Col. Leitura.)

reduzindo o custo dessa reprodução para os empregadores; auxiliando no controle do trabalho, especialmente, no ajuste do trabalhador à indústria nascente; e assegurando ao Estado o uso de seu fundo-reserva para o financiamento direto da infraestrutura necessária ao capital, como o típico exemplo da construção da rodovia Belém-Brasília.[2]

A criação da primeira Caixa de Aposentadoria e Pensão dos Ferroviários, em 1923, é o ponto de partida para a estruturação da previdência social, oficialmente reconhecido. Desde então, sua concepção e financiamento sofreram expressivas mudanças, particularmente a partir da aprovação da Constituição Federal de 1988, que instituiu a seguridade social. Neste capítulo, o esforço será abordar a concepção de previdência social e o formato de seu financiamento e gasto no contexto da seguridade social.

2.1 O significado da seguridade social na Constituição Federal de 1988

A origem da seguridade social é abordada de forma diferente pelos autores que tratam do tema. Entretanto, há um relativo consenso em torno de dois aspectos relacionados à sua história. O primeiro é que a expressão *seguridade social* foi usada pela primeira vez em 1935, em lei sancionada pelo então presidente dos Estados Unidos da América, Franklin Roosevelt — *Social Security Act,* de 14 de agosto de 1935. Por meio dessa lei, instituíram-se vários programas sociais voltados para o bem-estar da sociedade (incluindo os seguros sociais). Ademais, vale dizer, ela compôs o conjunto de medidas conhecido mundialmente como *New Deal,* adotado pelos Estados Unidos da América para amortecer os efeitos da *Grande Depressão,* cujo ápice foi entre 1929 e 1932. De acordo com Mesa-Lago (2007), em 1938, a expressão também foi usada em lei da Nova Zelândia.

O segundo consenso entre os autores é que o conceito contemporâneo de seguridade social foi desenvolvido no Relatório sobre

---

2. Rodovia que liga a cidade de Belém, estado do Pará, a Brasília, capital federal.

Seguro Social e Serviços Afins, publicado em 1942, na Inglaterra, por decisão do parlamento britânico. Ele ficou conhecido como Plano Beveridge de Seguridade Social,[3] por ter tido como relator o Lord William Beveridge.

Antes desse Plano, porém, foi instituído na Alemanha, entre 1883 e 1889, um sistema de proteção social, que contemplava o seguro-saúde, o seguro acidente do trabalho e a aposentadoria por invalidez e velhice. O sistema alemão passou a ser conhecido como modelo bismarckiano, por ter sido estruturado sob comando do chanceler Otto Von Bismarck. Diante das pressões dos sindicatos e do partido da social-democracia, que ganhavam peso e expressão política na Alemanha naquele período, o sistema alemão incorporou reivindicações dos trabalhadores por proteção social, na perspectiva de transformá-las em meios de subordiná-los e de conter o avanço de suas lutas. Esse sistema era centrado no seguro social, conforme mencionado, e de acesso basicamente restrito aos trabalhadores assalariados e aos seus dependentes, mediante contribuição prévia e prestação de retorno proporcional a essa contribuição. Apesar dessa característica, Mesa-Lago (2007) considera-o parte da trilogia que originou a seguridade social moderna. Outros autores preferem tratá-lo como um modelo específico de organização de seguros sociais que se expandiu gradualmente na Europa e em outros países industrializados (Behring e Boschetti, 2006; Pereira, 2002).

De modo sintético, é possível dizer que o Plano Beveridge de seguridade social constitui uma reorganização e recomposição de medidas dispersas de proteção social já existentes na Inglaterra, acrescidas de outras direcionadas para a ampliação e consolidação dos planos de seguro social (seguro social básico e universal e seguros complementares) e da uniformização de benefícios, além da criação de novos auxílios. Os novos benefícios criados foram o seguro acidente de trabalho, o abono (ou salário) família e o seguro-desemprego. Os auxílios sociais criados foram: auxílio-funeral, auxílio-maternidade,

---

3. O Plano Beveridge foi publicado no Brasil em 1943. Cf. Beveridge (1943).

abono nupcial, benefícios para esposas abandonadas, assistência às donas de casa enfermas e auxílio-treinamento para os que trabalhavam por conta própria (Beveridge, 1943). O objetivo principal do Plano era o combate à pobreza, tendo, todavia, uma diretriz estratégica direcionada para viabilizar a manutenção do pleno-emprego e a prevenção do desemprego. O trabalho assalariado figurava como um elemento de central importância para o Plano, com base na visão de que nenhum plano de seguro social é satisfatório e/ou bem-sucedido se existe desocupação em massa.

Contudo, apesar de o Plano ter também como perspectiva o reforço ao pleno-emprego, pode-se dizer que "caracterizou-se por ser unificado e universal, abrangendo não só trabalhadores, mas todos que, por uma questão de direito, deveriam ter as suas necessidades básicas satisfeitas" (Pereira, 2002, p. 18). Em verdade, "o Relatório Beveridge se baseava nos princípios de generalidade e universalidade" (Marshall, 1967, p. 198).

O Plano propunha a integração dos seguros sociais, da assistência social e dos seguros complementares voluntários, e apontava três fontes essenciais de financiamento: os impostos fiscais arrecadados pelo Tesouro britânico (maior parte); as contribuições diretas dos cidadãos vinculados aos planos específicos de seguros (social e/ou complementar) e dos empregadores dos segurados de planos de seguros, empregados mediante contrato de trabalho (Beveridge, 1943). Essa forma de financiamento, baseada na vocação de universalidade de cobertura do Plano — o que exigia a participação da sociedade em seu custeio por meio dos impostos arrecadados pelo Estado —, elevou consideravelmente a participação do Estado no financiamento da proteção social e bem-estar da comunidade britânica (Gough, 1978). De qualquer modo, ao ser

> implementado pelo governo trabalhista de Clement Atle, o sistema de seguridade social de Beveridge inovou, de fato, por ser nacional e unificado e conter um eixo distributivo, ao lado do contributivo, além de abolir os testes de meio no âmbito da assistência social (Pereira, 2008, p. 93).

Isso não significa, todavia, que o Plano Beveridge não tinha limites, ou como diz Potyara Pereira, "pontos fracos". A autora, embora destaque os pontos positivos, faz críticas ao modelo, ressaltando especialmente os seguintes aspectos:

> Dentre os pontos fracos, dois podem ser citados: o estabelecimento de um mínimo nacional como padrão de sobrevivência, sendo que a definição desse padrão tinha conotação de ínfimo de provisão. Além disso, essa provisão mínima estava baseada no princípio da contribuição e de benefícios uniformes, referentes ao seguro; isto é, todos pagavam a mesma quantia para receber a mesma cobertura. Tal medida gerou déficit de recursos, além de baixo atendimento às necessidades sociais. Nesse sentido, o mínimo concebido por Beveridge, como um direito de todos, tinha o velho ranço liberal e, por conseguinte, deveria funcionar apenas como incentivo ao trabalho e autoprovisão. Isso, sem falar nas intenções subjacentes aos arranjos de proteção social voltados para a família, visando mantê-la unida, sob o comando do homem, que teria a sua força de trabalho reproduzida com a colaboração doméstica gratuita da mulher (Pereira, 2008, p. 194).

Na opinião de Marshall (1967), o Plano Beveridge fez um grande sucesso e obteve grande solidariedade e consenso nos primeiros anos de sua implementação na Inglaterra na década de 1940, mas naquele país "o verdadeiro símbolo do Estado de Bem-Estar Social foi muito mais o *National Health Service* do que o seguro social ou mesmo os salários-família" (Idem, ibidem, p. 198), comprovado mediante pesquisa realizada junto à população. E, a partir de meados da década de 1950, quando a economia britânica começou a se recuperar e o consumo competitivo ampliou-se, os princípios fundamentais do Estado social[4] ficaram sujeitos a ataques sistemáticos. Consta, segundo Marshall (1967, p. 200), que "os principais objetivos do ataque eram o princípio da universalidade no seguro social e as disposições de determinados serviços assistenciais grátis para todos". A alegação para os ataques era

---

4. O autor usa a expressão Estado de bem-estar social para referir-se ao que chamamos Estado social.

que em tempos de escassez justificava-se a destinação de volumes de recursos tão grandes para esses fins, "mas em época de prosperidade, a produtividade crescente deveria capacitar quase todos a atender a suas necessidades de seu próprio bolso e através dos mecanismos do mercado" (Idem, ibidem, p. 201). Ou seja, os argumentos liberais começaram a ganhar corpo, visando reduzir os serviços gratuitos ou subsidiados no âmbito de uma atividade periférica, atribuindo ao cidadão a responsabilidade pela sua própria proteção. Dessa forma, na opinião de Marshall (1967, p. 201), "o Estado de bem-estar social [na Inglaterra] como o conhecemos por volta de 1940 ou, pelo menos, o consenso que o sustentava, foi sufocado pela sociedade afluente", a partir da segunda metade da década de 1950.

Todavia, o modelo beveridgiano influenciou vários países da Europa Ocidental.

A Organização Internacional do Trabalho (OIT), fundada em 1919, após a Primeira Guerra Mundial, estabeleceu o seguro social como instrumento fundamental de proteção aos trabalhadores. A partir de então, as Conferências Internacionais da OIT, constituídas com representantes dos trabalhadores, empregadores e governo, aprovaram diversos acordos, em forma de Convenções e Recomendações sobre seguridade social. Entre elas, destaca-se a Convenção n. 102, de 28 de junho de 1952, que fixa normas mínimas de seguridade social e traz um conceito sobre ela, o qual incorpora traços da visão beveridgiana:

> Seguridade social é a proteção que a sociedade proporciona aos seus membros mediante uma série de medidas públicas contra as privações econômicas e sociais que de outra forma derivariam no desaparecimento ou em forte redução de sua subsistência como consequência de enfermidade, maternidade, acidente de trabalho ou enfermidade profissional, desemprego, invalidez, velhice e morte e também a proteção em forma de assistência médica e de ajuda às famílias com filhos (OIT 1952, apud Silva, 1997, p. 21).

O debate ocorrido no Brasil, no processo constituinte de 1988, sofreu influência dos modelos europeus de inclinação beveridgiana e

PREVIDÊNCIA SOCIAL NO BRASIL

131

do conceito da Convenção n. 102 da OIT, que orientavam a ação de sindicalistas e do movimento sanitário.[5] Apesar disso, considerou a estrutura de proteção social já existente, a qual contemplava: o seguro social (aposentadorias, pensões, os auxílios-doença, além do seguro de acidente do trabalho); benefícios de natureza mista — uma combinação de assistência e seguro, como os benefícios eventuais e de prestação única (os auxílios-natalidade e funeral e a ajuda pecuniária aos dependentes de segurados de baixa renda);[6] os benefícios de prestação continuada destinados aos trabalhadores, cujo acesso era flexibilizado quanto ao tempo de trabalho e as contribuições prévias efetuadas, como a Renda Mensal Vitalícia (RMV);[7] os benefícios destinados aos trabalhadores rurais e pescadores artesanais,[8] além da assistência à saúde destinada aos segurados e dependentes.

---

5. Apesar dessa influência no processo constituinte, a Convenção n. 102, da OIT, só teve seus 87 artigos ratificados pelo Brasil, por meio do Decreto Legislativo n. 269, publicado no *Diário Oficial da União*, de 19 de setembro de 2008 — 20 anos após a instituição da seguridade social no país pela Constituição Federal.

6. Prestação extinta em 1998. Era processada pelo serviço social do Instituto Nacional de Previdência Social (INPS), transformado em Instituto Nacional do Seguro Social (INSS) pela Lei n. 8.029, de 12 de abril de 1990.

7. A Renda Mensal Vitalícia (RMV), instituída pela Lei n. 6.179, de 11 de dezembro de 1974, constitui a garantia de um salário mínimo mensal aos idosos, a partir de 70 (setenta) anos de idade, e às pessoas com deficiência incapacitadas para o trabalho que tivessem contribuído com a previdência por no mínimo 12 meses, ainda que de forma não contínua, ou que tivessem exercido atividade remunerada, anteriormente, não coberta pela Previdência Social pelo período mínimo de cinco anos. A partir da implantação do Benefício de Prestação Continuada da Assistência Social (BPC) destinado a pessoas idosas e com deficiência, em 1º de janeiro de 1996, a RMV foi extinta, pelo mesmo decreto que regulamentou o BPC (Decreto n. 1.744, de 8 de dezembro de 1995), tendo sido concedida até 31 de dezembro de 1995.

8. A previdência destinada aos trabalhadores rurais teve início em 1963, com a criação do Fundo de Assistência e Previdência do Trabalhador Rural. Foi modificada em 1969, com a criação do Plano Básico Social Rural e, em 1971, a Lei Complementar n. 11 instituiu o Programa de Assistência ao Trabalhador Rural, que foi alterado em 1973 pela Lei Complementar n. 16. A Constituição Federal de 1988, por meio da EC n. 20, estabeleceu que a contribuição dos produtores, meeiros, parceiros e arrendatários rurais que trabalham em regime de economia familiar, sem empregados permanentes, para a previdência social se dá mediante percentual incidente sobre a comercialização dos produtos de sua produção. Do mesmo modo ocorre a contribuição dos pescadores artesanais. Em função disso, é comum este benefício de natureza previdenciária ser confundido com benefício assistencial.

A assistência à saúde era prestada exclusivamente aos segurados e aos seus dependentes por meio das Caixas de Aposentadorias e Pensões (CAPs) e Institutos de Aposentadorias e Pensões (IAPs), estruturados no período entre 1923 e 1966. A partir 1977 passou a ser gerida pelo Instituto Nacional de Assistência Médica da Previdência Social (Inamps), mantendo a mesma lógica de cobertura. Essa exclusividade de assistência à saúde aos segurados e dependentes permaneceu até a segunda metade dos anos 1980, quando foi estendida também aos não segurados, por força da Constituição Federal de 1988. Todavia, o Inamps foi extinto apenas em 1993 e sua estrutura foi incorporada ao Sistema Único de Saúde (SUS).[9]

Dessa forma, a seguridade social na Constituição Federal de 1988, partiu de um sistema já existente, que protegia fundamentalmente os empregados estáveis, fortalecendo sua inclinação beveridgiana, por força das pressões sociais que marcaram o processo constituinte, o que resultou na ampliação de sua natureza híbrida, como ressalta Boschetti (2004, p. 113-14):

> A seguridade social instituída pela Constituição [Federal] de 1988, apesar de apresentar caráter inovador e intencionar compor um sistema ou um padrão amplo de direitos sociais, acabou se caracterizando como um sistema híbrido, que conjuga direitos derivados e dependentes do trabalho (previdência) com direitos de caráter universal (saúde) e direitos seletivos (assistência).

As diretrizes e objetivos que compõem a orientação estabelecida pela Constituição Federal de 1988 acerca da organização da seguridade social, bem como as definições de seguridade social, saúde, previdência e assistência social, confirmam esse caráter híbrido que, de certa forma, reflete a correlação de forças que se estabeleceu no processo constituinte.

Nesse sentido, é essencial resgatar que a elaboração da Constituição Federal de 1988 ocorreu em um momento ímpar da história do

---

9. Lei n. 8.689, de 27 de julho de 1993. Cf. Silva (1997).

PREVIDÊNCIA SOCIAL NO BRASIL

país. Os movimentos sociais em franca ascensão, impulsionados pelas lutas em torno da redemocratização do país, resgate das liberdades individuais e coletivas suprimidas no período da ditadura militar,[10] e ampliação dos direitos sociais, com vista à redução da enorme dívida social que se estabeleceu no período ditatorial, tiveram forte presença no processo constituinte. Participaram por meio das formas diretas e indiretas possibilitadas pela estrutura da Assembleia Nacional Constituinte.[11]

Essa estrutura, de acordo com Souza (2001), assegurava a participação da população por meio das propostas de emendas populares, envio de mensagens pela rede de correios e através dos debates nas subcomissões temáticas, com participação direta dos cidadãos ou por meio de suas entidades representativas. A intenção era assegurar uma aproximação da Assembleia Nacional Constituinte (ANC) com a sociedade, evitando o isolamento dos constituintes, como diz a autora em sua análise sobre o processo constituinte de 1987-1988:

> Uma das inovações do regimento foi admitir propostas vindas de fora do Congresso. Entre os habilitados estavam os Legislativos estadual e municipal, o Judiciário e os cidadãos, estes últimos via emendas populares, que deveriam ser assinadas por, no mínimo, 30.000 eleitores, sob a responsabilidade de três entidades da sociedade civil. Esses mecanismos foram introduzidos no regimento como parte da negociação entre os diversos grupos da ANC, buscando aumentar a chamada participação

---

10. Não existe consenso entre os historiadores quanto ao final do período correspondente à ditadura militar no Brasil. Todavia, a maioria considera o período ditatorial aquele entre 1964 a 1984, quando se encerrou o governo do general João Baptista de Oliveira Figueiredo — último militar presidente do Brasil, desde o intervalo iniciado com o golpe em 1964. Entre estes autores, podemos citar Malloy (1986, p. 26), quando diz: "o período de 1964 até 1984 teve como característica a existência de um sistema de 'autoritarismo burocrático' baseado numa forma de corporativismo assimétrico ou 'bifrontal' em que o Estado busca a incorporação controlada de certos grupos — grandes organizações nacionais e internacionais, e uma classe média empresarial e tecnocrata emergente — no processo político, ao mesmo tempo impedindo a participação efetiva de outros grupos importantes, sobretudo a classe trabalhadora".

11. A Assembleia Nacional Constituinte funcionou de 1º de fevereiro de 1987 a outubro de 1988, quando a nova Constituição Federal foi aprovada. Era composta por 559 membros (72 senadores e 487 deputados federais). Ver Souza (2001).

cidadã e evitar o isolamento dos constituintes. Outro mecanismo de participação foi o que permitiu aos cidadãos mandar sugestões diretamente para os constituintes via a rede dos correios (Souza, 2001, p. 519-20).

De acordo com Souza (2001, p. 520), o incentivo à participação popular "fez com que 122 movimentos populares enviassem emendas à ANC, assinadas por mais de 12 milhões de eleitores, e 83 foram defendidas na ANC". Ademais, 72.719 sugestões foram aportadas no Congresso Nacional por intermédio dos correios.

Segundo a autora, a Assembleia Nacional Constituinte era composta por oito comissões temáticas, cada uma com aproximadamente 21 membros, além da Comissão de Sistematização, com 93 membros. Cada comissão temática era subdividida em três subcomissões, cada uma com aproximadamente 63 membros. Os constituintes eram eleitos de acordo com a representação partidária, o que assegurou ao PMDB (Partido do Movimento Democrático Brasileiro) e ao PFL (Partido da Frente Liberal) a maioria dos cargos, por serem os partidos com maior representação na Assembleia Nacional Constituinte, ainda que os partidos de esquerda tenham conquistado alguns espaços estratégicos.[12]

Para maior compreensão dos processos legislativos na Assembleia Constituinte pelos quais passou a construção da seguridade social, convém citar o resumo feito por Boschetti (2006, p. 145):

As 24 subcomissões elaboraram os dispositivos constitucionais (futuros artigos), que eram divididos por temas. Aprovados nessas subcomissões, os pré-projetos correspondentes aos temas foram enviados às oito comissões, que os reorganizaram por temáticas segundo os capítulos da Constituição. Após sua aprovação pelos parlamentares membros, os projetos de cada comissão foram encaminhados à Comissão de Sistematização, a quem incumbiu organizá-los em títulos, a fim de elaborar um primeiro projeto de Constituição. Tal projeto, após ser analisado e aprovado pelos parlamentares membros dessa comissão, foi enviado ao

---

12. Sobre o funcionamento e a representação partidária na Assembleia Nacional Constituinte, cf. Souza (2001).

plenário da Assembleia Constituinte, onde foi debatido, submetido às emendas parlamentares e, [...] votado e aprovado em 5 de outubro de 1988.

Esses processos de trabalhos legislativos eram interligados e obedeciam a prazos rigorosos, além disso, sua complexidade foi profundamente acentuada em funções das forças políticas em disputa em cada uma das etapas a serem cumpridas. Vale lembrar que no contexto da Assembleia Nacional Constituinte prevaleciam as forças de direita e de centro-direita. O número de parlamentares de partidos de esquerda ainda era reduzido. Assim, as manifestações populares foram decisivas, para que algumas conquistas fossem asseguradas. Desse modo, quanto mais fortes eram os movimentos sociais vinculados às áreas temáticas, maiores as possibilidades de pressão e conquistas, como aconteceu com a seguridade social.

De acordo com Boschetti (2006), a Comissão da Ordem Social, que tratou da seguridade social, possuía três subcomissões: direitos dos trabalhadores e servidores públicos; saúde, seguridade e meio ambiente; e negros, populações indígenas, pessoas com deficiências e minoria. Foi na subcomissão de saúde, seguridade e meio ambiente que o desenho da seguridade foi esboçado, a partir dos princípios ali propostos. Essa subcomissão realizou 24 reuniões, das quais 11 foram audiências públicas que constituíram espaços para manifestação dos trabalhadores, individualmente ou por meio de suas entidades representativas. Das 57 entidades que foram ouvidas nas audiências públicas, 80% eram da área de saúde, refletindo o peso do movimento sanitário.

A centralidade da saúde nos debates da subcomissão de saúde, seguridade e meio ambiente possibilitou aos militantes do forte movimento sanitário da década de 1980 assegurarem que várias deliberações das Conferências Nacionais de Saúde fossem transformadas em normas. A assistência social assumiu menor destaque na subcomissão, refletindo a sua pouca expressão nas pautas de lutas dos movimentos sociais, inclusive "não foi objeto específico de nenhuma audiência pública" (Boschetti, 2006, p. 148). Relata ainda a autora: "as proposições relativas particularmente à previdência, e mais amplamente, a um sistema de seguridade social foram defendidas somente por oito representantes de instituições da sociedade civil e do governo" (Idem, ibidem, p. 148). Entre as instituições da sociedade civil predominavam as entidades sindicais em clara demonstração de que o debate sobre o tema era limitado ao movimento sindical e aos trabalhadores que atuavam na área.[13]

Segundo Boschetti (2006), a Comissão da Ordem Social recebeu os trabalhos das subcomissões em 25 de maio de 1987. O Relatório, apresentado pelo Relator Dep. Almir Gabriel do PMDB, incorporou os princípios da seguridade, incluiu no conceito a saúde, previdência e assistência e indicou que o financiamento da seguridade social se faria por toda a sociedade, a partir de contribuições sociais e dos recursos provenientes do orçamento fiscal do Estado. No final de 1987 e início de 1988, os trabalhos da Comissão de sistematização foram duramente criticados pelo presidente Sarney. Nesse contexto, formou-se a aliança entre os partidos de direita e centro-direita, constituindo o bloco de partidos políticos que ficou conhecido como "centrão"[14], o qual tentou mudar os rumos dos trabalhos realizados até então. Assim, muito do que foi construído nas subcomissões foi modificado, inclusive na área de saúde, em que propostas como a proibição de investimentos de recursos públicos em organismos privados lucrativos de saúde foram derrubadas em plenário.

Não obstante, ao final do processo constituinte, em todas as três áreas da seguridade social em construção ocorreram conquistas expressivas, comparativamente ao que estava em vigência. A assistência social assumiu o *status* de política social e passou a compor a seguri-

---

13. O Ministério da Previdência e Assistência Social (MPAS) havia constituído, em 1986, um Grupo de Trabalho de Reestruturação da Previdência Social (GT/MPAS), por determinação do presidente Sarney. As propostas do grupo foram apresentadas à subcomissão de saúde, seguridade e meio ambiente pelo deputado Rafael de Almeida Magalhães, ministro do MPAS, quando da constituição do GT/MPAS. Cf. Boschetti (2006, p. 149).

14. O centrão foi constituído por 152 parlamentares do PFL, PMDB, PDS, PTB, PDC e PL e contou com o apoio irrestrito do presidente Sarney, que distribuía benefícios políticos aos seus membros. Cf. Souza (2001, p. 539-40).

dade social. As conquistas na área de saúde foram determinantes para a visão de universalização que impregnou o significado da saúde no âmbito da seguridade social. Na área da previdência social alguns direitos foram ampliados: o piso mínimo dos benefícios igual ao salário mínimo; a irredutibilidade dos valores dos benefícios; o valor da aposentadoria não inferior ao último salário recebido; aposentadoria por tempo de trabalho, independentemente de limite de idade; e o direito de participação no sistema mediante contribuição direta, independentemente do trabalho assalariado. Ou seja, qualquer trabalhador urbano ou rural passou a poder participar da previdência social, desde que tivesse condições para contribuir com o sistema. Conforme declara Boschetti (2006, p. 160), "a universalização, nesse caso, significou a passagem do direito derivado do exercício de um trabalho assalariado para o direito decorrente de uma contribuição efetuada".

Desse modo, o que restou sobre a seguridade ainda representou os interesses dos trabalhadores. Essa foi a área que assegurou maiores avanços, afirma Mota (1995, p. 142):

> Relativamente à proteção social o maior avanço da Constituição de 1988 é a adoção do conceito de seguridade social, englobando as áreas da saúde, previdência e assistência. Além dessa inovação há que se realçar a redefinição de alguns princípios, pelos quais foram estabelecidas novas regras relativas a fontes de custeio, organização administrativa e mecanismos de participação dos usuários no sistema e melhoria/universalização dos benefícios e serviços. Essas mudanças permitiram atenuar as deficiências de natureza gerencial — até então existentes — e atenderem a históricas reivindicações dos trabalhadores.

Dado o contexto de construção da seguridade social no Brasil, brevemente recuperado, convém destacar novo comentário da autora de *Cultura da crise e seguridade social* sobre o surgimento dos sistemas de seguridade social nas sociedades capitalistas:

> É no interior de um processo de disputas políticas que o capital incorpora as exigências do trabalho. É no leito das lutas ofensivas dos traba-

lhadores e da ação reativa do capital, que os sistemas de seguridade social são incorporados na ordem capitalista como mecanismos potencialmente funcionais ao processo de acumulação e afetos ao processo de construção da hegemonia (Mota, 1995, p. 131).

Logo, o significado da seguridade social na Constituição Federal de 1988 é expressão da correlação de forças que se estabeleceu naquele contexto singular e histórico do Brasil.[15] Para compreender esse significado, tomemos como ponto de partida as definições de seguridade social, saúde, previdência e assistência social aprovadas em 5 outubro de 1988.

De acordo com a Constituição Federal de 1988, "a seguridade social compreende um conjunto integrado de ações de iniciativa dos Poderes Públicos e da sociedade destinadas a assegurar os direitos relativos à saúde, à previdência e à assistência social" (Brasil [CF/1988], 2005, art. 194). Nesse preceito, encontra-se a essência do significado de seguridade social como um conjunto de ações conjugadas, que conformam um sistema de proteção social, garantidor dos direitos atinentes à saúde, à previdência e à assistência social. Essa síntese pode ser feita, ainda que a diretriz contida na definição constitucional de que a seguridade social é também uma iniciativa da sociedade, quando é vista isoladamente nesta definição, possa soar como uma abertura ao incentivo à mercadorização da proteção social.

Quanto à *saúde*, a Carta Federal estabelece claramente a visão de direito amplo e universal, com acesso igualitário, sendo dever do Estado implementá-lo:

> a saúde é direito de todos e dever do Estado, garantido mediante políticas sociais e econômicas que visem à redução do risco à doença e de outros agravos e ao acesso universal igualitário às ações e serviços para sua promoção, proteção e recuperação" (Brasil [CF/1988], 2005, art. 196).

---

15. Sobre os debates e as disputas políticas na construção da seguridade social no processo legislativo da Assembleia Nacional Constituinte, cf. Boschetti (2006), especialmente o capítulo V, p. 141-78.

Essa definição é a mais consistente na perspectiva do alargamento da seguridade social, a partir de ações e serviços de saúde, aos trabalhadores não assalariados, como era até então.

Com relação à *previdência social*, o texto original da Constituição Federal de 1988 destacava o seu caráter contributivo e definia as prestações devidas. Esse texto foi alterado pela Emenda Constitucional n. 20, de 1998, fazendo regredir conquistas obtidas no contexto de lutas que influenciaram o processo Constituinte de 1987/1988. Isso se deu na medida em que reforçou o seu caráter contributivo, eliminando prestações desvinculadas de contribuições prévias, introduzindo a filiação obrigatória e a exigência de equilíbrio financeiro e atuarial, aproximando-a do seguro privado e atribuindo-lhe organização própria, como um sistema diferenciado no âmbito da seguridade social. Dizia a redação original do artigo 201 da Constituição Federal de 1988:

> Os planos de previdência social, mediante contribuição, atenderão, nos termos da lei, a: cobertura dos eventos de doença, invalidez, morte, incluídos os resultantes de acidentes do trabalho, velhice e reclusão; ajuda à manutenção dos dependentes dos segurados de baixa renda; proteção ao trabalhador em situações de desemprego involuntário; pensão por morte de segurado, homem ou mulher, ao cônjuge ou companheiro e dependentes (Brasil [CF/1988], 2000, art. 201 e incisos).

A redação dada pela EC n. 20, de 1998, diz:

> A previdência social será organizada sob a forma de regime geral, de caráter contributivo e de filiação obrigatória, observados critérios que preservem o equilíbrio financeiro e atuarial, e atenda, nos termos da lei, a: cobertura dos eventos de doença, invalidez, morte e idade avançada; proteção à maternidade, especialmente à gestante; proteção ao trabalhador em situação de desemprego involuntário; salário-família e auxílio-reclusão para os dependentes de segurados de baixa renda; pensão por morte do segurado, homem ou mulher, ao cônjuge ou companheiro e dependentes (Brasil [CF/1988], 2005, art. 201 e incisos).

Entre as principais mudanças na cobertura da previdência social, a partir da EC n. 20, encontram-se: exclusão dos eventos de acidente do trabalho, reclusão e ajuda à manutenção de dependentes de segurado de baixa renda; exclusão do garimpeiro no regime de economia familiar; restrição do salário-família e auxílio-reclusão para os dependentes de segurados de baixa renda; as aposentadorias por tempo de serviço no texto original passaram a ser por tempo de contribuição; e o sistema passou a ser de filiação obrigatória e a funcionar condicionado ao equilíbrio financeiro e atuarial.

Essa nova redação dada à previdência social no âmbito da seguridade brasileira provoca um distanciamento em relação ao modelo beveridgiano (inglês) e uma reaproximação ao modelo bismarckiano (alemão), cujas diferenças iniciam-se a partir dos objetivos imediatos pretendidos e alargam-se na forma como se estruturam e são financiados. Enquanto o modelo inglês tem como principal objetivo o combate à pobreza, mediante a "redistribuição das rendas pelo seguro social e pelas necessidades da família" (Beveridge, 1943, p. 13), o alemão destina-se a manter a renda dos trabalhadores em situações específicas de incapacidade para o trabalho. O leque de serviços ofertados e cidadãos abrangidos pelo modelo inglês é mais amplo que o do modelo alemão, restrito basicamente ao seguro social destinado aos assalariados e aos seus dependentes. O modelo bismarckiano é considerado um sistema de seguros sociais com características semelhantes às dos seguros privados. Os direitos, em forma de benefícios, destinam-se quase exclusivamente aos trabalhadores assalariados e aos seus respectivos dependentes econômicos, sendo que o acesso a eles é geralmente condicionado a contribuições prévias e os seus valores são definidos pelos valores das contribuições prévias realizadas. O financiamento, em geral, é feito mediante participação dos trabalhadores e dos empregadores com base na folha de salários e, em menor escala, por meio do orçamento fiscal. A gestão pode envolver os responsáveis pelo financiamento, mas nem sempre é assim. O modelo beveridgiano contempla os seguros sociais e complementares, a assistência social e outros serviços já comentados, em forma de direitos universais a todos os cidadãos, visando ao alcance de um padrão de vida considerado satisfatório socialmente. O modelo assegura garantias a todos em condições de necessidades, embora entre suas metas,

PREVIDÊNCIA SOCIAL NO BRASIL

na Inglaterra, estivessem a busca do pleno emprego e a prevenção do desemprego. O financiamento é feito, sobretudo, por impostos fiscais e a gestão é estatal.[16]

Quanto à *assistência social*, a Constituição Federal de 1988 destaca o seu caráter não contributivo, porém seletivo:

> A assistência social será prestada a quem dela necessitar, independentemente de contribuição à seguridade social, e tem por objetivos: a proteção à família, à maternidade, à infância e à velhice; o amparo às crianças e aos adolescentes carentes; a promoção da integração ao mercado de trabalho; a habilitação e reabilitação das pessoas portadoras de deficiência e a promoção de sua integração à vida comunitária; e a garantia de um salário mínimo de benefício mensal à pessoa portadora de deficiência e ao idoso que comprovem não possuir meios de prover a própria manutenção ou tê-la provida por sua família, conforme dispuser a lei (Brasil [CF/1988], 2005, art. 203 e incisos).

Com essas características e direitos específicos a que se destina a assegurar, a seguridade social configurada na Constituição Federal de 1988 enseja um sistema de proteção social amplo e articulado, e responsabiliza o Estado e a sociedade pela sua estruturação e sustentação. Esse significado é fortalecido pelos objetivos que orientam a sua organização e pelo formato de financiamento, destinação e aplicação dos recursos que lhe foi conferido.

Quanto à organização do sistema de seguridade social, a Constituição Federal de 1988 estabelece competência ao Poder Público, nos termos da lei, para organizá-lo, com base nos seguintes objetivos: universalidade da cobertura e do atendimento; uniformidade e equivalência dos benefícios e serviços às populações urbanas e rurais; seletividade e distributividade na prestação dos benefícios e serviços; irredutibilidade do valor dos benefícios; equidade na forma de participação no custeio; diversidade da base de financiamento; caráter

---

16. Sobre os modelos, cf. Beveridge (1943), Boschetti (2003, p. 62-63), Pereira (2002, p. 18-20), Silva (1997, p. 29-30) e Marshall (1967, p. 183-201).

democrático e descentralizado da administração, mediante gestão quadripartite, com participação dos trabalhadores, dos empregadores, dos aposentados e do governo nos órgãos colegiados (Brasil [CF/1988], 2005, art. 194, parágrafo único). Observa-se que o objetivo mais restritivo e também mais destoante dos demais é o da "seletividade e distributividade na prestação dos benefícios e serviços", que, além de reforçar a seletividade já prevista para a assistência social, deu margem a introduzi-la na saúde e previdência social. Esse princípio traz a tonalidade seletiva neoliberal que orientou os parlamentares do bloco conservador de centro-direita que o introduziram, a partir de proposta originária do Grupo de Trabalho de Reestruturação da Previdência Social (GT/MPAS), rejeitada pelos trabalhadores e parlamentares na subcomissão de saúde, seguridade e meio ambiente.[17]

Esses objetivos são tomados como princípios ou diretrizes para o poder público organizar a seguridade social como um sistema de proteção social.

Nota-se que esses objetivos encontram-se relativamente afinados aos princípios da seguridade social estabelecidos pela OIT, conforme compilados, organizados e classificados por Mesa-Lago (2007, p. 20), assentados em diversos documentos da organização:

> os seis princípios fundamentais são: 1) universalidade de cobertura; 2) igualdade, equidade ou uniformidade de tratamento; 3) solidariedade e redistribuição de renda; 4) abrangência e suficiência das prestações; 5) unidade e responsabilidade do Estado, eficiência e participação na gestão; e 6) sustentabilidade financeira.

O objetivo da seguridade social brasileira mais dissonante dos princípios da OIT é também o da "seletividade e distributividade na prestação dos benefícios e serviços", que resultou da imposição das forças políticas conservadoras hegemônicas na ANC.

---

17. Este princípio foi originalmente apresentado à subcomissão de saúde, seguridade e meio ambiente, como proposta do GT/MPAS. Essa subcomissão não o aceitou, porém o princípio foi reintroduzido na Comissão da Ordem Social, com apoio dos parlamentares, que vieram a compor o "centrão". Cf. Boschetti (2006, p. 157, 171-72).

PREVIDÊNCIA SOCIAL NO BRASIL

Assim, o significado de seguridade social expresso na Constituição brasileira em vigor, não obstante algumas corrosões devido à ofensiva neoliberal, afina-se com a visão beveridgiana e da OIT, orientando o poder público a organizar um sistema amplo e coeso de proteção social. O objetivo é assegurar direitos relativos a saúde, previdência e assistência social, com base em princípios que promovam a cidadania e um padrão de vida considerado satisfatório. Um sistema com fontes de financiamento de base diversificada, que realize seus gastos obedecendo aos fins que lhe são próprios, respaldado em um orçamento único, elaborado pelos órgãos que o compõem. Um sistema gerido de forma democrática, que alcance universalmente a população brasileira. Mas, essa orientação constitucional não foi seguida pelo poder público. Não existe, no Brasil, um sistema coeso e consistente de seguridade social instalado.[18] Isso se deve a diversos fatores, mas, sobretudo, à ação reativa do capital às conquistas obtidas no processo constituinte, como diz Mota (1995, p. 146):

> A despeito de o texto da Constituição de 1988 conter princípios que garantem a universalização da seguridade social, observamos que a emergência de novos processos políticos ao lado do agravamento da crise econômica, gera um movimento por parte do grande capital e da burocracia estatal, que procura negar aquelas conquistas obtidas, sob a alegação da necessidade de adequação do modelo de seguridade social às atuais reformas econômicas do país.

Nesse sentido, a desconstrução do significado de seguridade social expresso na Constituição Federal de 1988 tem sido intensa e permanente. São exemplos dessa desconstrução os frequentes abandonos dos princípios gerais da seguridade social; resistência de implementação do financiamento, considerando o princípio da equidade na participação do custeio, em favor da chamada austeridade fiscal, para atender aos objetivos da política econômica comprometida com o capital financeiro e não com a cidadania; a organização de cada uma dessas

---

18. Sobre estas análises, cf. Silva (2005, p. 4, 6-7, 9 e 13) e Behring e Boschetti (2006, p. 158).

políticas em sistemas separados, sem articulação entre si, com gestão própria; as frequentes mudanças no texto constitucional, impondo regressividade aos direitos relativos à previdência social, tornando-a cada vez mais parecida com os seguros privados, a exemplo das alterações regressivas de 1998, 2002 e 2003; a crescente privatização da saúde; a dispersão orçamentária e financeira, mediante a criação de fundos específicos para a gestão dos recursos de modo separado, ou seja, o Fundo Nacional de Saúde (FNS) (recursos da saúde), Fundo Nacional de Assistência Social (FNAS) (recursos da assistência social) e Fundo do Regime Geral de Previdência Social (FRGPS) (recursos da previdência social); a confirmação da assistência como uma política seletiva dirigida aos incapazes para o trabalho, seja pela idade ou por algum tipo de deficiência, ainda que recentemente comece a alcançar os desempregados e subempregados (Mota, 2008), entre outros.[19]

Quanto à assistência social na seguridade social, Mota (1995, 2008, 2009b), ao fazer uma análise política da seguridade social, destaca o significado político da expansão da assistência social, indicando as implicações de sua centralidade na seguridade social brasileira. Na análise, o argumento central da autora é:

> As políticas que integram a seguridade social brasileira longe de formarem um amplo e articulado mecanismo de proteção, adquiriram a perversa posição de conformarem uma unidade contraditória: enquanto avançam a mercantilização e privatização das políticas de saúde e previdência, restringindo o acesso e os benefícios que lhes são próprios, a assistência social se amplia na condição de política não contributiva, transformando-se num novo fetiche de enfrentamento à desigualdade social, na medida em que se transforma no principal mecanismo de proteção social no Brasil (Mota, 2008, p. 133-34).

O argumento da autora encontra sustentação na expansão da assistência social e nas restrições de acesso à previdência social e à

---

19. No item 2.3, sobre o financiamento e gasto da seguridade social, outras manifestações de desconstrução da seguridade social serão abordadas. Sobre a desconstrução da seguridade, cf. Viana (jul./dez. 2002), Boschetti (nov. 2004).

saúde, o que é inegável. Segundo Mota, esses movimentos vêm sendo sustentados por um motivo instrumental, circunscrito "ao argumento do crescimento da pobreza e à impossibilidade de sustentabilidade financeira de ambas as políticas que requererem sistemas privados complementares e redução de serviços e benefícios" (Mota, 2009b, p. 129), no caso, a política de saúde e a de previdência social. Todavia, a autora chama a atenção para o fato de que a seguridade social constitui "um mecanismo que tem uma base material, fundado em necessidades objetivas, mas que, ao transitar na esfera das superestruturas, como instituição social e mecanismo de enfrentamento da desigualdade, adquire um caráter ideológico e político" (Idem, ibidem, p. 129-30). Por essa razão, a seguridade social é tratada pela autora como mediação da reprodução social, referindo-se à reprodução da força de trabalho e "à totalidade da esfera da reprodução das relações sociais, nela incluídas a reprodução das contradições sociais e as lutas de classe" (Idem, ibidem, p. 130). Nessa perspectiva, Mota retoma exemplos da história brasileira em que a burguesia subordinou o Estado aos seus interesses e utilizou medidas relacionadas à proteção social para se legitimar. Cita os exemplos da era Vargas, a expansão das políticas sociais na ditadura militar, além dos governos Fernando Henrique Cardoso e Luiz Inácio Lula da Silva. Essa análise sugere que a expansão da assistência social em um cenário de restrição de acesso à previdência social e à saúde é uma posição política de governos em busca de legitimidade.

Temos concordância com essa análise pontual da autora de que do ponto de vista político e ideológico a assistência social vem sendo utilizada para assegurar legitimidade de governos, inclusive, com bastante intensidade no governo Lula da Silva, que fez do Programa Bolsa Família (PBF)[20] o carro-chefe de seu programa de "proteção social", todavia não reconhecemos que a política de assistência social tenha se transformado "no principal mecanismo de proteção social no

---

20. Este programa na esfera federal não está sob a gestão da Secretaria Nacional de Assistência Social (SNAS), gestora da Política Nacional de Assistência Social, isso, porém, não muda a sua natureza assistencial.

Brasil". Do ponto de vista material (investimentos, reconhecimento legal, infraestrutura, capacidade de resposta às demandas etc.), a assistência social continua na periferia da proteção social, inclusive das políticas de seguridade social.

É verdade que houve uma relativa expansão dessa política no governo Lula da Silva, comparativamente a outros governos, mas não o suficiente para projetá-la, do ponto de vista material, como a principal política de proteção social no Brasil.

Uma das expressões da expansão da assistência social é o crescimento da destinação de recursos para esta política, comparativamente às demais. Nessa perspectiva, consideremos a análise de Boschetti, com base em dados de Pochmann (2007):

> A fatia maior de recurso da seguridade social fica com a previdência social, seguida pela política de saúde, e, finalmente a política de assistência social, cuja participação vem crescendo no âmbito da seguridade. De acordo com Pochmann (2007, p. 71), a redução dos gastos sociais *per capita* em valor real não atinge todas as políticas sociais de modo equivalente. O autor mostra que no período 2003/2005, em comparação com 2001/2002, apenas a política de assistência social registrou crescimento real *per capita* de 11,11%, o que se deve aos programas de transferência de renda (Bolsa Família, BPC e RMV). Enquanto a previdência teve uma variação negativa de –0,70%; a variação da saúde foi de –7,49%; educação e cultura, –5,40%; habitação e saneamento –44,03%. *Daí a lucidez analítica de autores que afirmam que está ocorrendo uma "assistencialização" do Estado social brasileiro, com retrocesso dos direitos relativos à saúde, previdência, educação, moradia e emprego, e ampliação de direitos ou benefícios de transferência de renda na esfera assistencial* (Boschetti, 2008b, p. 106; grifos nossos).

A lógica desse argumento é coerente, inclusive porque mostra a destinação dos recursos para as transferências de renda (e o foram especialmente para o PBF); nesse sentido é possível falar em "assistencialização" do Estado brasileiro, sobretudo em função do uso político e ideológico do PBF. Todavia foram limitadíssimos os investimentos em pessoal, capacitação, novos programas e fortalecimento efetivo da rede do Sistema Único da Assistência Social (Suas). Nem mesmo a Lei que regulamenta esse sistema foi aprovada durante os oito anos de governo Lula da Silva. Assim, é mais coerente que se fale em tendência à centralidade da assistência social, considerando o reforço ao seu papel político-ideológico de legitimação do governo, neste contexto de (des)estruturação do trabalho e da seguridade social.

Dessa maneira, embora a seguridade social no Brasil, conforme inscrita na Carta Constitucional de 1988, possua um significado muito próximo aos modelos de inspiração beveridgiana nos países do capitalismo avançado, não foi implementada como tal e o seu desenho inicial está sendo progressivamente modificado, de forma regressiva, em relação aos direitos e ao alcance social. Isso se deve a uma gama de fatores, entre eles, condições históricas, políticas, econômicas e sociais diferentes das condições em que outros modelos foram experimentados nos países anteriormente referidos. No rol dos fatores limitadores de implementação da seguridade social, conforme inscrita na Constituição Federal de 1988, incluem-se a condição contemporânea do trabalho, marcada pelo desemprego elevado e prolongado, as relações de trabalho precarizadas e o crescimento gigantesco da chamada economia informal.[21] Além disso, incluem-se: as orientações macroeconômicas hegemônicas nas últimas décadas que favorecem o capital, fortalecendo o comando central da acumulação sob a regência do capital portador de juros; a crescente cooptação dos movimentos sociais pelas forças políticas no poder; o arrefecimento das lutas sindicais, em parte devido à cooptação do movimento sindical pelas forças políticas que compõem o governo Lula; o abandono da bandeira da seguridade social por parte de forças que a defenderam no processo constituinte, as quais, atualmente, no comando do Estado negam os seus princípios; a não elaboração e execução do orçamento único de seguridade social da forma recomendada constitucionalmente; e outros aspectos vitais à sua conformação como um sistema amplo e coeso de proteção social. Assim, a seguridade social desfigura-se sistematicamente, por meio da crescente mercantilização da saúde e da previdência e da expansão da assis-

---

21. Sobre o assunto, cf. Delgado (2004), Theodoro (2000, 2002 e 2009).

tência social, como afirma Mota, como instrumento de legitimação política e ideológica do governo e das desigualdades sociais existentes. Como já dissemos, a expansão da assistência social se dá particularmente por meio do PBF que transfere rendas ínfimas e funciona como subsídio à reprodução da força de trabalho, incentivo ao consumo e controle político sobre as camadas e grupos sociais que alcança. Todavia, não concordamos com a visão de que a mesma esteja se expandindo "na condição de política estruturadora das demais políticas sociais, como emprego e renda, qualificação profissional, dentre outras" (Mota, 2008, p. 189), ou ainda como "mecanismo integrador, em lugar do papel desempenhado pelo trabalho" (Mota, 2008, p. 144).

Sobre a mudança de postura em relação à seguridade social por parte de partidos políticos que constituem a base de apoio ao governo Lula e as mudanças regressivas que esse governo impôs ao sistema, vale retomar mais uma análise crítica de Ana Elizabete Mota (2006, p. 6):

> O conjunto das reformas da seguridade social deságua no governo Lula [...], portando um paradoxo nas propostas do governo que defendia o exercício da cidadania. É impossível falar de cidadania quando o contrato social que referenda direitos e deveres entre os cidadãos e o Estado é rompido.

Portanto, a seguridade social, ainda que dilapidada (Boschetti, 2004), desconstruída (Viana, 2002), inconclusa (Fleury, 2004) ou sob a centralidade da assistência social (Mota, 1995, 2008, 2009b), em um cenário de baixa pressão popular e pouco compromisso do governo atual com a sua consolidação, constitui um campo de luta permanente dos trabalhadores. Ela atua no âmbito da redução das desigualdades sociais e, nessa condição, é a espinha dorsal do sistema de proteção social no Brasil, que, em nossa compreensão, encontra extensão em outras políticas sociais, nos termos já aludidos pela *Carta de Maceió* (CFESS, set. 2000),[22] especialmente nas políticas de trabalho, educação

---

22. Um dos eixos de luta em relação à seguridade social apontados na *Carta de Maceió*, aprovada no XXIX Encontro Nacional CFESS-CRESS, realizado entre 3 a 6 de setembro de 2000,

e habitação. Assim, como um campo de lutas, "a seguridade não é vista apenas como um fim, mas como via de ingresso ou de transição a um padrão de civilidade, que começa pela garantia de direitos no capitalismo, mas que não se esgota nele" (Boschetti, nov. 2007, p. 32). Não obstante, nos marcos do capitalismo, a luta pela universalização da seguridade pressupõe, entre outras coisas: 1) "a defesa da assistência social como direito e não como substitutivo paliativo do trabalho e do emprego" (Boschetti, maio 2009, p. 43); 2) a defesa da saúde pública acessível a todos os brasileiros; e 3) a defesa da previdência social como uma política de proteção às diferentes formas de trabalho, apoiada em um "contrato social" solidário, para o qual cada um contribui de acordo com suas condições e usufrui os benefícios conforme suas necessidades.

Os principais pontos de sustentação do sistema de seguridade brasileiro e a ligação entre as políticas que o compõem são os objetivos que orientam a sua organização e o orçamento único para financiá-lo, porém, constantemente ameaçados. O item 2.3 aborda o financiamento e gasto da seguridade social, segundo a Constituição Federal de 1988, e as principais manifestações de sua descontração. A seguir, destaca-se a concepção de previdência social, como política de seguridade social, fundada na visão de *contrato social*.

2.2 A concepção de previdência social como um *contrato social*

A caracterização da previdência social pela Constituição Federal de 1988 faz com que seja comparada a um *contrato social* (ou resultado de um *contrato social*), uma vez que deve ser organizada sob a forma de regime geral de filiação obrigatória, nos termos do art. 201 da Carta Magna, e como política de seguridade social deve ser custeada por toda a sociedade direta ou indiretamente, de acordo com o art. 195 da

---

em Alagoas, foi "apontar para um conceito mais amplo de seguridade social, que incorpore outras políticas sociais, constituindo um verdadeiro padrão de proteção social no Brasil" (CFESS, set. 2000, p. 2).

citada Constituição. O curioso é que essa caracterização como *contrato social* é mais, comumente, usada por dirigentes de órgãos de previdência social do governo federal que a defenderam no âmbito da seguridade social, por ocasião do congresso constituinte e por alguns estudiosos que, antes da instituição da seguridade social, a concebiam como um seguro semelhante ao seguro privado.

As mudanças agregadas ao sistema previdenciário em decorrência de sua incorporação à seguridade social, a partir de 1988, ampliaram o leque dos envolvidos na antiga relação bilateral, empregado/empregador, na medida em que a seguridade social (e consequentemente a previdência social) passou a ser financiada por toda a sociedade de forma direta e indireta, mediante impostos que compõem os orçamentos da União, estados e municípios e por uma série de contribuições específicas arroladas no art. 195 da Carta Federal, como as contribuições sociais dos empregadores sobre a folha de salários, faturamento e o lucro; dos trabalhadores sobre o salário; e sobre receitas de concursos de prognósticos. Todavia, há uma enorme resistência por parte de expressivos grupos políticos em adotar essa visão, os quais costumam falar em "orçamento ou financiamento da previdência social". É verdade que, a partir de 1998, com a Emenda Constitucional n. 20, os recursos oriundos da folha de pagamento passaram a ser destinados ao pagamento de benefícios previdenciários e essa passou a ser a principal base de sustentação do sistema previdenciário, mas isso não impediu que outras fontes do orçamento da seguridade social também fossem dirigidas ao sistema, como veremos no próximo item. De qualquer forma, é sempre divulgado, oficialmente, que a previdência social adota o regime de repartição simples,[23] apoiado na solidariedade intergeracional entre membros da classe trabalhadora, uma vez que a geração que trabalha, em tese, sustenta a que está em gozo de benefício previdenciário. Desse modo, tanto por ser parte da seguridade social quanto em decorrência da visão restritiva sobre o seu financiamento, a previdência social é citada como um *contrato social*. Foi o que

---

23. É um método que funciona em regime de caixa, ou seja, o que é arrecadado é imediatamente gasto.

declararam os ex-ministros da previdência social, Luiz Marinho (2007): "Aí é que está o espírito do diálogo: perceber que, dado o *contrato social* por trás da Previdência, as decisões de hoje definem as opções de futuro dos nossos filhos e netos" (grifos nossos); e José Pimentel, em apresentação feita a empresários de São Paulo: "previdência do ponto de vista coletivo é um *contrato social*" (Brasil, jun. 2008, *slide* 5; grifos nossos). Alguns estudiosos também se posicionaram dessa forma: "pode-se concluir que o sistema previdenciário é uma forma de *contrato social* vantajosa, particularmente para os grupos mais jovens e mais pobres" (Afonso e Fernandes, 2005, p. 322; grifos nossos). Assessores técnicos do Departamento Intersindical de Estatística e Estudos Socioeconômicos (Dieese), também manifestam essa compreensão ao citarem a previdência social como parte de um "novo contrato social":

> A Previdência, como parte do Sistema de Proteção Social, é uma das dimensões que estruturam um *novo contrato social* através de um acordo que estabelece compromissos entre gerações para viabilizar o pleno acesso ao bem-estar após a vida de trabalho (Lucio, 2007, p. 1; grifos nossos).[24]

Ou ainda quando apontam cenários para o futuro e indicam a seguridade social como centro de um novo e necessário "contrato social" planetário:

> O desafio planetário será buscar um outro modo de vida, o que significa a construção de um novo e diferente *contrato social* planetário e, nele, as questões da proteção e seguridade social permanecerão centrais (Idem, ibidem, p. 19; grifos nossos).

Mas que tipo de *contrato social* é a previdência social? Ou de que tipo de *contrato social* resulta? O que a caracteriza como tal?

---

24. Clemente Ganz Lucio era diretor técnico do Dieese quando elaborou este texto para subsidiar a intervenção dos trabalhadores no Fórum Nacional sobre Previdência Social, o qual se encontra disponível em: <http://www.previdenciasocial.gov.br/arquivos/office/4_081010-120047-369.pdf>. Acesso em: 23 jun. 2010.

Para refletir sobre o assunto, o ponto de partida é o significado de *contrato social*. Para tanto, é preciso remontar ao período entre os séculos XVI e XVII. Com o declínio da sociedade feudal e da lei divina como base das hierarquias políticas, inicia-se uma discussão sobre o papel do Estado. Nesse contexto, os filósofos jusnaturalistas[25] como Hobbes (1588-1679), Locke (1632-1704) e Rousseau (1712-1778) contribuíram com a redefinição do estado de natureza[26] para o estado civil[27] e suas ideias passaram a compor a teoria contratualista — que explica a origem do Estado e/ou da sociedade, derivada de um contrato estabelecido entre os homens, que viviam, naturalmente, sem poder e sem organização, os quais, por meio desse pacto, estabeleceram regras de convívio e de subordinação política. Esses filósofos encontram-se entre os principais formuladores da Teoria Clássica do Estado.

Diante das transformações econômicas, políticas e sociais que marcaram a época, os jusnaturalistas eram desafiados a explicar a passagem do estado de natureza para o Estado civil. O dilema era: ou o Estado natural, sem leis, sem limites ou a servidão do Estado civil. O Estado natural era um Estado de liberdade, mas levava à guerra de uns contra outros; o Estado civil era um Estado de paz e segurança, mas conduzia à servidão dos súditos. Assim, parecia não ser possível aos homens usufruir a vida, a liberdade e a paz, pois teriam que escolher entre viver em liberdade sem paz ou em paz sem liberdade. A busca da solução do conflito originou a Teoria Clássica do Estado.

Nessa teoria são identificados os elementos-chave dos fundamentos do Estado liberal, mesmo que nem todos os contratualistas sejam liberais. Entre os principais traços, destacam-se: a base da teoria é a natureza dos seres humanos, o seu comportamento individual e a relação entre os indivíduos; o ser humano é um indivíduo "reconceituado", colocado acima das determinações das leis divinas; o Estado é chamado

---

25. Defensores dos direitos naturais.

26. Condição natural do homem, inexistência de leis, estado não jurídico.

27. Estado civil é o nome utilizado para a nova organização que nasceu da passagem do estado natural, no qual não havia leis, para o estado jurídico, organizado com base em leis civis.

a executar a tarefa de mediador civilizador.[28] No papel de mediador civilizador, a defesa da vida, da liberdade e do direito à propriedade privada ocupa lugar central; e a intervenção do Estado, como mediador civilizador, ocorre sob a justificativa do "bem comum", sugerindo uma suposta neutralidade do Estado em relação às classes sociais. É uma teoria revolucionária para a época. Seus formuladores, em diferentes graus, eram comprometidos com mudanças políticas, como uma nova organização do Estado e o rompimento radical com a lei divina.

As particularidades das teorias de Hobbes, Locke e Rousseau são aqui resumidamente analisadas, a partir dos eixos: visão do homem no estado de natureza; concepção de contrato social; natureza e fins do Estado; concepção de sociedade e sua relação com o Estado.

A *Teoria do Estado em Hobbes* parte da afirmação que são os apetites e as aversões que determinam as ações voluntárias dos homens. Assim no *estado de natureza*, o homem é o lobo do próprio homem, seus desejos e paixões podem conduzi-lo à guerra e à morte. Em face dessa tensão entre preservar a liberdade vantajosa do estado de natureza e o *medo* da violência e da morte, os homens perceberam que era preciso estabelecer um *contrato* entre eles: "um contrato para constituir um *Estado* que refreie os lobos, que impeça o desencadear dos egoísmos e da destruição mútua. Esse contrato cria um *Estado absoluto*, de poder absoluto" (Gruppi, 1983, p. 13). É um contrato concebido como uma *renúncia*, por seu intermédio, em busca de paz, os homens "confiariam a um soberano o controle de suas paixões [...] desistiriam de seu poder individual para que nenhum deles pudesse reduzir o poder de qualquer outra pessoa através da força" (Carnoy, 1994, p. 27). Esse soberano era a monarquia absoluta, com poderes até para nomear seus sucessores. A teoria hobbesiana rompe com o estado de natureza e opta pelo Estado civil, de forma servil, na esperança de preservar a vida.

Na *Teoria do Estado em John Locke*, os homens, no estado de natureza são livres e têm a prerrogativa dos direitos e privilégios da lei natural, mas essa liberdade pode levar à guerra, pelo desejo de um

---

28. Esta conotação de Estado como mediador civilizador é adotada por Carnoy (1994).

submeter o outro ao seu poder. Ademais, essa liberdade não garante a vida, a liberdade e os bens como direitos naturais, os quais Locke chama de propriedade. Assim, para se defenderem contra a guerra e para preservarem suas propriedades, os homens se juntam numa sociedade política/civil (Locke não faz diferença entre ambas) e estabelecem entre si, por consenso (já que todos são livres), um *contrato*, por meio do qual delegam à comunidade (Estado) os direitos de autopreservação da propriedade. Para ele, caso o Estado não cumpra os compromissos assumidos, o *contrato* será desfeito e o Estado poderá ser dissolvido pela sociedade civil. Portanto, é na *sociedade civil* que reside o poder político superior. O Estado é controlado por essa sociedade. Com essa combinação, o *contrato* não rompe totalmente com o estado de natureza, vez que os direitos naturais são preservados sob a proteção do Estado civil. Nessa teoria, apenas os proprietários têm direitos políticos e se reúnem para defender suas propriedades, não sendo permitido ao Estado retirar parte dessa propriedade sem o consentimento de seu dono. Como diz Gruppi (1983, p. 15), em Locke, "a liberdade está em função da propriedade".

Na visão de Locke, após a instituição do Estado civil pela sociedade política,[29] devem ser escolhidos, pelo voto da maioria, a forma de governo e o poder legislativo que controlará os poderes executivo (o Príncipe) e o federativo, que se ocupa das relações exteriores. Logo:

> O livre consentimento dos indivíduos para o estabelecimento da sociedade, o livre consentimento da comunidade para a formação do governo, a proteção dos direitos de propriedade pelo governo, o controle do executivo pelo legislativo, e o controle do governo pela sociedade, são, para Locke, os fundamentos do Estado civil (Mello apud Weffort, 2000, p. 87).

Para Locke "o objetivo grande e principal [...] da união dos homens em comunidades, colocando-se eles sob governo, é a preservação da

---

29. Grupo de proprietários que abriram mão de seu poder natural em favor do Estado pela proteção de si e de sua propriedade. Cf. Carnoy (1994), Weffort (2000).

propriedade" (Locke, 1966, apud Weffort, 2000, p. 99). Por isso, ele é considerado o pai do individualismo liberal.

Rousseau, com posição radicalmente democrática, diferencia-se dos contratualistas de sua época. Como afirma Carlos Nelson Coutinho (2008, p. 124):

> Rousseau foi o primeiro pensador moderno que, partindo de um ponto de vista não liberal, insistiu na ideia de que uma sociedade só é legítima, qualquer que seja sua forma de governo, quando se funda na vontade geral, no interesse comum ou na soberania popular (três termos que, nele, são praticamente sinônimos). O pensador genebriano foi um duro crítico do liberalismo.

Ele ofereceu contribuições essenciais à chamada Teoria Clássica do Estado sobre a concepção de *contrato social* e influenciou muitos pensadores e políticos. Foi um dos inspiradores da Revolução Francesa de 1789 e chega a ser considerado, por alguns autores, como precursor do socialismo do século XIX.[30] São em suas contribuições, principalmente, que buscaremos fundamentos para problematizar a previdência social como um *contrato social* em contraposição a outras visões de liberais contemporâneos, como John Rawls.

A *Teoria do Estado em Rousseau* parte da afirmação de que "o homem nasceu livre, e por toda parte geme agrilhardo" (Rousseau, 2000, p. 23). Portanto, o homem é bom por natureza, mas é corrompido pela nova sociedade que surgiu e pela posse da propriedade. Rousseau via o Estado de sua época como uma obra dos ricos para proteger os seus interesses e as suas propriedades, tendo sido estas últimas adquiridas indevidamente. Mas, para ele, os homens não podem perder a condição de serem livres e iguais como nasceram. Assegurar isso naquele contexto seria obra do *contrato social*:

> Achar uma forma de sociedade que defenda e proteja com toda a força comum a pessoa e os bens de cada sócio, e pela qual, unindo-se cada um

---

30. Cf. Behring (2006).

a todos, não obedeça, todavia senão a si mesmo e fique tão livre como antes. Tal é o problema fundamental que resolve o contrato social (Rousseau, 2000, p. 31).

Nessa perspectiva, a renúncia total ao estado de natureza, abandonando a liberdade natural em favor da liberdade civil, era muito positiva. Isso significava que o Estado civil resultante do *contrato social* trazia mudanças positivas, inclusive a liberdade política (civil) e a proteção à propriedade: "o que o homem perde através do contrato social é a liberdade natural e um direito limitado a tudo aquilo que causa desejo e que ele pode obter: o que ganha é a liberdade civil e a propriedade de tudo aquilo que possui" (Rousseau, 2000, p. 35).

Essa passagem da obra do filósofo remete-nos à reflexão de pelo menos dois aspectos relevantes de sua teoria. O primeiro diz respeito à renúncia e ao ganho dos homens com o *contrato social*. A renúncia que seria feita pelos homens era de sua liberdade natural, de sua condição de indivíduo *egoísta*, desigual pela força física, que nessa condição luta individualmente para alcançar o que deseja, mas o alcance do desejado tem como limite a força física que a natureza lhe proporciona. Em outras palavras, os mais fortes fisicamente podem alcançar tudo o que desejam, usurpando os mais fracos, que ficariam absolutamente limitados. Com o *contrato social*, o ganho que os homens obteriam seria a liberdade política (civil), que se estabelece na relação de igualdade civil com os outros homens, e com isso cada homem teria garantido o que lhe pertence por direito, na condição de ser igual aos demais, como evidencia o próprio Rousseau (2000, p. 37):

> Em lugar de destruir a igualdade natural, o pacto fundamental substitui, ao contrário, uma igualdade moral e legítima a toda desigualdade física, que entre os homens lançara a natureza, homens que podendo ser dessemelhantes na força, ou no engenho, tornam-se todos iguais por convenção e por direito.

Mas o autor adverte que essa igualdade a que se refere nem sempre é real e verdadeira. Isso vai depender dos governos que se estabelecem nas sociedades, como diz:

Nos maus governos é aparente e ilusória essa igualdade, que só serve para manter na miséria o pobre e o rico na sua usurpação. De fato, as leis são sempre úteis aos que possuem, e danosas aos que nada têm, donde se deduz *que o estado social só é vantajoso aos homens quando todos eles têm alguma coisa e quando nenhum deles tem demais* (Idem, ibidem, p. 37, nota 6; grifos nossos).

O segundo aspecto que merece nossa atenção é a relação com a propriedade privada. Como vimos inicialmente, Rousseau considera a propriedade privada um grande mal, mesmo assim defende sua preservação pelo Estado. Estabelece, porém, limites para a riqueza e a propriedade individual. Conforme se viu na citação anterior, o filósofo genebriano ressalta que o Estado social só é vantajoso quando todos os homens têm alguma coisa e nenhum desses homens tem demais, ou quando diz: "quanto à riqueza, entendo que nenhum cidadão seja assaz opulento que possa comprar outrem, e nenhum tão pobre que seja constrangido a vender-se" (Idem, ibidem, p. 59). Avançando em sua reflexão, complementa: "Quereis dar consistência ao Estado? Aproximai o mais possível os graus extremos: não suporteis gente opulenta nem mendigos: esses dois estados, naturalmente inseparáveis, são da mesma sorte funestos" (Idem, ibidem, p. 59, nota 10). Essa é a sua defesa de redução da desigualdade de renda e propriedade entre os homens, a qual fica ainda mais explícita na seguinte passagem: "a raiz da desigualdade está na propriedade privada, na divisão do trabalho que a acompanha, nos conflitos de interesses que emergem necessariamente da ação do mercado" (Rousseau apud Coutinho, 2008, p. 124). Embora Rousseau critique ferrenhamente a modalidade de *contrato social* que visa apenas proteger os interesses privados, o seu pensamento apresenta limitações e ambiguidades, fruto dos condicionantes históricos peculiares de sua época. A sua incapacidade de transcender o horizonte da propriedade privada é um desses limites, como bem analisa Coutinho (2008, p. 128):

Mesmo combatendo o capitalismo e a desigualdade de propriedade, ele [Rousseau] não é capaz de transcender o horizonte da propriedade privada: o ponto de vista a partir do qual ele condena o capitalismo não é o ponto de vista da classe trabalhadora moderna, do proletariado, mas sim o ponto de vista do pequeno camponês e do artesão, que — na época de Rousseau — viam suas condições de vida destroçadas progressivamente pelo impetuoso avanço do modo de produção capitalista. A base econômico-social de sua ordem democrática não implica a *socialização* da propriedade, mas sua repartição igualitária (condição, para ele, da possibilidade de emergência da vontade geral): ninguém deveria ter propriedade em excesso nem ser desprovido de propriedade, mas o fato é que a base econômico-social vislumbrada por Rousseau continua a se basear na propriedade individual e, desse modo, em última instância, numa economia mercantil, que com Marx, poderíamos chamar "economia mercantil simples", ainda pré-capitalista (grifo do autor).

Esse limite de sua concepção ou, como diz Coutinho (2008), esse caráter utópico desse momento anticapitalista romântico presente no pensamento de Rousseau "não anula nem a grandeza nem a atualidade de sua proposta democrática" (Idem, ibidem, p. 128).

A relação Estado-sociedade, baseada na absoluta supremacia e autonomia da sociedade civil (assembleia), é um aspecto de particular relevância na teoria rousseauniana, como lembra Gruppi, ao afirmar que, para Rousseau, "o contrato só constitui a sociedade, a qual deve servir à plena expansão da personalidade do indivíduo. A sociedade, o povo, nunca pode perder sua soberania, a qual pertence ao povo e só ao povo" (Gruppi, 1983, p. 18). Assim, nessa relação contratual cabe ao Estado intervir para assegurar o bem comum, por meio dos poderes que lhe serão atribuídos pela sociedade, pela "vontade geral", porém respeitando a liberdade e também a igualdade entre os cidadãos, como (indaga e responde) nos ensina o filósofo Rousseau, ao se referir ao legislativo como sistema representativo:

> Se indagais em que consiste justamente o maior bem de todos, que tal deve ser o fim de todo o sistema de legislação, achá-los-ei resumido nestes dois objetos principais, a *liberdade e a igualdade*; a *liberdade*, porque toda a dependência particular é outra tanta força tirada ao corpo do

Estado; a *igualdade, porque sem ela não pode subsistir a liberdade* (Rousseau, 2000, p. 58; grifos nossos).

Isso significa que os poderes do Estado são limitados e à sociedade civil devem ser asseguradas plena autonomia e absoluta supremacia. Isso requer que o *contrato social* tenha suas bases estabelecidas e alteradas pela sociedade, pela "vontade geral". Sob tais condições:

> *O pacto social estabelece entre os cidadãos uma igualdade tal, que eles se obrigam todos debaixo das mesmas condições, e todos devem gozar dos mesmos direitos.* Assim, [...] todo ato autêntico da vontade geral obriga ou favorece igualmente todos os cidadãos, de maneira que o soberano só conhece o corpo da nação e não distingue nenhum daqueles que a compõem (Rousseau, 2000, p. 44; grifos nossos).

Convém ressaltar que, para o autor, a "vontade geral" não significa que sempre exista consenso absoluto, mas a possibilidade de manifestação de todos, ou seja, "para que a vontade seja geral, nem sempre é necessário que seja unânime, mas é preciso que todos sejam considerados; toda a exclusão formal rompe a generalidade" (Idem, ibidem, p. 40, nota 1). Desse modo, ele propôs uma forma democrática do exercício de poder político e administrativo, praticável em qualquer forma social, desde que "a vontade geral" seja respeitada.

Por isso, a soberania da sociedade é inalienável, o que em outras palavras significa que:

> *Só a vontade geral pode dirigir as forças do estado segundo o fim de sua instituição, o bem comum*, pois, se a discordância dos interesses particulares tornou necessária a fundação das sociedades, a harmonia desses interesses a possibilitou. [...]
>
> *Não sendo a soberania mais que o exercício da vontade geral, não pode nunca alienar-se*; e o soberano que é unicamente um ser coletivo, só por si mesmo se pode representar. *É dado se transmitir o poder, não a vontade.*
>
> [...] se não é impossível que uma vontade particular concorde em alguma coisa com a geral, impossível é ao menos que seja durável e constante essa harmonia. Porque vontade particular tende por sua natureza às

preferências, e *a vontade geral à igualdade* (Idem, ibidem, p. 39; grifos nossos).

Nota-se que o filósofo em determinadas partes de sua obra, como a citada acima, ressalta a vontade geral como algo que se opõe à vontade particular, de modo que a vontade geral não se constitui o aprofundamento ou potencialização das vontades particulares. Essa dimensão de sua concepção foi objeto de crítica por parte de alguns estudiosos, pelo fato de compreenderem esse aspecto que caracteriza a *vontade geral rousseauniana* incompatível com o pluralismo e a com a diversidade. Todavia, como diz Coutinho (2008, p. 130):

> Apesar desses limites, é importante destacar o que [...] parece fundamental na reflexão de Rousseau: a democracia tem como base um contrato, ou um consenso, e um contrato que se funda precisamente na vontade geral ou coletiva, ou seja, na prioridade do público sobre o privado.

Dessa forma, "a saída rousseauniana para o impasse da desigualdade social e política da sociedade civil é [...] um Estado cujo poder reside no povo, [...], por meio da vontade geral. Este é o *contrato social* em Rousseau" (Behring e Boschetti, 2006, p. 58).

Os princípios e aspectos particulares dessa teoria rousseauniana de *contrato social*, como o princípio da liberdade e da igualdade, a concepção de supremacia da sociedade por meio da vontade geral e a visão de homem *natural* e homem *político*, entre outros, inspiraram movimentos revolucionários e foram referidos por grandes pensadores do passado como Karl Marx (2010). Ademais, inspiraram a formação do Estado social em vários países do capitalismo avançado, no período entre 1945 a 1975 (Gough, 1978), e ainda são relembrados e defendidos no tempo presente, inclusive por socialistas como István Mészáros (2009).

Marx, ao falar das condições necessárias à emancipação política (redução do homem a indivíduo *egoísta* e, ao mesmo tempo, a *cidadão*) e à emancipação humana (a unidade entre o homem *individual* e homem *abstrato*), explica a visão de homem *natural* e recorre à Rousseau para explicar a *abstração* do homem *político*:

> O homem, na qualidade de membro da sociedade burguesa, o homem *apolítico*, necessariamente se apresenta então como o homem *natural* [...] é o que vale como o homem *propriamente dito*, [...] porque ele é o homem que está mais próximo de sua existência sensível individual, ao passo que o homem *político* constitui apenas o homem abstraído, artificial, o homem como pessoa *alegórica, moral*. O homem real só chega a ser reconhecido na forma do indivíduo *egoísta*, o homem verdadeiro, só na forma do *citoyen abstrato*.
>
> A abstração do homem político é descrita acertadamente por *Rousseau* da seguinte maneira: *aquele que ousa empreender a instituição de um povo deve sentir-se com capacidade para, por assim dizer,* mudar *a natureza humana,* transformar *cada indivíduo, que por si mesmo é um todo perfeito e solitário, em parte de um todo maior, do qual de certo modo esse indivíduo recebe sua vida e seu ser, [...] substituir a existência física e independente por uma existência* parcial e moral. *Em outras palavras, é preciso que destitua o homem de suas próprias forças para lhe dar outras que lhes sejam estranhas e das quais não possa fazer uso sem socorro alheio* (Do contrato social, Livro II, Londres, 1782, p. 67, apud Marx, 2010, p. 63; grifos do autor).

Todavia, ao expressar sua visão sobre emancipação humana, Marx termina por fazer uma crítica implícita à Rousseau.[31] Este último, como vimos, considera a vontade geral como algo que se contrapõe drasticamente à vontade particular, o que não tem tanta ressonância em Marx. A emancipação humana, para o autor de *O capital*, requer a unidade entre o homem *individual* e homem *abstrato*, o que implica a necessidade de eliminação dessa dissonância absoluta entre vontade geral e particular. Dessa forma, o homem poderá respeitar a vontade geral, na medida em que esta represente um aprofundamento de suas vontades particulares:

> Toda emancipação é redução do mundo humano e suas relações ao *próprio homem*.

---

31. Sobre o tema cf. Coutinho (2008, p. 127, 129).

A emancipação política é a redução do homem [...] a membro da sociedade burguesa, a indivíduo *egoísta* independente, e *a cidadão*, a pessoa moral.

Mas a emancipação humana só estará plenamente realizada quando o homem individual real tiver recuperado para si o cidadão abstrato e se tornado *ente genético* na qualidade de homem individual na sua vida empírica, no seu trabalho individual, nas suas relações individuais, quando o homem tiver reconhecido e organizado suas *"forces propes"* [...] como forças *sociais* e, em consequência, não mais separar de si mesmo a força social na forma da força *política* (Marx, 2010, p. 53-54; grifos do autor).

Já István Mészáros refere-se à Rousseau ao abordar a questão da soberania popular e os princípios da liberdade e igualdade. Sobre a soberania popular diz o autor:

A crítica radical do sistema parlamentar não começou com Marx. Nós a encontramos expressa de forma poderosa, já no século XVIII, nos escritos de Rousseau. Partindo do pressuposto de que a soberania pertence ao povo e que, portanto, não pode ser transformada legitimamente em qualquer forma de abdicação representacional (Mészáros, 2009, p. 827).

No que concerne aos princípios rousseaunianos da liberdade e igualdade, Mészáros critica a sua aplicação incorreta por ideólogos democratas, conforme a passagem a seguir:

Rousseau tem sido sistematicamente falsificado e indevidamente utilizado pelos "ideólogos democratas", incluindo o *"jet set* socialista" por ter insistido em que "liberdade não pode existir sem igualdade"[32] — o que exclui até mesmo a melhor representação, considerada por ele hierarquia necessariamente discriminatória/iníqua. Desse modo, ele propôs uma forma de exercício de poder político e administrativo muito mais praticável do que a que lhe é atribuída, ou de que é acusado. Significativamente, neste processo de falsificação tendenciosa, os dois princípios

---

32. O autor cita a referência da obra de Rousseau, *Do contrato social*, no trecho já por nós citado. Na versão que usamos dessa obra, encontra-se na página 58. Cf. Rousseau (2000, p. 58).

vitalmente importantes da teoria de Rousseau, adaptados adequadamente também pelos socialistas, foram desqualificados e abandonados. [...] Assim, as dificuldades não residem nos dois princípios básicos tais como formulados por Rousseau, mas no modo pelo qual devem ser relacionados ao controle político e material do processo sociometabólico pelo capital (Idem, ibidem, p. 828).

Destarte, a concepção de contrato social em Rousseau baseia-se na defesa intransigente da liberdade e igualdade entre os cidadãos e da democracia radical, em que sejam atribuídos poderes limitados ao Estado e seja assegurada plena autonomia e absoluta supremacia à sociedade civil, à vontade geral. Em tempos mais recentes surgiram novos contratualistas, com ideias absolutamente diferentes destas. Como diz Evaldo Vieira (2007, p. 117, 119, 122):

Não se faz contratualismo como antigamente.

A relação entre liberdade e autoridade, entre igualdade e equidade, bem como a montagem e o funcionamento do contrato social, vêm colhendo maior ou menor aplauso conforme os espasmos do liberalismo na sociedade capitalista. Sendo menos controversa em torno de diferentes significados, sendo menos polêmica no campo da semântica, a liberdade, a autoridade, a igualdade, a equidade e o contrato social compõem fatores reais na definição das vidas humanas.

[...] o contratualismo do passado, ao menos ofertava aos cidadãos o contrato social engendrado na liberdade e na igualdade [...] o novo contratualismo afirma o contrário do antigo. O novo contratualismo quer significar, antes de mais nada, a tentativa de pôr em ordem a desigualdade, confessando a definitiva impossibilidade da igualdade na sociedade capitalista.

Vieira (2007), ao falar em antigo contratualismo, refere-se a Jean--Jacques Rousseau, democrata radical, e ao falar do novo contratualismo referencia, sobretudo, John Rawls, liberal, cujas ideias acerca da justiça como equidade, a partir de 1971, tiveram destaque.

Para Rawls (1993), embora uma sociedade seja uma reunião de cooperações com a função de desenvolver o que for desejável para os que dela fazem parte, ela é sempre marcada por conflitos e interesses individualizados. Para que esses conflitos sejam superados, é preciso um conjunto de princípios de justiça social que possibilite ajustes e partilhas corretas. O compartilhar de um conceito de justiça propicia a convivência pública e a solução dos contenciosos. Rawls parte do pressuposto de que a sociedade é marcada por desigualdades e "são estas desigualdades, presumivelmente inevitáveis dentro da estrutura de qualquer sociedade, às quais os princípios de justiça social devem, em primeira instância, se aplicar" (Idem, ibidem, 1993, p. 157). Sua teoria legitima as desigualdades e estabelece princípios de justiça, que possam permitir a convivência entre desiguais e não a eliminação das desigualdades. Esta é a base da crítica de Vieira (2007) à teoria de Rawls.

Ao comentar as ideias de outros contratualistas que o antecederam, Rawls diz que o *contrato social* não deve ser um pacto para se chegar a uma sociedade ou uma forma particular de governo. Para ele, "melhor seria que a ideia principal fosse que os princípios de justiça para a estrutura básica da sociedade sejam o objeto do acordo original" (Idem, ibidem, p. 158). Assim, defende que "os homens deverão decidir, antecipadamente, como irão resolver seus contenciosos e como deverá ser a carta fundamental de sua sociedade" (Idem, ibidem, p. 158). Em sua compreensão, para que os princípios de justiça escolhidos não beneficiem alguns e prejudiquem outros, é preciso que tal escolha ocorra em uma situação em que ninguém conheça sua posição na sociedade, nem a posição de sua classe social, nem outros atributos e condições. Dessa forma, os princípios de justiça são "estabelecidos em total ignorância da posição específica de cada um" (Rawls, 1993, p. 158). Essa é a única condição de igualdade reconhecida pelo autor. Para ele, os acordos a que se chegam nesta situação são equitativos, por isso o nome de sua teoria "justiça como equidade".

Para Rawls, no início do pacto, dois princípios de justiça poderiam ser escolhidos:

> Primeiro — cada pessoa deve ter a mais ampla liberdade sendo que esta última deve ser igual a dos outros e a mais extensa possível, na medida em que seja compatível com uma liberdade similar de outros indivíduos.

Segundo — as desigualdades econômicas e sociais devem ser combinadas de forma a que ambas (a) correspondam à expectativa de que trarão vantagens para todos, e (b) que sejam ligadas a posições e a órgãos abertos a todos (Rawls, 1993, p. 163).

Para o autor, a distribuição de bens, renda, liberdade, oportunidade não precisa necessariamente ser igualitária, basta apenas beneficiar a todos: "a injustiça, então, é apenas a desigualdade que não traz benefícios para todos" (Rawls, 1993, p. 164). Trata-se de uma posição contrária à de Rousseau, que defende, a partir do *contrato social*, a igualdade entre os homens em relação à autoridade e aos direitos e "muita igualdade ainda nas classes e nas fortunas, sem o que não poderia subsistir longo tempo a igualdade nos direitos e na autoridade" (Rousseau, 2000, p. 71). Para Rawls, "a concepção geral de justiça não impõe restrições permitindo qualquer tipo de desigualdade; a concepção geral de justiça requer apenas que a posição de todos seja melhorada" (Idem, ibidem, p. 165). Logo, "são permissíveis as desigualdades quando maximizam, ou pelo menos contribuem em favor das expectativas a longo termo do grupo menos afortunado da sociedade" (Rawls, 1993, p. 174).

Vieira (2007) procura mostrar as consequências práticas das duas concepções. Nessa perspectiva, são elucidativos trechos de seu trabalho em que reflete sobre o tema:

A fim de diminuir custos do trabalho, os neocontratualistas apregoam a diminuição das contribuições sociais por meio da privatização dos programas de política social. Mesmo sem comprobação correta, que não é a dos caça-níqueis, pregam que bons salários e os impostos são os causadores dos estímulos negativos ao trabalho e ao emprego informal [...] em vez da igualdade do antigo contrato social, o novo contrato social oferece a desigualdade produtiva (econômica e social); oferece o mínimo social para as famílias e benefícios para doentes e desempregados; oferece imposto de renda negativo; oferece realização de acordo sem pressão (?), também designado de acordo de barganha equitativa; oferece concessão mini-máximo relativo nos acordos, pelos quais o benefício máximo transforma-se em benefício mínimo.

Não seria desses acordos a noção de contrapartida nos programas sociais, que impõem aos paupérrimos e miseráveis um retorno ao benefício concedido? O liberalismo, com base no contratualismo, exige recompensa sempre, até de quem nada possui para partilhar.

Equidade agora não quer dizer igualdade, como no contratualismo antigo. No neocontratualismo, equidade quer dizer redução da desigualdade, segundo John Rawls, somente quando esta "não traz benefícios para todos", que é a injustiça para ele (Vieira, 2007, p. 128-29).

A concepção de previdência social no Brasil como um *contrato social*, sob o olhar de seus dirigentes aqui referidos, quando materializada em ações no âmbito da previdência social, pode ser comparada a essa analogia feita por Vieira (2007). Exige-se que o retorno, em forma de benefício previdenciário, seja proporcional à contribuição que o cidadão faz ao sistema. Bom exemplo é o Plano Simplificado de Previdência Social (PSPS), recentemente instituído, em que o segurado contribui individualmente com o percentual de 11% sobre o salário mínimo — um percentual menor que os demais segurados que contribuem individualmente para a previdência social —, porém seus direitos são limitados a alguns benefícios (jamais superiores ao salário mínimo). Para ter acesso a outros benefícios fora do leque previsto, como a aposentadoria por tempo de contribuição, por exemplo, o segurado deve complementar as contribuições feitas até 20% sobre o salário de contribuição.[33] Sob a tônica liberal "da justiça com equidade", o benefício assume a feição de um direito proporcional à contribuição efetuada e/ou ao trabalho realizado para alcançá-lo, pois sob essa ótica que tem presidido a ação dos dirigentes da previdência social no Brasil, "a cada um deve ser dado, conforme a sua contribuição" e não conforme a sua necessidade. Assim, esse direito que parece ser "igual" e "justo" (por ser proporcional à contribuição), na realidade deveria ser um "direito desigual" para um trabalho desigual, que gera rendimentos desiguais. Como diz Marx, a base de todo direito é a desigualdade, assim, em nossa compreensão, na previdência social (e de modo

---

33. No Capítulo V, a análise deste plano será retomada.

mais amplo, na seguridade social) "o direito deveria ser não igual, mas desigual" (Marx, 2005c, p. 135), haja vista as diferenças existentes entre as condições de trabalho, as capacidades de rendimentos, as habilidades, a composição familiar e outras diferenças entre os indivíduos, até mesmo entre os que pertencem a uma mesma classe social. Assim, como apontam os fundamentos do *contrato social* na visão rousseauniana, para que a previdência seja vista como um *contrato social* que aponte para a redução das desigualdades sociais é preciso que haja compromissos "de cada um com todos e todos com cada um" (Rousseau, 2000, p. 45) e não cada um por si como indica o liberalismo.

Todavia, prevalece a visão liberal burguesa, restritiva de direitos, na formulação, gestão e implementação da previdência social no país, profundamente reforçada em contextos de crise do capital. Nem poderia ser diferente, uma vez que é essa a visão hegemônica no Brasil, tanto na dinâmica da sociedade quanto no âmbito do Estado. E, como diz Marx (2005c, p. 135-36):

> O direito nunca pode ser mais elevado que o estado (situação) econômico da sociedade e o grau de civilização que lhe corresponde.
>
> Numa fase superior da sociedade comunista, quando tiver desaparecido a escravizante subordinação dos indivíduos à divisão do trabalho e, com ela, a oposição entre o trabalho intelectual e o trabalho manual; quando o trabalho não for apenas um meio de viver, mas se tornar ele próprio na primeira necessidade vital; quando, com o desenvolvimento múltiplo dos indivíduos, as forças produtivas tiverem também aumentado e todas as fontes da riqueza coletiva brotarem com abundância, só então o limitado horizonte do direito burguês poderá ser definitivamente ultrapassado e a sociedade poderá escrever nas suas bandeiras: "de cada um segundo as suas capacidades, a cada um segundo as suas necessidades!"

O significado de seguridade social como um sistema de proteção social universal, coerente e bem articulado, que viabilize ações de saúde, previdência e assistência social, sustentado nos princípios constitucionalmente definidos expressa um avanço acerca do conceito de proteção social. Sugere comparação, por órgãos de pesquisas ou pesquisadores individuais, a um *contrato social* em bases diferentes da visão apoiada em Rawls, antes citada, como demonstra o Dieese, em nota técnica elaborada para subsidiar a ação sindical:

> Ao associar as ações de previdência, assistência e saúde num corpo integrado e ao se estruturar com base no princípio da universalidade da cobertura e atendimento, o sistema de proteção social definido na Constituição Federal prevê garantias contra contingências sociais que ameacem a sobrevivência do indivíduo. Nesse sentido, tal concepção de proteção vai além da concessão de benefício em caso de perda de capacidade de trabalho, que é o comumente associado a estruturas previdenciárias em termos estritos. Essa concepção se afasta da ideia da previdência como "seguro", em que a pessoa tem um contrato e direitos individuais e, quando ocorre o evento previsto, recebe algum benefício de acordo com o que contribuiu. Na *Seguridade* prevalecem o *contrato social* e os direitos sociais, em que a necessidade do cidadão prepondera sobre suas eventuais contribuições para o sistema (Dieese, p. 3, set. 2007; grifos nossos).[34]

A comparação a um "contrato social coletivo" assumido entre os seus interessados, com a mediação do Estado, visando proteger a todos, conforme suas necessidades e custeado segundo a capacidade de cada um, é também expressa por outros pesquisadores:

> O texto constitucional estabeleceu como princípios básicos para o novo sistema a universalização da cobertura, a equivalência de benefícios urbanos e rurais, a seletividade na concessão dos benefícios, a irredutibilidade do valor das prestações, a equanimidade no custeio, a diversificação da base de financiamento, a descentralização e participação de trabalhadores na gestão, avançando no sentido de conceituar a seguri-

---

34. A direção executiva do Dieese, que assina a referida nota técnica, é composta por representantes das seguintes entidades: Sindicato dos Metalúrgicos do ABC; STI. Metalúrgicas de Osasco; STI. Metalúrgicas de São Paulo; Diretor SEE. Bancários de São Paulo; STI. Energia Elétrica de Campinas; Apeoesp; STI. Metalúrgicas de Curitiba; Sindicato de Energia Elétrica da Bahia; STI. Energia Elétrica de São Paulo; Femaco — FE em Asseio e Conservação do Estado de São Paulo; SEE. Assessoria Perícias e Porto Alegre; STI. Metalúrgicas de Guarulhos; CNTT/CUT.

dade social como um *contrato social coletivo*, integrante do próprio direito de cidadania, em que benefícios seriam concedidos conforme a necessidade e o custeio seria feito segundo a capacidade de cada um (Beltrão et al., 1999, p. 413).[35]

Essas interpretações do Dieese e de Beltrão et al. seria possível atribuirmos como pano de fundo ao significado de *contrato social* conforme Rousseau, que aponta para a redução das desigualdades sociais. Isso, porém, não significa que tenha sido esta a intenção dos autores dos textos, mas uma inferência nossa. Todavia, essa inferência ficaria apenas no plano teórico, uma vez que não prevalece no Brasil um Estado radicalmente democrático, um Estado cujo poder resida no povo, por meio da vontade geral, como defendia Rousseau. Essa ausência constitui um dos motivos pelos quais este modelo de seguridade social, comparado a um *contrato social*, em termos rousseaunianos, não foi implementado e faz da seguridade um projeto inconcluso, como diz Fleury (2004).

As palavras de Beltrão et al. (1999), ao final da citação — "benefícios seriam concedidos conforme a necessidade e o custeio seria feito segundo a capacidade de cada um" — e também do Dieese (set. 2007) — "na *Seguridade* prevalecem o *contrato social* e os direitos sociais, em que a necessidade do cidadão prepondera sobre suas eventuais contribuições para o sistema" — nos remetem aos princípios discutidos por Marx (2005c) na Crítica do programa de Gotha. Ali Marx critica a defesa da distribuição equitativa e do direito igual pelos social-democratas alemães, numa sociedade ainda onerada por limitações burguesas. Para ele, na fase inicial do comunismo, o direito ainda será viabilizado "a cada um conforme sua contribuição" com o fundo social de consumo, porque a sociedade ainda estará sob a influência do pensamento burguês. Todavia, somente na fase superior

---

35. É importante registrar que não compartilhamos da análise global dos autores sobre a previdência social no Brasil nem tampouco sobre a visão deles sobre contrato social, apenas os referenciamos, a título de exemplo, na identificação da seguridade como um contrato social, com as ressalvas que nosso comentário apresenta após a citação do texto deles.

do comunismo, o direito será viabilizado "a cada um segundo suas necessidades", ou seja, somente na fase superior do comunismo a perspectiva do direito burguês será superada e a sociedade poderá reivindicar "de cada um segundo as suas capacidades, a cada um segundo as suas necessidades" (Marx, 2005c, p. 136). Assim, para analisar as possibilidades de a seguridade social e também de a previdência social se viabilizarem no Brasil como um direito desigual, nos termos indicados pela frase de Beltrão et al. (1999) e também pelo Dieese (set. 2007), cabe uma reflexão sobre justiça econômica, que envolve os temas justiça comutativa e distributiva, que se vinculam ao debate sobre *contrato social*.

Macpherson (1993) faz uma retrospectiva do conceito de justiça econômica partindo de fundamentos estabelecidos por ele para um conceito provisório de justiça econômica que se refira a relações econômicas e vise regular essas relações à luz de algum princípio ético:

> Definirei provisoriamente o conceito de justiça econômica mediante duas estipulações: 1) ele pressupõe que as relações econômicas se tornaram distintas das relações sociais em geral; 2) ele busca submeter as relações econômicas a algum princípio ético inferido do direito natural (ou divino) ou de uma suposta natureza social do homem (Idem, ibidem, p. 267).

Com base nessa referência, o autor argumenta que o conceito de justiça econômica só surge depois do aparecimento da propriedade privada, do Estado e da divisão de classe, como uma reação contra a introdução do mercado na sociedade política tradicional. Para ele, a doutrina de Aristóteles, redescoberta na Europa Ocidental no século XII d.C.,[36] traz a base de duas subdivisões da justiça econômica: a justiça comutativa (que exige que as trocas ocorram a um preço justo) e a justiça distributiva (referente à distribuição do produto global da

---

36. Aristóteles, filósofo grego, nasceu em 384 a.C. e morreu em 322 a.C. Foi aluno de Platão e professor de Alexandre, o Grande. Sua teoria foi retomada no século XII d.C.

sociedade entre os cidadãos). Na sequência, Santo Tomás de Aquino, no século XIII, dedica-se à formulação de uma doutrina de justiça econômica, partindo das bases aristotélicas.

Nos séculos XVII e XVIII, quando o mercado triunfou, diz Macpherson (1993, p. 271): "a noção de justiça econômica foi relegada ao esquecimento pelas principais correntes do pensamento político, por ser incompatível com a determinação dos valores e direitos pelo mercado". Macpherson atribui a Thomas Hobbes a proclamação do fim do conceito de justiça econômica, em 1651. Segundo ele, embora Hobbes não fosse partidário da nova ordem mercantil, "ele percebeu que ela viera para ficar. Tanto assim que descartou como irrelevantes as reivindicações da justiça comutativa e da justiça distributiva" (Idem, ibidem, p. 271).

A partir de então, esse conceito só teve guarida entre poucos pensadores e o movimento operário, pois, nas décadas de 1820 e 1880, alguns teóricos, sobretudo os chamados "socialistas ricardianos",[37] argumentavam que a injustiça comutativa era a causa da injustiça distributiva. Em 1875, os social-democratas alemães destacaram a justiça econômica em seu programa de Gotha. Contudo, Marx, ao criticar o programa, argumentou que aquela teoria estava equivocada, porque enfocava apenas as relações distributivas — a esfera da circulação ou troca — e não as relações de produção. Ainda de acordo com as pistas teóricas de Macpherson (1993, p. 272): "[a] crítica mais acerbada [de Marx] aos 'socialistas vulgares' era que eles se concentravam na distribuição de renda [...] e não no modo pelo qual a renda consumível era gerada pelo capitalismo". Para Karl Marx

---

37. David Ricardo, economista inglês, filho de uma família neerlandesa descendente de judeus portugueses, tornou-se um dos nomes mais importantes da chamada teoria econômica ortodoxa. Suas ideias, especialmente a "teoria do valor-trabalho", a "teoria da distribuição" foram seguidas e também criticadas. Jean-Charles L. Sismondi, historiador e economista suíço, foi inicialmente um defensor do pensamento liberal de Adam Smith. Entretanto, voltou-se posteriormente contra a Escola Clássica, tornando-se um crítico radical. Para alguns, ele é o fundador das duas principais escolas que se opuseram, ulteriormente, à Economia Clássica: a Escola Histórica e Socialista. Em suas obras, o autor expõe suas ideias contra a teoria econômica ortodoxa. É considerado, assim, o primeiro dos "socialistas ricardianos" e precursor de Karl Marx.

(2005c), o centro da luta deveria ser novas relações de produção e não a justiça distributiva, pois são as relações de produção que determinam a distribuição de renda e transformação da condição humana. Ainda assim, desde então, o movimento trabalhista vinculado aos partidos social-democratas moderados pautara suas reivindicações na justiça econômica.

No século XIX e século XX, algumas correntes liberais retomam o debate sobre o conceito de justiça econômica de modo pouco relevante, com destaque para Rawls, a partir de 1971. Segundo Macpherson (1993), os conceitos de justiça distributiva e comutativa ressurgiram na prática política das "democracias liberais" no século XX. Todos os partidos políticos, especialmente os social-democratas, passaram a pleitear a justiça distributiva. De acordo com o autor, isso se deveu, entre outras coisas, ao fortalecimento do movimento dos trabalhadores expresso pela expansão dos sindicatos e dos partidos social-democratas nas sociedades ocidentais do século XX e também à intervenção do Estado, em parte, por pressão dos trabalhadores e, em parte, para proteger o próprio sistema capitalista. O período marcado pelo keynesianismo e consolidação do Estado social é típico da presença deste debate. Todavia, para Macpherson, o conceito de justiça econômica, embora ainda esteja presente na sociedade e na prática política contemporânea dos movimentos reivindicatórios, não sobreviverá por muito tempo:

> O conceito de justiça econômica parece fadado a não ter vida muito longa. Ele resistirá ainda por algumas décadas nos países capitalistas (e por mais tempo no terceiro mundo), até vir a ser totalmente subjugado por um Estado totalitário ou corporativista, ou substituído em uma nova sociedade por um conceito superior de realização humana (Macpherson, 1993, p. 282).

O Estado social, consolidado entre 1945 e 1975, foi também uma expressão da luta dos trabalhadores por justiça econômica. Segundo Ian Gough, o Estado social resulta de um *contrato social* entre o capital, o trabalho e Estado no período pós-guerra:

Algunas personas como Beveridge previeron la necesidad de un contrato social que obligara al movimiento obrero a una política de contención salarial en los años inflacionistas de la postguerra. El *quid pro quo* de tal cooperación fue el pleno empleo y las reformas para el bienestar. Esto constituyó la base del "acuerdo de postguerra" entre el trabajo y el capital en los últimos años de la década de 1940 bajo un nuevo Gobierno Laborista (Gough, 1978, p. 260).

El contrato social marca una respuesta particular al desarrollo de la planificación económica y del Estado del bienestar intervencionista en el período de la postguerra [...] la política social seria una parte del contrato social entre el capital, e el trabajo y el Estado (Idem, ibidem, p. 262-64).*

Como é possível notar, a estruturação da seguridade social, na forma pensada por Beveridge, segundo Gough, reflete um *contrato social* realizado entre o capital e o trabalho com a intervenção do Estado. Conforme já referido, um dos principais objetivos da seguridade social na visão beveridgiana é o combate à pobreza e às desigualdades sociais. Essa concepção, que tem traços da visão rousseauniana de *contrato social*, por ter como horizonte o combate às desigualdades sociais, influenciou o significado de seguridade social expresso pela Constituição Federal de 1988 no Brasil. Todavia, em nosso país, as condições para que a seguridade social se viabilizasse como tal não estavam dadas. Nas décadas posteriores à sua instituição, a correlação de forças políticas entre as classes sociais mostrou-se desfavorável aos trabalhadores, sobretudo a partir da década de 1990 quando "a onda longa com tonalidade de estagnação" (Mandel, 1982) acentuou gradativamente os efeitos maléficos no país, particularmente, a corrosão do trabalho assalariado e o crescimento do desemprego; as taxas de

---

* Algumas pessoas, como Beveridge, previram a necessidade de um contrato social que obrigasse o movimento operário a uma política de contenção salarial nos anos de inflação do pós-guerra. O quiproquó de tal cooperação foi o pleno emprego e as reformas para o bem-estar. Isto constituiu a base do "acordo do pós-guerra" entre o trabalho e o capital nos últimos anos da década de 1940 sob um novo governo trabalhista.

O contrato social marca uma resposta particular ao desenvolvimento do planejamento econômico e do Estado de bem-estar intervencionista no período do pós-guerra [...] a política social seria uma parte do contrato social entre o capital, o trabalho e o Estado.

lucro tiveram redução e se expandiu a ofensiva neoliberal de fazer do mercado o único regulador societário. Tudo isso fez com que a perspectiva de Estado social esboçado pela Constituição Federal de 1988 não se concretizasse. Uma situação contrária ao que ocorreu nos países do capitalismo avançado, nas décadas imediatamente anteriores, como analisa Netto (2007, p. 146): "na ofensiva desatada pelo capital a partir dos anos 70, [tratou-se] de amputar as funções democrático-reguladoras que a pressão das organizações de operários e de trabalhadores conseguiu inscrever no Estado burguês até a sexta década do século passado". O Brasil sofreu o rebatimento dessa ofensiva capitalista.

De todo modo, os princípios básicos, a responsabilidade atribuída ao poder público para organizar a seguridade social no Brasil, a obrigatoriedade de filiação e a possibilidade de qualquer cidadão a partir de 16 anos[38] poder filiar-se ao RGPS (ainda que não esteja empregado), a diversidade de fontes de financiamento são elementos que aproximam o modelo desenhado de previdência social da concepção de *contrato social* rousseauniana. Trata-se, evidentemente, de uma aproximação no plano teórico e no plano da concepção política, por não ter sido efetivado como tal. A solidariedade no custeio do sistema é o elemento central nessa ligação. É ela que dá consistência ao pressuposto do compromisso coletivo da sociedade em defesa do direito de proteção a todos, da igualdade entre os membros da sociedade em relação aos direitos de proteção ao trabalho. Um compromisso que deve estar sob a guarda do Estado, porém sob controle da sociedade, da "vontade geral". Para fazer uma analogia com o sentido rousseauniano de *contrato social*, poderíamos dizer que o financiamento plural e solidário da seguridade social, como expressão do compromisso coletivo e da "vontade geral" dos que a financiam, possibilitaria a intervenção do Estado para assegurar igualdade entre

---

38. Entre 14 e 16 anos é permitido o trabalho, na condição de aprendiz (art. 7º, inciso XXXIII, da Constituição Federal e Lei n. 8.069, de 13 de julho de 1990 — Estatuto da Criança e do Adolescente — ECA), com direitos previdenciários assegurados. E, a partir de 16 anos qualquer brasileiro pode vincular-se ao RGPS, sob as condições legalmente exigidas.

os cidadãos no acesso aos direitos[39] previdenciários. Avançando um pouco além da visão rousseuniana de *contrato social*, poderíamos dizer que a igualdade que se pretende no acesso aos direitos não é a legal ou formal, mas a igualdade de condições nos termos de Marx, anteriormente referidos. Com isso, a previdência social poderia contribuir para que a sociedade brasileira avançasse na direção da igualdade social, entendida por Netto (2007, p. 138), apoiado na visão marxiana, "como a única condição capaz de propiciar a todos e a cada um dos indivíduos sociais os supostos para o seu livre desenvolvimento". Esse modelo de financiamento da seguridade (e, consequentemente, da previdência social), se efetivado conforme previsto, poderia influir na redistribuição de renda, na redução da pobreza e das desigualdades sociais no país. Porém, para ser efetivado plenamente, seria preciso um contexto econômico e político em que a correlação de forças favorável aos trabalhadores impelisse a sua implementação, inclusive a partir da reorientação das diretrizes macroeconômicas atualmente vigentes e de um rigoroso controle democrático da sociedade sobre as políticas de seguridade social. Mas, esse contexto não está desenhado na cena contemporânea, embora a gestão democrática do sistema seja um dos princípios da seguridade social. Aliás, esse princípio constitui outro elo que une a visão de previdência social democrática e acessível (idealmente desejável) à concepção de *contrato social* em Rousseau. Sua efetivação pressupõe a autonomia e supremacia da sociedade civil em relação ao Estado e aos poderes que lhe são conferidos, pressupõe, portanto, outro cenário econômico e político efetivamente democrático, diferente do que se apresenta. A previdência social é uma das políticas sociais no Brasil mais impermeáveis ao controle democrático.

Na visão de Beveridge (1943), a seguridade social é capaz de combater a pobreza, porque é um mecanismo de distribuição de renda devido ao financiamento plural e solidário.

---

39. Lembrar o que diz Rousseau (2000, p. 44): "o pacto social estabelece entre os cidadãos uma igualdade tal, que eles se obrigam todos debaixo das mesmas condições, e todos devem gozar dos mesmos direitos".

Mesa-Lago (2007, p. 26-27), ao analisar a evolução do princípio da solidariedade e redistribuição de renda, ressalta que, do ponto de vista econômico, a redistribuição de renda é um dos objetivos e efeitos da seguridade, sugerindo que a solidariedade é o fio condutor desse movimento:

> Economicamente, o objetivo e efeito geral da seguridade social deve ser a redistribuição de renda de maneira horizontal e vertical. Na horizontal os ativos transferem recursos aos inativos; entretanto, esse efeito é significativo quando a cobertura populacional é universal ou está muito ampla, mas reduzido quando a cobertura é pequena. Na vertical, os grupos de alta renda transferem recursos aos grupos de baixa renda por meio das contribuições (os de maior renda pagam mais, ainda que possa haver um teto que limite o efeito), das prestações (como o benefício mínimo — caso ele exista) e dos subsídios estatais, especialmente se o sistema tributário geral é progressivo.
>
> [...] Há, também, a redistribuição por tempo ou entre gerações (os jovens ajudam a financiar os idosos), assim como por gênero, uma transferência de homens para mulheres de forma a compensar a discriminação sofrida por elas.

Nessa perspectiva, a universalização da cobertura é vantajosa para o sistema, que fica menos suscetível às intempéries do mercado, uma vez que essa relação contratual coletiva lhe assegura maior estabilidade. O *contrato social*, na perspectiva rousseauniana, poderia impulsionar o processo de universalização da seguridade social (e, consequentemente, da previdência social), promovendo as diversas formas de solidariedade (dos que possuem mais altas rendas para os que têm rendas mais baixas, dos mais jovens para os mais idosos e, assim sucessivamente) e a igualdade no acesso aos direitos. Como diz Mesa-Lago (2007, p. 26), "existe uma forte inter-relação entre os princípios da universalidade, igualdade e solidariedade, de forma que, se um deles não funciona adequadamente, afeta os outros dois". Todavia, para que essa redistribuição administrativa de renda ocorra por meio do Estado, é necessário um conjunto de condições como diz Mandel (1982, p. 343):

Mesmo a possibilidade de redistribuição meramente "horizontal" da renda nacional por parte do Estado depende, não obstante, de condições objetivas, tais como a taxa geral de aumento de produção, o desenvolvimento da taxa de lucros, as relações de força entre as classes, o espectro de funções desempenhadas pelo Estado e o grau de interferência nos interesses privados necessário à realização dessas funções.

Assim, reconhecendo os limites da política social no capitalismo e o *contrato social* como um instrumento a ser usado nos marcos desse modo de produção, a concepção de previdência social como *contrato social*, segundo a perspectiva rousseauniana, radicalmente democrática, é a que nos parece possível aceitar, como uma referência transitória para a luta política dos trabalhadores, haja vista ser o socialismo a referência que acolhemos em longo prazo. Sob essa ótica, a seguridade social no país, como um direito desigual, deve ter como horizonte que cada um participe do fundo social que a financia, conforme sua capacidade, e tenha assegurada a proteção de que necessitar para uma vida segura, sem carências. Como lembra Perry Anderson (1996), o lema de Marx "de cada um segundo as suas capacidades a cada um segundo as suas necessidades", conserva toda sua vigência pluralista na atualidade, de modo que as diferenças entre requisitos, talentos e capacidades das pessoas estão gravadas nessa concepção de sociedade igualitária. Para Anderson, isso, hoje em dia, significa "uma igualização das possibilidades reais de cada cidadão viver uma vida plena, segundo padrões que escolher, sem carências ou desvantagens devido aos privilégios de outros, começando, [...] com chances iguais de saúde, educação, moradia e de trabalho" (Anderson, 1996, p. 199), ou seja, chances iguais no acesso às políticas sociais.

Mas essa não é a mesma visão sustentada pelos dirigentes da previdência social, mencionados neste capítulo (ex-ministros Luiz Marinho e José Pimentel) nem dos que com eles comungam. Estes, ao mesmo tempo que a citaram como um *contrato social*, assumiram compromissos e adotaram medidas que reforçaram sua imagem e forma como um seguro privado, que se sustenta na relação de reciprocidade entre as contribuições prévias dos cidadãos e as prestações de retorno. Ademais, pouco ou quase nada fizeram para democratizar o sistema ao longo de suas gestões no segundo mandato do governo Lula. Assim, o discurso oficial dos dirigentes da previdência social citados apoiou-se em uma visão liberal de *contrato social*. Semelhantemente à visão defendida por John Rawls, este tipo de discurso e de condução político-institucional legitima as desigualdades sociais e assume a perspectiva do direito igual somente sob a ótica formal e legal, como condição para que a desigualdade econômica se realize sob o princípio liberal, ou seja: "a cada um conforme sua contribuição" e não sob a perspectiva socialista a cada um "conforme a sua necessidade" (Marx, 2005c), ainda que esses dirigentes pertençam a um partido político que se reivindica socialista.[40]

Nessa direção, um *contrato social* na ótica rousseauniana só se viabiliza se existirem condições econômicas, políticas e sociais propícias, o que não coincide com o cenário no Brasil após a instituição constitucional da seguridade social, nem o é no tempo presente. Todavia, sem perder a perspectiva do socialismo como fim almejado, para a luta por políticas sociais no marco do capitalismo, vale como referência a direção indicada pelo Dieese (jul. 2007, p. 8):

> O contrato social que rege as normas de convivência nas sociedades humanas resulta de uma construção política na história dessas sociedades. O modo como ele é conquistado também define seu conteúdo e seus impactos. Aos trabalhadores brasileiros interessa um sistema previdenciário que incorpore as dimensões de solidariedade social e de seguro coletivo, favoreça a superação da desigualdade econômica e social no país, e seja sólido e sustentável do ponto de vista do financiamento.

Portanto, a possibilidade de realização da previdência social no âmbito da seguridade social como um *contrato social* radicalmente democrático tem no modelo de financiamento e gasto, adotado pela Constituição Federal de 1988, um ponto de partida. Esse modelo de financiamento traz no seu bojo a chance de promover igualdade de acesso

---

40. José Pimentel e Luiz Marinho pertencem ao quadro de filiados do Partido dos Trabalhadores (PT).

ao direito a partir da solidariedade no custeio e da visão de direito desigual, nos termos de Marx (2005c, p. 135), imprimindo avanços na direção da universalização de cobertura pelo sistema. Uma breve análise desse modelo constitui o objetivo e o desafio para o próximo item.

2.3 Formato do financiamento e gasto da seguridade social

No que se refere ao *formato de financiamento* da seguridade social, a Constituição Federal, sobretudo em seu texto original de 1988[41], foi inovadora[42] e assegurou-lhe:

1) *Base diversificada*: é financiada pelos recursos dos orçamentos da União, dos estados, do Distrito Federal e dos municípios e das contribuições sociais dos empregadores sobre a folha de salários, faturamento e o lucro; dos trabalhadores e sobre receitas de concursos de prognósticos (Brasil [CF/1988], 2000, art. 195, I, II, III).[43] A Emenda Constitucional n. 42, de 19 de dezembro de 2003, acrescentou a contribuição do importador de bens ou serviços do exterior (Brasil [CF/1988], 2005, art. 195, IV) e introduziu a hipótese de substituir a contribuição das empresas e empregadores sobre a folha de salários pela contribuição sobre a receita ou faturamento (Brasil [CF/1988], 2005, art. 195, § 13).

2) *Característica de progressividade*, ainda que não haja grande incidência sobre o patrimônio dos ricos, principal medida indicadora de progressividade nos tributos,[44] as contribuições devem

---

41. Alterações foram feitas neste texto pela EC n. 20, de 15 dez. 1998, e outras pela EC n. 42, de 19 dez. 2003, serão comentadas, quando implicarem mudança no formato do financiamento e gasto da seguridade social.

42. A Constituição Federal de 1988 reflete a correlação de forças em que foi elaborada, marcada pela luta entre a continuidade e a ruptura com um passado conservador e autoritário, herdado dos governos militares. Assim, é heterogênea: preserva heranças do passado, mas abre possibilidades para a inovação. A seguridade social é uma dessas possibilidades.

43. A EC n. 20 deu nova redação ao artigo. Juntou os empregadores, as empresas e equiparados a ela pela lei, além de oferecer a opção de contribuição do segmento sobre o faturamento ou receita.

44. Sobre progressividade e regressividade dos tributos, cf. Boschetti e Salvador (2006, p. 30-31) e Salvador (2010).

manter relação com o nível de renda dos contribuintes e há a possibilidade de taxação direta do capital, inclusive mediante contribuição sobre o lucro e faturamento das empresas. Assim, os empregadores e empresas contribuem sobre a folha de salários e demais rendimentos do trabalho pagos ou creditados à pessoa que lhes preste serviço, mesmo sem vínculo empregatício, receita ou faturamento e lucro (Brasil [CF/1988], 2000, art. 195, I);[45] os trabalhadores empregados contribuem sobre os salários (Brasil [CF/1988], 2005, art. 195, II); e o produtor, meeiro, parceiro e arrendatário rurais e o pescador artesanal e seus cônjuges, que trabalham em regime de economia familiar, sem empregados permanentes, contribuem com alíquota sobre a comercialização de seus produtos (Brasil [CF/1988], 2005, art. 195, § 8º).[46] As microempresas, empresas de pequeno porte e especiais também possuem tratamento diferenciado (Brasil [CF/1988], 2005, art. 146, III, d).[47] Os trabalhadores de baixa renda, aqueles sem renda própria que se dediquem exclusivamente ao trabalho doméstico no âmbito de sua residência, pertencente à família de baixa renda, poderão contar com sistema especial de acesso aos benefícios no valor de um salário mínimo, a ser definido em lei específica (Brasil [CF/1988], 2008a, art. 201, § 12).[48]

---

45. EC n. 20 introduziu possibilidade de alíquotas ou base de cálculo diferenciada entre os empregadores e empresas, em razão da atividade econômica ou utilização intensiva da mão de obra (CF, art. 195, § 9º).

46. A partir de 1998 foi vedada a contagem do tempo de serviço (chamada contagem fictícia) como tempo de contribuição aos servidores públicos pela EC n. 20 (Brasil [CF/1988], 2005, art. 40, § 10), inibindo a contagem de tempo de serviço para acesso aos benefícios. Desde então, os segurados especiais são ameaçados de serem submetidos à mesma medida, o que mudaria a sua forma de contribuição.

47. Alínea acrescida pela EC n. 42/2003. A Lei Complementar n. 123, de 14 dez. 2006, institui o Regime Especial Unificado de Arrecadação de Tributos e Contribuições devidos pelas Microempresas e Empresas de Pequeno Porte — Simples Nacional, que a regulamenta, no diz respeito à previdência social.

48. Parágrafo acrescido pela EC n. 47, de 5 jul. 2005, em vigor na data de publicação, com efeitos retroativos à data de vigência da EC n. 41, de 19 dez. 2003 (DOU, de 31 dez, 2003). Gerou o PSPS, com alíquota de 11% sobre o salário mínimo.

3) *Garantia para manutenção e ampliação do sistema*: permite que sejam instituídas novas fontes para garantir a manutenção ou expansão da seguridade (Brasil [CF/1988], 2005, art. 195, § 4°). Um exemplo de aplicação desta norma foi a criação do Imposto Provisório sobre a Movimentação Financeira (IPMF), em 1994, para custear ações de saúde, o qual, em 1996, foi transformado em Contribuição Provisória sobre a Movimentação Financeira (CPMF). Esta, prevista inicialmente para vigorar até 1998, foi sucessivamente prorrogada e, em 1999, teve sua alíquota aumentada e passou a custear, também, benefícios previdenciários. Em 2001, estendeu-se ao Fundo de Combate à Pobreza, passando a custear ações das três áreas da seguridade. A CPMF vigorou até 31 de dezembro de 2007.

4) *Facilidade para cobrança das contribuições criadas*: as contribuições sociais destinadas a financiar a seguridade social podem ser exigidas, decorridos 90 dias da publicação da lei que as criou, dentro do mesmo exercício financeiro (Brasil [CF/1988], 2005, art. 195, § 6°).[49] Esta é uma prerrogativa da seguridade social, as demais taxas e contribuições criadas só podem ser cobradas no exercício subsequente à sua criação.

5) *Mecanismo de coerção para evitar débitos ao sistema por parte das pessoas jurídicas*: a pessoa jurídica em débito com o sistema de seguridade social não poderá contratar com o Poder Público nem dele receber benefícios ou incentivos fiscais e creditícios (Brasil [CF/1988], 2008a, art.195, § 3°).

Esse *formato de financiamento* permaneceu praticamente estável, apesar de mudanças introduzidas pela EC n. 20, aprovada em 1998. Todavia, em 2003, a EC n. 42 introduziu a hipótese de substituição da contribuição dos empregadores e empresas sobre a folha de salários pela contribuição incidente sobre a receita ou faturamento (Brasil [CF/1988], 2008a, art. 195, §§ 12 e 13). Essa alteração tornará o sistema

---

49. A PEC n. 233/2008 de autoria do Poder Executivo propõe acabar com esta prerrogativa.

vulnerável, devido às oscilações da receita e faturamento e pelo baixo poder de controle dos órgãos governamentais sobre eles.

Atualmente, encontra-se em debate no Congresso Nacional a reforma tributária, que reúne um grande número de Propostas de Emenda à Constituição (PEC), cujo teor é convergente em vários aspectos. Por essa razão, as propostas foram analisadas pelo Relator da Comissão Especial na Câmara dos Deputados constituída para emitir parecer sobre a matéria, tendo como texto-base a PEC 233, de 2008, de autoria do Poder Executivo (Mabel, 2008). As proposições em análise, conforme apresentadas por seus autores e acatadas, na essência, pelo relator da Comissão Especial, poderão atingir profundamente o formato de financiamento da seguridade, se aprovadas, sem alterações.

Em síntese, essas propostas, sob a alegação de simplificar o sistema tributário nacional e desonerar a tributação das empresas, afiançam a consolidação de tributos com incidências semelhantes. Nessa direção, algumas propostas afetam diretamente a seguridade social, entre as quais três se destacam. A primeira diz respeito à unificação de tributos indiretos incidentes no processo de produção e comercialização de bens e serviços, a saber: a Contribuição para o Financiamento da Seguridade Social (Confins), a contribuição para o Programa de Integração Social (PIS) e a contribuição de intervenção no domínio econômico relativa às atividades de importação ou comercialização de petróleo e seus derivados, gás natural e seus derivados, e álcool combustível — Cide/Combustíveis. A unificação se dará por meio da criação de um imposto sobre operações e prestação de serviços, que está sendo denominado Imposto sobre Valor Agregado Federal (IVA-F). A proposta implica a revogação dos dispositivos constitucionais que instituem a Confins, art. 195, I, *b*, e IV, e § 12 deste artigo. Outra proposta que afeta a seguridade social é a incorporação da Contribuição Social sobre o Lucro Líquido (CSLL) ao Imposto de Renda das Pessoas Jurídicas (IRPJ). Com essas duas medidas, a seguridade social já é duramente afetada, pois deixa de contar com as contribuições vinculadas especificamente ao seu financiamento. Mas, além disso, ainda com o objetivo da desoneração tributária, a PEC n. 233 propõe a redução gradativa da alíquota da contribuição social patronal de que trata o art. 195, I, da Constituição Federal, no decorrer de seis anos, a partir do segundo ano subsequente à promulgação da emenda, no ritmo de 1% ao ano. Com isso, haverá a redução da massa de contribuição patronal arrecadada.

Como alternativa à desvinculação das fontes de financiamento da seguridade, a PEC n. 233 sugere a destinação de 38,8% do IVA-F, do Imposto de Renda e do Imposto sobre Produtos Industrializados (IPI) para cobrir as despesas dessa área. As políticas de seguridade social passariam a depender dos recursos do orçamento fiscal e perderiam a autossuficiência orçamentária. Essas e outras propostas da PEC n. 233 comprometem os recursos e outras salvaguardas constitucionais para viabilizar os direitos sociais previstos na Carta Magna.[50]

Quanto *ao gasto*, a Constituição Federal faz blindagens e recomendações:

1) *O orçamento da seguridade social é único para as entidades e órgãos a ela vinculados*: a Lei Orçamentária Anual (LOA) inclui o orçamento da seguridade social, que abrange as entidades e órgãos a ela vinculados, da administração direta e indireta. Além disso, esse orçamento inclui os fundos e fundações, instituídos e mantidos pelo poder público (Brasil [CF/1988], 2005, art. 165, § 5º, III).

2) *A proposta orçamentária deve ser elaborada de forma integrada*: compete aos órgãos responsáveis pela saúde, previdência e assistência social elaborar a proposta orçamentária da seguridade social, considerando metas e prioridades estabelecidas na lei de diretrizes orçamentárias (BRASIL [CF/1988], 2005, art. 195, § 2º).

3) *Veda o uso dos recursos da seguridade para outros fins*: "São vedados: [...] a utilização, sem prévia autorização legislativa específica, de recursos do orçamento fiscal e da seguridade social para suprir necessidade ou cobrir déficit de empresas, funda-

---

50. Cf. Brasil (2008b), Anfip (abr./jun. 2008), Anfip (jul./set. 2008), Delgado (2008), Inesc (abr. 2008).

ções e fundos, inclusive dos mencionados no art.165, § 5°" (Brasil [CF/1988], 2005, art. 167, VIII).

4) *A criação ou expansão de serviços e benefícios é condicionada à existência de custeio*: "Nenhum benefício ou serviço da seguridade social poderá ser criado, majorado ou estendido sem a correspondente fonte de custeio" (Brasil [CF/1988], 2005, art. 195, § 5°).

No que se refere a este *modelo de destinação e aplicação de recursos*, ocorreu uma expressiva alteração em 1998, por meio da EC n. 20: as contribuições sociais das empresas e empregadores sobre a folha de salários e dos trabalhadores foram vinculadas ao pagamento de benefícios do RGPS (Brasil [CF/1988], 2005, art. 167, XI), corroendo, com isso, o significado de seguridade social, que a própria Constituição Federal estabeleceu em 1988.

Como vimos, o significado de seguridade social expresso pela Constituição brasileira em vigor, mesmo com corrosões, sinaliza para a organização de um sistema de proteção social amplo, articulado, que assegure direitos universais de saúde, direitos previdenciários condicionados a contribuições prévias e direitos seletivos de assistência social. Um sistema apoiado em um padrão de financiamento de base diversificada, que favoreça a equidade na participação do custeio, o que o inibe de sobrecarregar apenas alguns setores e o torna menos refém das crises econômicas, como diz o Dieese (set. 2007, p. 4):

A diversificação das fontes de financiamento também tornou o sistema menos refém do ciclo econômico. Ou seja, um sistema de proteção social financiado exclusivamente por contribuições de trabalhadores e empresas sobre a folha sofreria duplamente em períodos de recessão econômica, com suas receitas se contraindo e suas despesas aumentando. Com base mais ampla de financiamento, a Seguridade Social brasileira apresenta menor vulnerabilidade frente às oscilações da economia. Além disso, a incidência de contribuições sobre lucro e faturamento possibilita melhor distribuição do peso de sustentação do sistema, impedindo que os setores intensivos em trabalho sejam sobrecarregados.

Esse sistema, conforme inscrito na Constituição Federal, apoia-se, também, no planejamento das receitas e despesas, de forma integrada em um orçamento único para todos os órgãos e entidades que compõem essa rede de proteção social viabilizada pelas áreas de saúde, previdência e assistência social. Um sistema gerido, democraticamente, por representantes de todos os segmentos que o financiam e dele usufruem, com capacidade de reduzir a pobreza e as desigualdades sociais, alargando as bases para a cidadania e, consequentemente, para o aprofundamento da democracia no país. Apesar disso, essa indicação da Constituição Federal de 1988 não é seguida. Não existe um sistema coeso e sólido de seguridade social no Brasil. A desconstrução dessa concepção tem sido permanente.

Além dos aspectos conceituais corroídos e da gestão administrativa separada por área, no que se refere ao financiamento, o desgaste desse *formato de financiamento* está se dando, em primeiro lugar, pelo não cumprimento do recomendado constitucionalmente. Nesse campo, várias manifestações são percebidas, como: a histórica e crescente dívida dos entes federados para com o Regime Geral e os respectivos regimes próprios de previdência; a crescente dívida ativa da previdência social decorrente da sonegação das empresas,[51] a qual encontra guarida na forma de negociação altamente vantajosa para as empresas, a exemplo do disposto na Lei n. 11.941, de 27 de maio de 2009, que contém perdão de multas, encargos legais, repactuação de parcelamentos anteriores, entre outras medidas benéficas aos inadimplentes, que tornam a inação um crime que compensa, como diz a Anfip (2010, p. 33-34):

> Compõem esse rol de bondades [da Lei n. 11.941/2009]: parcelamento em até 15 anos, com redução de 100% sobre o valor do encargo legal e de 80% a 100% das multas de mora e de ofício; possibilidade de repactuação dos diversos parcelamentos anteriores também com redução integral dos valores de encargo legal, reduções para as multas de 40% a 80% e ainda um prêmio extra: muitas empresas lançaram previsões para

---

51. Em 1999, o estoque da dívida ativa das empresas em relação à previdência social era de R$ 60 bilhões (Anfip, 2003) e em 2003 foi para R$ 83,2 bilhões (Delgado, jul. 2004).

esses débitos tributários, inclusive juros, correções e multas em seus balanços, diminuindo a base de cálculo de tributos que incidem sobre o lucro e faturamento; e agora não serão tributadas sobre esse ganho adicional, já que é apurada uma necessidade menor de pagamento ao fisco (pela redução do valor das multas, juros e encargo legal) do que o valor provisionado nos balanços.

Tantos benefícios certamente trarão problemas para a regularização fiscal das empresas, por se caracterizar como um prêmio à inadimplência e um desincentivo ao pagamento espontâneo das obrigações tributárias. Vale lembrar que com sucessivos parcelamentos, com perdão de encargos legais, juros e multas, e com uma prescrição quinquenal, *a inação do contribuinte passa a ser um crime que compensa*. (Anfip, jul. 2010, p. 33-34; grifos nossos)

A baixa arrecadação das contribuições das empresas sobre a receita ou faturamento e as diversas formas de renúncias fiscais são, também, manifestações da corrosão desse *formato de financiamento* pelo não cumprimento do recomendado constitucionalmente, assim como a contribuição sobre a receita de concurso de prognóstico inferior a 1% do total das receitas (Anfip, maio 2004; abr. 2005; Anfip, jul. 2010; Salvador, 2010). Mais uma manifestação do desgaste do modelo de financiamento é a não elaboração e publicação do orçamento da seguridade da forma determinada constitucionalmente, o que dificulta a visibilidade da seguridade social e dá margem para que se expandam as visões que propagam o déficit fictício do sistema, fragilizando-o, como diz o Dieese (set. 2007, p. 5):

A não elaboração do Orçamento da Seguridade Social não pode ser considerada como mera questão técnica de menor importância. Na verdade, isso se adiciona a uma série de outras medidas, de iniciativa de diversos governos, no sentido de desconstrução do arcabouço de proteção social concebido na Constituição Federal. Medidas de cunho institucional, orçamentário e legal têm contribuído para fragilizar a seguridade.

O *formato da aplicação dos recursos* da seguridade social aprovado constitucionalmente, em 1988, também sofreu distorções. No atinente às alterações no texto constitucional, a mudança de maior impacto foi a vinculação das contribuições sociais dos empregadores e empresas sobre a folha de salários e a contribuição dos trabalhadores ao pagamento de benefícios do Regime Geral de Previdência Social (RGPS). Nisso, concordamos com a análise da Associação Nacional dos Auditores Fiscais da Receita Federal (Anfip, 2003, p. 42),[52] ao falar sobre o assunto:

> A Constituição de 1988 [...] foi moderna ao prever múltiplas fontes de financiamento para a seguridade social não vinculando as contribuições sociais a nenhuma despesa específica entre as políticas de saúde, previdência e assistência social. Nesse sentido é que a EC n. 20, de 1998, representou, ao contrário, um recuo ao vincular as contribuições sobre a folha salarial às despesas do regime geral.

Um recuo no que diz respeito à visão de seguridade social como um conjunto integrado de ações para garantir os direitos relativos à saúde, à previdência e à assistência social, o que gerou impactos negativos, como a abertura para a sobrecarga do trabalho no custeio do sistema. Além disso, com essa medida, a saúde e a assistência social foram colocadas em situações vulneráveis, tendo de se submeterem às "reservas de receitas" ou às "contribuições provisórias", como a CPMF, que vigorou até o final de 2007. Essa posição levou as duas áreas a se mobilizarem em busca de alternativas de financiamento, o que resultou em alterações constitucionais, nos anos subsequentes, deformadoras do padrão de financiamento solidário da seguridade social.

Em 2000, a EC n. 29 estabeleceu novos parâmetros para o financiamento da saúde, comprometendo a União, o Distrito Federal, os estados e municípios com percentuais mínimos de suas receitas de impostos para a área até 2004, quando esses parâmetros poderiam ser revistos por lei complementar ou continuar sendo utilizados. Parte das

---

52. A sigla Anfip sofreu alterações devido à mudança de carreira dos Auditores Fiscais. Anteriormente, denominava-se Associação Nacional dos Auditores Fiscais da Previdência Social. Também foi criada a Fundação Anfip.

alternativas encontradas pela EC n. 29 está fora do orçamento da seguridade social, embora recursos desse orçamento permaneçam com destinação prioritária para a saúde. Em 2003, é a vez da assistência social. A EC n. 42 faculta aos Estados e ao Distrito Federal vincular programas de apoio à inclusão e promoção social até cinco décimos por cento de sua receita tributária líquida (Brasil [CF/1988], 2005, art. 204, parágrafo único). Essa vinculação na área da assistência social não ocorreu de fato, pois seria um retrocesso maior em relação ao que vinha ocorrendo na área. Todas essas mudanças sugerem o esvaziamento do orçamento da seguridade social, como mecanismo de financiamento plural e solidário das áreas que a compõem, corroendo o seu significado concebido em 1988.

Outro forte exemplo de desconstrução do significado da seguridade social, no que se refere *à gestão, aplicação e gasto* dos recursos foi a criação do Fundo do Regime Geral da Previdência Social, pela Lei Complementar n. 101, de 4 de maio de 2000, conhecida por Lei de Responsabilidade Fiscal, que em seu artigo 68 determina:

> Art. 68. Na forma do art. 250 da Constituição, é criado o Fundo do Regime Geral de Previdência Social, vinculado ao Ministério da Previdência e Assistência Social, com a finalidade de prover recursos para o pagamento dos benefícios do regime geral da previdência social.
>
> § 1º O Fundo será constituído de:
>
> I — bens móveis e imóveis, valores e rendas do Instituto Nacional do Seguro Social não utilizados na operacionalização deste;
>
> II — bens e direitos que, a qualquer título, lhe sejam adjudicados ou que lhe vierem a ser vinculados por força de lei;
>
> III — receita das contribuições sociais para a seguridade social, previstas na alínea a do inciso I e no inciso II do art. 195 da Constituição;
>
> IV — produto da liquidação de bens e ativos de pessoa física ou jurídica em débito com a Previdência Social;
>
> V — resultado da aplicação financeira de seus ativos;
>
> VI — recursos provenientes do orçamento da União.
>
> § 2º O Fundo será gerido pelo Instituto Nacional do Seguro Social, na forma da lei (Brasil, 2000a, Lei Complementar n. 101, art. 68).

Dessa forma, a Lei de Responsabilidade Fiscal delega ao FRGPS a finalidade de prover recursos para o pagamento de benefícios do RGPS, desconsiderando o orçamento da seguridade social, além de tentar limitar as fontes de arrecadação própria dos recursos previdenciários basicamente às contribuições de trabalhadores e sobre as folhas de salários das empresas (art. 68, III). Com isso, essa lei fere o sentido de seguridade social e sua forma de financiamento definida constitucionalmente, que determina base diversificada de fontes para financiar as ações das políticas de seguridade social (saúde, previdência e assistência social) e não fontes específicas para financiamento da previdência, como diz o Dieese (set. 2007, p. 7-8):

> A Lei de Responsabilidade Fiscal tenta restringir as fontes de arrecadação própria dos recursos previdenciários basicamente às contribuições de trabalhadores e sobre as folhas de salários das empresas (inciso III do art. 68) e legitimar a ideia de que a alocação de recursos de outras contribuições constitui transferências do Tesouro (inciso VI). Essa lei, portanto, contradiz a concepção de Seguridade Social e sua forma de financiamento contidas na Constituição Federal, que [...], não determina fonte específica para a previdência entre as ali mencionadas para a seguridade.

É também significativa a análise de Salvador (2010, p. 267):

> Chama atenção o fato de que o artigo está dentro da lógica da contrarreforma da previdência, pois "desconhece" a diversidade da base de financiamento da seguridade social estabelecido no artigo 195 da mesma Constituição. Assim, o artigo 68 da LRF, ao instituir o FRGPS, o fez com a finalidade de "prover recursos para o pagamento dos benefícios do Regime Geral de Previdência Social", reforçando os argumentos neoliberais da existência de "déficit" na previdência social e o fundo [...] veio com o objetivo de evidenciar essa conta.

A despeito das alterações constitucionais no *formato do gasto* da seguridade desenhado em 1988, a desestruturação do modelo também decorre do não cumprimento de outras orientações constitucionais ainda vigentes, como: 1) a destinação dos recursos da seguridade para fins diversos dos seus, o que se dá sobretudo para a manutenção do superávit primário, mediante a incidência da Desvinculação de Receita da União (DRU),[53] que entre 2004 e 2009, anualmente, sempre ficou acima dos R$ 33,7 bilhões (Anfip, abr. 2005; Anfip, jul. 2010); 2) a extinção do Conselho Nacional de Seguridade Social (CNSS);[54] 3) a existência dos fundos da saúde, da previdência e da assistência social em detrimento do fundo único da seguridade, conforme já mencionado; 4) a crescente vinculação de fontes de financiamento a gastos específicos, a exemplo das receitas das contribuições sociais sobre a folha de pagamento para o custeio dos gastos com pagamento de benefícios do RGPS, entre outros.

Essas são algumas das manifestações do não compromisso do Poder Público com a seguridade social como uma rede de proteção social ampla, coerente e coesa, conforme expresso na Constituição Federal de 1988. Os frequentes riscos de abandono dos princípios da seguridade social, no que tange ao seu financiamento, refletem a resistência de implementação da perspectiva plural e solidária indicada, em favor da chamada austeridade fiscal, para atender aos objetivos da política econômica comprometida com o capital financeiro e não com a promoção da cidadania.

Muitas tentativas já foram feitas no sentido de dilapidar mais ainda o orçamento da seguridade social. Nesse processo, merece destaque o debate sobre a reforma tributária em curso no Congresso Na-

---

53. A Desvinculação de Receita da União (DRU) é a terceira versão de instrumentos criados pelo governo federal para desvincular um percentual da arrecadação de impostos e contribuições da União, visando conter despesas e permitir flexibilidade operacional ao Poder Executivo. O primeiro foi o Fundo Social de Emergência (FSE), criado em 1994 (Emenda Constitucional de Revisão n. 1), com vigência até 1995, quando foi modificado e denominado Fundo de Estabilização Fiscal (FEF) (EC n. 17), que vigorou de 1996 a 1999. A DRU, com vigência a partir de 2000 (EC n. 27), desvincula de órgãos, fundos ou despesas 20% da arrecadação de impostos e contribuições da União para manter o superávit fiscal primário. Em 2003, foi novamente renovada sob a mesma condição (EC n. 42). A EC n. 56, de 21 de dezembro de 2007 a prorrogou até 31 de dezembro de 2011, quando houve nova prorrogação até 31 de dezembro de 2015, por meio da aprovação da PEC n. 61 de iniciativa do Poder Executivo, que se transformou em EC n. 68.

54. O CNSS e os Conselhos Nacional, Estaduais e Municipais de Previdência Social foram instituídos pela Lei n. 8.213/91 e, à exceção do CNPS, os demais foram extintos pela MP n. 1.729/98 (edição 5, de 13 maio 1999).

cional, desde 2004, retomado em 2008, cujas propostas afetarão sobremaneira o orçamento da seguridade social, como já foi mencionado. Todavia, há um movimento de resistência na sociedade construído a partir de personalidades políticas, técnicos e pesquisadores do tema, entidades representativas de trabalhadores e militantes da área de seguridade social, o que inibiu, até agora, uma maior dilapidação.

Vale ressaltar que o formato de financiamento plural e solidário referido é essencial para sustentar os processos que favorecem a universalização da cobertura do sistema. É esse formato que tem assegurado a viabilidade orçamentária e financeira do sistema, apesar de controvérsias sobre o tema. É sobre esse aspecto do financiamento e gasto da seguridade social e da importância de cada fonte de financiamento dos gastos que trata o item seguinte.

2.4 Balanços recentes entre as receitas e as despesas da seguridade social e importância de cada fonte no financiamento dos gastos do sistema

Para compreender a principal controvérsia sobre o financiamento e gasto da seguridade social — se o sistema é deficitário ou superavitário —, deve-se considerar que as análises que dão respostas sobre ela vinculam-se a concepções e metodologias usadas para realizá-las.

Os dados do governo federal assinalam uma sequência de *deficit da previdência social*, os da Anfip,[55] a evolução do *superávit da seguridade social*. De acordo com a Tabela 1, para o governo, em 2001, o déficit da previdência teria sido de R$ 17.858 bilhões; em 2002, correspondia a R$ 21.443 bilhões; no ano de 2003 teria sido R$ 28.649 bilhões; e, em 2004, teria ficado em R$ 32.703 bilhões (Brasil, jan. 2005). Nos anos subsequentes, os déficits teriam alcançado, em 2005, o valor de R$ 37,6

---

55. Aqui usamos dados da Anfip para simplificar explicações metodológicas. Mas análises sobre o financiamento e gasto da seguridade, por outros órgãos, podem ser encontradas em Ipea (2007); Gentil (2007); Salvador (2010).

bilhões, em 2006, o montante de R$ 42,1 bilhões e, em 2007, R$ 44,9 bilhões (Brasil, 2006, 2007, 2008c). Nos anos de 2008 e 2009, respectivamente, os déficits seriam R$ 38,7 bilhões e R$ 43,6 bilhões (Brasil, jan. 2010).

A Anfip, sem excluir a DRU, diz que em 2001 o superávit da seguridade foi de R$ 31,46 bilhões; em 2002 chegou a R$ 32,96 bilhões; em 2003, caiu para R$ 31,73 bilhões; e, em 2004, voltou a crescer, alcançando o valor de R$ 42,53 bilhões; em 2005, o valor seria R$ 62,70 bilhões. Já em 2006, teria sido R$ 50,90 bilhões, enquanto em 2007, chegou a R$ 60,90 bilhões (Anfip, abr. 2005, mar. 2007, maio 2008). E, em 2008, o saldo foi de R$ 52,3 bilhões (Anfip, maio 2009),[56] e em 2009, teria sido de R$ 32,6 bilhões (Anfip, jul. 2010).

Como explicar informações tão díspares?

TABELA 1

Diferença entre o financiamento e o gasto da seguridade social, segundo a análise do Ministério da Previdência Social e da Associação Nacional dos Auditores Fiscais da Receita Federal (Anfip) (2001 a 2009)

bilhões

MPS/Anfip	2001	2002	2003	2004	2005	2006	2007	2008	2009
Déficit*	−17,85	−21,44	−28,64	−32,70	−37,6	−42,1	−44,9	−38,7	−43,6
Superávit**	31,46	32,96	31,73	42,53	62,70	50,90	60,90	52,3	32,6

Fonte: MPS e *Anfip* (elaboração própria).

* Os dados deficitários do MPS referentes aos anos de 2001 a 2009 foram extraídos das fontes: Brasil (jan. 2005, 2006, 2007, 2008c e 2010).

** Os dados superavitários da Anfip referentes aos anos de 2001 a 2009 foram extraídos das fontes: Anfip (abr. 2005, mar. 2007, maio 2008, maio 2009 e jul. 2010).

Para além dos resultados, onde se localizam as diferenças neste debate? Inicialmente é preciso destacar que o governo federal fala em

---

56. Na publicação Anfip (jul. 2010), na análise dos orçamentos da seguridade social dos anos de 2008 e 2009 foram incluídos nas receitas da seguridade social os recursos do Fundo de Amparo ao Trabalhador (FAT) que não computava em publicações anteriores da entidade. Por isso, os saldos referentes a 2008 aparecem na publicação Anfip (jul. 2010) correspondendo a R$ 64,8 bilhões. Para maiores informações, cf. Anfip (jul. 2010, p. 19 e 105).

deficit da previdência social, enquanto a Anfip se refere a *superávit de seguridade social.* Ou seja, para o governo o objeto de análise é o RGPS, isolado das demais políticas de seguridade social. Para a Anfip, é a seguridade social. Isso indica que a concepção que orienta a análise governamental nega o significado de seguridade social da Constituição Federal, recuperado neste texto. É uma visão que privilegia o seguro e reforça a perspectiva de lógicas específica para a saúde, a previdência e a assistência social, em recusa ao entrelaçamento dessas políticas na garantia de direitos.

A visão que orienta a análise governamental apoia-se em uma metodologia que compõe as receitas e as despesas vinculadas exclusivamente à previdência social. Em outras palavras, embora cite fontes de financiamento usadas para cobrir despesas, como as transferências da União, os rendimentos financeiros e outros recebimentos próprios, os itens de receitas considerados para fins da análise são restritos aos recursos que se originam da fonte constitucionalmente vinculada pela EC n. 20 ao pagamento de benefícios do RGPS: as contribuições de empregadores e empresas sobre a folha de salários e contribuição dos trabalhadores. O mesmo ocorre em relação às despesas. Vários itens são citados, mas para fins da análise só o pagamento de benefícios previdenciários e as transferência a terceiros são usados. O balanço do governo é simplório. Só um aspecto lhe interessa: conhecer o chamado *saldo previdenciário.* Para obtê-lo, basta identificar a *arrecadação líquida* e o dispêndio com o *pagamento de benefícios previdenciários.*

No chamado fluxo de caixa do INSS, elaborado, anualmente, pela Secretaria de Previdência Social (SPS) do Ministério da Previdência Social (MPS), a *arrecadação líquida* é a diferença entre dois itens. O primeiro é o item *arrecadação,* composto pelos seguintes subitens: 1) arrecadação bancária; 2) Simples (contribuição previdenciária arrecadada e transferida pela União); 3) Programa de Recuperação Fiscal (Refis) (arrecadação proveniente do Programa de Arrecadação Fiscal, que promove a regularização de créditos da União, decorrentes de débitos de pessoas jurídicas relativos a tributos e contribuições administrativas pela Secretaria da Receita Federal e pelo INSS); 4) Fundo Nacional de

Saúde (dívidas dos hospitais junto à previdência social repassadas ao INSS por meio do Fundo Nacional de Saúde — FNS) Certificado da Dívida Pública — CDP (valor do resgate do CDP junto ao Tesouro nacional); 5) Fundo de Incentivo ao Ensino Superior — Fies (dívidas das universidades junto à previdência repassada ao INSS através do Fies); 6) depósitos judiciais (retenção dos créditos das pessoas jurídicas que ingressam com ação contra a previdência — Lei n. 9.709/98); e 7) restituição de arrecadação. O segundo é o item *transferência a terceiros*, que corresponde a recursos recolhidos pelo INSS e repassados para: FNDE, Incra, Sistema S, Sebrae, Senar, Sest, Senat, Sescoop. Já o *saldo previdenciário* é a diferença entre o item *arrecadação líquida* e o *pagamento de benefícios previdenciários*.[57]

Esse método simplório de fazer o balanço favorece os que negam a visão e perspectiva da seguridade social, porque omite que a previdência utiliza receitas da CPMF[58] (0,18%), da CSLL, do Concurso de prognóstico, e outras do orçamento da seguridade para custear suas despesas. Omite, ainda, outros aspectos, como por exemplo, que:

a) os benefícios assistenciais, as ações de saúde também são financiados pelo orçamento da seguridade;

b) a previdência não entrou em colapso, porque o seu orçamento é fictício, mas o da seguridade social é real e lhe dá sustentação; e

c) os saldos de caixa da seguridade social são positivos, mesmo que parte de seus recursos esteja sendo desviada. Enfim, esse balanço simplório, com base em um "orçamento fictício" e na omissão de outras fontes de financiamento da seguridade social, serve para difundir uma suposta crise da previdência pública, incentivar a previdência privada, negar e inibir o avanço da seguridade social. Ou como diz Gentil (2007, p. 31):

---

57. Ver demonstração em Silva (jul. de 2005, p. 10), Brasil (dez. 2008, p. 7).

58. A CPMF vigorou até 31 de dezembro de 2007 e durante sua vigência financiou também os gastos da previdência social.

O uso de uma metodologia enviesada para avaliar o desempenho financeiro da previdência social baseia-se em argumentos que dissociam da análise um dos maiores avanços inscritos na atual Constituição em termos de direitos sociais: a criação de um sistema integrado de seguridade social abrangendo a saúde, a assistência social e a previdência, financiado por sólida e diversificada base de arrecadação.

Nessa linha de raciocínio, é importante destacar que a diversidade de fontes de receita para financiar a seguridade social favorece todas as políticas que compõem este sistema, particularmente a previdência social, que, com isso, pode fugir da dependência exclusiva das contribuições incidentes sobre a folha de pagamento, condicionadas às intempéries do mercado de trabalho. Esta dependência exclusiva tornaria essa política mais suscetível à redução de cobertura em face de desemprego elevado, da queda da renda média real e do crescimento do número de trabalhadores sem vínculo formal de trabalho. Portanto, a omissão de outras fontes de custeio da previdência, como política de seguridade social, só faz sentido se o objetivo for negar a seguridade social e inibir o seu processo histórico de construção e expansão. Como decorrência, favorecer-se-ia a mercantilização da previdência e da saúde, como parece ter sido o alvo do governo federal, inclusive, em anos recentes.

A Anfip, por sua vez, fala em *superávit da seguridade social*. A concepção que norteia sua análise é a de um sistema amplo de proteção social que garante direitos relativos à saúde, à previdência e à assistência social. Sua referência é o significado da seguridade recuperado neste trabalho, por isso a metodologia que utiliza compõe as receitas, conforme preceitua o art. 195 da Constituição Federal, e as despesas são afetas a ações, serviços e benefícios da saúde, previdência e assistência social. A metodologia que utiliza permite mostrar a seguridade social possuidora de financiamento plural e solidário. Possibilita demonstrar que os problemas estruturais enfrentados pelas áreas que compõem a seguridade social só serão superados se enfrentados de forma articulada e que o financiamento da previdência com base em fonte única, obedecendo à lógica estrita de seguro, seria nefasto. A análise da entidade chega a resultados díspares em relação à análise governamental, porque faz um balanço amplo, não omite receita nem despesas. Assim, consegue mostrar que a seguridade é superavitária, que suas receitas estão sendo desviadas para manter o superávit primário, para pagar pessoal e outras atividades do governo. Sua análise respalda argumentações sobre a viabilidade da seguridade social.[59]

O gráfico a seguir, elaborado pela Anfip, resume a evolução do superávit da seguridade social — sem e com os efeitos da Desvinculação de Receitas da União no período entre 2000 e 2008.[60]

GRÁFICO 1
Evolução do superávit da seguridade social — sem e com os efeitos da Desvinculação de Receitas da União (2000-2008)

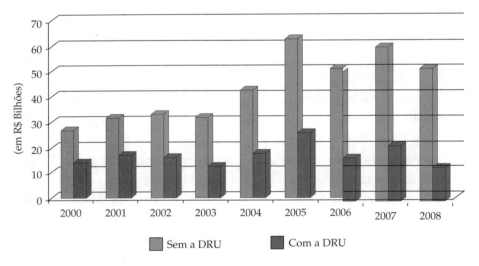

Fonte: MPS e Siafi, elaboração Anfip e Fundação Anfip.
Fonte: Anfip. Localizado em Anfip (2009, p. 50).

---

59. Cf. Silva (jul. 2005, p. 11) e Anfip (maio 2004, abr. 2005, mar. 2007, maio 2008, maio 2009).

60. Lembre-se da não inclusão de recursos do FAT no conjunto das receitas da seguridade em trabalhos publicados pela Anfip antes de julho de 2010. Por isso, o saldo da seguridade em 2008, neste gráfico, difere do saldo citado na publicação Anfip (jul. de 2010), de R$ 64,7 bilhões. Usamos este gráfico porque a metodologia é uniforme para todos os anos.

Denise Gentil, que também pesquisa e analisa o balanço entre receitas e despesas da seguridade social, chega às mesmas conclusões que a Anfip:

> A conclusão a que se chega — [...] — pode e deve surpreender a muitos: nem a previdência social brasileira nem a seguridade social instituídas pela Constituição Federal de 1988 são deficitárias; pelo contrário, são superavitárias, esse superávit, cuja magnitude é expressiva, vem sendo sistematicamente desviado para outros usos ou tem simplesmente servido como ativo financeiro disponível, que assegura elevado superávit primário e reduz contabilmente a dívida líquida consolidada da União, proporcionando sustentabilidade aos indicadores de solvência do governo e credibilidade da autoridade monetária junto ao mercado financeiro (Gentil, 2007, p. 35).

Vale destacar que a melhoria dos indicadores do mercado de trabalho repercutiu na expansão da arrecadação da seguridade social, impactando positivamente nos recursos diretamente arrecadados e destinados a cobrir os gastos da previdência social, como diz a Anfip (mar. 2007, p. 78): "A previdência social vem refletindo as melhores condições do mercado de trabalho com a geração de empregos formais. As receitas crescem mais do que as despesas desde 2004. E, pela inclusão previdenciária e não pela exclusão de direitos". Mas ainda há que se melhorar, diz a Anfip (maio 2008, p. 80):

> Vale lembrar que as melhorias ocorridas no mercado de trabalho, ainda são muito limitadas e nos últimos anos a criação de empregos com carteira assinada se deu com grande concentração nas faixas de até dois salários mínimos. Se o crescimento econômico demonstrar-se parte de um ciclo duradouro e medidas de valorização do trabalho forem adotadas, melhorias ainda mais significativas serão sentidas na previdência, com aumento da cobertura e recomposição das contas. Afinal, essas questões andam juntas.

Na realidade, apesar da crise do capital, que afetou também o mercado de trabalho no Brasil, sobretudo nos anos de 2008 e 2009, a previdência social neste início de século vem demonstrando uma relativa expansão de sua cobertura, diante da melhoria dos indicadores relacionados ao mercado de trabalho. Tais indicadores refletem diretamente no orçamento da seguridade como já foi dito, uma vez que são as contribuições advindas dos empregadores e empregados que mais repercutem nesse orçamento, como depois será demonstrado.

Para se ter ideia da importância dos empregados e empregadores no âmbito da previdência social e, portanto, da dependência desse sistema do trabalho assalariado, em 2008, do total de segurados do Regime Geral da Previdência Social (RGPS): 82,22% eram empregados (entre estes, 3,68% eram empregados domésticos); 16,25% eram contribuintes individuais; enquanto apenas 1,52% eram segurados facultativos,[61] não obrigatórios (Brasil, fev. 2010, p. 1). O desafio é impulsionar a expansão dessa cobertura da previdência social, a partir de medidas que valorizem o emprego e a proteção a outras formas de trabalho não assalariadas (a exemplo do trabalho cooperado e associado) e da plena execução do modelo de financiamento da seguridade social, para que o mesmo não fique tão dependente das oscilações do mercado de trabalho e não fuja à configuração que lhe foi atribuída pela Constituição Federal de 1988. O trabalho assalariado e o desemprego são invenções do capitalismo, como disse Ian Gough (1978). Em um contexto de desemprego estrutural tornam-se mais do que exigente que outras formas de trabalho sejam protegidas. Acredita-se que a plena execução da multiplicidade de fontes de financiamento da seguridade social daria sustentação à ampliação da participação de outras formas de trabalho no RGPS.

Ademais, um novo patamar de cobertura seria alcançado pela previdência social, sem comprometer sua sustentabilidade, primeiro, se formas de participação diferenciadas no custeio (sem prejuízos aos

---

61. De acordo com o MPS são considerados segurados facultativos as pessoas que não estejam exercendo atividade remunerada ou vinculadas a outro regime de previdência, possuem 16 anos ou mais de idade e não têm renda própria, mas que desejam contribuir para a previdência social, a exemplo das donas de casa, dos estudantes, dos síndicos de condomínio não remunerados, os desempregados, os presidiários não remunerados, entre outros. Cf. Brasil (fev. 2010, p. 1).

direitos) fossem adotadas para categorias de trabalhadores, com baixa capacidade de contribuição, a exemplo dos catadores de materiais recicláveis.[62] Segundo, uma melhor *performance* da cobertura da previdência poderia ainda ser atingida, se o sistema de renúncias fosse revisto e se a incidência da DRU fosse anulada e os saldos superavitários da seguridade social fossem usados para sustentar essas medidas.

Ainda que não seja plenamente efetivado e sofra consequências das diversas formas de isenções, dos regimes especiais de tributação, da incidência da DRU, o orçamento da seguridade social é superavitário e apresenta grande potencial de expansão. A análise da importância de cada fonte na composição do orçamento ajuda a perceber este potencial.

Em relação à composição do orçamento da seguridade, um fator que merece ser destacado é que embora haja previsão constitucional de repasse do orçamento fiscal para a cobertura de despesas da seguridade social, a situação superavitária da seguridade social tem contribuído para a não utilização desta possibilidade pelo governo federal ao longo dos anos, exceto de forma absolutamente excepcional, como em casos de emendas parlamentares. Porém, quando ocorrem tais excepcionalidades, os valores são sempre inferiores ao que é retido, corriqueiramente, pelo Tesouro nacional das arrecadações que se destinariam à seguridade social, e inferiores também às desvinculações efetuadas por meio da DRU.

Outro aspecto importante que chama a atenção é que, embora nos últimos anos tenham crescido as tributações diretas sobre patrimônio e rendas, o que prevalece no Brasil é a tributação indireta, inclusive porque até os tributos que deveriam incidir sobre o lucro e a folha de salário acabam por ter o faturamento como fator gerador, o que conduz à incorporação destes tributos aos preços dos produtos ofertados aos consumidores. Isso acontece em relação às contribuições previdenciárias, como exemplifica a Anfip (jul. 2010, p. 26-27):

---

62. Desde 2007, o Movimento Nacional de Catadores de Materiais Recicláveis (MNCR) debate com o governo federal formas de acesso à proteção previdenciária compatíveis com a sua capacidade contributiva.

As micro e pequenas empresas [...] têm no seu faturamento a base de cálculo, tanto dos tributos que deveriam incidir sobre o lucro, quanto para as suas contribuições previdenciárias patronais. E até empresas maiores, que estão tributadas pelo lucro presumido, pagam impostos e contribuições, que deveriam incidir sobre o lucro, calculados sobre o faturamento.

É preciso, também, mencionar a existência de empresas que recolhem as contribuições previdenciárias dos trabalhadores de forma automática, mas não repassam os valores arrecadados aos órgãos da previdência social, responsáveis por esse recolhimento; a existência de instituições financeiras que não fazem o repasse dos percentuais, conforme exigido sobre o seu lucro liquido para financiamento da seguridade social[63], e a existência de diversas isenções ou tributações especiais que têm crescido nos últimos anos, tanto em relação aos produtos e áreas alcançadas quanto em termos de diversificação dos benefícios:

A partir de julho de 2004, as legislações passaram, predominantemente, a instituir isenções e regimes especiais de tributação. Os benefícios atingiram livros, equipamentos de informática e vários produtos agrícolas, como arroz, feijão, farinha, leite e derivados e os investimentos das empresas em máquinas e equipamentos (Anfip, jul. 2010, p. 27).

As renúncias e outros gastos tributários atingem várias fontes do orçamento da seguridade social, como a Confins, as contribuições para o PIS/Pasep e a CSLL.

A Tabela 2, a seguir, elaborada pela Anfip e Fundação Anfip, com base nos dados da Secretaria da Receita Federal do Brasil (SRFB) apresenta dados significativos sobre o crescimento das renúncias e outros gastos tributários em relação ao total de arrecadação prevista para a

---

63. Sobre os artifícios usados pelas instituições financeiras para reduzir suas contribuições, cf. Salvador (2010).

TABELA 2
Renúncias e outros gastos tributários* para a Confins — diversos exercícios

R$ milhões

Discriminação	2003	2005	2007	2009	2010
Microempresas e empresas de pequeno porte	1.212,27	2.215,0	4.731,9	10.055,6	11.657,2
Agricultura e agroindústria			4.007,4	5.365,0	5.735,4
Entidades sem fins lucrativos		1.286,6	2.574,2	4.721,0	5.495,1
Medicamentos	699,3	1.153,5	1.648,2	4.174,7	2.68,5
Zona Franca de Manaus — diversos				1.635,6	3.122,9
Regime Especial de Incentivos Desenvolvimento de Infraestrutura (Reid)				1.248,2	1.362,0
Prorrogação da cumulatividade do Confins à Construção Civil					1.073,3
Produtos químicos e farmacêuticos				ni	782,2
Petroquímica	130,8	485,2		391,6	418,6
Livros técnicos e científicos				120,7	286,7
Programa Universidade para Todos (ProUni)			59,7	219,8	260,3
Termoeletricidade	5,0	235,5	79,0	203,9	245,3
Reporto			ni	141,2	169,8
Embarcações e Aeronaves	23,5	34,9	ni	36,6	160,9
Programa de Inclusão Digital			250,8	1.098,8	
Outros	14,9	0,0	0,0	5,9	1.039,1
Total renúncias e imunidades	2.086	5.411	13.351	29.419	33.878
% receita do Confins	3,8%	6,5%	17,4%	21,6%	23,3%

Fonte: SRFB. Elaboração Anfip e Fundação Anfip. Localizada em Anfip (jul. 2010, p. 29).
* As informações sobre tributários são previsões que acompanham a proposta orçamentária. Acumulam dados disponíveis até agosto do ano anterior. O percentual sobre a receita também se refere à proporção prevista em relação às previsões de receita.

Confins em diversos exercícios, entre 2003 e 2010. Assim organizados, esses dados permitem acompanhar, nesse período, que o total de gastos tributários evoluiu de 3,8%, em 2003, para 23,3% da arrecadação da Confins prevista para 2010.

É preciso reconhecer que algumas renúncias são positivas, como aquelas sobre os alimentos da cesta básica e os medicamentos. Além disso, a maior parte das renúncias refere-se às microempresas e empresas de pequeno porte e podem ser justificadas pelo incentivo à formalização do trabalho. Todavia, existem renúncias que só favorecem ao capital, a exemplo das que recaem sobre a CSLL. Nesse processo, o que se sente mais falta é da transparência e da participação da sociedade nas decisões. A previsão de renúncias para a Confins, no ano de 2010, no valor de R$ 33.878 milhões, de acordo com a Tabela 2, requer explicações.

As renúncias sobre a previsão de arrecadação das contribuições para PIS/Pasep, segundo a entidade, também são significativas, tendo variado de 6,0%, em 2005, para 18,2%, em 2009, o que significou R$ 1.317,0 milhões e R$ 5.651,0 milhões, respectivamente (Anfip, jul. 2010, p. 29-30). As renúncias também atingiram a CSLL, pois, conforme afirma a Anfip, em 1998 elas correspondiam a uma

> cifra inferior a 1% da arrecadação da contribuição e a 1,3% do total das renúncias. Em 2009, as renúncias sobre a CSLL somaram R$ 6,1 milhões, ou seja, valor 27 vezes maior, que correspondeu a 6% de total de renúncias previstas para todos os tributos e a 14% da arrecadação (Anfip, jul. 2010, p. 35).

Esses dados mostram que, além dos valores desvinculados do orçamento da seguridade social por meio da DRU, da análise minuciosa das renúncias e gastos tributários, é preciso avaliar a importância de cada fonte de financiamento dos gastos da seguridade social para compreender a dispersão de seus recursos e quem verdadeiramente financia este sistema e as condições de expansão e efetivação plena deste modelo de financiamento.

Nesse sentido, é valioso o trabalho realizado por Salvador (2010), que analisa detalhadamente cada fonte[64] de financiamento dos gastos da seguridade no período entre 2000 e 2007. A Tabela 3, extraída do trabalho do autor, demonstra a média percentual de cada fonte utilizada no período, além da variação de cada uma.[65] Nela fica nítido o peso percentual das contribuições sociais, que representaram em média 90,1% das fontes de financiamento da seguridade social no período, com destaque para a contribuição dos empregadores e trabalhadores, que alcançam um percentual de 45,52%, sendo 28,96% dos empregadores e 12,86% dos trabalhadores assalariados e outras pessoas físicas.

A Contribuição para o Financiamento da Seguridade Social (Confins) representou 26,28%, cerca de um quarto da arrecadação da seguridade social. Esse percentual teve uma variação ínfima durante o período (–1,58%) e constância nesse patamar. Já a fonte de financiamento que mais poderia dar consistência ao orçamento da seguridade social como plural e solidário, por promover redistribuição de renda entre as classes sociais, a Contribuição Social sobre o Lucro Líquido (CSLL) representou apenas uma média de 6,88% no período, com pequena variação positiva. Da mesma forma, os recursos provenientes dos impostos alcançaram uma média de 6,45%. Essas duas contribuições alcançaram médias inferiores à média da Contribuição Provisória sobre a Movimentação Financeira (CPMF), que atingiu 8,08%.

Sobre o crescimento recente da CSLL, Salvador (2010, p. 245) destaca que

> o crescimento dessa contribuição não se deve a uma maior tributação dos grandes lucros, pois não ocorreram modificações na legislação desse tributo. A explicação está na extraordinária multiplicação dos lucros das empresas nos últimos anos.

---

64. O conceito de fonte de financiamento adotado pelo autor na pesquisa é o mesmo utilizado na elaboração e na execução orçamentária da União, referindo-se à destinação dos recursos durante a execução do orçamento e não especificamente à sua arrecadação. Cf. Salvador (2010, p. 235-36).

65. A tabela completa, com informações anuais, pode ser encontrada em Salvador (2010, p. 238).

O autor fez sua análise com base nos dados do período de 2000 a 2007. Porém, para suprir a ausência da CPMF, após 31 de dezembro de 2007, o governo federal elevou os tributos sobre as instituições financeiras, por meio da conversão da Medida Provisória n. 413 em lei — Lei n. 11.727, de 23 de junho de 2008 —, o que aumentou a arrecadação da CSLL em 2008 e 2009, alcançando os mais elevados valores anuais até então. Para 2008, a Anfip (2009, p. 24) explica este crescimento assim:

> A arrecadação da CSLL foi afetada [...] por três fatores. Primeiro, pelo aumento do lucro das empresas que tem acompanhado o crescimento acumulado desses últimos cinco anos. O segundo fator também positivo foi a elevação das alíquotas relativas ao setor financeiro — essa foi uma das medidas para compensar a perda da CPMF. Os seus efeitos foram limitados porque as novas alíquotas foram aprovadas somente em junho pela conversão da MP n. 413 (Lei n. 11.727, de 2008). O terceiro fator, por sua vez negativo, decorre da crise e da consequente redução do lucro das empresas: caiu o resultado operacional, muitas empresas amargaram prejuízos em suas aplicações financeiras e ainda aumentou a cota reservada para credores e ativos duvidosos. Ainda assim a arrecadação da CSLL aumentou 25,9% no exercício, chegando a R$ 42,3 bilhões.

Em 2009, a arrecadação da CSLL em números absolutos foi superior à do ano anterior e correspondeu a R$ 43.591 milhões. Mas representou 1,39% do Produto Interno Bruto (PIB), um percentual inferior ao de 2008, equivalente a 1,41% do PIB (Anfip, jul. 2010, p. 36). As demais contribuições tiveram médias irrisórias entre 2000 e 2007, o que demonstra a não exploração do potencial de progressividade do financiamento e a sua regressidade atual:

> Um olhar sobre o financiamento da seguridade social, no período de 2000 a 2007, identificando as bases econômicas de incidência tributária (renda, consumo e patrimônio), que compuseram o custeio das três políticas de seguridade, revela uma estrutura tributária regressiva [...] com base na média anual das fontes de financiamento da seguridade social, [...] de 2000 a 2007, em valores constantes, mostra que os tributos

diretos respondem por 30%, dos quais somente 6,88% referem-se à tributação direta da renda do capital (Salvador, 2010, p. 249).

Assim, a Tabela 3 revela, pelo menos, quatro aspectos relevantes. O primeiro é que o financiamento da seguridade social não está sendo plenamente executado. O segundo é que a redistribuição de renda entre as classes, efetivamente, não está ocorrendo, conforme o desenho do orçamento da seguridade social previa. O terceiro aspecto é que os trabalhadores têm ônus muito elevado, enquanto a tributação direta do capital é ínfima. O quarto é que o financiamento, como demonstrado, está sujeito às intempéries do mercado, uma vez que quase 50% do financiamento do sistema origina-se das contribuições dos empregadores e dos trabalhadores. Isso aplicado à previdência social é, ainda, mais relevante uma vez que, segundo Salvador (2010, p. 240), no que se refere às fontes de financiamento dos gastos diretos da previdência social, 92,63% decorrem das contribuições sociais, sendo que 57,98% são oriundas das contribuições dos empregadores (36,90%) e dos trabalhadores (16,37%).

Portanto, é preciso inverter essa situação. É preciso assegurar a plena exploração das diversas fontes de financiamento da seguridade social. Mas isso só ocorrerá mediante alteração na correlação de forças entre as classes sociais de modo favorável aos trabalhadores. É inaceitável que a média da participação da fonte de financiamento da seguridade social oriunda da renda de loterias e concursos de prognósticos, em sete anos, corresponda a 0,02%.

Em 2009, a arrecadação vinda dessa fonte foi de R$ 2,5 bilhões (Anfip, jul. 2010, p. 36), um valor baixo, comparado aos de outras fontes.

A verdade é que a tributação que sustenta o financiamento da seguridade social esteve lastreada em tributos indiretos, que penalizam os mais pobres, como exemplifica a Anfip (2009, p. 19):

> Financiando a seguridade existem tributos diretos, sobre o patrimônio, o lucro ou renda, e indiretos, sobre a circulação de bens e serviços. Mas por opção política decidiu-se penalizar o consumo e privilegiar, pela não tributação, o grande patrimônio e o rentismo. Por essas razões, as recei-

TABELA 3
Seguridade social: média sobre o total do percentual das fontes de recursos, 2000-2007

Fontes	Média sobre total	Variação 2000/7
1. Recursos provenientes de impostos	6,45%	30,96%
1.1 Recursos ordinários	6,69%	30,96%
2. Contribuições sociais	90,10%	–0,17%
2.1 Contribuições dos empregadores e dos trabalhadores para a seguridade social	45,52%	–6,47%
2.1.1 Contribuições dos empregadores e outras contribuições PJ	28,96%	–7,31%
2.1.2 Contribuição dos trabalhadores assalariados e outras contribuições PF	12,85%	3,14%
2.1.3 Outras contribuições previdenciárias	3,70%	–33,58%
2.1.4 Outros	0,75%	–100,00%
2.2 Contribuição Social sobre o Lucro Líquido (CSLL)	6,88%	33,10%
2.3 Contribuição para o Financiamento da Seguridade Social (Confins)	26,28%	–1,58%
2.4 Contribuição para o plano da seguridade social	3,14%	179,99%
2.5 Contribuição para o custeio pensões militares	0,19%	—
2.6 Contribuição Provisória sobre a Movimentação Financeira (CPMF)	8,08%	–26,00%
2.7 Receita de loteria e concursos prognósticos	0,02%	—
3. Outras fontes	1,91%	–75,44%
3.1 Recursos próprios financeiros	0,28%	–34,75%
3.2 Recursos próprios não financeiros	0,80%	–9,81%
3.3 Recursos próprios	1,08%	–16,26%
3.4 Operação de Crédito	0,23%	–93,79%
3.5 Outros	0,59%	–95,45%
3.6 Alienação de bens apreendidos	0,01%	–52,07%
4. Fundo de combate e erradicação da pobreza	1,54%	—
Fundo de Estabilização Fiscal (FEF)	0,00%	—
Total	—	—
Total em R$ milhões correntes	202.894,97	158,04%
Total em R$ milhões constantes (IGP-DI)	**276.161,50**	**25,03%**

Fonte: Siafi/Sidor. Extraído de Salvador (2010, p. 238, Tabela 16).

tas da Cofins [...] que incidem sobre o faturamento das empresas (um tributo indireto) totalizaram, em 2008, R$ 119,3 bilhões. No mesmo período, a CSLL [...], um tributo direto sobre o lucro líquido das empresas, arrecadou R$ 42,4 bilhões. Fossem essas receitas invertidas, sem alterar o total de receitas da seguridade, teríamos um sistema tributário muito mais justo e equânime do ponto de vista do respeito à capacidade econômica dos agentes tributados.

É essa perspectiva que deve ser assumida pelos que defendem a universalização da seguridade social, em prol do(a): 1) aperfeiçoamento e fortalecimento desse modelo de financiamento, visando sempre reforçar as suas características de progressividade em detrimento das características regressivas; 2) plena execução do modelo desenhado na Constituição Federal de 1988; e até 3) ampliação das bases de financiamento, se necessário, porém "qualquer proposta de desmonte nesse modelo deve ser afastada" (Idem, ibidem, p. 26).

A não efetivação plena do financiamento plural e solidário da seguridade social obsta o caminhar na direção da universalização da cobertura da previdência social. A reversão desse quadro certamente o potencializaria, ampliando a cobertura do RGPS. Por que não fazê-lo? A previdência social, no âmbito da seguridade social, concebida como um *contrato social*, sob a ótica rousseauniana, implicaria compromisso com a universalização da cobertura da previdência social, assegurando proteção ao trabalho, em suas diferentes formas. Entretanto, não parece ser essa a visão prevalecente entre os formuladores, dirigentes e gestores da previdência social e de outros dirigentes do país, após a instituição da seguridade social. Embora pelo menos um dirigente da previdência social, em anos recentes, tenha reconhecido que "a previdência social não tem déficit, mas necessidade de financiamento [...] fora da contribuição direta do trabalhador e da empresa, que deve ser coberta pela Confins e pela CSLL" (Berzoini, 2010, p. 48), na condição de ministro da pasta,[66] nada conseguiu fazer na direção da afirmação feita. Nessa perspectiva, é lúcida a análise de Mota (1995, p. 143) sobre os caminhos que

---

66. Ricardo Berzoini foi o primeiro ministro da Previdência Social do governo Lula, tendo permanecido na pasta no período entre 1º de janeiro de 2003 a 23 de janeiro de 2004. E, poste-

têm sido construídos rumo à universalização da seguridade social, que não são os projetados pela Constituição Federal de 1988:

> Embora se observe na Constituição de 1988 uma significativa ampliação da seguridade social, com a universalização dos serviços sociais públicos e uma maior participação dos usuários na gestão do sistema, por força de intensas lutas sociais, também se observa que o preço dessa expansão, a caminho de uma provável universalização, é o de criar as condições para institucionalizar tanto a inclusão dos trabalhadores anteriormente excluídos do sistema de proteção social — os segmentos formadores do mercado informal de trabalho e os não inseridos na produção, por meio dos programas de assistência social — quanto a expulsão gradual dos trabalhadores assalariados, de melhor poder aquisitivo, para o mercado de serviços, como é o caso da mercantilização da saúde e da previdência privada.

Desse modo, o avanço rumo à universalização da seguridade social e de suas políticas constitutivas exige que algumas condições objetivas sejam asseguradas, como a plena execução do modelo de financiamento previsto constitucionalmente. Contudo, para que isso se estabeleça, é preciso maior grau de pressão dos trabalhadores e dos movimentos sociais.

Como foi demonstrado no primeiro capítulo, o trabalho assalariado constitui a condição de acesso à proteção social nos países do capitalismo avançado. O mesmo ocorreu no Brasil em relação à previdência social, ainda que a partir da Constituição Federal de 1988 tenha havido possibilidades de inscrição de qualquer cidadão ao sistema. Todavia, a predominância de cobertura esteve historicamente dependente do trabalho assalariado, inclusive pela transferência de responsabilidade de sustentação do sistema, fundamentalmente, aos trabalhadores, como se demonstrou anteriormente. A oscilação dessa cobertura em decorrência de mudanças no mercado de trabalho será objeto de análise do capítulo seguinte.

---

riormente, se tornou ministro do Trabalho e Emprego no período de 23 de janeiro de 2004 a 12 de julho de 2005, nesse mesmo governo.

CAPÍTULO III

A condição estrutural do trabalho no Brasil e o seu reflexo na cobertura da previdência social em períodos específicos do século XX*

> *Na realidade, toda história confirma que as ideias e organizações só podem progredir através do confronto de ideias e grupos, que se diferenciam diante dos acontecimentos ou problemas novos.*
> (Mandel)[1]

A formação social, econômica e política do Brasil repercutiu no modelo de proteção social que se estruturou no país ao longo dos anos. A organização da previdência social, ponto de partida da estruturação da proteção social, é uma expressão disso.

A previdência social nasce e se estrutura no Brasil para dar curso à expansão da acumulação capitalista e como resultado da luta dos trabalhadores por proteção social. Por ser multideterminada, esta

---

* Neste capítulo, algumas ideias já desenvolvidas por mim e divulgadas por meio dos livros Silva (1997) e Silva (2009) são reapresentadas com nova redação.

1. Mandel, Ernest. *O lugar do marxismo na história*. 2. ed. São Paulo: Xamã, 2001. p. 81.

política social assumiu perfil singular em cada momento histórico, em conformidade com as características de seus determinantes mais fundamentais, como: o padrão de acumulação hegemônico, o nível de mobilização e capacidade de pressão dos trabalhadores, a situação estrutural do trabalho e da economia e as funções do Estado.

Assim, em seus primeiros cinquenta anos de estruturação no Brasil, a partir da década de 1920, duas características desse sistema se destacaram: "heterogeneidade e padrão exclusivista" (Hochman, 2006, p. 32). Tais características decorreram da influência de aspectos da economia e do mundo do trabalho, como as grandes diferenças econômicas e do grau de organização dos trabalhadores nas diversas regiões do país, além das precárias relações comerciais entre essas regiões, o que deu margem a um relativo distanciamento e até isolamento entre elas. Celso Furtado (2006, p. 11) cita estas diferenças ao marcar o início do século XX:

> A ocupação das terras no Brasil não formava propriamente um sistema econômico, [...] as conexões comerciais entre as regiões eram precárias [...] a estruturação de um sistema econômico nacional só viria a ocorrer nos primeiros decênios do século XX, com o avanço da industrialização.

Até então, as regiões estavam organizadas economicamente para o mercado externo, cada uma comercializando isoladamente os minérios extraídos e/ou os produtos agrícolas que produziam. O padrão de acumulação hegemônico no período, apoiado em um modelo econômico, baseado na extração de minérios e em atividades agrário-exportadoras, sustentava essa situação de pouca conexão ou até isolamento entre as regiões.

Foi no contexto da industrialização que o trabalho assalariado se estruturou no país. Inicialmente, nos primórdios da industrialização, ou seja, na segunda metade do século XIX, o trabalho assalariado começou a se estruturar a partir de áreas voltadas para a garantia de infraestrutura necessária à expansão industrial e às relações comerciais entre as regiões. Após a década de 1930, a industrialização ganhou maior impulso e a estruturação do trabalho assalariado expandiu-se para outras áreas, como a da indústria têxtil e de serviços.

Desde o final do século XIX, o país possuía uma grande dependência estrangeira na área de infraestrutura básica, o que impulsionou o trabalho assalariado. Essa dependência só foi amenizada após a Segunda Guerra Mundial, com a estatização das empresas estrangeiras que desenvolviam as atividades nessa área, como lembra Marcelo Abreu (2006, p. 348):

> O Brasil, em 1900, dependia essencialmente de transporte ferroviário, suprido por empresas estrangeiras, bem como de transporte marítimo de cabotagem. As empresas estrangeiras foram estatizadas logo após a virada do século e, após, a Segunda Guerra Mundial.

Contudo, as áreas de ferrovias, transporte marítimo e portos estão entre aquelas em que o trabalho assalariado e a organização dos trabalhadores começaram a se estruturar, ainda que com base num grande contingente de mão de obra estrangeira. Essa particularidade ajuda a explicar por que "é mais do que simples coincidência que a Lei Eloy Chaves[2] e suas variações de 1926 tenham trazido proteção social às três categorias de trabalhadores mais bem organizadas: ferroviários, estivadores e marítimos" (Malloy, 1986, p. 53).

A força determinante na luta dos trabalhadores sempre foi dos assalariados, mesmo que setores ligados à agricultura de subsistência[3] tenham tido papel relevante em períodos específicos da história. E, desde o princípio, a previdência social no Brasil, a exemplo de outros países, tem a sua capacidade de cobertura dependente da condição estrutural do trabalho assalariado, isto é, quanto mais amplo o nível de assalariamento formal no país, maior a cobertura previdenciária, e

---

2. É comum a referência ao autor do projeto de decreto-lei que instituiu a previdência oficial no Brasil como "Eloy Chaves" (Teixeira e Oliveira, 1986; Boschetti, 2006; Malloy, 1986), todavia optamos pela grafia "Elói Chaves", usada por Cohn (1980) e Sousa (2002).

3. Agricultura de subsistência, para Prado Jr., é a que é visa ao consumo e à manutenção da colônia: "[...] a agricultura que chamei de 'subsistência', por destinar-se ao consumo e à manutenção da própria colônia" (Prado, 2006, p. 157).

quanto mais retraído o assalariamento formal, mais ela é reduzida. Assim, no decorrer do século XX e início deste século XXI, as oscilações na cobertura previdenciária, associadas à condição do trabalho assalariado formal, destacaram-se em três períodos: entre 1930 e 1987, quando ocorreu expansão da cobertura; de 1988 a 2000, quando houve retração da cobertura, apesar de oscilação positiva no ano de 1989; e de 2001 até o presente, em que há um novo movimento de alargamento da cobertura.

Neste capítulo, por razões metodológicas, serão considerados três períodos como referência ao debate, os quais, além de abarcarem as fases citadas de maior oscilação de cobertura, levarão em conta aspectos da formação social, econômica e política do Brasil que influenciaram a estruturação do trabalho e da previdência social no país.

Para facilitar a organização da discussão, os períodos serão considerados em décadas fechadas, mesmo que no curso do debate, ocasionalmente, períodos mais precisos sejam mencionados, inclusive interligando um(ns) a outro(s), haja vista esta divisão metodológica não pretender desconsiderar os fatores diversos que possam transcender aos períodos indicados.

O primeiro período é aquele em que se manifestam particularidades da formação econômica e do mercado de trabalho no país, concomitantemente à estruturação da previdência social, com cobertura a categorias específicas (década de 1920 a década de 1970).

O segundo período é aquele em que a luta pelo fim do regime de exceção imposto pelos militares e pela redemocratização do Brasil, mais a ampliação dos direitos sociais ganha relevância e é vitoriosa, inclusive pela instituição da seguridade social. Este fato interferirá positivamente na cobertura previdenciária, mesmo em um contexto internacional de profundas mudanças restritivas no mundo do trabalho, com reflexos no Brasil (década de 1980).

O terceiro período é marcado pelo avanço da reestruturação produtiva no Brasil, com impactos negativos no mundo do trabalho e na cobertura da previdência (a década de 1990).

3.1 Particularidades da formação do mercado de trabalho no país e da estruturação da previdência social, com cobertura a categorias específicas (1920 a 1970)

Alguns aspectos da formação social, política e econômica do Brasil serão considerados na análise de particularidades da formação do mercado de trabalho no país, paralelamente à estruturação da previdência social, com cobertura a categorias específicas (de 1920 a 1970). Entre eles, o padrão de acumulação hegemônico até meados do século XX, baseado em atividades econômicas agrário-exportadoras e a sua transformação para o modelo baseado em atividades econômicas urbano-industriais; matizes do processo brasileiro de industrialização (características, motivações, dificuldades, facilidades e estatísticas); nuanças do processo de organização e das lutas dos trabalhadores ocorridas no país e reação das camadas burguesas; características do Estado brasileiro, marcas e dinâmica do mercado de trabalho em formação e peculiaridades da organização da previdência social no período em referência.

Para uma aproximação com os determinantes históricos da formação do mercado de trabalho no Brasil, é indispensável remontar ao século XIX durante o qual, na maior parte do tempo (até 1888), a economia baseava-se no trabalho escravo. Esse século:

> [...] caracteriza-se por profundas transformações. É um século durante o qual o país foi colônia até 1808, império de 1808 até 1889, [... quando] tornou-se uma república. Não foi somente uma etapa marcada pela mudança da organização política, mas, sobretudo por uma transformação política e social sem precedentes na história do país.[4] Entretanto, transformações comparáveis não se processaram na economia. Durante todo o período, a economia brasileira continuava organizada em torno da produção de artigos tropicais (café, açúcar, algodão) para o mercado europeu. [...] até a década de 1850, não existiam formas alternativas de

---

4. O autor remete a Costa (1985), Fernandes (1969), e Prado Jr. (1945).

organização desta produção além da apoiada no trabalho escravo (Theodoro, 2009, p. 92).

Essa situação fez com que, sobretudo, após abolição da escravatura, o país contasse com um contingente de força de trabalho de ex-escravos que não encontrava outras atividades, além do trabalho eventual e da atividade de subsistência, o que o conduzia, geralmente, à condição de não trabalho. A baixa capacidade técnica, a história de completa dependência econômica do "Senhor de Escravos", o elevado custo de sua reprodução, entre outros aspectos, fizeram com que esse grupo populacional tenha sido pouco aproveitado no início da industrialização no Brasil. Não obstante, houve forte conexão entre a industrialização brasileira e a abolição da escravatura, como sugere Florestan Fernandes (2008a, p. 68):

> As condições que iriam regular a emergência e o florescimento da industrialização na sociedade brasileira surgiram gradativamente, com certa continuidade, mas segundo um ritmo muito lento e heterogêneo. Em termos sociológicos, as origens remotas do processo se encontram na desagregação da ordem social associada ao regime de castas, ao latifúndio e ao trabalho escravo. Foram os círculos sociais mais diretamente interessados na expansão da economia de mercado que se empenharam, simultaneamente, na luta contra o "antigo regime" e por inovações que facilitassem o advento da indústria. Esses círculos eram constituídos por elementos típicos da "cidade" — por pessoas que compartilhavam da concepção urbana do mundo, vendo criticamente os interesses e os valores dos senhores rurais brasileiros. Às vezes essas pessoas estavam presas, por parentescos ou materialmente, à estrutura existente de poder; insurgiam-se ainda assim contra ela por se identificarem moralmente com o cosmo urbano, no qual se representava o regime de trabalho escravo como a principal causa da estagnação econômica, intelectual e política do país (destaques do autor).

A desagregação do antigo regime favoreceu o processo de urbanização, fazendo com que, por um lado, as cidades crescessem e passassem a oferecer as bases para a economia de mercado voltada para o âmbito interno. Prevalecia, então, o direcionamento para o mercado externo a partir das atividades agrárias, centradas na produção de produtos agrícolas para exportação, especialmente o café. Por outro lado, "as cidades dotadas de maior vitalidade de crescimento econômico associaram-se às nações hegemônicas na apropriação do excedente econômico, gerado pela economia agrária" (Fernandes, 2008b, p. 180).

Isso revela a grande vinculação entre a urbanização e a industrialização no Brasil e também a influência estrutural da economia agrária sobre a formação capitalista neste país, inclusive em sua transição para a fase industrial. Desse modo, tanto por razões políticas quanto econômicas, as conexões entre o modelo agrário e o industrial permaneceram por um longo tempo no Brasil. Do ponto de vista político, nos primeiros anos do início da industrialização, sobretudo até as quatro primeiras décadas do século XX, não houve apoio dos grandes proprietários de terra e produtores agrícolas à expansão industrial. Esse grupo constituía a maior parte da classe dirigente à época, o qual fazia tudo para não perder o controle político da máquina estatal e o poder de dirigir a economia e a sociedade brasileira. Do ponto de vista econômico, a exportação dos produtos agrícolas, especialmente o café, com grande aceitação no mercado externo, garantia saldo positivo na balança comercial, o que assegurava ao país o cumprimento de seus compromissos externos e o atendimento às necessidades internas.

A análise de Edgar Carone (1989, p. 9 e 11) sobre a expansão industrial aponta nessa direção:

> Esta expansão não encontra apoio nas classes dirigentes, em que predominavam os proprietários de terra. O predomínio da indústria sobre a atividade agrária só será vitorioso a partir da Segunda Guerra Mundial. Nos quarenta anos da Primeira República, esta tentativa é feita desigualmente, apesar de certas circunstâncias terem ajudado a impor aqueles interesses. [...] O café exportável trazia um excedente à balança de pagamento, que [...] servia de garantia aos [...] empréstimos estrangeiros. Esta política era de um país de renda fiscal pequena, diminutas necessidades da população e predomínio da monocultura cafeeira [...]. O

início da transformação deste processo se dá no governo Provisório e no período de Floriano, como necessidade social e econômica das nascentes classes industrial e média, unidas e exigentes nas suas novas necessidades e ambições. [...] Epitácio Pessoa foi o último governo que tentou uma política anti-industrialista. [...] os governos subsequentes tiveram que reconhecer a realidade industrial.

Ainda no que se refere à relação entre a urbanização e a industrialização, "nas fases que antecederam ou se seguiram, imediatamente, à desagregação da ordem de castas, escravocrata e senhoril, a urbanização foi [...] o elemento dinâmico que polarizou o desenvolvimento industrial" (Fernandes, 2008a, p. 68). Assim, não se pode falar em industrialização no Brasil sem que o processo de urbanização seja considerado. Embora esta característica não seja peculiar a este país, teve uma relevância maior do que teve para muitos outros que já contavam com diversos centros urbanos organizados, quando iniciaram os seus processos de industrialização, como é o caso da maioria das nações europeias.

Portanto, como é de se notar, ao ingressar no processo de urbanização/industrialização, o Brasil não rompeu em definitivo com as marcas da sociedade agrária e, com isso, ao longo de vários anos, viveu as consequências da combinação do modelo industrial moderno e o modelo agrário tradicional. Em outras palavras, afirmam Pochmann e Dias (2010, p. 113-14): "sem romper com o patrimonialismo e as bases da sociedade rural, o Brasil rumou para a nova sociedade urbana e industrial. Em consequência, aqui foram geradas anomalias econômicas e sociais, assentadas na estranha combinação, de modernidade com atraso".

Ao refletir sobre a industrialização no Brasil, Florestan Fernandes considera que, do ponto de vista das bases ecológicas, técnicas e sociais da moderna vida humana da civilização ocidental, a emergência e a expansão da industrialização constituíram um padrão "natural de desenvolvimento" e dependeram de fatores econômicos, culturais e societários passíveis de manifestação em qualquer sociedade capitalista. Nesse caso, a intensidade com que se manifestam é variável em decorrência do grau de diferenciação e de conexão entre esses fatores, o que é regulado pelas condições histórico-sociais de existência obtidas em tais sociedades. Por isso:

> A industrialização no Brasil não constitui um fato excepcional ou espantoso. Ao contrário, é um processo que se inclui na ordem das ocorrências normais da evolução social. Enquanto a sociedade brasileira não apresentou condições que permitissem semelhante desenvolvimento, as tentativas prematuras foram selecionadas negativamente.
> [...] Era preciso que a própria sociedade brasileira se transformasse, a ponto de converter a industrialização em algo socialmente viável, para que as tendências à imitação construtiva pudessem ser aproveitadas de modo produtivo. Por isso, a industrialização aparece como valor social, na cena histórica brasileira, por volta de 1850, na era e sob a égide de Mauá; mas, só se transforma em força social quase um século mais tarde! (Fernandes, 2008a, p. 67).

Com essa análise, de certo modo, o autor fornece elementos que ajudam a explicar os movimentos de altos e baixos que marcaram a formação da indústria brasileira.

Essa linha de reflexão de Florestan Fernandes (2008a) é semelhante à de Caio Prado Jr. (2008), que, ao analisar o processo de industrialização no país, afirma que a indústria primitiva artesanal basicamente teve de ser abolida no Brasil até que a moderna maquinofatura surgisse. Isso exigiu grande intervalo de tempo até que o país se desvinculasse de um modelo e desenvolvesse condições propícias ao desenvolvimento de outro. Sem significar um corte abrupto e linear, tratou-se de um processo em que houve fortes conexões entre os dois modelos por um lapso de tempo.

Entre as dificuldades para estabelecimento da indústria moderna no país, Caio Prado Jr. cita algumas deficiências estruturais no âmbito das fontes de energia, da siderurgia e, sobretudo, do mercado consumidor, considerado condição essencial para o escoamento da produção em larga escala, típica da maquinofatura. Além desses elementos desfavoráveis, em sua análise, o autor destaca o ínfimo padrão de vida da população, a débil capacidade de comunicação entre as regiões do país, por falta de meios de transportes, e a organização da economia brasileira em produções regionais como dificuldades prementes à industrialização:

> [...] a situação brasileira, nesse particular, era a mais inconveniente. O nível demográfico e econômico do país e o padrão de vida da sua população eram ínfimos. Isso ainda se agravava pela estrutura compartimentada das diferentes regiões brasileiras, largamente separadas umas das outras e desarticuladas pela falta de transportes. A orientação da economia brasileira organizada em produções regionais que se voltam para o exterior impedira a efetiva unificação do país e o estabelecimento de uma estreita rede de comunicações internas que as condições naturais já tornavam por si muito difíceis (Prado Jr., 2008, p. 258).

Todavia, na opinião ainda de Caio Prado Jr. (2008), o país possuía algumas características que, apesar de negativas, se vistas isoladamente, incentivaram o desenvolvimento da indústria, entre as quais se destacam: a) dificuldade de pagar no estrangeiro as manufaturas de que necessitava, na medida em que as exportações que originavam os recursos para saldar os pagamentos externos não acompanhavam o crescimento da população e de suas necessidades. O desequilíbrio das contas externas se comprovava, sobretudo, pela queda do câmbio monetário, que encarecia as importações e incentivava a indústria nacional; b) a grande produção local de algodão, que era a matéria-prima essencial à indústria têxtil, que introduziu a maquinofatura no país; e c) a disponibilidade de mão de obra, mais seu baixo preço.

Segundo o autor, sob estas condições, desenvolveu-se uma pequena indústria têxtil, a partir da segunda metade do século XIX.

Após um início modesto, no último decênio do Império (1880-1889), a indústria teve o seu primeiro surto positivo. O número de estabelecimentos industriais cresceu de 200, em 1881, para mais de 600 no fim da década. O crescimento manteve-se nos primeiros anos da República — entre 1890 e 1895, foram fundadas 425 fábricas. Posteriormente, seguiu-se uma fase de retração devido à crise financeira e revalorização da moeda a partir de 1898. Em 1907, o primeiro censo geral e completo da indústria brasileira registrou 3.258 estabelecimentos industriais e 150.841 operários, concentrado nos estados do Rio de Janeiro, São Paulo e Rio Grande do Sul. Conforme o censo, as principais atividades industriais eram desenvolvidas na área têxtil e de alimentação (Prado Jr., 2008, p. 259-61).

No segundo decênio do século XX, uma situação política externa dá um novo impulso ao setor industrial no Brasil:

> A Grande Guerra de 1914-18 dará grande impulso à indústria brasileira. Não somente a importação dos países beligerantes, que eram nossos habituais fornecedores de manufaturas, declina e mesmo se interrompe em alguns casos, mas a forte queda do câmbio reduz também consideravelmente a concorrência estrangeira. No primeiro grande censo posterior à guerra, realizado em 1920, os estabelecimentos industriais arrolados somarão 13.336, com [...] 275.512 operários. Destes estabelecimentos, 5.936 tinham sido fundados no quinquênio 15-19, o que revela claramente a influência da guerra (Prado Jr., 2008, p. 261).

O impulso dado pela Grande Guerra deveu-se, particularmente, à enorme expansão do consumo de carnes congeladas durante o conflito, incentivando a indústria de congelamento de carnes no Brasil, principalmente no estado do Rio Grande do Sul, seguido por São Paulo.

Esse impulso é uma demonstração do quanto o processo de acumulação capitalista se utiliza da estratégia da guerra, de diversas formas, para se expandir: seja pela ampliação da produção e comercialização de mercadorias necessárias à subsistência dos envolvidos diretamente no conflito e dos que estão em retaguarda, como é o caso do congelamento de carnes, confecção de roupas específicas, produção de medicamentos; ou ainda a partir das despesas relacionadas com armamentos, como alerta Mandel (1982, p. 338): "As despesas com armamentos têm, é claro, função dupla: a de defender os interesses específicos de cada potência metropolitana contra os rivais imperialistas (e povos coloniais) e a de proporcionar uma fonte de mais acumulação de capital".

No primeiro pós-Guerra, a indústria brasileira já havia adquirido importância significativa na economia do país, abastecendo o mercado interno em relação a vários itens. Todavia, faltava-lhe progresso qualitativo, pois grande parte da indústria brasileira sobreviveu graças às elevadas tarifas alfandegárias e constantes depreciações cambiais. O que não favoreceu a competição e a concorrência — típica dessa forma capitalista de organizar a produção e, consequentemente não mobilizou os setores empresariais a darem atenção à qualidade da produção e dos produtos ofertados. É verdade que outros fatores também contribuíram para a situação precária da indústria brasileira, como a carência de capitais, o baixo nível econômico do país e as deficiências técnicas e estruturais.

A identificação desses elementos limitadores do avanço industrial no Brasil é relativamente consensual entre os autores pesquisados.[5]

No período entre 1924 a 1927 houve uma grande revalorização da moeda, o que favoreceu a importação de produtos manufaturados que vinha decrescendo. Isso aumentou a concorrência interna e afetou a indústria nacional, na opinião de Prado Jr. (2008, p. 266):

[...] Essa situação atingirá profundamente a indústria que não poderá mais fazer frente à concorrência estrangeira favorecida pela grande folga das finanças externas do país. A importação de artigos manufaturados que vinham em declínio ou permanecia estacionária desde antes da Grande Guerra, cresce subitamente, desbancando em muitos terrenos e atingindo em quase todos a produção nacional. O período que vai de 1924 a 1930 será uma fase sombria para as indústrias brasileiras; muitas fracassam e perecem e todas ou quase todas se manterão muito próximas do nível mínimo de subsistência.

Mais sólido é um setor particular da indústria brasileira que se veio desenvolvendo, sobretudo a partir da I Grande Guerra: [... as] indústrias subsidiárias de grandes empresas estrangeiras.

---

5. Especialmente, cf. Fernandes (2008a e 2008b), Prado Jr. (2008 e 2006), Oliveira (2003a); e Abreu (2006).

Aliás, as indústrias subsidiárias de grandes empresas estrangeiras basicamente se multiplicaram no país, após a Primeira Grande Guerra, as quais também foram bastante favorecidas após o advento da Segunda Guerra, constituindo-se, desde então, a principal via de entrada do imperialismo e de suas intervenções na economia do país. Isso lhes deu enorme importância econômica e política. Elas atuaram, principalmente, nas áreas de maior carência do país, no que se refere às condições para industrialização, ou seja, construção de estradas de ferro, serviços e melhoramento urbano, instalações portuárias e fornecimento de energia.

Essa intervenção, na opinião de Prado Jr. (2008, p. 283), expressa as contradições do imperialismo:

> A evolução do imperialismo no Brasil (como no resto do mundo) é assim contraditória. Ao mesmo tempo em que estimulou as atividades e energias do país, e lhe forneceu elementos necessários ao seu desenvolvimento econômico, foi acumulando um passivo considerável e tornou cada vez mais perturbadora e onerosa a sua ação. Mas, também, favorecendo àquele progresso, acumulou no Brasil os fatores com que o país contou e continua contando para a sua definitiva libertação.

De qualquer modo, no processo de industrialização brasileiro, analisado até aqui, dois aspectos revelam a profunda dependência da indústria nacional nascente em relação aos países do capitalismo avançado. O primeiro é a grande quantidade de empresas subsidiárias estrangeiras instaladas no país, atuando em áreas essenciais, e "[...] outras que embora formadas com capitais brasileiros [...] são muitas vezes ligadas intimamente e mesmo subordinadas inteiramente a organizações estrangeiras" (Prado Jr., 2008, p. 267). O segundo aspecto é o uso da força de trabalho de imigrantes.

Ambos os fatores tiveram incentivo do Estado, que "preencheu importante papel na expansão da indústria brasileira, em particular depois da revolução de 1930" (Fernandes, 2008a, p. 84). Sem a intervenção do Estado, a industrialização no país não teria ocorrido.

O segundo aspecto (o uso intensivo da mão de obra dos imigrantes) está relacionado com a abolição da escravatura e "produção" de um contingente de força de trabalho "livre" no Brasil, para atender às necessidades de acumulação:

> O mercado de trabalho no Brasil, [...] que pressupõe a existência do trabalho livre, foi "criado" por intermédio da ação estatal pela abolição da escravidão, e foi moldado por uma política de imigração, favorecida por taxações e subvenções, em detrimento da mão de obra nacional (Theodoro, 2009, p. 105).

Na realidade, a substituição da mão de obra escrava pela dos imigrantes começou antes da Abolição (1888): "o marco inicial da transição para o trabalho livre foi dado pela abolição do tráfico de escravos em 1850" (Idem, ibidem, p. 93), por meio da Lei Euzébio de Queiroz, Lei n. 581, de 4 de setembro. A interrupção do fluxo de escravos favoreceu a fragilização do sistema escravocrata e a substituição da força de trabalho escrava pela força de trabalho dos imigrantes. Nessa linha, a Lei do Ventre Livre — Lei n. 2.040, de 28 de setembro de 1871 —, que tornou livre os filhos de escravos que nascessem a partir de sua vigência, também cumpriu papel importante, assim como a Lei dos Sexagenários — Lei n. 3.270, de 28 de setembro de 1885 —, que tornou livres os escravos que completassem 65 anos de idade. Logo:

> O perfil de ocupação da força de trabalho assumirá então nova conformação. Enquanto a mão de obra imigrante chega e se ocupa cada vez mais da produção de café, uma parte crescente da população liberada, até então escrava, vai se juntar ao contingente de homens livres e libertos, a maioria dos quais dedicada à economia de subsistência (Theodoro, 2009, p. 94-95).

Algumas regiões do Brasil receberam uma quantidade maior de imigrantes do que outras. O estado de São Paulo, por exemplo, por ser um dos centros mais dinâmicos da economia, recebeu a maior quantidade de imigrantes, o que influenciou o seu processo de industrialização de modo mais rápido do que outras cidades e regiões, à exceção do Rio de Janeiro, primeiro grande centro urbano do país e capital da República.[6]

Na segunda metade do século XIX, após a Lei do Ventre Livre, a substituição da força de trabalho escrava por imigrantes europeus ganhou celeridade, em especial nos centros econômicos mais desenvolvidos, como afirma Theodoro (2009, p. 95):

> Na segunda metade do século XIX, a mão de obra imigrante começa a substituir os escravos, principalmente nos centros mais dinâmicos da economia. No início, são as novas regiões produtoras de café, sobretudo do Oeste Paulista, que vão receber os migrantes europeus. Especialmente após 1874, a substituição do trabalho escravo acelerou-se.

Dessa forma, na opinião do autor, a Abolição da Escravatura, em 1888, foi apenas mais uma etapa significativa da mudança de perfil da força de trabalho na economia do país, com a qual os ex-escravos perderam mais espaço de trabalho, indo se juntar ao contingente de outros trabalhadores brasileiros (em sua maioria, descendentes de escravos ou ex-escravos) na experiência do trabalho ocasional ou do não assalariado:

> No Brasil, a abolição significará a perda de espaço de trabalho para os ex-escravos. Em sua grande maioria, eles não serão assalariados. Com a imigração massiva, os ex-escravos vão se juntar aos contingentes de trabalhadores nacionais livres que não têm oportunidades de trabalho senão nas regiões economicamente menos dinâmicas, na economia de subsistência das áreas rurais ou em atividades temporárias, fortuitas nas cidades (Theodoro, 2009, p. 96).

Na realidade, a formação de uma massa de homens "livres" ou "semilivres" era essencial naquele contexto de criação das condições

---

6. O Rio de Janeiro foi capital do Brasil Colônia, a partir de 1763, capital do Império português, por ocasião das invasões de Bonaparte, capital do Brasil Império e capital da República Federativa do Brasil até a inauguração de Brasília em 1960. Foi, assim, "a primeira cidade francamente moderna do Brasil" (Fernandes, 2008b, p. 181).

para o desenvolvimento da indústria no país. Essa superpopulação relativa que se formava no campo, atuando na economia agrária, ou que ficava na condição de não trabalho, compunha as condições essenciais à acumulação capitalista no país, naquele momento, pois, como ressalta Florestan Fernandes (2008b, p. 182):

> Para que o capital possa reproduzir na economia urbana o trabalhador assalariado, é necessário que exista na economia agrária o capital que produz o trabalhador semilivre. Do mesmo modo, o despossuído, que não logra sequer a proletarização na economia agrária, está na raiz das possibilidades de trabalho assalariado do operário urbano.

Essa massa de trabalhadores "livre" que estava sendo reproduzida na economia agrária era basicamente de ex-escravos, que não foram absorvidos de imediato pela indústria nascente, que priorizou a mão de obra mais qualificada dos imigrantes europeus.

São muitas as razões que justificam a substituição da força de trabalho de escravos (ou de ex-escravos) por imigrantes europeus. Algumas delas possuem sustentação no preconceito e na discriminação existentes no país em relação à população negra. Outras razões são de natureza política e econômica, como a disseminação da ideia de que os ex-escravos não possuíam perfil e aptidão para o trabalho assalariado e eram indolentes em relação ao trabalho. Esse tipo de justificativa já existia no país, desde quando começou o processo de substituição da mão de obra de ex-escravos beneficiados por leis, citadas anteriormente, que antecederam a Lei Áurea — Lei n. 3.353, de 13 de maio de 1888 —, que aboliu a escravidão no país. Este trecho do trabalho de Mário Theodoro (2009, p. 99) elucida o assunto:

> Durante anos de escravidão ganhavam força no país as ideias que privilegiavam a mão de obra de origem europeia em detrimento dos trabalhadores nacionais. De um lado, os nativos livres e libertos eram considerados como inaptos ao trabalho regular. De outro lado, no que se referem aos antigos escravos, as fugas organizadas nas fazendas eram cada vez mais frequentes, o que contribuiu [...] tanto para promover a

ideia de que a mão de obra negra era indolente e inapta para a relação assalariada, como para reforçar a ideologia do embranquecimento.

Essas, entretanto, não são todas as razões. Um dos principais motivos da substituição da mão de obra escrava pela assalariada é o fato de o custo de reprodução da mão de obra escrava ser muito oneroso, na medida em que constituía um custo interno à produção agrária. Em face disso, o trabalho assalariado poderia ter um custo diferenciado e menor aos novos industriais que começavam a se estabelecer. Afinal, o principal (e quase sempre o único) compromisso dos patrões para com os assalariados era um salário mínimo mensal. Dessa forma, o custo elevado da mão de obra escrava era um obstáculo à industrialização. A Abolição da Escravatura e a substituição do trabalho escravo pelo assalariado significavam a eliminação do preço da mão de obra do custo interno da produção, o que, em outras palavras, significava maior acumulação, mais lucro para os empresários e industriais. Além disso, na industrialização, a força de trabalho assalariada advinda de imigrantes europeus, com relativa experiência de trabalho nesse ramo, mais capacitada tecnicamente, poderia ser reforçada pelo uso de novas tecnologias, métodos e processos de trabalho direcionados para a elevação da produtividade, o que potencializaria a margem de lucro dos empresários e industriais. A análise de Oliveira (2003, p. 66-67) aponta nessa direção:

> [...] sem pretender refazer toda a interpretação, é possível reconhecer que o escravismo constituía-se em óbice à industrialização na medida em que o custo de reprodução do escravo era um custo interno da produção; a industrialização significará, desde então, a tentativa de 'expulsar' o custo de reprodução do escravo do custo de produção.
> [...] As instituições do período pós-anos 1930, entre as quais a legislação do trabalho destaca-se como peça-chave, destinam-se a "expulsar" o custo de reprodução da força de trabalho de *dentro das empresas industriais* [...] para fora: o salário mínimo será a obrigação máxima da empresa que dedicará toda a sua potencialidade de acumulação às tarefas do crescimento da produção propriamente dita. Por outro lado, a industrialização, em sendo tardia, se dá num momento em que a acumulação é potencia-

lizada pelo fato de se dispor no nível do sistema mundial como um todo, de uma imensa reserva de "trabalho morto" que, sob a forma de tecnologia, é transferida aos países que iniciaram o processo de industrialização recentemente (grifos nossos).

É por essa razão que, apesar de os industriários brasileiros não terem feito nenhum esforço ou pressão para colocar o Brasil na era tecnológica ou para alterar o sistema educacional brasileiro e expandir a produção de conhecimentos científicos no país, essenciais à industrialização em seus primeiros anos de estruturação, a Abolição e a imigração europeia, com o apoio do Estado, consolidam novas perspectivas para o mercado de trabalho no Brasil.

Como características desse mercado incipiente, tinha-se o recurso à mão de obra de imigrantes e gigantescas disparidades regionais:

> Em função da abolição e da imigração europeia para certas regiões do país, o último quarto do século XIX vai consolidar um novo cenário para o mercado de trabalho no Brasil, no qual as especificidades regionais vêm aflorar de forma significativa. Na cidade de São Paulo, o crescimento urbano esteve diretamente ligado ao processo de industrialização, que começou nos últimos anos do século XIX e que empregará quase que unicamente mão de obra de origem europeia, seja aquela saída das fazendas, seja a que chegava para trabalhar diretamente no espaço urbano. De acordo com os dados disponíveis, no começo do século XX, 92% dos trabalhadores industriais na cidade de São Paulo eram estrangeiros, sobretudo de origem italiana. No Rio de Janeiro, então capital do país e a cidade de maior importância econômica, a participação de estrangeiros na indústria era de 43%, [...], também significativa (Theodoro, 2009, p. 100-101).

Nesse contexto de formação do mercado de trabalho do século XIX até o segundo decênio do século XX, o trabalho assalariado concentrava-se em algumas categorias básicas como ferroviários, portuários, marítimos, operários da indústria leve e serviços públicos, atuando sobretudo nas cidades de São Paulo e Rio de Janeiro. A expansão do número de trabalhadores assalariados foi muito lenta, como mostram os dados dos censos de 1907 e 1920. Em 1907, a população brasileira era de 20 milhões. Destes, 150.000 eram trabalhadores do setor manufatureiro, que estavam empregados em 3.187 estabelecimentos. Em 1920, a população crescera para mais de 30 milhões, dos quais 275.512 trabalhavam em 13.336 estabelecimentos industriais (Malloy, 1986, p. 40; Prado Jr., 2008, p. 261).

Nesse período, a classe trabalhadora possuía uma composição que incluía brasileiros natos (principalmente ex-escravos) e imigrantes, em diferentes ocupações, além do trabalho assalariado que despontava. As precárias condições de vida e trabalho do operariado durante a República Velha e as experiências de trabalho e organização política e sindical dos imigrantes europeus interferiram na dinâmica da classe trabalhadora e favoreceram a organização, formação de lideranças e o desencadeamento de lutas dessa classe no Brasil:

> Com os processos de desenvolvimento e modernização, no final do século XIX, os trabalhadores [...] começaram a despontar no Brasil como força potencialmente significativa. [...] Nesta fase a classe operária não era [...] nacional [...]. A maioria da classe estava localizada nas cidades do Rio de Janeiro e São Paulo [...]. Embora uma grande proporção dos trabalhadores fosse [...] nativa [...], uma parcela muito acentuada resultava da onda de imigrantes estrangeiros que afluía ao Brasil, em fins do século XIX e princípio do século XX. [...]
>
> O alto percentual de estrangeiros [...] interferia na dinâmica das políticas das classes trabalhadoras [...] os imigrantes causaram um importante impacto ideológico e se tornaram a fonte principal de uma orientação mais agressiva [...] favorável aos trabalhadores, [... e] um ponto de partida para a formação de líderes [...]
>
> [...] as condições gerais de vida e trabalho das classes operárias eram péssimas durante toda a República Velha. A jornada de trabalho muito longa, a baixa remuneração e insegurança [...] a exploração de mulheres e crianças [...] e a pobreza das moradias e condições sanitárias (Malloy, 1986, p. 39-41).

Nesse contexto, a classe trabalhadora avançou significativamente em sua organização livre e autônoma no começo do século XX, independentemente da influência "anarquista" entre os trabalhadores, advinda de parte dos imigrantes europeus. Obteve algumas conquistas, como o direito de organização sindical livre e emancipada conquistado pelos trabalhadores da agricultura e indústria rural em 1903 e, a partir de 1907, por outras categorias.

É relevante dizer que, embora seja significativa e cheia de méritos a contribuição dos imigrantes europeus ao processo de luta e organização dos trabalhadores brasileiros, essa origem do movimento popular no Brasil, mais inspirada em fatos históricos externos à realidade do país, como a vitoriosa Revolução Russa de 1917, determinou as opções estratégicas pelas bandeiras e formas de lutas adotadas pelo movimento de esquerda que se formou no Brasil. Assim, alguns itens cruciais para a redução dos níveis de exploração, redução das desigualdades sociais e para a melhoria das condições de vida dos trabalhadores estavam ausentes de suas pautas de reivindicações, nos primeiros anos de sua formação, como é o caso da luta contra os latifúndios e pela justa distribuição de terras.

Esse lado da origem do movimento popular no país é aludido por Emir Sader (2010, p. 14-15):

> As origens do movimento popular brasileiro precedem a Revolução de 1930: provêm do sindicalismo anarquista, do comunista e socialista, que, pela primeira vez, levantaram no Brasil a necessidade de uma alternativa ao sistema de poder dominante. Suas bandeiras, diretamente classistas, foram influenciadas pela interpretação da Revolução Russa (1917) como uma revolução "operário-camponesa" e pelas lutas do movimento operário europeu. Tiveram grande mérito ao dar início à organização autônoma do movimento popular, centrada na atuação dos trabalhadores imigrantes, que, por sua vez, trouxeram experiências com as doutrinas fundadoras da esquerda na Europa — de composição urbana, sem raízes no campo. No entanto, no Brasil, a maioria da população residia na zona rural, de modo que a vertente de esquerda que se formou não elaborou estratégias específicas, assentadas na realidade brasileira. Por isso, temas candentes, como a luta contra o latifúndio, a dominação externa e a elaboração de estratégias nacionais, não eram ainda centrais para a esquerda.

Essa limitação veio a ser superada, posteriormente, por volta dos anos 1950 e princípio dos anos 1960, quando a esquerda assumiu a luta contra o latifúndio como prioridade.

As greves destacaram-se no que se refere aos instrumentos de lutas usados pelos trabalhadores na conjuntura política dos anos que antecederam a década de 1920. Elas foram realizadas, sobretudo, pelas categorias com maior grau de organização, a exemplo dos que atuavam nas áreas de ferrovias, docas, frota mercante e serviços públicos (transporte urbano, eletricidade, bancos etc.). Por isso, "não é [...] de surpreender que os funcionários destes setores [...] fossem os mais bem-sucedidos na sustentação de organizações fortes" (Malloy, 1986, p. 42) e também na conquista de proteção social.

Nos primeiros dez anos do século XX, a greve "mais importante foi a da Companhia Paulista, em 1905, com manifestações pelo centro de São Paulo, apoio dos estudantes de Direito e cargas da cavalaria da Força Pública" (Carone, 1989, p. 12). Todavia, "a primeira grande manifestação de solidariedade de classe [...] foi a greve de julho de 1917 em São Paulo, com caráter de greve de massas" (Idem, ibidem, p. 13).

Na área industrial, em estruturação, o nível de organização era inferior, inclusive dada a dispersão nacional e maior controle político do Estado; ainda assim, as greves cresciam continuamente, sem, contudo, apresentarem destaques relevantes, se vistas isoladamente. Desse modo, "as greves mais bem-sucedidas na área industrial ocorreram por ocasião da Primeira Guerra Mundial, exacerbando-se com a greve geral de 1917 e com a de 1919, também bastante significativa" (Malloy, 1986, p. 42). Não obstante, tais greves imprimiram grandes avanços à organização desse ramo de produção e segmento da classe trabalhadora. Os movimentos grevistas anteriores à segunda década do século XX influenciaram, por exemplo, a fundação do Partido Comunista do Brasil, em março de 1922 o qual, nos primeiros anos de existência só teve dois períodos de legalidade, em 1922 e no início de 1927, o que o fez adotar a tática de atuar nos sindicatos, por meio de seus filiados (Carone, 1989).

Apesar dos avanços na organização e luta dos trabalhadores, as conquistas obtidas no campo da proteção social até a década de 1920 foram, no entanto, limitadas. Alguns autores[7] citam a existência de programas públicos desde o século XVIII, como o Programa de Beneficência dos Órfãos e Viúvas dos Oficiais da Marinha (1795), e de organizações privadas restritas a algumas profissões, a exemplo da Sociedade Musical de Benemerência (1834), da Sociedade de Animação da Corporação dos Artífices (1838), do Montepio do Exército (1827) e Montepio Geral de Economia (1835), e legislações que criaram o direito de aposentadorias a funcionários públicos, como aos funcionários da Imprensa Nacional (Decreto n. 10.269, de 20 jul. 1889) e aos empregados da Estrada de Ferro Central do Brasil (Decreto n. 406, de 17 maio 1890), estendida aos empregados das Estradas de Ferro Gerais da República (Decreto n. 565, de 12 jul. 1890). Entretanto, "as tentativas de criação de instituições previdenciárias anteriormente aos anos 20 tiveram sempre um âmbito muito limitado e, ao que parece, poucas vezes alcançaram implementação concreta" (Oliveira e Teixeira, 1985, p. 21).

Na opinião de James Malloy, o que existiu verdadeiramente nesse período, na área privada, foram organizações estruturadas voluntariamente pelos trabalhadores, com o incentivo da Igreja Católica (as sociedades de ajuda mútua), que uniam trabalhadores e ofereciam benefícios de proteção social, numa perspectiva assistencialista; e as caixas beneficentes, organizadas de forma impositiva pelas companhias particulares. Ambos os modelos eram criticados pelos líderes das organizações políticas dos trabalhadores:

> A nosso ver, uma das formas mais importantes de organização operária e de classe média na República Velha foram as sociedades de ajuda mútua. O mutualismo foi um dos primeiros tipos de organização a aparecer entre os trabalhadores e, nas primeiras décadas deste século, unia um grande número de trabalhadores. Tais associações eram voluntárias, e em troca de contribuições ofereciam aos membros auxílio-funeral, aposentadoria, benefícios médicos e outros. Eram uma forma de

---

7. Cf. Oliveira e Teixeira (1985), Boschetti (2006).

seguro de grupo voluntário, baseado na poupança que seus associados adotaram. O mutualismo [...] foi atacado pelos anarquistas e outros líderes [...] como forma de organização regressiva, que tolhia a consciência de classe e desenvolvia uma mentalidade assistencialista passiva entre os trabalhadores.

[...] algumas companhias particulares (especialmente grandes firmas industriais e estradas de ferros) organizaram fundos de benefícios (caixas beneficentes) para os seus empregados. Estes fundos ofereciam proveitos semelhantes aos do "mutualismo" particular: serviço médico, aposentadoria, e auxílio em caso de doença, invalidez e funeral. A participação nessas caixas era, no entanto, obrigatória, e os fundos provinham de dedução nos salários e multas aos trabalhadores por infração às regras da companhia (Malloy, 1986, p. 44-45).

Segundo o autor, a extinção das caixas beneficentes constituía bandeira de luta defendida pelos sindicalistas de forma incisiva. Elas, porém, inspiraram as Caixas de Aposentadorias e Pensões, instituídas legalmente, a partir da década de 1920.

A pesquisa publicada em 2002 pelo Ministério da Previdência e Assistência Social (MPAS),[8] sob a organização de Jorceli Sousa, cita que as primeiras iniciativas de proteção social "com efeitos práticos" são do final do século XIX, quando foi regulamentado o direito à aposentadoria dos empregados dos Correios — pelo Decreto n. 9.912-A, de 26 de março de 1888 — e no mesmo ano criada uma Caixa de Socorros em cada uma das Estradas de Ferro do Império, que garantiam pequenas ajudas aos empregados em situações de doença e morte. E,

ainda nos fins do século XIX, foram instituídos o Fundo de Pensões do Pessoal das Oficinas de Imprensa, a aposentadoria para os empregados da Estrada de Ferro Central do Brasil, posteriormente estendida a todos os ferroviários do Estado, o Montepio obrigatório dos Empregados do Ministério da Fazenda e a aposentadoria por invalidez e pensão por morte para os operários do Arsenal da Marinha do Rio de Janeiro e seus dependentes (Sousa, 2002, p. 16).

---

8. Na época, este Ministério dedicava-se à gestão da previdência e da assistência social, por isso esta denominação.

Essa e outras pesquisas sobre o tema registram a criação legal de outras instituições, com características de proteção social e várias iniciativas de projetos de lei, com vistas à instituição de um sistema de seguros contra acidente de trabalho, entre 1894 e 1919, sempre a partir de lutas e mobilizações da classe trabalhadora (Oliveira e Teixeira, 1985; Malloy, 1986; Silva, 1997; Faleiros, 2000a; Boschetti, 2006).

Dessa maneira, em 1919, foi regulamentado o acidente de trabalho — pelo Decreto-lei n. 3.724, de 15 de janeiro daquele ano —, que funcionou como uma espécie de indenização, passando a assumir a natureza de seguro social somente em 1967, quando foi incorporado ao Instituto Nacional da Previdência Social (INPS), pela Lei n. 5.316, de 14 de setembro daquele ano. É curioso saber que, antes da aprovação da indenização por acidente de trabalho, em 1919, várias iniciativas de projetos de leis sobre o tema haviam existido. A primeira delas data de 1904, por iniciativa do jurista Medeiros de Albuquerque. Essa iniciativa foi barrada na Câmara, devido à resistência dos parlamentares, em sua maioria, vinculados às oligarquias cafeeiras. O projeto de lei aprovado em 1919 foi apresentado ao Congresso em 1915, pelo senador Adolfo Gordo (Silva, 1997, p. 32-33), e tramitou quatro anos antes da aprovação.

Contudo, as primeiras instituições de previdência social, assim reconhecidas pela maioria dos pesquisadores da área, revisitados neste trabalho,[9] foram criadas na década de 1920. Essas conquistas deram-se em um contexto de lutas e grandes mobilizações dos trabalhadores, entre as quais merecem destaque as greves generalizadas ocorridas em 1917 e 1919, já citadas, em cujas pautas de reivindicações encontravam-se itens associados à proteção social (Silva, 1997; Sousa, 2002). Vale lembrar que esse período de efervescência política no país e de intensificação das reivindicações relacionadas à proteção social sofria influência do contexto internacional, marcado: pela vitória da Revolução Russa, em 1917; pelo fim da Primeira Grande Guerra Mundial, em 1918, e pela assinatura do Tratado de Versalhes, em 28 de junho

---

9. Entre estes autores encontram-se: Malloy (1986), Oliveira e Teixeira (1985), Faleiros (2000a), Boschetti (2006) e Sousa (2002).

PREVIDÊNCIA SOCIAL NO BRASIL

de 1919, o qual impunha vários compromissos aos países signatários, entre eles, a implementação de proteção ao trabalho, por meio de seguros sociais.

Em 1923, o Decreto-lei n. 4.682, de 24 de janeiro, conhecido como Lei Elói Chaves, determinou a criação de Caixas de Aposentadorias e Pensões (CAPs) para os empregados em empresas ferroviárias. A lei estabelecia os benefícios de pensão, aposentadorias, assistência médica e auxílio farmacêutico. A Caixa de Aposentadoria e Pensões dos Empregados da Great Western do Brasil foi a primeira instituição previdenciária criada no país, em 20 de março do mesmo ano (Silva, 1997; Sousa, 2002). A partir de então, outras Caixas de Aposentadorias e Pensões foram criadas, com base na Lei Elói Chaves. Assim:

> Em 1926, o Decreto n. 5.109, de 20 de dezembro, estendeu o regime da Lei Elói Chaves a outras empresas. Ampliava-se o leque de ferrovias, com a inclusão das estradas de ferro a cargo da União, dos estados, dos municípios ou de particulares, e os efeitos da lei tornavam-se extensivos a todas as empresas de navegação marítima ou fluvial e as de exploração de portos pertencentes à União, aos estados, aos municípios e a particulares (Sousa, 2002, p. 34).

Da mesma forma e no mesmo ano (1926) foram criados o Instituto de Aposentadorias e Pensões dos Funcionários Civis da União e as Caixas de Aposentadorias e Pensões dos Marítimos e Portuários. Desde então, o regime de Caixas de Aposentadorias e Pensões alcançou outras categorias, como "os trabalhadores dos serviços telegráficos e radiográficos (1928), empregados dos serviços de força, luz e bondes (1930), empregados em mineração (1932) e aeroviários (1934)" (Silva, 1997, p. 34).

Portanto, no período da chamada Velha República (1889 a 1930), em que predominou o modelo econômico agrário-exportador, baseado na monocultura do café e na produção do leite, com forte dependência do capital internacional, a proteção social foi conquista de categorias específicas, com algum nível de organização e peso no capital produtivo. As categorias de trabalhadores "mais bem organizadas e estrategicamente mais bem localizadas foram as categorias cobertas primeiro, vindo as outras categorias depois, mais ou menos na ordem do seu significado econômico e, portanto, político" (Malloy, 1986, p. 75).

Dessa forma, é possível afirmar que a Lei Elói Chaves e suas variações posteriores, instituídas em um contexto de lutas da classe trabalhadora em reação às precárias condições de vida e trabalho, além de constituir um incentivo ao emprego, destinaram-se a cumprir a função de conter os conflitos sociais, que se avolumavam nos anos que antecederam e na década de 1920. Logo, caracteriza-se também como uma forma de controle das elites no poder sobre os trabalhadores. Esse é também o pensamento de James Malloy (1986, p. 54):

> Além de fornecer um incentivo ao trabalho, Chaves também deixou clara a sua preocupação com os problemas do conflito social [...]
> A lei foi especialmente feita, portanto, para neutralizar àqueles que propunham a ação radical e direta de uma classe trabalhadora autônoma e agressiva. Enquanto sugeria a colaboração de classe, Chaves também deixava claro que os termos dessa colaboração seriam definidos por uma elite [...].

Essas medidas de proteção e "controle" ocorreram articuladas à estruturação do mercado de trabalho, a partir de forte intervenção do Estado. No período que vai

> da Abolição da Escravatura até nos anos 1920, a ação do Estado [...] foi decisiva tanto em face do desenvolvimento geral da história econômica do país quanto, mais especificamente, para a história da conformação de seu mercado de trabalho (Theodoro, 2009, p. 104).

Mas, essa intervenção não parou por aí, nos anos subsequentes ela até se expandiu.

Desde a década de 1930, a regulação do trabalho cresceu e repercutiu na expansão dos direitos trabalhistas e da previdência social. Como dizem Behring e Boschetti (2006, p. 81):

O fundamental, nesse contexto do final do século XIX e início do século XX, é compreender que nosso liberalismo à brasileira não comportava a questão dos direitos sociais, que foram incorporados sob pressão dos trabalhadores e com fortes dificuldades para sua implementação e garantia efetiva. Essa situação começa a se alterar nos anos de 1920 e sofrerá mudanças substanciais a partir dos anos 1930.

O padrão de acumulação que se configurou no Brasil entre 1930 e 1980 baseou-se no processo de industrialização e urbanização, que se desenvolveu conjugado à regulação da relação entre o trabalho e o capital. A legislação trabalhista consideravelmente ampliada nesse período atendeu a necessidades dos trabalhadores, ampliou direitos trabalhistas e favoreceu a estruturação da proteção social no país, respaldada na expansão da previdência social. Mas atendeu, sobretudo, às necessidades de acumulação do capital, ao dar sustentação a um novo padrão de acumulação baseado em atividades econômicas urbanas e industriais.

Do ponto de vista político, o movimento resultante da aliança entre as oligarquias dissidentes (mineiros, paraibanos e gaúchos) e os jovens oficiais do Exército e da Marinha, que ficaram conhecidos como "os tenentes revoltosos", levou Getúlio ao poder, inaugurando a Era Vargas, a qual revolucionou, naquele período, a vida do país.

O movimento de 1930 introduziu um novo modelo político e econômico no país. Inicialmente, ele deslocou regionalmente e diversificou a elite do café, antes concentrada em São Paulo e, em seguida, quebrou a "política do café com leite", em que se alternavam no poder representantes políticos das oligarquias mineira e paulista. Em 1930, a presidência da República saiu das mãos do paulista Washington Luís para as mãos do gaúcho Getúlio Vargas. Somente na década de 1990, porém, um novo paulista assumiu a presidência da República, Fernando Henrique Cardoso. Nessa perspectiva, a parte fundamental do legado da Era Vargas "foi a criação de um Estado nacional, sucedendo a um consórcio das elites econômicas e políticas regionais" (Sader, 2010, p. 12). Convém lembrar ainda da política de cooptação dos movimentos organizados como estratégia usada para alcançar a façanha.

Do ponto de vista das relações de exploração da classe burguesa sobre a classe trabalhadora — característica básica do modo de produção capitalista —, a chamada "Revolução de 30", nada mudou. Tratou-se de uma expansão econômica dentro do próprio capitalismo. Segundo Oliveira (2003a, p. 61): "do ponto de vista de proprietários e não proprietários dos meios de produção, isto é, do ponto de vista de compradores e vendedores da força de trabalho; o sistema continua tendo por base e norte a realização do lucro". Isso significa que, embora o movimento de 1930 tenha modificado as relações políticas entre as forças no poder, na realidade, para os trabalhadores a situação de exploração continuou a mesma, apenas com nova roupagem e com novos sujeitos envolvidos, ou seja, havia uma só questão a ser resolvida, como diz Chico de Oliveira (2003a, p. 62): "a da substituição das classes proprietárias rurais na cúpula da pirâmide no poder pelas novas classes burguesas empresário-industriais". Além disso, na Era Vargas, o mercado de trabalho organiza-se de forma madura e, "nesse momento, o capital já 'se liberou' do custo de reprodução da força de trabalho. Limita-se a procurar no mercado, segundo suas necessidades, a força de trabalho tornada mercadoria" (Iamamoto e Carvalho, 1983, p. 127). Os trabalhadores continuaram a depender de uma saída revolucionária a ser construída por eles mesmos.

Getúlio governou o Brasil em dois períodos: de 1930 a 1945, quando foi deposto, e de 1950 a 1954, quando se suicidou. Não obstante as diferenças entre os dois mandatos, destacam-se como linhas centrais: 1) o grande investimento na industrialização e na estruturação do Estado, com dimensão mais nacional, procurando superar os "controles regionais" pelas oligarquias; e 2) a política centralizadora e populista na relação com a sociedade e os movimentos organizados.

No que se refere ao primeiro governo, o aspecto mais valorizado de sua política populista foram as investidas para a cooptação dos trabalhadores, sobretudo antes de 1937, visto que Getúlio precisava, por um lado, conter o avanço das lutas populares, para que isso não se constituísse uma ameaça e, por outro, precisava ganhar apoio destes setores para se manter no poder, já que a aliança que o levou à presidência se desfaria dois anos depois.

Para garantir a popularidade necessária, Getúlio atendia parcialmente às reivindicações dos trabalhadores, ao mesmo tempo que tentava conter a ascensão de suas lutas, cooptando lideranças e regulando suas ações. Nessa direção é que logo nos primeiros anos de seu governo foram criados os sindicatos oficiais e direitos específicos que só poderiam ser usufruídos pelos filiados a esses sindicatos, conforme será comentado adiante. O propósito de Vargas com essa medida era ter sob o seu controle o movimento dos trabalhadores e enfraquecer a sua organização livre e independente. Todavia, os setores combativos reagiram e asseguraram expressiva representação na Assembleia Constituinte que elaborou a Constituição de 1934 e mantiveram o movimento vivo até o golpe de 1937, quando foi instituída a ditadura Vargas, chamada por ele, o "Estado Novo".[10]

A justificativa de Vargas para o golpe foi livrar o país da ameaça do comunismo por meio do "Plano Cohen",[11] o qual depois foi desmascarado. Após o golpe, Vargas anunciou a nova Constituição de 1937, de inspiração fascista, que suspendia todos os direitos políticos, abolindo os partidos e as organizações civis. O Congresso Nacional foi fechado, bem como as Assembleias Legislativas e as Câmaras Municipais. Essas medidas revelaram mais fortemente o caráter autoritário e centralizador de seu governo.

---

10. O período entre 1937 e 1945 ficou conhecido na história do Brasil como "Estado Novo" e/ou como "ditadura varguista". Caracteriza-se pela forte concentração de poder no Executivo Federal, a partir do golpe político de Getúlio Vargas em 10 de novembro de 1937, com apoio dos militares e das oligarquias.

11. Plano Cohen foi um documento escrito pelo capitão integralista Olímpio Mourão Filho — na época membro do Serviço Secreto e, posteriormente, o que desencadeou o golpe de 1964 —, a pedido de Plínio Salgado, líder da Ação Integralista Brasileira, com a intenção de simular uma revolução comunista no Brasil. O suposto objetivo desse plano era a tomada do poder pelos comunistas, a partir de uma acusação não verídica contra Getúlio. Havia dois candidatos para as eleições presidenciais marcadas para 1938: José Américo de Almeida e Armando de Sales Oliveira. O plano era para que o presidente Getúlio Vargas fosse "acusado" de tentar tomar o poder de um desses candidatos e a partir daí sua saída do governo seria exigida. O plano teria sido descoberto pelo governo no dia 30 de setembro de 1937 e foi utilizado por Vargas com o objetivo de aterrorizar a população e justificar um golpe de Estado que permitiria sua perpetuação na presidência. Apesar das várias versões sobre o plano, depois se descobriu que ele foi uma farsa montada pelos integralistas.

Por meio do fomento do sentimento nacionalista em torno da ameaça do comunismo, a ditadura Vargas conseguiu o apoio popular que crescia cada vez mais, diante dos esforços de seu governo em relação à industrialização do país, que aceleravam o crescimento econômico e a entrada do Brasil no cenário internacional. Para atender a esses propósitos, foram criados órgãos estratégicos como o Conselho Nacional do Petróleo e o Conselho Federal de Comércio Exterior. Foi nesse contexto que foi criada a Companhia Siderúrgica Nacional, que desempenhou papel fundamental no fornecimento de matéria-prima para o setor industrial. Todavia, para dar suporte ao crescimento econômico, com grande participação do Estado, foi necessário também fortalecer a máquina pública e a burocracia. Com esse fim, foi criado o Departamento Administrativo do Serviço Público (Dasp), em 1938.

Assim, o "Estado Novo" conjugou autoritarismo político e modernização econômica, sob um pano de fundo nacionalista e fascista. A relação que a ditadura varguista estabelecia com a sociedade era de controle e vigilância. Foi instituído o sindicato oficial, filiado ao Ministério do Trabalho, e abolida a liberdade de organização sindical. As relações entre trabalhadores e patrões ficavam, portanto, sob controle do Estado e da lógica da conciliação de classes, o que implicava a restrição política dos setores organizados da classe trabalhadora.

Nesse contexto de restrições políticas impostas aos trabalhadores, Getúlio instituiu uma série de leis trabalhistas, culminando com a edição da Consolidação das Leis do Trabalho (CLT), em 1943. Com isso, garantiu direitos e atendeu a antigas reivindicações dos trabalhadores, o que projetou a sua imagem como "o pai dos pobres". Porém, o objetivo maior dessa produção legislativa foi apoiar a expansão da indústria no país, contribuindo para o ajuste dos trabalhadores ao regime de trabalho imposto por essa expansão. As legislações trabalhistas e previdenciárias foram essenciais a esse propósito. Logo, não é por acaso que os críticos da ditadura Vargas o denominam "o pai dos trabalhadores e a mãe dos capitalistas".

Portanto, a primeira etapa da Era Vargas foi marcada por intensa produção legislativa, com muitas inovações no campo das relações de trabalho e das políticas sociais, sobretudo da previdência social, com o objetivo principal de forjar uma força de trabalho que pudesse servir à indústria em fase de expansão.

O Ministério do Trabalho, Indústria e Comércio foi criado pelo Decreto n. 19.433, de 26 de novembro de 1930, e tinha entre suas principais competências orientar e supervisionar a previdência social e, também, instituir uma nova relação com os sindicatos.

A partir de 1931, foram criados os sindicatos oficiais, que funcionavam sob legislação restritiva e controle do Ministério do Trabalho. Estes instrumentos de lutas dos trabalhadores foram transformados nos principais mecanismos de controle, vigilância e cooptação por parte do governo Vargas. Entre as iniciativas governamentais adotadas para cooptar as classes trabalhadoras, Vargas decretou, em 1932, a obrigatoriedade da Carteira de Trabalho para os trabalhadores urbanos. Direitos como férias e carteira assinada foram, a princípio, concedidos apenas aos trabalhadores vinculados aos sindicatos oficiais criados pelo governo. Com isso, incentivou a filiação aos sindicatos sob seu controle.

Em 1933, o governo Vargas começou a mudar a estratégia em relação à política de previdência social: ao invés de fortalecer e incentivar a criação de novas Caixas de Aposentadorias e Pensões, investiu na criação dos Institutos de Aposentadorias e Pensões, mesmo que até 1936 as Caixas continuassem sendo criadas paralelamente aos Institutos. Além disso, as novas unidades de previdência social passaram a ter maior controle do Estado.

O primeiro a ser criado foi o Instituto de Aposentadorias e Pensões dos Trabalhadores Marítimos — pelo Decreto n. 22.872, de 29 de junho de 1933. A esse se seguiram outros. Os Institutos dos Bancários e dos Comerciários foram criados em 1934; o dos Industriários, em 1936, porém só foi implementado em 1938; o Instituto dos Empregados em Transportes de Cargas e Estivas e o dos servidores do Estado também foram iniciados em 1938 (Oliveira e Teixeira, 1986; Malloy, 1985; Silva, 1997; Boschetti, 2006).

O Instituto de Aposentadorias e Pensões dos Industriários (Iapi), embora destinado a uma categoria expressiva de trabalhadores, "devido ao baixo nível de organização autônoma dos trabalhadores industriais, não apenas foi a última instituição a se formar, como também foi formada com o mínimo de influência sindical e um máximo de planejamento direto do governo" (Malloy, 1986, p. 82). Dessa forma, não é à toa que este instituto foi o único que durante vários anos viabilizou apenas pensões e aposentadorias aos seus beneficiários, os chamados "benefícios obrigatórios", sem lhes assegurar a assistência médica, incluída no rol dos "serviços e vantagens complementares e facultativos" (Oliveira e Teixeira, 1985).

Isso demonstra como os industriários sofreram diretamente os efeitos do controle do Estado, por meio do sindicato oficial, imposto à categoria.

Após 1938, o governo adotou a política de transformar as Caixas em Institutos e não mais criar novas Caixas, como diz Boschetti (2006, p. 21):

> [...], sobretudo após 1938, o governo adotou a política expressa de, além de não criar mais Caixas, transformar as existentes em IAPs. Assim a CAP dos trabalhadores das barcas e dos trabalhadores dos entrepostos, criadas em 1934, foram transformadas respectivamente em Instituto de Aposentadorias e Pensões dos Trabalhadores de Transportes e Cargas (Iaptec), em 1938, e em Instituto de Aposentadorias e Pensões dos Estivadores (Iape) em 1939. Este último foi extinto em 1945, e seus contribuintes foram absorvidos pelo Iaptec.

Os motivos para essa mudança são muitos, entre os mais fundamentais encontram-se o interesse do governo em estimular a poupança gerada por meio destas unidades de previdência social e em melhorar o controle sobre tal poupança. Ao mesmo tempo, o governo pretendia incentivar o ajuste do trabalhador às exigências da estruturação do parque industrial que se formava, tendo mais controle sobre a ação dos trabalhadores urbanos, no momento mais fortes politicamente e mais diretamente "beneficiados" com as medidas reguladoras.

Com essa política de proteção social aos mais "fortes politicamente" por meio da previdência social, o governo terminou criando um sistema para algumas categorias já inseridas no recente mercado de trabalho assalariado, enquanto outras ficaram sem proteção:

> Do ponto de vista político, a opção governamental foi a de proteger, [...] as condições de trabalho, e não os trabalhadores. Desse modo, a expansão dos IAPs seguiu uma lógica de cobertura progressiva de [...] categorias profissionais reconhecidas legalmente pelo Estado e consideradas necessárias ao desenvolvimento produtivo da época. No fim do governo Vargas, em 1945, somente as categorias urbanas cujas profissões tinham sido regulamentadas pelo Estado tinham direito a benefícios, sob a condição de seus trabalhadores estarem inseridos no mercado. Os trabalhadores rurais e autônomos, os [...] sazonais, os que se situavam no mercado informal e os desempregados não tinham direito a nenhum tipo de proteção social (Boschetti, 2006, p. 22).

É importante resgatar que as tendências de uniformização dos critérios de acesso, valores das contribuições e prestações de retorno referentes à previdência social, bem como de unificação das unidades de previdência social (CAPs e IAPs), foram ganhando corpo nos anos subsequentes do governo Vargas. Nesse sentido, a primeira iniciativa nessa direção "desenvolveu-se, como era de se esperar, no Ministério do Trabalho, em 1941, com uma proposta de unificação dos benefícios" (Malloy, 1986, p. 90). Diante do fracasso dessa proposta, Getúlio determinou a uma comissão de especialistas a elaboração de uma proposta para instituição de um novo sistema previdenciário no país. Assim, no início de 1945, a comissão criada "apresentou ao presidente Vargas um relatório de 234 volumes, que concluiu por uma recomendação de criar um só tipo de instituição de previdência social, a ser conhecido como Instituto de Serviços Sociais do Brasil (ISSB)" (Idem, ibidem, p. 90).

O plano de criação do ISSB não partiu dos interesses dos trabalhadores, "refletia uma convergência, nas altas esferas, de valores, interesses e objetivos de uma emergente elite tecnocrata e do executivo" (Idem, ibidem, p. 90-91). Portanto, foi mais uma proposta recusada, sobretudo pelas categorias de trabalhadores que já possuíam cobertura previdenciária, algumas das quais teriam direitos reduzidos ou eliminados, com o nivelamento por baixo, expresso pelo plano. Dada a sua impopularidade, o Decreto-lei n. 7.526, de 7 de maio de 1945, assinado por Getúlio, instituindo o ISSB, foi revogado posteriormente (Silva, 1997, p. 39) e, durante sua vigência, não serviu aos interesses do presidente de obter respaldo popular, em um contexto político em que se manter no poder estava quase insustentável.

Em 1945, o mundo foi tomado pelas ideias democráticas e o regime autoritário brasileiro já não podia ser mantido. Getúlio Vargas foi deposto pelos militares em 29 de outubro de 1945. A abertura democrática levou ao poder o general Eurico Gaspar Dutra, como presidente eleito pelo voto popular, dando fim a um longo período autoritário do Brasil.

Desse modo, o mercado de trabalho no país, durante o governo Vargas, ampliou a sua estruturação, e teve como principal aporte a legislação trabalhista e previdenciária. Essa conjugação, por um lado, mostrou a profunda dependência da expansão da cobertura da previdência social do trabalho assalariado, por outro, evidenciou que o mercado de trabalho no Brasil ganhou este impulso nessa época, com o fim especial de imprimir um novo padrão de acumulação. Este se firmou em atividades urbanas industriais, sem, contudo, eliminar características já existentes: baixo nível de escolaridade, salários precários, reduzida qualidade dos postos de trabalho, baixa segurança no trabalho, informalidade, rotatividade da mão de obra e a inexistência de políticas de emprego. Essas marcas não impediram o crescimento do emprego na era Vargas e nos anos subsequentes, como veremos adiante.

O segundo pós-Guerra foi marcado por lutas e algumas conquistas dos trabalhadores. Com o movimento popular em ascensão, após a derrocada de Vargas, a esquerda fortaleceu-se, redirecionou seus eixos de luta e, pela primeira vez, hegemonicamente, traçou um plano de lutas centrado no combate ao latifúndio e ao imperialismo, como assinala Emir Sader (2010, p. 17):

No segundo período do pós-guerra, a estratégia hegemônica da esquerda se assentava na luta contra o latifúndio e o imperialismo, buscando desbloquear o desenvolvimento econômico, ao considerar que as travas externas e rurais seriam os obstáculos centrais à modernização industrial, ao desenvolvimento econômico e social do país e à afirmação da sua identidade nacional. Essa estratégia considerava que havia uma primeira etapa de luta nacional e democrática, até que se criassem as condições para uma luta anticapitalista.

Foi um período de extraordinários avanços no desenvolvimento econômico do país, na construção do Estado nacional, na conquista dos direitos sociais da população e na elaboração de uma ideologia nacionalista.

Mesmo assim, o Brasil não contou com um Estado social desenvolvido nem viveu a generalização do emprego. Contudo, o período de estruturação da indústria nacional e de regulação das relações capital/trabalho (sobretudo entre 1930 e 1980) teve a marca da expansão do trabalho assalariado com carteira assinada — condição de acesso à previdência e, como diz Pochmann, a base de apoio a uma fase de grande crescimento econômico no país (2001, p. 96):

> Com a abolição da escravidão, no último quartel do século XIX, o emprego assalariado passou a ganhar impulso, sobretudo a partir da Revolução de Trinta, quando o projeto de industrialização nacional começou a conformar a base do desenvolvimento de uma sociedade salarial. Assim, entre 1932 e 1980 o Brasil levou avante um dos mais bem-sucedidos modelos de crescimento econômico, fundado na ampla difusão do emprego assalariado. Durante os anos de 40 e 70, por exemplo, a cada 10 postos de trabalho criados apenas 2 não eram assalariados, sendo 7 com registro formal.

A década de 1930 reflete na economia brasileira o aprofundamento da degradação do fim da hegemonia agrário-exportadora e o início da supremacia da estrutura produtiva de base urbano-industrial. Esse processo concretizou-se na segunda metade dos anos 1950, quando a renda do setor industrial superou a renda da agricultura no total da renda interna do país.

O processo de destruição de um padrão de acumulação baseado em atividades econômicas agrário-exportadoras e de criação de condições para sustentar um novo padrão de acumulação, com base em atividades econômicas urbano-industriais, ligadas a um mercado interno, marcou fortemente a economia, a cultura, o trabalho, os serviços públicos, o turismo e outros aspectos da dinâmica do país. Para Oliveira (2003, p. 36), esse processo implicou a reformulação do aparelho e da ação estatal e a regulamentação da oferta e da demanda dos fatores no conjunto da economia, dentre os quais, "a regulamentação das leis de relação entre o trabalho e o capital é um dos mais importantes, se não o mais importante".

Para o autor, é relevante o papel da legislação trabalhista no processo de acumulação, após 1930, e o papel do Estado na institucionalização das regras do mercado. Na sua opinião, "as leis trabalhistas fazem parte de um conjunto de medidas destinadas a instaurar um novo modo de acumulação" (Idem, ibidem, p. 38). Para tanto, fazia-se necessário que a população que afluía às cidades fosse transformada em exército de reserva,[12] adequando-se à reprodução do capital, o que favoreceria que a legislação trabalhista igualasse "reduzindo — antes que incrementando — o preço da força de trabalho" (Oliveira, 2003a, p. 38). Esse nivelamento dos salários beneficiou a acumulação, pois se os valores dos salários ficassem condicionados ao "mercado livre", algumas categorias operárias especializadas alcançariam valores mais elevados. Portanto, medidas como a instituição do salário mínimo na década de 1930 e sua implantação na década subsequente tiveram função relevante na acumulação do capital, corroborando para a concentração da riqueza nas mãos dos capitalistas.

Com base ainda na visão de Oliveira (2003a), e reconhecendo o intenso crescimento econômico ocorrido entre 1940 e 1970, pode-se dizer que a legislação trabalhista naquele período teve como principal finalidade favorecer a acumulação do capital, propiciando uma fase de crescimento econômico, sem que tenha havido redistribuição de renda, redução das desigualdades sociais e melhoria no padrão de vida da classe trabalhadora.

---

12. Oliveira usa "exército de reserva" entre aspas. Esta forma será usada, portanto, apenas em suas citações diretas.

Nesse contexto, a ampliação da cobertura previdenciária, por meio da expansão das CAPs e dos Institutos de Aposentadorias e Pensões (IAPs) das categorias de trabalhadores assalariados, estratégicas nessa mudança de padrão de acumulação, pode também ser compreendida como um reforço às necessidades de reprodução do capital. Desempenha, assim, importante papel na garantia de reprodução da força de trabalho e adaptação dos trabalhadores ao mercado de trabalho que estava a se estruturar.

Entre as décadas de 1930 e 1960, o Estado teve intervenção relevante no desmonte do padrão de acumulação de base agrário-exportadora, criando e recriando as condições institucionais para o novo padrão de acumulação, fundado em atividades econômicas de base urbano-industrial. Essa intervenção deu-se de várias formas, a fim de criar as bases para que a acumulação capitalista industrial, nas empresas, pudesse se reproduzir. Com isso, houve a ampliação de suas funções e de seu aparelho nesse período, inclusive como produtor direto de bens e serviços de consumo coletivo e até "empresário", como destaca Theodoro (2009, p. 106):

> Se, até os anos 1920, a ação estatal era, sobretudo, normativa, depois de 1930 ela assume uma característica fortemente intervencionista.[13] O Estado passa a ter um papel essencial, não somente no que concerne à promoção de políticas de proteção ou de estímulo à atividade econômica privada, mas também como 'estado-empresário', seja intervindo diretamente, seja estabelecendo diretrizes gerais em setores estratégicos.

A participação do Estado nas atividades econômicas no Brasil está intimamente ligada às flutuações do desenvolvimento econômico do país. Em cada época, com características diversas em decorrência do

---

13. O texto traz nessa palavra a seguinte nota: "43. Observe-se, por exemplo, a política de compra e destruição do café no início dos anos 1930, quando o governo impediu a queda do preço deste produto evitando que a crise do setor exportador atingisse outros setores, assim como a adoção de uma política tarifária protecionista, o que permitiu o fortalecimento da produção industrial interna. Alguns anos mais tarde, nos anos 1940, o Estado vai inaugurar a intervenção direta, da qual a construção da usina siderúrgica de Volta Redonda (1941) é um símbolo".

grau de desenvolvimento, sua participação também se dá de forma específica, como bem descreve Ianni (2004, p. 53): "antes de 1930, quando a produção dominante era a cafeicultura exportadora, ele esteve orientado em outra direção, no sentido de preservar a economia de tipo colonial. Depois, [...] iniciou novas atividades alargando sua área de ação e refinando os seus instrumentos". Na realidade, o alargamento de suas ações após a década de 1930 significa que ele aparece como agente econômico do processo produtivo, "ele opera, também e, principalmente, no nível infraestrutural, diretamente no processo de formação de capital, isto é, de acumulação capitalista" (Idem, ibidem, p. 240).

No que se refere aos indicadores do mercado de trabalho desse período, Pochmann (2002, p. 68), com base nos dados do IBGE, afirma que entre 1940 e 1980, o mercado de trabalho apresentou sinais de estruturação em torno do trabalho assalariado. Dessa forma, em 1940, um percentual de 42,0% da População Economicamente Ativa (PEA) ocupada era assalariada, e em 1980, esse percentual alcançou 62,8%, com redução das ocupações sem registro formal (de 29,9% para 13,6%), sem remuneração (de 19,6% para 9,2%), por conta própria (de 29,2% para 22,1%) e do desemprego (de 6,3 para 2,8%).[14]

Nesse contexto de formação do mercado de trabalho e melhorias dos indicadores referentes ao trabalho assalariado, foi notável a expansão da previdência social, tanto em número de contribuintes,[15] de

---

14. Na análise, o autor adota conceitos do IBGE já citados neste trabalho. E considera *desempregado* o trabalhador que, além de ter procurado emprego durante o período de referência da pesquisa, se encontrava apto para exercício imediato de uma vaga, sem ter trabalhado nem mesmo uma hora durante a semana da pesquisa. Cf. Pochmann (2001, p. 100-101). Cf. IBGE. *Notas metodológicas*. Brasília: IBGE, 2006.

15. As terminologias indicativas de pessoas cobertas pela previdência social no Brasil e em usufruto de seus benefícios sofreram mudanças ao longo dos anos. Estas alterações estarão representadas nas tabelas 4, 5, 6 e 7 usadas neste trabalho. A concepção de *associado* prevaleceu durante a vigência dos IAPs e CAPs. Esses associados poderiam ser *ativos* (contribuintes) e *inativos* (usufruindo benefícios). Já a terminologia *segurados contribuintes* passou a ser usada em 1969, distinguindo a categoria *segurado* daquele que recebe algum benefício ou auxílio. A unificação dos IAPs e a criação do INPS romperam com a noção de associação ou vínculo com uma instituição específica via determinado tipo de inserção no mercado de trabalho. O indivíduo

Caixas e Institutos de Aposentadorias e Pensões, quanto de beneficiários.[16] As Tabelas 4, 5, 6 e 7, a seguir, expressam esse crescimento no curso de seus primeiros 60 anos, de 1923 a 1983, excetuando-se 1958, 1969, 1970 a 1977, cujos dados não estavam disponíveis nas fontes pesquisadas.

Assim, em 1923, dez meses após a implantação da Lei Elói Chaves, já existiam no país, 24 Caixas e/ou Institutos de Aposentadorias e Pensões que congregavam 22.991 associados ativos, conforme a Tabela 4. Esse quantitativo cresceu muito a partir da década de 1930.

As estratégias políticas usadas por Vargas (e em parte, por alguns governos que o sucederam) de fazer dos direitos trabalhistas e do acesso à previdência meios para incentivar o trabalho na indústria, de apoiar a estruturação do mercado de trabalho e de cooptar os trabalhadores para o seu projeto, mostraram-se bem-sucedidas, segundo os dados estatísticos referentes à quantidade de associados e o número de beneficiários no curso de seus governos.

A Tabela 4 revela que em 1930 existiam 47 Caixas/Institutos de Aposentadorias e Pensões, 142.464 associados ativos, 8.009 aposentados e 7.013 pensionistas, enquanto em 1936 existiam 183 IAPs e CAPs, 682.580 associados ativos, 15.926 aposentados e 23.587 pensionistas. Os dados mostram que o crescimento da quantidade de unidades de previdência social mais que triplicou entre 1930 e 1936, refletindo a política do governo Vargas, adotada no período, de investir na expansão das Caixas e Institutos de Aposentadorias e Pensões. Já em 1939 eram 100 IAPs e/ou CAPs, 1.838.885 associados ativos, 27.210 aposentados e 53.932 pensionistas. Houve a redução de 83 CAPs/IAPs em

---

passou a ser *segurado* do INPS, por meio de contribuição e não um *associado* do INPS. Até 1967, a população coberta era apresentada por IAPs e essa era a distinção fundamental. A fusão dos IAPs unificou os dados e exigiu nova classificação para apresentar os segurados e a sua distribuição geográfica, usada nas tabelas de 1936 a 1967. De *segurados contribuintes*, passou-se a *contribuintes* em 1973 e *segurados*, em 1983, mantendo-se assim, até 1991. A partir deste ano a previdência social passou a divulgar as informações sobre o número de benefícios em manutenção ou concedido, não divulgando o número de segurados que continuaram assim sendo chamados. Cf. Hochman (2006, p. 192).

16. Pessoas usufruindo benefícios.

TABELA 4

Retrospectivos: previdência e assistência social, Institutos e Caixas de Aposentadoria e Pensões — 1923/1951

Anos	Institutos e Caixas	Associados ativos	Aposentados	Pensionistas
	Número			
1923	24	22.991	—	—
1924	26	30.792	—	—
1925	27	41.192	—	—
1926	28	53.236	—	—
1927	30	62.811	—	—
1928	44	132.854	—	—
1929	44	140.435	6.930	3.867
1930	47	142.464	8.009	7.013
1931	98	147.108	8.605	8.059
1932	140	189.482	10.279	8.820
1933	164	210.883	11.807	12.734
1934	176	274.392	12.743	13.709
1935	179	495.363	13.759	16.102
1936	183	682.580	15.926	23.587
1937	104	844.801	18.360	31.911
1938	104	1.787.386	21.758	37.100
1939	100	1.838.885	27.210	53.932
1940	95	1.912.972	34.837	63.138
1941	82	2.124.714	49.604	90.826
1942	54	2.279.093	66.603	110.171
1943	40	2.455.110	83.476	119.571
1944	38	2.639.793	98.887	152.147
1945	35	2.762.822	110.724	124.401
1946	35	2.824.409	126.689	241.936
1947	35	2.895.613	149.863	278.141
1948	35	2.858.801	158.855	171.076
1949	35	2.902.048	165.830	283.905
1950	35	3.030.708	181.267	202.838
1951	35	3.045.988	182.382	303.998

Fonte: Departamento Nacional da Previdência Social. Tabela extraída de: *Anuário Estatístico do Brasil 1953*. Rio de Janeiro: IBGE, v. 14, 1953. In: Hochman (2006, p. 191).

Notas: 1) A tabela não inclui dados sobre o Ipase (Instituto de Previdência e Assistência dos Servidores do Estado).

2) A diminuição no número de entidades de 1937 a 1944 foi determinada pela fusão ou incorporação de "Caixas".

3) Na tabela original há colunas sobre o Resultado Financeiro em que as despesas estão detalhadas por gastos com pensões, aposentadoria e serviço médico-hospitalar. Consta também uma coluna com informações sobre FGTS.

três anos (1936 a 1939) e expansão do número de associados em quase treze vezes mais, no intervalo de nove anos (entre 1930 e 1939). Os dados referentes ao ano de 1939 expressam a crescente evolução do mercado de trabalho assalariado e a política de unificação das Caixas em Instituto, adotada por Vargas a partir de 1938. Tal política mostrou-se eficiente, pois de 183 unidades em 1936, chegou-se a 35, em 1945 e permaneceu assim até 1951, enquanto o número de associados continuou a se expandir e, em 1951, atingiu 3.045.988 associados ativos. Essa expansão de associados ativos no período entre 1930 e 1951 é uma expressão real da primeira avalanche expansionista do mercado de trabalho impulsionada pelo crescimento da indústria nacional.

Em relação ao número de aposentados e pensionistas, dois aspectos chamam a atenção na Tabela 4. O primeiro é que a quantidade anual de aposentados entre 1929 e 1932 era maior do que o de pensionistas, mas, a partir de 1933 o número de pensionistas superou o número de aposentados. O segundo aspecto que chama a atenção é a celeridade do crescimento do número de pensionistas isoladamente e comparativamente ao número de associados e aposentados. Em 1929, contava-se com 3.867 pensionistas (aproximadamente 2,75% do número de associados ativos e 55,80% do número de aposentados). Já em 1951, alcançou-se 303.998 pensionistas, algo em torno de 7,51% dos associados ativos e 166,68% dos aposentados, conforme mostra a Tabela 4. Esses dados sugerem que, naquele contexto de condições precárias de trabalho e elevado grau de exploração, as mortes de trabalhadores assalariados, protegidos pela previdência social, ocorriam em grande quantidade. Desse modo, possivelmente, os trabalhadores alcançavam menos o benefício da aposentadoria do que os seus dependentes o benefício da pensão. Nessa relação deve-se levar em conta a possibilidade de haver mais de um pensionista para cada trabalhador falecido, uma vez que as famílias poderiam ter mais de um beneficiário (cônjuge, filhos, pais), conforme a legislação vigente. Ainda assim, a relação feita, apesar de permitir apenas uma aproximação da relação entre associados ativos, aposentados e pensionistas, haja vista não se ter disponíveis informações mais detalhadas e completas, como o número (ou a média) de pensionistas por cada segurado, é uma alerta.

A crise econômica no pós-Segunda Guerra, associada a processos políticos e econômicos internos ao país, provocou a reação dos trabalhadores, fazendo crescer a efervescência política entre 1946 (após a deposição de Getúlio) e 1964, quando aconteceu o golpe militar e os direitos políticos foram novamente cassados e as liberdades cerceadas.

Principalmente, desde a segunda metade dos anos 1950, ocorreram muitas manifestações populares contra a carestia, o desemprego, a inflação e o arrocho salarial e pela ampliação dos direitos sociais. As greves de trabalhadores urbanos pipocaram por todo o país. Os trabalhadores rurais realizaram grandes manifestações em defesa da reforma agrária e direitos sociais, por meio das ligas camponesas e dos sindicatos de trabalhadores rurais.

No tocante à previdência social, esta efervescência política a trouxe para o centro dos debates políticos, inclusive com a realização de dois congressos da previdência social e grandes mobilizações sindicais em defesa de ampliação de direitos nessa área.

O primeiro congresso, realizado em 1953, em plena ebulição política, reuniu em Brasília representantes de entidades sindicais de todo o país e contou com o apoio direto do então ministro do Trabalho, do segundo governo de Vargas (1951-1954), João Goulart. O segundo congresso correu em 1957, em uma conjuntura mais amena politicamente. Dessa forma, "o congresso de 1953, componente de uma conjunta política de crise, apesar de respaldado pelo governo central, revela-se bastante mais contundente que o de 1957" (Cohn, 1980, p. 36). Ambos, porém, reivindicavam maior participação e controle social sobre as decisões referentes à previdência social, além da ampliação de alguns direitos dos trabalhadores já cobertos pelo sistema e extensão de outros direitos existentes a segmentos de trabalhadores não cobertos pela previdência social.

Toda essa mobilização em torno da previdência social contribuiu, por um lado, para a ampliação do número de contribuintes, como mostra a Tabela 5, ou seja, de 3.359.074 associados ativos, em 1952 para 3.833.651 associados em 1956. Pelos dados de 1957, o número de associados ativos era menor que o ano de 1956, em quase 40 mil, enquanto o número de aposentados e pensionistas continuou a crescer. Em tese, não há um fato histórico, econômico ou político marcante conjunturalmente que justifique essa redução. Aliás, os destaques políticos no ano de 1957 que dizem respeito à previdência social (o acirramento do debate sobre o Projeto de Lei Orgânica no Legislativo e a realização do segundo congresso de previdência social) não explicam diretamente essa redução de associados ativos.

O debate ocorrido sobre a LOPS é lembrado por Amélia Cohn (1980, p. 25), como tendo ocorrido no contexto de grande movimentação sindical: "Convém aqui adiantar que o grande debate no Legislativo sobre a Lei Orgânica de Previdência Social será feito no ano de 1957, ano pré-eleitoral e que apresenta uma grande ebulição na área sindical."

Vale ressaltar que, em 1957, o percentual do número de pensionistas em relação ao número de associados ativos era de 13,36% — maior percentual, desde 1929, quando estes dados foram disponibilizados, como mostra a Tabela 5.

O elemento mais marcante daquela conjuntura que pode ter forte ligação com o crescimento do número de pensionistas é o grande impulso dado pelo Plano de Metas (1956-1960) do governo Juscelino Kubitschek à industrialização e à realização de grandes obras, como a construção de Brasília e da rodovia Belém-Brasília. Nesse período, a literatura corrente sobre o tema registra que surgem evidências de dívidas da previdência por desvio de recursos para a construção dessa rodovia. Sabe-se que a execução de vultosas obras de infraestrutura como as duas mencionadas, em condições precárias de segurança do trabalho, geralmente se associa a mortes e mutilações dos trabalhadores, o que pode gerar pensões.

Outro elemento que reforça essa possível vinculação é o fato de mais de 45% (229.165)[17] do total de pensionistas em 1957 (507.015) serem dependentes de segurados do Instituto de Aposentadorias e

---

17. Cf. Hochman (2006, p. 201).

Pensões dos Industriários, que viabilizava os direitos previdenciários dos trabalhadores da construção civil — grande parte dos envolvidos na construção das obras.

Todavia, o que se aponta é apenas uma hipótese, baseada nas evidências citadas, pois não há dados e informações disponíveis para uma análise mais completa e acurada.

TABELA 5

Institutos e Caixas de Previdência e Assistência Social — número de associados e resultados financeiros, por Institutos e Caixas — 1952/1957

| Anos | Número de associados | | |
| | Ativos | Aposentados | Pensionistas |
	Em 31-XII dos anos indicados		
1952	3.359.074	244.186	373.595
1953	3.485.147	289.044	406.122
1954	3.826.906	301.536	423.285
1955	3.833.226	319.302	476.591
1956	3.833.651	363.893	491.543
1957	3.794.762	381.778	507.015

Fontes: Institutos de Aposentadoria e Pensões e Caixa de Aposentadoria e Pensões dos Ferroviários e Empregados em Serviços Públicos. Tabela extraída de: IBGE. *Anuário Estatístico do Brasil 1958*. Rio de Janeiro: IBGE, v. 19, 1959. In: Hochman, 2006 (p. 200-201).

Nota: Na tabela original há colunas sobre o Resultado Financeiro em que as despesas estão detalhadas por gastos com pensões, aposentadoria e serviço médico-hospitalar. Consta ainda coluna com informações sobre FGTS.

Por outro lado, a efervescência política do pós-Segunda Guerra também contribuiu para que, no final do governo de Juscelino Kubitschek (1956-1961), fosse aprovada a Lei Orgânica da Previdência Social (LOPS), Lei n. 3.807, de 26 de agosto de 1960. O projeto de lei originário foi da autoria do deputado Aloísio Alves, da União Democrática Nacional (UDN), de 17 de julho de 1947, o qual "só depois de cinco reformulações substanciais e de centenas de emendas finalmente foi aprovado" (Malloy, 1986, p. 97).[18]

O projeto da Lops, originalmente, foi elaborado com o apoio de servidores da previdência social, dos quais a maior parte era defensora do processo de unificação, universalização e padronização da previdência. Dessa forma, inicialmente o projeto de lei procurava restabelecer esses princípios, que, desde 1945, faziam parte da proposta de criação do Instituto de Serviços Sociais do Brasil (ISSB), que o governo brasileiro procurou efetivar, mas que encontrou resistência. No projeto originário da Lops, esses princípios também foram rebatidos, especialmente o da unificação administrativa:

> [...] Alves procurou originalmente alcançar, por diferentes meios, os três princípios essenciais do plano do ISSB — unificação, universalização e padronização. As realidades políticas, no entanto, o forçaram, e aos seus conselheiros tecnocratas, a modificar o tratamento original. Dos três importantes princípios, o mais combatido foi, sem dúvida, o da unificação administrativa. Portanto, esse objetivo caiu e os esforços centraram-se na universalização e padronização. Ainda assim, essa concessão pouco fez para amortecer a resistência, pois a lei modificada foi vista [...] pelos interesses que influenciavam a previdência social, como um cavalo de Troia preparando o caminho da unificação (Malloy, 1986, p. 97).

Apesar disso, pode-se dizer que a Lops foi essencial ao processo de unificação da Previdência Social, ao uniformizar as normas e critérios de acesso aos benefícios e serviços, bem como o teto das contribuições e dos valores dos benefícios. O nivelamento de alguns benefícios, carências, valores de contribuições, entre outros, tornou mais fácil a gestão do sistema e favoreceu a sua centralização posterior, com a unificação dos IAPs e Caixas no INPS. Essa unificação refere-se apenas aos trabalhadores da iniciativa privada, da previdência social, não

---

18. A literatura sobre o tema registra que, em 1946 e 1947, mais de 15 projetos que pretendiam alterar a previdência social foram apresentados no Legislativo, mas a maioria não teve tramitação conclusiva.

incluindo os servidores públicos civis e militares. Portanto, foi uma unificação dos Institutos e Caixas, que passaram a compor o que atualmente é denominada previdência social — parte mais expressiva do sistema previdenciário brasileiro.

Em sua versão original, a Lops, além da assistência à saúde e alguns benefícios já conquistados, incorporou reivindicações dos trabalhadores, como: direito à aposentadoria por tempo de serviço a todas as categorias cobertas pelo sistema; aposentadoria especial, por atividades insalubres, penosas e periculosas; e o cálculo dos benefícios considerando os valores das doze últimas contribuições. Todavia, continuavam fora da cobertura diversas categorias, como os empregados domésticos, os trabalhadores rurais e autônomos.

A categoria dos trabalhadores rurais possuía elevado nível de organização (apesar de alguns sindicatos atrelados ao governo) e relativo peso no capital produtivo, porém enfrentavam enorme resistência dos latifundiários e grande informalidade nas relações de trabalho. Na verdade, desde a implantação inicial da legislação social no Brasil (1930-1937), ela

> é presidida por um Estado fortemente ligado às oligarquias de base agrária, o que garantirá a intocabilidade da estrutura fundiária — das relações sociais de produção vigentes, que só serão alteradas pela capitalização progressiva da grande lavoura (Iamamoto e Carvalho, 1983, p. 157).

Dessa forma, até a aprovação da Lops, a cobertura previdenciária e os benefícios daí decorrentes, inclusive a assistência à saúde, eram destinados somente aos assalariados formais, vinculados a alguma caixa ou instituto.

Com a Lops, as CAPs e os IAPs passaram a seguir a mesma norma, contudo a organização institucional permaneceu sob a forma de CAPs e IAPs até 26 de fevereiro de 1967, quando o Instituto Nacional de Previdência Social (INPS), criado em 21 de novembro de 1966, começou a gerir e a coordenar a unificação de todas as instituições de previdência, com base no Decreto-lei n. 225, que regulamentou a administração do Instituto (Sousa, 2002; Silva, 1997; Brasil, 1994). É bom recordar que no contexto de unificação das CAPs e IAPs, pela criação do INPS, o controle político sobre os movimentos organizados era quase absoluto, em função do regime militar instaurado no país, desde 1964.

Lembre-se de que "o golpe militar foi uma das maiores rupturas vividas pela história, pois teve um caráter claramente regressivo" (Sader, 2010, p. 19). Nos anos que o precederam, o movimento popular havia conquistado sua maior adesão e força entre as massas, contava com uma grande quantidade de lideranças com firme consistência ideológica e consciência de classe, inclusive algumas dessas lideranças ocupavam cargos de destaque no governo federal. Naquela ocasião, à frente da presidência do Brasil estava João Goulart (1961-1964),[19] que havia assumido posições radicais de enfrentamento às forças imperialistas internacionais, do capital financeiro nacional e ligadas ao latifúndio, dias antes do golpe, confiante no apoio da esquerda e do movimento popular. No dia 13 de março de 1964, na Central do Brasil, no Rio de Janeiro, Jango anunciou medidas na seguinte direção: "início do processo de reforma agrária e a limitação da remessa de lucros para o exterior" (Sader, 2010, p. 19). O golpe militar abortou todas essas medidas e abateu de forma vil todas as manifestações populares e democráticas acumuladas no país.

No que se refere à previdência social, o período entre 1960 e 1968 ficou assinalado pelo processo de uniformização dos critérios de acesso e manutenção dos direitos previdenciários. A partir da Lops, o número de associados ativos continuou crescendo, da mesma forma que o número de trabalhadores com carteira assinada. Se a indústria, portanto, ganhou impulso com o Plano de Metas de JK, esse incentivo foi preservado nos curtos governos de Jânio Quadros e João Goulart e durante os governos militares. No governo de JK, tornou-se dominante a ideologia desenvolvimentista, que "servirá de suporte a uma estratégia que associa a política de massas getulista com a abertura

---

19. João Goulart assumiu a presidência da República em 7 de setembro de 1961, em face da renúncia de Jânio Quadros. Seu governo foi parlamentarista nos anos de 1961 e 1962, dada a resistência política das forças conservadoras. Após plebiscito convocado, em janeiro de 1963, voltou o governo presidencialista, mas Jango foi deposto em março de 1964 pelo golpe militar.

para a internacionalização da economia brasileira" (Iamamoto e Carvalho, 1983, p. 346). Isso significa que o impulso industrial e a consolidação do mercado de trabalho ocorreram também para favorecer o capital estrangeiro. No período militar houve significativo crescimento econômico, expansão da indústria e do trabalho assalariado, com distinta participação do Estado. Sobre o assunto vale conferir Octávio Ianni (2004, p. 252-253):

> Dois "milagres" econômicos assinalaram a formação de um sistema industrial cada vez mais poderoso, abrangente e diversificado. Em 1956-1960, com o Programa de Metas do governo Kubitscheck, o país teria caminhado "50 anos em 5". Em 1967-1973, durante o período mais violento da ditadura militar, teria ocorrido a implantação das bases do "Brasil potência".
>
> O elemento militar reforça um pouco mais a importância econômica do Estado na formação e estrutura do capitalismo brasileiro. Desde a década de 60 desenvolve-se o complexo industrial-militar, articulado no e pelo Estado. Desde o golpe de Estado de 64 reforçou-se e desenvolveu-se a aliança entre as Forças Armadas [...], com a indústria, a burguesia industrial. Formam-se, renovam-se e multiplicam-se os vínculos entre uns e outros. Desenvolve-se a produção de armas, crescem as encomendas militares à indústria, modernizam-se as forças militares e policiais. Aos poucos, as razões do Estado e as razões das Forças Armadas [...] confundem-se em uma vigorosa economia política.

É valioso lembrar que todo esse incentivo à indústria, como elemento determinante do novo padrão de acumulação que se consolidava no Brasil, contou com a participação do capital externo, direta ou indiretamente. Prossegue o sociólogo paulista, "numa fase importante da industrialização (1956-1960), o capital externo foi considerado pelo governo como essencial à expansão das atividades produtivas" (Ianni, 2004a, p. 79). Desde então, inúmeras estratégias foram utilizadas por este e pelos governos seguintes para atrair mais ainda o capital externo. Esse processo culminou com a explosão da crise da dívida externa entre os anos de 1981 e 1983.

A Tabela 6 mostra elevado crescimento da cobertura previdenciária, entre 1959 e 1968, o que sugere forte correspondência com os dados referentes ao mercado de trabalho, anteriormente citados, com base em Pochmann (2001, p. 96), que ressaltam a elevadíssima proporção de postos de trabalho assalariado com registro formal, comparativamente aos postos de trabalho criados durante os anos de 1940 a 1970. Neste último caso, para "cada 10 postos de trabalho criados apenas 2 não eram assalariados, sendo 7 com registro formal". Na tabela, merece realce o crescimento do número de associados ativos entre 1961 e 1963. No ano de 1961, existiam 4.169.566 associados ativos enquanto em 1962 atingiu-se 5.061.502, mais de 800 mil associados ativos em relação ao ano anterior. Em 1963, eram 5.370.130 associados ativos, um crescimento também expressivo. Quanto aos aposentados e pensionistas, no ano de 1963, a proporção de pensionistas em relação ao número de associados ativos aparece reduzida, em relação ao ano anterior e ao posterior, na proporção de 5,35%. Essa proporção reduzida, certamente, diz respeito à forma de organização de dados não explicada, neste detalhe, pela fonte pesquisada, pois não há evidências históricas, políticas ou econômicas que possam explicá-la, conforme apresentada.

Em março de 1963, no contexto das lutas pelas chamadas "reformas de base" que marcaram o governo de João Goulart, foi aprovado o Estatuto do Trabalhador Rural,[20] que regula as relações de trabalho no campo, as quais, até então, estavam à margem da legislação trabalhista. É bom lembrar que, desde o início de seu mandato, Jango não dispunha de base de apoio parlamentar para aprovar com facilidade seus projetos políticos, econômicos e sociais. Por esse motivo, a estabilidade governamental foi duramente comprometida. Como saída para resolver os frequentes impasses surgidos pela ausência de apoio político no Congresso Nacional, Jango adotou uma estratégia de re-

---

20. É comum a confusão entre o Estatuto do Trabalhador Rural — Lei n. 4.214, de 2 de março de 1963 —, que regula relações de trabalho e direitos dos trabalhadores rurais, sancionado pelo presidente J. Goulart, com o Estatuto da Terra — Lei n. 4.505, de 30 de novembro de 1964 —, aprovado pelo governo militar. O Estatuto da Terra e a promessa de uma reforma agrária foram estratégias usadas pelo governo militar para conter as lutas dos camponeses e tranquilizar os grandes proprietários de terra.

TABELA 6[21]

Institutos e serviços de previdência e assistência social — número de associados e resultados financeiros — 1959/1968

Anos	Número de associados		
	Ativos	Aposentados	Pensionistas
	Em 31-XII dos anos indicados		
1959	3.892.704	490.020	563.023
1960	4.121.863	515.937	656.309
1961	4.169.566	519.576	648.734
1962	5.061.502	569.013	653.837
1963	5.370.130	588.016	288.726
1964	2.935.179*	663.214	642.931
1965	2.987.346**	755.146	639.392
1966	2.486.091***	860.515	729.442
1967	—	—	—
1968	7.763.058	—	—

Fontes: Instituto Nacional de Previdência Social. Tabela extraída de: IBGE. *Brasil*: Séries Estatísticas Retrospectivas. Rio de Janeiro: IBGE, v. 1, 1970. In: Hochman (2006, p. 204).

* Exclusive os associados do antigo Instituto de Aposentadoria e Pensões dos Industriários.

** Exclusive os associados do antigo Instituto de Aposentadoria e Pensões dos Industriários e do antigo Instituto de Aposentadoria e Pensões dos Marítimos.

*** Exclusive os associados do antigo Instituto de Aposentadoria Pensões dos Industriários, antigo Instituto de Aposentadoria e Pensões dos Marítimos e antigo Instituto de Aposentadoria e Pensões dos Empregados em transporte e Cargas.

correr permanentemente à mobilização das classes populares, a fim de obter apoio social ao seu governo. Somente assim conseguiu aprovar projetos como a instituição do 13º salário e o Estatuto do Trabalhador Rural. Este Estatuto, aprovado em de março de 1963, entre outras coisas, instituiu o Fundo de Assistência e Previdência do Trabalhador Rural, e representava um avanço na conquista de direitos pelos trabalhadores rurais, entretanto não teve recursos definidos para a sua

---

21. Na tabela original, a despesa está detalhada por gastos com pensões, aposentadoria e auxílios. Apresenta a receita também dividida em contribuições de segurados, empregados e união, outras de previdência e outras não especificadas. Consta também uma linha com informações sobre FGTS.

operacionalização, pois imediatamente à sua aprovação ocorreu o golpe militar.

Com o golpe, apenas em 1º de maio de 1969 foi instituído o Plano Básico da Previdência Social, que alcançou os trabalhadores rurais, pelo Decreto-lei n. 564, depois alterado pelo Decreto-lei n. 704, de 14 de julho de 1969. Em 1971, a Lei Complementar n. 11 instituiu o Programa de Assistência ao Trabalhador Rural (Pró-rural), que passou a ser gerido pelo Fundo de Assistência ao Trabalhador Rural (Funrural). O programa assegurava alguns benefícios previdenciários aos trabalhadores rurais, como aposentadoria por idade, auxílio-funeral, mas tinha a assistência médica como o centro de suas medidas. Em 1973, a Lei Complementar n. 16, de 30 de outubro, altera a Lei Complementar n. 11, para ampliar um pouco os direitos dos trabalhadores rurais, sobretudo no que se refere aos valores de alguns benefícios. Contudo, os benefícios decorrentes de acidentes de trabalho, tão desejados por essa categoria, só foram implantados para os trabalhadores rurais em 1974 (Silva, 1997; Brasil, 1994; Sousa, 2002).

É importante resgatar que durante o período da ditadura militar houve um aprofundamento da função das políticas sociais, inclusive da previdência social, como instrumento de controle político do Estado sobre a sociedade. O acesso aos benefícios ficou basicamente limitado aos trabalhadores assalariados, os seus valores foram reduzidos e o processamento administrativo destes benefícios ocorria desprovido da visão de direito, mais um forte recorte de benesse. Isso se deu sobremaneira em relação aos trabalhadores rurais, cuja organização política havia se fortalecido no contexto das lutas pela reforma agrária que antecederam o golpe militar. Com isso, o campo constituía um dos focos de resistência política ao governo dos militares, que foi amortecido por meio de medidas assistencialistas e conservadoras. A previdência social voltada ao setor, no período, foi marcada por essa visão, com a finalidade de controle político.

A cobertura de acidente do trabalho e outros direitos previdenciários, por serem dependentes do trabalho assalariado formal pouco presente no campo, demorou a ser conquistada por todas as categorias de trabalhadores rurais (meeiros, parceiros, arrendatários, entre outros), além dos poucos assalariados existentes no campo. Como diz Iamamoto (2008b, p. 235), "em plena década de 1980, prevalece no campo brasileiro a ausência de formalização do trabalho assalariado, destituído de garantias trabalhistas e direitos previdenciários". Somente nas décadas de 1980 e 1990, mediante a articulação das lutas dos movimentos sociais urbanos e rurais, dos trabalhadores rurais e dos trabalhadores urbanos, foram asseguradas na Constituição Federal de 1988 e em legislação infraconstitucional as mais significativas reivindicações dos trabalhadores rurais referentes à previdência social, como a participação no custeio da seguridade de forma diferenciada. Em função disso, houve uma grande ampliação da cobertura previdenciária ao segmento, como veremos adiante.

Na década de 1970, dois fatos marcaram a história da previdência social. O primeiro é um precedente de significativa importância para a universalização da previdência social — a extensão de sua proteção a outras categorias de trabalhadores não assalariados, sem normas rigorosas de contribuições prévias. A Lei n. 6.179 institui a Renda Mensal Vitalícia (RMV) para: a) maiores de 70 anos de idade; e b) para os inválidos que tivessem contribuído com a previdência social por um período mínimo de 12 meses e depois perdido a qualidade de segurado; que tivessem exercido atividades reconhecidas pela previdência por pelo menos cinco anos, ainda que não tivessem contribuído; ou ainda que começaram a contribuir após 60 anos de idade. Esse benefício foi extinto em 1996, quando o Benefício de Prestação Continuada da Assistência Social (BPC) destinado a idosos e pessoas com deficiência começou a ser implantado, conforme previsão do art. 40 da Lei Orgânica de Assistência Social (Loas). Vale destacar que, embora possua indubitavelmente caráter misto (assistência e previdência), a RMV foi instituída e viabilizada como um benefício de natureza puramente assistencial, o que leva alguns estudiosos a considerá-la como tal, visão da qual discordamos.

O segundo fato relevante da década de 1970 foi a criação de dois instrumentos de gestão unificada de políticas que iriam, na década posterior, constituir a seguridade social. Em 1974, por meio da Lei n. 74.274, de 4 de julho, foi criado o Ministério da Previdência e Assistência Social (MPAS), responsável pela coordenação nacional e gestão das políticas de previdência social e assistência. Em 1977, a Lei n. 6.439, de 1º de setembro, cria o Sistema Nacional de Previdência e Assistência Social (Sinpas), com a função de integrar ações, programas, projetos, serviços e benefícios de competência de sete órgãos, sob a orientação, coordenação e gestão do MPAS: Instituto Nacional de Assistência Médica da Previdência Social (Inamps), responsável pela política de saúde dos segurados; Instituto Nacional de Previdência Social (INPS), que geria e operacionalizava os benefícios; Instituto de Administração Financeira da Previdência e Assistência Social (Iapas), responsável pela arrecadação e administração dos recursos da previdência; Fundação Legião Brasileira de Assistência Social (LBA), a qual competia a política de assistência social; Fundação Nacional de Bem-Estar do Menor — (Funabem), com atenção voltada para as crianças e adolescentes; Empresa de Processamento de Dados da Previdência Social (Dataprev); Central de Medicamentos (Ceme) que geria a política de medicamentos. O Sinpas tornou o MPAS responsável pelas políticas de previdência, saúde, assistência, farmacêutica e da criança e do adolescente. Essa rede prenunciou o sistema de seguridade social, que nasceu em 1988 (Silva, 1997; Brasil, 1994; Sousa, 2002).

Do ponto de vista da quantidade de segurados, o crescimento foi significativo, conforme demonstra a Tabela 7, pois "ao longo da década de 1970 foram incorporadas categorias até então marginalizadas, tais como os empregados domésticos em 1972, os trabalhadores autônomos em 1973" (Hochman, 2006, p. 185) entre outras já mencionadas. Assim, de acordo com a Tabela 7, em 1978 havia 21.166.088 segurados, destes 16.638.799 (78,6%) eram empregados. Isso comprova a enorme dependência da previdência do trabalho assalariado formal, pois desse universo geral de segurados, apenas 1.972.203 (9,3%) eram empregadores, 1.350.931 (6,4%) eram autônomos e 74.023 (0,3%) eram facultativos.

Até 1983, cresceu o quantitativo de segurados, comparativamente aos anos anteriores, sendo que neste ano alcançou-se 25.062.988

segurados, dentre os quais 19.671,128 (78,5%) eram empregados e 1.649.708 (6,6%) eram autônomos e 37.594 (0,2%) eram facultativos.

No período, foi notável a redução percentual do número de segurados facultativos e o crescimento dos segurados autônomos, dada a abertura do sistema a outras categorias de trabalhadores e ao movimento de desconstrução das relações formais de trabalho que começa a dar sinais na década de 1980, como será mostrado adiante. Estes movimentos, entretanto, não interferiram na real dependência da previdência social dos trabalhadores assalariados (empregados), cujo percentual continuou acima de 78%, como se pode ver na Tabela 7.

No período entre 1923 e 1983, em que se teve acesso aos dados sobre o número de segurados da previdência social, não foi possível ser feita uma comparação direta com os dados referentes ao mercado de trabalho, anualmente, porque, segundo Cardoso (2006, p. 251): "[...] o ano de 1936 marca o início da divulgação sistemática de estatísticas do trabalho por parte dos anuários estatísticos do IBGE". Todavia, as estatísticas divulgadas possuem níveis diferentes de elaboração, com mais ou menos detalhes, o que dificultou a comparação. Além disso, os dados divulgados em 1936 correspondiam a censos de anos anteriores. O trecho de Cardoso (2006, p. 263), na obra do IBGE, *Estatísticas do século XX*, apontam nessa direção:

> As estatísticas sobre estrutura (ou configuração) do mercado de trabalho também aparecem pela primeira vez no AEB de 1936. São apresentados os resultados dos censos de 1872, de 1890, de 1900 e de 1920, onde a população é dividida, "segundo as profissões", em três categorias: produção, transformação, circulação e distribuição de riqueza, administração e profissões liberais e outras categorias. Para o censo de 1920 há mais detalhes, com "as profissões" um pouco melhor especificadas em oito categorias, na verdade coincidentes com ramos da economia (com exceção das "profissões liberais"). Os dados são apresentados por Unidade da Federação, capitais e Distrito Federal.
>
> [...] a estrutura do mercado de trabalho até 1964, na verdade só pode ser rastreada no AEB por indicadores muito resumidos.

TABELA 7

Segurados do Instituto Nacional da Previdência Social, por categoria, segundo as unidades da federação — 1978/1983

UF	Anos	Segurados								
		Total	Categoria							
			Empregadores	Empregados	Empregados em entidades filantrópicas	Autônomos	Empregados domésticos	Avulsos	Facultativos	Contribuinte em dobro
B R A S I L**	1978	21.166.088	1.972.203	16.638.799	469.438	1.350.931	569.689	—	74.023	91.005
	1979	22.436.053	2.090.536	17.637.127	497.604	1.444.938	603.870		65.513*	96.465
	1980	23.782.216	2.215.968	18.695.355	527.460	1.536.078	640.102	—	65.000*	102.253
	1981	24.448.118	2.278.015	19.188.536	542.229	1.597.012	658.025	30.289	48.896	105.116
	1982	24.814.840	2.280.000	19.476.362	550.363	1.653.154	667.896	30.743	49.629	106.693
	1983	25.062.988	2.335.307	19.671.128	555.866	1.649.708	674.574	31.051	37.594	107.760

Fontes: Ministério da Previdência e Assistência Social, Instituto de Administração Financeira da Previdência e Assistência Social, Coordenadoria de Informática. Tabela extraída de: IBGE. *Anuário Estatístico do Brasil 1983*. Rio de Janeiro: IBGE, v. 44, 1984. In: Hochman (2006, p. 194-196).

* Estimativas preliminares. Os métodos empregados consideram, simultaneamente, a compatibilidade com as fontes de receita e com a distribuição da população. Estimado o número de segurados facultativos, segundo uma tendência de decréscimo relativo ao contingente. 1). Em decorrência da Lei n. 6.696/79, foi estimado o número de segurados facultativos, segundo a tendência de decréscimo relativo ao contingente 5) Inclusive Mato Grosso. Total de contribuintes. 2) Inclusive Rondônia. 3) Inclusive Roraima. 4) Inclusive Amapá. 5) Inclusive Mato Grosso.

** A tabela original é dividida por unidades da federação. Usamos só resultados globais. Deixamos as informações que compõem a nota (*) sobre as estimativas aplicadas aos estados, porque interferem nos resultados globais.

Logo, as comparações feitas nesta parte do trabalho são aproximações com base nos dados disponíveis sobre o período. Esses dados, porém, apesar de não serem contínuos, revelam que o processo de assalariamento na sociedade brasileira no período de 1920 a 1980 contribuiu decisivamente para a ampliação da cobertura da previdência social no país. A vinculação visceral entre trabalho assalariado e cobertura previdenciária pode ser notada em todas as fases significativas da estruturação do mercado de trabalho assalariado no período.

Entretanto, como diz Boschetti, apoiada em Robert Castel, sobre a sociedade salarial:

> A previdência fundada na lógica do seguro social, o processo de assalariamento e a industrialização ocuparam um lugar importante na gênese da proteção social no Brasil. Mas, estes três elementos não foram capazes de consolidar uma "condição salarial" que pudesse ter como resultado uma "sociedade salarial" com suas implicações: pleno emprego [...], identidade social construída a partir da posição ocupada na estratificação salarial, acumulação homogênea de bens e produtos, ampliação de direitos e garantias, e multiplicação e universalização da proteção social e da segurança social (Boschetti, 2006, p. 80).

A análise de Theodoro (2009, p. 110-111) sobre o período entre 1930 e 1980 aponta na mesma direção:

> Entre 1930 e 1980, em termos globais a economia brasileira conheceu um crescimento notável, em que pese a existência de momentos de descontinuidade. Houve uma grande diversificação da indústria, ao mesmo tempo que a força de trabalho aumentou de 15,7 milhões para 45 milhões de pessoas e que o Produto Interno Bruto *per capita* cresceu 380%. No final dos anos 1970, a economia brasileira classificava-se entre as maiores economias do mundo capitalista. Entretanto, [...] este crescimento não foi suficiente para absorver toda a mão de obra.

Ainda no que se refere à força de trabalho, é relevante retomar a reflexão sobre o aproveitamento da força de trabalho dos negros (majoritariamente descendentes de escravos e/ou ex-escravos) pelo re-cém-estruturado mercado de trabalho, no período entre 1930 e 1980:

> Deve-se fazer uma última observação, referente à situação dos negros e mestiços no mercado de trabalho no período 1930-1980. O processo de modernização permitiu também uma absorção significativa destas populações que, até os anos 1930, estavam quase totalmente marginalizadas. A revalorização da mão de obra nacional que se seguiu ao fim do período de imigração massiva beneficiou diretamente os negros e mestiços (Theodoro, 2009, p. 111).

A década de 1980 é singular e traz elementos inusitados à história de organização da previdência social no Brasil, e sua inter-relação com a condição estrutural do trabalho no país. É disso que trata o item subsequente.

3.2 A instituição da seguridade social no Brasil em um contexto internacional de mudanças no mundo do trabalho com reflexos no país e o seu rebatimento na cobertura da previdência social (década de 1980)

A década de 1980, no contexto internacional, foi marcada por profundas mudanças no capitalismo em decorrência da crise de superacumulação que afetou o sistema e se manifestou em meados da década de 1970 nos países do capitalismo avançado. Isto provocou a queda nas taxas de lucros, o que imputou reação imediata dos capitalistas, no sentido de colocarem em ação mecanismos capazes de frear os efeitos da crise. Os mecanismos utilizados, porém, provocaram o aumento da exploração dos trabalhadores pela elevação da produtividade, elevação da jornada de trabalho e/ou uso intensivo das capacidades da força de trabalho, redução do valor real dos salários, ampliação da superpopulação relativa (por meio do aprofundamento do desemprego e do subemprego), entre outros. Essa situação reflete o ônus da crise sobre os trabalhadores e expressa a busca por um novo padrão de acumulação capaz de retomar os superlucros.

Sob diretrizes neoliberais, essa busca por um novo padrão de acumulação imprimiu a redefinição das funções do Estado, a financeirização do capital e a reestruturação produtiva como estratégias intrinsecamente articuladas. O modelo neoliberal que se firmou a partir de então rapidamente se tornou hegemônico no mundo capitalista.

Assim, a respeito dos anos 1980, diz Sader (2010, p. 24): "a hegemonia do modelo neoliberal consolidou o acúmulo de fatores regressivos em escala mundial".

Nos países do capitalismo periférico, a crise e as formas de enfrentá-la manifestaram-se em épocas diferentes e de modos peculiares, de acordo com as realidades específicas de cada país, apesar das características comuns que fenômenos como esses possuem. Nesses países, as mudanças na economia, no papel do Estado e no mundo do trabalho sob diretrizes neoliberais imprimiram efeitos devastadores. No Brasil não foi diferente:

> Os anos 1980 são estigmatizados como aqueles da "década perdida". Este foi o período durante o qual as taxas de crescimento se reduziram de maneira drástica: o país conheceu um crescimento de menos de 17% durante a década (cerca de 1,5% ao ano), distante da taxa histórica de crescimento da economia brasileira de 6% ao ano. Em geral [...] estes anos podem ser considerados como marcados por uma crise econômica prolongada, resultado, sobretudo do aprofundamento de alguns problemas estruturais vivenciados pelo país após o primeiro choque do petróleo, em 1973. São o aumento da inflação, o crescimento da dívida interna e externa e a elevação das taxas de juros que causaram a queda nas taxas de investimento e a recessão (Theodoro, 2009, p. 112).

Nesse contexto de crise e recessão, desde o começo da década de 1980, o mercado de trabalho demonstrou trajetória distinta da que registrou desde 1930, isto é, a tendência de crescimento da formalização das relações salariais estagnou e deu lugar ao trabalho informal:

Embora o país tenha deixado de expandir o nível de assalariamento da População Economicamente Ativa, não houve evolução negativa dos empregos assalariados. Estes cresceram praticamente à mesma taxa anual de variação da PEA (2,8%), permitindo [...] a manutenção da taxa de assalariamento no decorrer dos anos 80. Mas a quantidade de empregos assalariados sofreu significativa alteração na composição dos registrados e dos sem registro em carteira. De cada cem empregos assalariados gerados entre 1980 e 1991, cerca de 99 foram sem registro e apenas um tinha registro. O saldo total dos empregos assalariados representou 68% do universo de ocupações criadas no mesmo período, significando que, de cada dez ocupações, oito eram provenientes do segmento assalariado (Pochmann, 2002, p. 72-73).

Nessa década, na evolução da População Economicamente Ativa (PEA), na condição de ocupação e do desemprego entre 1980 e 1991, três aspectos chamam a atenção:

O crescimento relativo anual das ocupações não assalariadas de empregador e conta própria em 4,95% e 3,51% respectivamente; o crescimento do desemprego a uma taxa anual de 6,64% e a manutenção da taxa de subutilização da força de trabalho em 34%. Dessa forma, em 1980, o percentual de empregador e conta própria, no âmbito da PEA, era de 3,1% e 22,1%, respectivamente, já em 1991 tais percentuais eram 3,9% e 23,9%, respectivamente. O desemprego subiu de 2,8%, em 1980 para 4,2% em 1991, enquanto o emprego com carteira assinada caiu de 49,2% para 36,6% nos mesmos anos e o emprego sem carteira assinada subiu de 13,6% para 26,0% (Pochmann, 2002, p. 72).

Esse processo de descontração das relações formalizadas de trabalho em todos os setores da economia, que começou a se manifestar na década de 1980 e se expandiu pela década de 1990, teve impacto na cobertura da previdência social, tanto reduzindo os percentuais de cobertura da PEA ocupada e sem ocupação quanto provocando mudanças nos setores cobertos, como será mostrado adiante. O crescimento da informalidade, portanto do trabalho desprotegido, em níveis expressivos, aumentou a pobreza e as desigualdades sociais de modo estupendo no país. Essa situação agravou-se nessas duas décadas quando o país, diante da ofensiva neoliberal, submeteu-se ainda mais às requisições do capitalismo mundial. Passou, assim, a cumprir exigências como a reestruturação produtiva, que se apresentava como uma das faces da estratégia para amortecer os efeitos da crise do capital iniciada na década de 1970 nos países centrais, com repercussões nos países periféricos.

Aqui, a reestruturação produtiva começa a dar sinais na década de 1980, a partir das mudanças na indústria automobilística, com a racionalização organizacional e das linhas de produção das empresas, a adoção de programas de qualidade total, o envolvimento induzido da força de trabalho em todas as etapas da produção, a renovação de métodos e processos de trabalho e o uso de sistemas de automação com base na microeletrônica. Esse processo orientou-se pelo objetivo de ampliar a capacidade competitiva das empresas nacionais em um cenário internacional de forte concorrência e crescente instabilidade econômica.

Deste modo, a partir do decênio de 1980, ocorreram alterações na organização do trabalho, na estrutura produtiva, no mercado de trabalho e na organização, representação e ação política dos trabalhadores, embora de forma lenta, comparativamente ao que ocorreu nessa década nos países do capitalismo avançado. Entre os motivos dessa morosidade encontram-se certa resistência dos empresários e a grande efervescência política que marcou a década de 1980, em que ganhou destaque as lutas pelo (a): fim da política econômica recessiva e dependente do capital externo; (b) redemocratização e ampliação dos direitos sociais.

Esses motivos são também destacados por Jorge Mattoso (2010, p. 35), ao discorrer sobre o assunto:

> Em comparação a outros países da América Latina, a subordinação ao ajuste de inspiração neoliberal chegou mais tarde ao Brasil. A resistência popular e as reticências do empresariado nos anos 1980 contribuíram para esse atraso, que paulatinamente foi revertido na década de 1990.

Entre as lutas gerais da sociedade que marcaram essa década merecem destaque ainda a luta pela anistia ampla, geral e irrestrita; as grandes manifestações populares por eleições diretas para presidente da República, que balizaram o ano de 1984 por meio da campanha massiva intitulada "Diretas Já"; as grandes e mobilizadas campanhas sindicais; as duas grandes greves gerais realizadas nos anos de 1984 (contra a carestia, a desvalorização salarial e ampliação das liberdades democráticas) e 1986 (contra o plano cruzado e seus efeitos para os trabalhadores), as mobilizações dos trabalhadores sem-terra e as mobilizações populares antes e durante o processo constituinte em 1987 e 1988.

Logo, do ponto de vista político, a década de 1980 foi de fortalecimento do campo democrático popular e da classe trabalhadora, como destaca Emir Sader (2010, p. 22):

> Foi um período de fortalecimento do movimento sindical e do campo popular, em que houve a fundação da Central Única dos Trabalhadores (CUT), do Partido dos Trabalhadores (PT), do Movimento dos Trabalhadores Rurais Sem Terra (MST), além da mobilização que precedeu a Assembleia Constituinte — uma expressão da força então adquirida pelo movimento democrático. A campanha pelas eleições diretas, as mobilizações sindicais e dos trabalhadores sem terra revelaram como a luta de resistência à ditadura mantinha a iniciativa com grande respaldo popular.

Essas manifestações políticas tiveram como elementos desencadeadores aqueles que assinalaram essa década, do ponto de vista econômico, como "a década perdida", ou seja, a situação econômica do país imbuída de enorme dívida externa e interna, sob recessão, inflação galopante, carestia, desvalorização salarial, desemprego, elevação da taxa de juros, entre outros. Do ponto de vista político-ideológico, foram marcantes as divergências em decorrência da disputa entre a continuidade ou ruptura com o regime de exceção imposto pela ditadura militar.

As divergências político-ideológicas mencionadas tornavam-se evidentes por meio das expressivas mobilizações populares e das intervenções parlamentares no Congresso Nacional (e na Assembleia Nacional Constituinte). Sustentavam-se também no governo da "Nova

República" (1985-1989) que se caracterizava como "um prolongamento da ditadura e de seu cronograma político-militar de transição lenta, gradual e segura" (Fernandes, 1989, p. 108). Ademais, mostravam-se nas expectativas e esperanças do movimento organizado da sociedade e dos grupos políticos de esquerda, que por meio da Assembleia Nacional Constituinte poderiam:

> Destruir a ordem ilegal imperante, herdada da ditadura e defendida com unhas e dentes por seus remanescentes civis e militares, instalados no governo e na própria ANC ou em posições-chave no controle das grandes empresas, dos meios de comunicação de massa etc. (Idem, ibidem, p. 108).

Assim, a década de 1980 vivenciou o fim de uma perspectiva econômica iniciada na década de 1930, particularmente em decorrência da gigantesca dívida externa do país, cuja estratégia de enfrentamento, por meio da recessão nos anos de 1981 a 1983, contribuiu para agilizar uma saída negociada do regime de exceção conduzido pelos militares. É essa a opinião de Marcio Pochmann e Guilherme Dias (2010, p. 114):

> A força das transformações econômicas e sociais no Brasil, impulsionada pela maioria política que emergiu da Revolução de 1930, somente terminou por ser desconstituída 50 anos depois, por meio da crise da dívida externa, logo no início da década de 1980. Da mesma forma que o fim da escravidão implicou a queda do antigo Império no Brasil, em 1889, a saída da crise da dívida externa pelo caminho da recessão entre 1981 e 1983 — a primeira desde 1929 — acelerou o processo de transição negociada da ditadura militar para o regime democrático.

Foi nessa conjuntura de crise mundial do capitalismo, com repercussões no Brasil, e de disputa político-ideológica no país que foi elaborada e promulgada a Constituição Federal, em vigor desde 1988. Essa Constituição reflete as lutas e contradições que marcaram a época, o que fez dela, uma constituição heterogênea, com traços conservadores e com avanços, comparativamente às constituições que a antecederam. Como disse Florestan Fernandes (1989, p. 108), "uma constituição envolve a distribuição do poder na sociedade civil e o modo de usar socialmente o poder político estatal". Nesse sentido, constitui um instrumento essencial para atribuir uma dada feição à sociedade mediante proteção aos interesses de classes sociais, segmentos e grupos populacionais hegemônicos.

As constituições anteriores a 1988 foram instrumentos básicos de proteção aos privilégios, à concentração de poder, ao prestígio social e à riqueza conferidos às classes dominantes. Foram constituições que permitiram que as classes dominantes não se sentissem ameaçadas em relação aos seus interesses. Contudo, no caso da Constituição de 1988, a correlação de forças estabelecida na sociedade exigia que acordos fossem selados em torno de pontos centrais, de interesse das classes sociais fundamentais. Nessa perspectiva, a classe burguesa dominante, representada pelos segmentos no poder, pelos banqueiros, empresários, latifundiários, entre outros, desejava uma constituição que lhe assegurasse a preservação dos privilégios e a concentração de poder que sempre teve. Assim, interessava-lhe uma constituição "enxuta" (e não analítica), bem estruturada formal e juridicamente. Porém, a classe trabalhadora, os grupos de esquerda e os movimentos populares desejavam o inverso, uma constituição analítica, que incorporasse todas as suas reivindicações históricas expressivas. Isto é, desejavam uma constituição que não continuasse a "jogar sobre os ombros dos trabalhadores e dos oprimidos o peso das contradições do desenvolvimento capitalista desigual" (Fernandes, 1989, p. 110) e que preservasse o sentido democrático libertário e igualitário como princípios regentes. Uma constituição com normas e diretrizes que pudessem ajudar a construir uma sociedade com novos valores.

Todavia, apesar das grandes mobilizações, da participação popular por meio dos diferentes canais criados pela ANC, da pressão geral da sociedade, o resultado alcançado foi diferente do pretendido. A Constituição Federal de 1988, em função da diversidade de interesses que procurou contemplar, em alguns aspectos de modo mais amplo e em outros de modo mais restrito, terminou por assumir a configuração que encerra profundas contradições internas, sem, contudo, perder a marca central de uma constituição burguesa e conservadora.

Na visão de Fernandes (1989, p. 346-47), "coube-nos uma constituição burguesa conservadora, com múltiplos arranques no sentido da modernização da ordem social competitiva imperante. A fragmentação das classes e facções de classes da burguesia imprimiu à Constituição o caráter de uma colcha de retalhos".

Esse resultado, como sugere o autor, não poderia ser diferente:

> Sendo uma constituição destinada a uma sociedade capitalista da periferia e dada a composição da maioria dos constituintes, extraídos das classes burguesas alta e média, seria ingenuidade esperar que ultrapassasse os paradigmas da "democracia burguesa" das nações periféricas, associadas às nações centrais e à sua superpotência (Idem, ibidem, p. 346).

Assim, é coerente a análise de que, na versão final do projeto constitucional "duas tendências fortes e exclusivas — de conservantismo burguês de matriz reacionária e pró-imperialista, e de reforma social — cortam o texto constitucional de ponta a ponta" (Idem, ibidem, p. 347). Isso impõe certa dinâmica social e, sobretudo, permite dizer que:

> Em consequência, a Constituição é heterogênea e heteróclita. Preserva intacta uma ampla herança do passado, inclusive a tutela militar, como recurso extremo para qualquer fim... Mas, abre muitas portas para a inovação mais ou menos radical. Isso indica que a sociedade civil se alterou em suas estruturas e dinamismos fundamentais. Porém, a burguesia mostrou-se incapaz de formular um projeto histórico de constituição válido para o presente, com respostas claras diante das exigências da situação. [...]. A melhor constituição, comparada às de 1934 e 1946, nasce com vida curta e terá de ser revista [...], dentro em breve (Idem, ibidem, p. 347).

Essa análise aponta que as contradições internas à Constituição de 1988 e sua incapacidade de atender às requisições do contexto histórico, determinadas pela conjuntura em que foi elaborada e aprovada, deixaram-na suscetível a uma revisão global em curto intervalo de tempo e dotada de mecanismos que permitirão revisões parciais frequentes. Em função disso, o melhor é que não se alimentasse grandes apegos e deixasse em aberto possibilidades para mudanças inovadoras, reconhecendo-a como um ponto de ligação a uma nova constituição mais democrática, capaz de atender melhor aos anseios populares e subsidiar a construção de uma sociedade com novos valores. É o que sugere Florestan Fernandes (1989, p. 360):

> A Constituição de 1988 vem à luz com data marcada para sofrer uma revisão global e contém mecanismos que remetem a revisões parciais seguidas e constantes. Foi posta sob um signo do precário, durante a sua elaboração e posteriormente. Ela não responde às exigências da situação histórica. Porém parece melhor que não desperte grandes paixões e deixe em aberto um vasto campo à renovação e à atualização. Sufocada pelo poder do dinheiro; tisnada por uma hegemonia de classe, que se quer se deteve diante da mercantilização do voto; oprimida pelo arbítrio de uma "Nova República", que prolonga a ditadura através de seus métodos, práticas políticas, militares e policiais; vergada pela corrupção, manejada pelo governo e pelo grande capital nacional e estrangeiro; incapaz de sustentar-se sobre um poder originário e soberano: ela veio para durar pouco e servir de elo ao aparecimento de uma constituição mais democrática, popular e radical.

A Constituição Federal de 1988 traz, em seu corpo, o título "Da ordem social", em que se localiza o capítulo da seguridade social, o qual representa um avanço expressivo no campo das políticas sociais. O nascimento da seguridade social, além de uma conquista significativa dos movimentos organizados da sociedade, impôs uma nova lógica para presidir a proteção social no país, a lógica da universalização do acesso aos direitos relativos à saúde, à previdência social e à assistência social. Uma lógica que estava na contramão do que vinha ocorrendo nos países do capitalismo avançado, em que a reestruturação produtiva, associada ao redimensionamento das funções do Estado e à financeirização do capital, impunha um desmantelamento dos sistemas de proteção social, mercantilizando fortemente essa proteção. Essa diretriz de alinhamento e expansão dos interesses do capital, apesar da efervescência política no país na década de 1980, já apontava reflexos pela via da reestruturação produtiva. Esse processo aprofundou-se na década de 1990, conforme já mencionado, com a redefinição das funções do Estado e priorização do capital financeiro no processo de acumulação. Isso repercutiu na (não) implementação da seguridade social, de acordo com a sua definição constitucional.

Assim, as mudanças no mundo do trabalho e seus efeitos devastadores — sobretudo o crescimento das taxas de desemprego e da informalidade, a queda do valor real dos salários, a precarização das relações e condições de trabalho, acrescidos pelas mudanças na estrutura da proteção social na década de 1980, mediante a instituição da seguridade social como um mecanismo de ampliação de direitos na área da saúde, previdência e assistência social —, impactaram a cobertura da previdência social, nas décadas de 1980 (já analisada neste item) e de 1990 (que terá análise aprofundada no item subsequente).

A Tabela 7, apresentada no item anterior, de autoria de Hochman (2006), com base em dados do IBGE, apontou oscilações positivas de cobertura previdenciária, em termos quantitativos, nos primeiros quatro anos da década, ou seja, em 1980, o número de segurados do sistema previdenciário alcançava 23.782.216; em 1981, o número de segurados subiu para 24.448.118; em 1982, alcançou-se 24.814.840; e em 1983 o número de segurados passou para 25.062.988 (Hochman, 2006, p. 194-96). Os dados citados, de acordo com a sua disponibilização pela fonte pesquisada, apresentam limites para análise, em função da ausência de indicadores relacionados à PIA, à PEA e à taxa de atividade e nível de ocupação. De qualquer modo, são dados que servirão como referência isolada e comparativa aos dados apresentados na Tabela 8, mais adiante, de elaboração própria — também com base nas estatísticas do IBGE (PNADs) — sobre a cobertura previdenciária no Brasil, entre 1987 e 1989, comparada à PEA ocupada, na faixa etária entre 16 e 64 anos, a partir da vinculação a qualquer trabalho. Estes dados mostram a expansão da cobertura previdenciária, de acordo com o crescimento da População Economicamente Ativa, entre 1987 e 1989, em torno de 1% ao ano. Porém, a partir de 1990, com o aprofundamento do desemprego e da informalidade, a cobertura previdenciária decresceu durante toda a década, como será visto no próximo item.

Desse modo, apesar de os mais impactantes efeitos das mudanças no mundo do trabalho terem se manifestado com maior ênfase a partir da década de 1990, o crescimento do desemprego e das atividades informais, como as decorrentes do trabalho assalariado sem assinatura da carteira profissional,[22] constituíram um expressivo indicador desses efeitos nos anos 1980, que repercutiriam fortemente na redução da cobertura previdenciária. Entretanto, há importantes indícios de que as alterações no sistema de proteção social, com a instituição da seguridade social pela Constituição brasileira de 1988, também afetaram a cobertura previdenciária na década de 1980 de várias formas, inclusive inibindo parcialmente os efeitos negativos das mudanças no mundo do trabalho: a) a abertura do RGPS às possibilidades de acesso por qualquer cidadão com idade acima de 16 anos, que tenha capacidade contributiva e com ele contribua, estimulou a cobertura previdenciária aos setores informais, autônomos, estudantes, membros de congregações religiosas, entre outros; b) a equidade na participação do custeio da seguridade social, reforçada pela introdução do parágrafo 8º do art. 195 da Constituição Federal,[23] estimulou consideravelmente a cobertura previdenciária na área rural, o que justifica parcialmente o crescimento do número de segurados contribuintes individuais, em particular os trabalhadores rurais que trabalhavam em regime de economia familiar, nos termos do parágrafo supramencionado — os meeiros, parceiros, arrendatários, garimpeiros e outros trabalhadores similares —, nesta década de 1980, ainda que o crescimento maior da

---

22. Na proporção assinalada por Pochmann (2002, p. 72-73), de 1 emprego formal em cada 100 novos postos de trabalho assalariado criados no decorrer da década de 1980.

23. Art. 195, § 8º, da CF: "O produtor, o parceiro, o meeiro e o arrendatário rurais, o garimpeiro e o pescador artesanal, bem como os respectivos cônjuges, que exerçam suas atividades em regime de economia familiar, sem empregados permanentes, contribuirão para a seguridade social mediante a aplicação de uma alíquota sobre o resultado da comercialização da produção e farão jus aos benefícios nos termos da lei." A EC n. 20/1998 excluiu o garimpeiro.

cobertura a esse grupo populacional tenha ocorrido na década de 1990; c) a instituição de isenções a entidades beneficentes, às micro e pequenas empresas, além de outras formas de incentivos baseadas em isenções fiscais e redução da alíquota de contribuição, nem sempre justas socialmente,[24] estimularam o ingresso no RGPS.

Há evidências de que as mudanças na proteção social, a partir da instituição da seguridade social que ampliou e reforçou direitos atinentes à saúde, à previdência e à assistência social, podem ter estimulado a cobertura previdenciária já nos primeiros anos de vigência, particularmente, no ano de 1989 (após a regulamentação de alguns itens da Constituição Federal sobre seguridade social) e, com isso, amortecido os efeitos negativos sobre a cobertura do sistema devido ao aprofundamento contínuo do desemprego e da informalidade. De acordo com a Tabela 8, a seguir, em 1989, da PEA total (ocupada e desocupada), 53,2% era contribuinte de algum regime de previdência, enquanto 46,8% não contribuía para nenhum regime. Porém, em 1987, dois anos antes e, quando a seguridade social ainda não tinha sido instituída, apenas 51,8% da PEA total contribuíam para qualquer regime de previdência, contra 48,2% da PEA total que não era contribuinte. É verdade que a PEA ocupada em 1987 (96,45%) era menor que a do ano de 1989 (97,01%), isto é, da PEA total a quantidade de pessoas em algum tipo de ocupação era maior em 1989. Todavia, a diferença percentual entre as pessoas ocupadas em um (1987) e outro ano (1989) era bem menor (0,56%) do que em relação à diferença percentual de contribuintes (1,4%) entre os mesmos anos. Esses dados mostram que o ano de 1989, em relação à cobertura previdenciária, é relativamente atípico, comparativamente aos anos de 1987 e 1988 (conforme mostra a Tabela 8 a seguir) e aos dados da década de 1990, que serão apresentados no item subsequente.

A cobertura previdenciária naquele ano (1989) foi maior do que as coberturas nos dois anos comparados e o percentual de não contri-

---

24. São discutíveis, por exemplo, as reduções de alíquotas aos clubes de futebol e aos empregadores domésticos.

TABELA 8

População Economicamente Ativa (PEA) (entre 16 e 64 anos de idade), contribuinte para qualquer regime de previdência a partir de qualquer trabalho e não contribuinte (quantidade em %), segundo os anos de 1987-1989

Ano	PEA total					PEA total				PEA ocupada	
	Ocupada	%	Sem ocupação	%	Total	Contribuinte para qualquer regime*	%	Não contribuinte	%	Não contribuinte	%
1987	50.046.743	96,5	1.840.550	3,5	51.887.293	26.853.545	51,8	25.031.248	48,2	23.190.698	46,3
1988	51.152.100	96,2	2.003.733	3,8	53.155.833	28.136.655	52,9	25.017.124	47,1	23.013.391	45,0
1989	52.620.168	97,0	1.622.182	3,0	54.242.350	28.841.565	53,2	25.397.026	46,8	23.774.844	45,2

Fonte: Elaboração própria a partir dos dados da Pesquisa Nacional por Amostra de Domicílios (PNAD).

* Corresponde aos contribuintes da PEA ocupada.

Notas: 1) Não há desocupados contribuintes para qualquer regime previdenciário.

2) O somatório dos contribuintes e dos não contribuintes não corresponde ao número da PEA total, pois não estão representados na tabela os que não declararam a condição de contribuição.

3) O somatório dos dados da coluna "Contribuinte para qualquer regime" com os da coluna "PEA ocupada não contribuinte" não corresponde ao total da PEA ocupada, pois não estão representados na tabela os que não declararam a condição de contribuição.

buintes era um pouco menor do que o ano de 1988. Isso pode ser um forte indício dos efeitos da instituição da seguridade social sobre essa cobertura, porque pelos indicadores do mercado de trabalho, em tese, a tendência era de redução da cobertura previdenciária. De qualquer maneira, como já foram mencionados, vários fatores interferiram na ampliação da cobertura da previdência social, após a instituição da seguridade social, os quais (ou parte deles) podem ter manifestado seus efeitos em 1989.

No tocante à distribuição de contribuintes por regimes de previdência, nota-se na Tabela 9 que 90,6% do total de contribuintes da PEA ocupada, nos anos de 1987 e 1988, pertenciam ao RGPS, com um décimo percentual de acréscimo em 1989 (90,7%). Esses dados fortalecem as evidências de que as mudanças no sistema de proteção social, com a criação da seguridade social, podem ter contribuído para a expansão da cobertura da previdência social, ou seja, do Regime Geral de Previdência Social, como mencionamos.

Outro aspecto singular que a Tabela 9 revela é que o ano de 1988 apresentou o menor percentual de não contribuintes da PEA ocupada, com idade entre 16 e 64 anos (44,99%), embora os percentuais de contribuintes para o RGPS (90,6%), para o regime dos militares (1,1%) e para o RPPS (8,3%) sejam absolutamente iguais ao ano de 1987.

Esses dados, no conjunto, evidenciam a repercussão dos indicadores do mercado de trabalho sobre a cobertura previdenciária, o que ficará mais evidente ainda na década de 1990. Mostram, também, a importância da instituição da seguridade social como um mecanismo de proteção social, redutor da pobreza e das desigualdades sociais, inclusive pelo viés de ampliação do acesso à previdência social.

Em face disso e, considerando os indicadores referentes ao mercado de trabalho na década de 1980, a instituição da seguridade social, a importância do papel do Estado na (des)estruturação do mercado de trabalho e da proteção social no país, concorda-se que "O Estado assumiu [...] uma posição de corresponsabilidade, no que se refere à manutenção das desigualdades e suas consequências: a pobreza, o desemprego, a informalidade" (Theodoro, 2009, p. 121). Nesse sentido,

TABELA 9

População Economicamente Ativa (PEA) (entre 16 e 64 anos de idade), ocupada na semana de referência, contribuinte, contribuinte para regimes específicos de previdência (RGPS, militares e RPPS) a partir de qualquer trabalho e não contribuinte (quantidade em %), segundo os anos de 1987-1989

Ano	Contribuintes RGPS	%	Contribuintes militares	%	Contribuintes RPPS	%	Total de contribuintes	Não contribuinte	%
1987	24.332.968	90,6	300.959	1,1	2.200.618	8,3	26.853.545	23.190.698	46,34
1988	25.481.286	90,6	314.687	1,1	2.340.682	8,3	28.136.755	23.013.391	44,99
1989	26.170.572	90,7	292.178	1,0	2.378.815	8,2	28.841.565	23.774.844	45,19

Fonte: Elaboração própria a partir dos dados da Pesquisa Nacional por Amostra de Domicílios (PNAD).

Nota: 1) O somatório dos contribuintes para qualquer regime e dos não contribuintes não corresponde ao total da PEA ocupada, pois não estão representados na tabela os que não declararam a condição de contribuição.

a forma de regular o funcionamento da sociedade, a relação Estado/sociedade, os direitos, entre outros, pode ter importância salutar. Por isso, confirma Theodoro (2009, p. 121), "se, de um lado, o Estado conseguiu forjar as bases da organização do assalariamento no país, este, por seu turno, não se universalizou. Uma parte significativa da força de trabalho manteve-se fora do assalariamento [...].

Essa expulsão da classe trabalhadora do assalariamento no Brasil e, por conseguinte, da proteção social, fundamentalmente vinculada ao trabalho assalariado, conforme o modelo estruturado no país (apesar do modelo de seguridade social, instituído em 1988), ganhou maiores proporções na década de 1990, com o avanço da reestruturação produtiva e com as contrarreformas da previdência social ocorridas no período, como será analisado a seguir.

3.3 A reestruturação produtiva no Brasil e o seu impacto no mundo do trabalho e na cobertura da previdência na década de 1990

A década de 1990 transcorre como "a segunda década perdida" para os trabalhadores. Para retomar e manter as elevadíssimas taxas de lucros, reduzidas em períodos específicos das duas décadas anteriores, os capitalistas, em contexto de crise, fizeram com que o ônus maior da crise fosse imputado aos trabalhadores. A recessão econômica, com inflação galopante, na casa dos dois dígitos; os elevadíssimos valores principais e dos serviços da dívida externa; as mudanças no mundo do trabalho, com efeitos nefastos (redução do trabalho assalariado formal, expansão do desemprego prolongado, das ocupações precárias e da queda da renda média mensal real dos salários e de sua participação no conjunto da renda nacional) são as faces aparentes desse ônus, que implicou impacto negativos na vida cotidiana dos trabalhadores e o aprofundamento das desigualdades sociais.

Como uma das marcas centrais da década foi a inflação elevada:

No governo Itamar Franco foi arquitetado e posto em prática um novo plano de estabilização — desta vez, com âncora cambial —, considerando-se a continuidade e aceleração da inflação e o fracasso das numerosas experiências de pacotes anti-inflacionários dos anos 1980 e dos primeiros da década de 1990.

O sucesso do plano real no combate à inflação foi capaz de alavancar a candidatura de Fernando Henrique Cardoso e sua vitória nas eleições presidenciais de 1994, assim como gerar a expectativa de que o Brasil poderia sair do buraco a que havia chegado nos anos recentes (Mattoso, 2010, p. 36).

Todavia, o que se pode dizer é que a adesão do Brasil às políticas neoliberais, apesar da resistência popular, tornou-se irreversível nos anos 1990, sobretudo, em sua segunda metade, sob o governo de Fernando Henrique Cardoso.

A reestruturação produtiva, na década de 1990, é impulsionada a partir da abertura comercial ao mercado externo. Essa abertura exigia produtos nacionais variados, de boa qualidade e a preços competitivos. Isso conduziu as empresas nacionais a profundas transformações em seus processos produtivos e gestão da força de trabalho. O governo Fernando Henrique adotou um conjunto de medidas para dar sustentação à reestruturação produtiva que ganhou novas dimensões, a partir de então. Foram medidas atinentes à desregulamentação e regressividade dos direitos sociais, sobretudo na área do trabalho e previdência social; às alterações na legislação pertinente ao servidor público, além da reestruturação do aparelho do Estado, voltada para o enxugamento da máquina estatal, por meio do Programa de Demissão Voluntária (PDV) e da privatização das empresas estatais em áreas estratégicas (telefonia, extração de minérios etc.).

Dessa forma, a reestruturação produtiva no país desenvolveu-se tendo como âncora a intensa produção normativa do Estado, no curso da redefinição de suas funções e da conformação de seu aparelho a essas novas funções facilitadoras do realinhamento do ciclo reprodutivo do capital. Nessa perspectiva, repercutiu na dinâmica espacial, no processo produtivo e na organização do trabalho, bem como no mercado de trabalho, na representação e ação político-sindical dos trabalhadores e na regressão de direitos derivados e dependentes do trabalho assalariado, que já haviam sido conquistados.

Para Antunes (2003, 2005) e Alves (2000, 2002), as políticas neoliberais associadas à reestruturação produtiva provocaram a deterioração das condições e relações de trabalho, alterando a dinâmica da sociabilidade do trabalho no Brasil, objetiva e subjetivamente.

No plano subjetivo, os autores reportam-se à crise no sindicalismo expressa pela queda do número de sindicalizados[25] e redução do volume e eficácia da ação sindical, na década de 1990 e à reorientação da atuação sindical comparativamente aos anos 1980. Para eles, o chamado *novo sindicalismo* representado pela Central Única dos Trabalhadores (CUT), na década de 1990, tendeu a assumir um caráter menos político de enfrentamento de classes e mais pragmático e corporativista circunscrito ao segmento ou à empresa (Alves, 2002), tornando-se mais defensivo. Já o sindicalismo representado pela Força Sindical preencheu "o campo sindical da nova direita, da preservação da ordem, da sintonia com o desenho do capital globalizado" (Antunes, 2003, p. 240). Assim, enquanto na década de 1980 o movimento sindical caracterizou-se por intensos movimentos grevistas de vários segmentos de trabalhadores, expansão do número de sindicalizados, avanço nas lutas e conquistas relativas à autonomia e liberdade sindical, na década de 1990, o movimento sindical combativo, sob a ameaça e vigência do desemprego e da precarização, viveu um período de arrefecimento das lutas contra as exigências do capital, refletido na escassez de greves e outras manifestações. Como avalia Alves (2002, p. 89), essa situação representa "uma debilidade política (e ideológica) das organizações sindicais e da

---

25. Sobre o tema, Cardoso (2006), reutilizando dados da *Revista de Ciências Sociais*, Rio de Janeiro, v. 44, n. 1, p. 15-52, 2001, apresenta tabela sobre a "evolução da taxa de filiação sindical da população ocupada assalariada de 18 anos ou mais, e dos assalariados com carteira, de 18 anos ou mais — Brasil, 1988/1998", em que demonstra que, em 1988, a população ocupada assalariada — adulta, correspondia a 34,2 milhões, da qual 7,5 milhões eram filiados a sindicatos (21,9%), enquanto em 1998 essa população totalizava 38,5 milhões, da qual 7,7 milhões (20%) eram sindicalizados. Essa redução da taxa de filiados, todavia, não foi linear. Na primeira metade da década de 1990, a taxa de filiados ainda superava o ano de 1988, ainda que, desde 1993, já apresentasse sinais de redução. Cf. Cardoso (2006, p. 262).

sua capacidade de reagir à ofensiva do capital sob condições objetivas de um novo regime de acumulação capitalista".

Em suas reflexões sobre a crise do movimento sindical, Alves (2000, 2002), ao constatar a dispersão dos coletivos organizados, possuidores de uma experiência de luta de classes no decorrer da década de 1980, seja no setor privado ou no público, também argumenta que houve certa "reestruturação" da subjetividade de classe, no âmbito das empresas e no setor público. Isto aconteceu mediante difusão dos princípios e diretrizes ideológicas neoliberais, inclusive, por meio dos processos contínuos de demissões e de novas contratações, a exemplo do Programa de Demissão Voluntária (PDV), utilizado na década de 1990. Em sua opinião, além dos enxugamentos da força de trabalho, o propósito era criar um campo de incorporação para uma nova força de trabalho no serviço público, mais aberta às exigências da produção capitalista contemporânea, favorecendo assim a adaptação dos trabalhadores às antigas e novas formas de exploração. Desse modo, conforme assinala Alves (2002, p. 80), no "processo de 'reestruturação' da subjetividade da força de trabalho torna-se necessário suprimir a memória do 'trabalhador coletivo' [...] sua experiência de classe".

Portanto, a reestruturação produtiva associada ao arrefecimento das lutas sindicais, a partir dos anos 1990, e à redefinição das funções do Estado, com intensa produção normativa restritiva de direitos, privatização de empresas estatais, enxugamento do aparelho do Estado, entre outras medidas, provocou mudanças expressivas no mundo do trabalho. Isso resultou numa profunda desestruturação do mercado, das relações e condições de trabalho. Perceberam-se profundas disparidades nas relações e comandos de trabalho. Por um lado, relações arcaicas e informais no campo e até mesmo nos grandes centros urbanos, convivendo com relações informais e/ou formais assentadas em contratos de trabalho por tempo determinado, na terceirização, nas ações de trabalho internacionalizadas, todas inteira ou parcialmente sob comandos gerenciais eletrônicos por meio da microeletrônica. Nesse contexto, ocorreu a mais expressiva mudança nos direitos derivados e dependentes do trabalho assalariado formal, incluindo os direitos de seguridade social atinentes à previdência social. Essa mudança, consubstanciada na Emenda Constitucional n. 20, de dezembro de 1998, atribuiu ao sistema previdenciário um acentuado sentido de seguro privado, mediante: 1) a introdução da exigência de equilíbrio financeiro e atuarial; 2) a vinculação das contribuições sobre a folha de salários ao pagamento de benefícios do RGPS; 3) a transformação da aposentadoria por tempo de serviço em aposentadoria por tempo de contribuição; 4) o prolongamento do tempo de permanência no trabalho, por meio da combinação do tempo de contribuição com uma idade mínima para aposentadoria de servidor público; 5) a limitação do acesso às aposentadorias proporcionais; 6) a exclusão da fórmula de cálculo de benefícios, o que permitiu a criação do fator previdenciário por lei; e 7) a eliminação dos garimpeiros, do seio das categorias protegidas pelo parágrafo 8° do art. 195, entre outras medidas (Brasil, 2005).

Na década de 1990, foram reduzidos inúmeros postos de trabalho, em diversos ramos de atividades econômicas, sendo que a indústria automobilística e os serviços bancários encontram-se em meio aos mais atacados inicialmente. Da mesma forma, o aparelho do Estado ficou bastante enxuto e mudou o perfil dos servidores públicos, por meio da retomada das contratações temporárias e de servidores públicos regidos pela Consolidação das Leis do Trabalho (CLT), reduzindo-se o percentual dos regidos pelo Regime Jurídico Único (RJU).

De modo geral as alterações nos indicadores de mercado de trabalho repercutiram na cobertura previdenciária para todos os regimes, sobretudo para o RGPS.[26] Essa cobertura regrediu durante toda a década de 1990, coincidente com o aprofundamento do desemprego maciço de longa duração, com a queda da renda média mensal real dos trabalhadores, com a precarização das relações e condições de trabalho.

Segundo Jorge Mattoso (2010, p. 40-41), com base na Pesquisa de Emprego e Desemprego (PED), realizada pela Fundação Sistema Es-

---

26. O RPPS dos servidores públicos da União, dos estados, do Distrito Federal e dos municípios começou se organizar na década de 1990 e possui fundamento na EC n. 20/1998, na Lei n. 9.717/1998 e na Lei Complementar n. 101, de 2000.

tadual de Análise de Dados (Seade) e pelo Departamento Intersindical de Estatística e Estudos Socioeconômicos (Dieese):

> Mesmo com oscilações positivas em 1993-1995 e em 2000, a taxa de desemprego foi das mais elevadas, desde que foram criados os indicadores de desempenho do mercado de trabalho. Na Região Metropolitana de São Paulo, seu ápice se deu em 1999 e 2002, com nada menos do que 19,3% e 19,0% respectivamente, ou seja, nesses anos a taxa de desemprego chegou a alcançar cerca de um em cada cinco habitantes economicamente ativos em São Paulo [...]. No entanto, além da expansão do desemprego, chama a atenção a queda do estoque de empregos formais da indústria e da construção civil, assim como a intensa deterioração das condições de trabalho.

Portanto, com condições de trabalho deterioradas, por terem se tornado informais, com empregos de curta duração, salários descontínuos e sem proteção social previdenciária, a condição estrutural do trabalho no país afetou o cotidiano dos trabalhadores. Os indicadores são alarmantes: a queda dos salários na renda nacional foi brusca, de 60% na década de 1950 (Pochmann e Dias, 2010, p. 119) para cerca de 45%, em 1990 e, 30% em 1998 (Dieese, 2005). De acordo com Mattoso (2010, p. 42), durante a década de 1990, "chegaram a ficar à margem das relações formais de trabalho ou desempregados mais de trinta milhões de brasileiros". Ainda segundo o autor, "ao final da década [...] estavam na informalidade dois em cada cinco brasileiros ativos dos grandes centros urbanos" (Idem, ibidem, p. 41). A inflação ao "final de 1990 [...] havia [...] voltado a quase 20% ao mês" (Idem, ibidem, p. 31).

Com esses e outros indicadores econômicos, houve

> o rebaixamento da posição [do país] de oitavo produto industrial, o esvaziamento da pauta de exportação, a queda relativa dos investimentos produtivos e a ascensão dos negócios financeiros [... e] perda relativa de importância na economia mundial [...] (Pochmann e Dias, 2010, p. 115).

Tudo no contexto do florescimento das políticas neoliberais, apesar da resistência popular, que "teve um papel essencial, ao colocar limites à plena realização dos projetos neoliberais [...], primeiro, derrubando Collor e, consequentemente, atrasando os programas neoliberais e, no governo FHC, impondo limites aos processos de privatização (Sader, 2010, p. 26).

A Tabela 10 aponta que na década de 1990 houve redução percentual da PEA ocupada e crescimento da PEA sem ocupação; a cobertura previdenciária também foi reduzida. No ano de 1990, a PEA ocupada, com idade entre 16 e 64 anos, foi estimada em 54.158.577 milhões, o que equivalia a 96,3% da PEA total, estimada em 59.216.362 milhões. Naquele ano, 52,4% da PEA total contribuía para algum regime de previdência. Desse universo de contribuintes, de acordo com a Tabela 11, o percentual de 90,1% contribuía para o RGPS, apenas 8,8% contribuía para o RPPS e 1,1% para o regime dos militares da União.

Já em 1999, a PEA ocupada, com idade entre 16 e 64 anos foi estimada maior, quantitativamente, do que em 1990, porém menor percentualmente em relação à PEA total, ou seja, foi estimada em 67.250.544 milhões de pessoas, mas equivalia apenas a 90,3% da PEA total, pois 9,7% (7.230.629 milhões) da PEA estava sem ocupação naquele ano. Da PEA total, em 1999, apenas 42,7% (31.770.632 milhões) contribuía para algum regime de previdência, enquanto 57,3% não contribuía para qualquer regime. Dos contribuintes, nesse ano, de acordo com a Tabela 11, apenas 84,9% contribuíam para o RGPS (uma redução de quase 6%, no intervalo de 9 anos) e 14,2% eram contribuintes do RPPS, um acréscimo de mais de 6% em relação a 1990, e apenas 0,9% eram contribuintes do regime dos militares.

As Tabelas 10 e 11 mostram três movimentos que marcaram a década de 1990. O primeiro é a redução, em 6%, da população economicamente ativa ocupada. O segundo, que tem o primeiro como principal determinante, foi a redução do número estimado de pessoas da PEA que eram contribuintes do sistema previdenciário em cerca de 10%. Essa redução de contribuintes foi tão significativa que, no início da década (em 1990), mais de 52% da PEA total, com idade entre 16 e 64 anos, contribuía para algum regime de previdência (e mais de 47% da PEA estava sem cobertura previdenciária), enquanto no final da

TABELA 10

População Economicamente Ativa (PEA) (entre 16 e 64 anos de idade), contribuinte para qualquer regime de previdência a partir de qualquer trabalho e não contribuinte (quantidade em %), segundo os anos de 1990-1999

Ano	PEA total					PEA total				PEA ocupada	
	Ocupada	%	Sem ocupação	%	Total	Contribuinte para qualquer regime*	%	Não contribuinte	%	Não contribuinte	%
1990	54.158.577	96,3	2.057.785	3,7	56.216.362	29.482.308	52,4	26.731.688	47,6	24.673.903	46,6
1992	58.221.234	93,6	3.999.458	6,4	62.220.692	28.398.862	45,6	33.811.457	54,3	29.811.999	51,2
1993	59.416.560	94,0	3.795.692	6,0	63.212.252	28.580.764	45,2	34.625.884	54,8	30.830.192	51,9
1995	62.542.993	94,0	3.968.293	6,0	66.511.286	29.948.580	45,0	36.553.843	55,0	32.585.550	52,1
1996	62.099.199	93,2	4.499.245	6,8	66.598.444	29.958.669	45,0	36.609.027	55,0	32.109.782	51,7
1997	63.384.040	92,3	5.256.904	7,7	68.640.914	30.378.336	44,3	38.259.882	55,7	33.003.978	52,1
1998	64.120.349	91,1	6.264.488	8,9	70.384.837	30.826.679	43,8	39.547.109	56,2	33.282.621	51,9
1999	67.250.544	90,3	7.230.629	9,7	74.481.173	31.770.732	42,7	42.704.009	57,3	35.473.380	52,8

Fonte: Elaboração própria a partir dos dados da Pesquisa Nacional por Amostra de Domicílios (PNAD).

* Corresponde aos contribuintes da PEA ocupada.

Notas: 1) Não há desocupados contribuintes para qualquer regime previdenciário.

2) Não houve PNAD em 1991 e 1994.

3) O somatório dos contribuintes e dos não contribuintes não corresponde ao número da PEA total, pois não estão representados na tabela os que não declararam a condição de contribuição.

4) O somatório dos dados da coluna "Contribuinte para qualquer regime" com os da coluna "PEA ocupada não contribuinte" não corresponde ao total da PEA ocupada, pois não estão representados na tabela os que não declararam a condição de contribuição.

TABELA 11

População Economicamente Ativa (PEA) (entre 16 e 64 anos de idade), ocupada na semana de referência, contribuinte para regimes específicos de previdência (RGPS, militares e RPPS) a partir de qualquer trabalho e não contribuinte (quantidade em %), segundo os anos de 1990-1999

Ano	Contribuintes RGPS	%	Contribuintes militares	%	Contribuintes RPPS	%	Total de contribuintes	Não contribuinte	%
1990	26.568.831	90,1	333.422	1,1	2.580.055	8,8	29.482.308	24.673.903	24,56
1992	24.477.900	86,2	256.391	0,9	3.669.571	12,9	28.398.862	29.811.999	51,21
1993	24.520.233	85,8	246.582	0,9	3.813.949	13,3	28.580.764	30.830.192	51,89
1995	25.384.874	84,8	282.364	0,9	4.281.342	14,3	29.948.580	32.585.550	52,11
1996	25.433.747	84,9	284.892	1,0	4.240.030	14,2	29.958.669	32.109.782	51,73
1997	25.915.888	85,3	298.675	1,0	4.163.773	13,7	30.378.336	33.002.978	52,07
1998	26.312.223	85,4	296.666	1,0	4.217.790	13,7	30.826.621	33.282.621	52,92
1999	26.960.513	84,9	289.685	0,9	4.520.434	14,2	31.770.632	35.473.380	62,75

Fonte: Elaboração própria a partir dos dados da Pesquisa Nacional por Amostra de Domicílios (PNAD).

Notas: 1) Não houve PNAD em 1991 e 1994.

2) O somatório dos contribuintes e dos não contribuintes não corresponde ao número da PEA total, pois não estão representados na tabela os que não declararam a condição de contribuição

década (1999) quase 53% da PEA não contribuía para qualquer regime previdenciário, e apenas 43% era contribuinte. O terceiro movimento foi a redução da cobertura previdenciária pelo RGPS, em mais de 5%, e o crescimento da cobertura do RPPS, em mais de 5%, como mostra a Tabela 11. Esse crescimento deveu-se à organização do regime durante a década de 1990, pois nos estados e municípios onde foram criados regimes próprios, os servidores públicos migraram do RGPS para o RPPS.

Esse quadro confirma a análise que em um contexto de desemprego e trabalho precário, a situação dos desempregados e subempregados é vulnerável, e as possibilidades de proteção social por meio dos direitos derivados e dependentes do trabalho assalariado são reduzidas. Assim, quanto maior o índice de desemprego e de reduzidas contribuições em função de baixos salários, menor será a capacidade de proteção dos cidadãos pelo RGPS, no modelo atual. Isso ficou muito evidente na década de 1980 e, sobretudo de 1990, em que houve um grande aumento da informalidade, apesar de a instituição da seguridade social ter contribuído para o acesso ao sistema previdenciário, como já foi mencionado. Como diz Theodoro (2009, p. 113-14):

O aumento da informalidade e, nos anos 1990, também do desemprego, a redução percentual da força de trabalho protegida pela legislação, enfim, a chamada precarização do trabalho aparece como a marca mais importante. Ao mesmo tempo, a ação do Estado e as políticas de emprego continuam a se balizar tendo por norte a parcela da força de trabalho engajada no setor formal, o que de resto constitui um fator de ampliação das desigualdades entre a mão de obra 'protegida' e aquela afeta à informalidade".

Essa situação do trabalho e de trabalhadores "protegidos" e não "protegidos" contribuiu para reforçar o processo de descaracterização da seguridade social, tal como concebida pela Constituição Federal de 1988, inclusive pela maior centralidade da assistência social, no âmbito da seguridade social, o que autores como Mota (2008) vêm chamando de "assistencialização" da assistência social, dada uma maior destinação de investimentos em programas assistencialistas a exemplo do Programa Bolsa-Família.

Acreditamos que o crescimento da informalidade, combinado com os incentivos governamentais à expansão dos fundos de pensão (para atender aos interesses do capital), a partir de medidas regressivas relativas aos direitos referentes à previdência social, ampliou as dificuldades de acesso à previdência social. Com isso, houve uma pressão maior de demanda dirigida à assistência social. Essa situação, associada aos interesses político-ideológicos de legitimação governamental, estimulou os governos, a partir da segunda metade da década de 1990, a criarem programas de assistência social, especialmente de transferência de renda, como estratégias de proteção social. Isso colocou a assistência social, por meio destes programas de transferência de renda, no centro estratégico da proteção social. Pois, enquanto esses programas eram estruturados, não houve investimentos em outras políticas sociais. Todavia, a tendência à centralização da assistência social no âmbito da seguridade social não se deu por meio da valorização material e estrutural desta política, conforme concebida no âmbito da seguridade social e definida pela Lei Orgânica de Assistência Social (Loas), mas por sua utilização como um mecanismo importante no jogo de poder, no jogo político-ideológico. Assim, ao invés de falarmos em "assistencialização" da seguridade social, como expressão da expansão da política de assistência social, preferimos dizer que vem ocorrendo uma profunda dilapidação da proposta constitucional de seguridade social, a partir da mercantilização da saúde e da previdência social e de uma tendência à centralidade da assistência social na seguridade social, mediante a intensificação do uso político-ideológico dessa política social por parte do Estado, ao mesmo tempo que sua base material, nos termos concebidos pela Loas, não teve ampliação e fortalecimento na mesma proporção. Ou seja, a política de assistência social como um direito social continua limitada e restritiva, com acesso seletivo aos seus programas e benefícios.

Portanto, as mudanças no capitalismo contemporâneo provocam impactos na vida das pessoas e no Estado. O desemprego e a regressão dos direitos sociais são expressões da nova configuração assumida pelo capitalismo, que afetam a vida dos trabalhadores e possuem na dilapidação da seguridade social um ponto de encontro, uma vez que a "reforma" regressiva da previdência social não pode ser vista separada do novo papel do Estado no contexto de mudanças do capitalismo, como ressalta Vicente Faleiros (2000b, p. 101-102):

> não se pode desvincular a *"reforma da previdência"* do novo papel do Estado [...] O fundo público [...] apenas incluía àqueles que possuíam um contrato de emprego. O trabalho precário, o trabalho informal e o trabalho terceirizado, além da flexibilização dos contratos não garantem a estabilidade e a base necessárias para a constituição de um fundo baseado em descontos salariais e contribuições empresariais. Os direitos trabalhistas passam por profundas mudanças e as políticas hoje formuladas para enfrentar as novas condições do capital são focalizadas num pretenso credo ideológico de que o indivíduo e a sociedade são os responsáveis pela a sua subsistência e condições de trabalho (grifos e aspas nossos).

Na primeira década do século XXI, os indicadores do mercado de trabalho assalariado assumiram configurações oscilantes nos primeiros anos, e a partir de 2004 uma tendência relativamente positiva se confirmou ao longo da década, não obstante a nova crise do capitalismo que se manifestou, particularmente, entre o último trimestre de 2008 e o primeiro trimestre de 2009, tenha corroído esta tendência. De qualquer modo, a melhoria dos indicadores do mercado de trabalho repercutiu positivamente na retomada da cobertura previdenciária para a população economicamente ativa ocupada na primeira década do século, embora a estimativa de cobertura para a PEA total continue baixa e seja elevadíssima a quantidade estimada de pessoas que continuam sem proteção previdenciária, como será visto no próximo capítulo.

CAPÍTULO IV

A (des)estruturação do trabalho e a cobertura da previdência social no Brasil no contexto da crise do capital na primeira década do século XXI

> *A vitalidade dos ideais e da utopia socialista se nutre diariamente das promessas não cumpridas do capitalismo e de sua impossibilidade estrutural para garantir o bem-estar das maiorias.* (Atílio Boron).[1]

O desenvolvimento cíclico do modo de produção capitalista manifesta-se pela expansão e contração sucessiva da produção de mercadorias e, consequentemente, da produção de mais-valia e acumulação de capital. Esses processos diferenciam-se quanto ao ritmo, ao volume e às proporções, e explicam as crises capitalistas de superprodução. Na opinião de Mandel (1982), os ciclos econômicos consistem na aceleração e desaceleração sucessivas de acumulação, de forma que, em um período de oscilação ascendente, há um acréscimo na massa e na taxa de lucros e um aumento no volume e no ritmo da acumulação.

---

1. Boron (2001, p. 18.)

Na crise e no período de depressão que a sucede, por sua vez, a massa, a taxa de lucros, o volume e o ritmo da acumulação declinam. Para o autor, a história do capitalismo é caracterizada por uma sucessão de movimentos cíclicos — a cada sete ou dez anos —, e por uma sucessão de períodos longos — de aproximadamente cinquenta anos, "as ondas longas", expansiva e recessiva.[2] Assim:

> Numa fase de expansão, os períodos cíclicos de prosperidade serão mais longos e mais intensos e mais curtas e mais superficiais as crises cíclicas de superprodução. Inversamente na fase da 'onda longa', em que prevalece uma tendência à estagnação, os períodos de prosperidade serão menos febris e mais passageiros, enquanto os períodos das crises cíclicas serão mais longos e mais profundos (Mandel, 1982, p. 85).

Essa explicação de Mandel (1982) sobre as mudanças conjunturais do capitalismo, bem como sua análise sobre a história desse modo de produção, contribui para a compreensão das características do capitalismo contemporâneo. O autor associa a recessão em escala mundial, entre 1974 e 1975, ao início de um longo período recessivo (uma "onda longa" recessiva), o qual, ao longo desses anos, tem assumido papel preponderante na determinação do perfil do capitalismo. Esse longo período recessivo foi atingido por picos de crises ou de expansão, com o agravamento ou melhoria de indicadores econômicos e sociais, sem, contudo, comprometer suas características centrais de "onda longa recessiva".

Sobre o assunto, a opinião de Netto e Braz (2006) é de que, após o período dos "anos dourados do capitalismo" (entre 1945-1975), inicia-se um período recessivo, ou seja, "a onda longa expansiva" é substituída por uma "onda longa recessiva". Diante dessa inversão, o capital monopolista desenvolveu um conjunto de respostas, com vista a amortecer os seus efeitos. Todavia, de acordo os autores, sabe-se que "trinta anos depois, na entrada do século XXI, tais respostas não alteraram o perfil da onda longa recessiva: o crescimento permanece re-

---

2. Cf. nota de rodapé no primeiro capítulo deste trabalho sobre o tema; Mandel (1982, p. 75-102).

duzido e as crises se amiudaram; entretanto, as taxas de lucro foram restauradas" (Netto e Braz, 2006, p. 214). As respostas do capital à inversão articulam-se em estratégia apoiada na reestruturação produtiva, na financeirização do capital e na ideologia neoliberal.

O Brasil assumiu essa perspectiva. A primeira década do século XXI, principalmente em sua segunda metade, revela alterações positivas de alguns indicadores econômicos, sociais e do trabalho, porém esses indicadores não mudaram a estrutura e as características principais assumidas pelo capitalismo no país, nas últimas duas décadas anteriores a esta.

Elementos vinculados à economia e à organização do trabalho, cujas naturezas poderiam ser consideradas transitórias, tornaram-se cada vez mais permanentes nestes últimos trinta anos no país. Como exemplos desse quadro socioeconômico, podem-se citar: a informalidade em grandes proporções; o desemprego maciço e prolongado; a desregulamentação de direitos conquistados pelos trabalhadores, sobretudo no âmbito da seguridade social; a queda da renda média mensal real habitualmente recebida pelos trabalhadores; a redução da participação da renda do trabalho no conjunto da renda nacional; a concentração de renda e do poder econômico e político. São esses elementos que atribuem as características dominantes ao Brasil do tempo presente, independentemente da melhoria de alguns indicadores econômicos, sociais e do trabalho no decorrer da primeira década do século XXI, comparativamente às décadas de 1980 e 1990.

Muitas dessas características inerentes ao capitalismo contemporâneo interferem no nível de cobertura da previdência social, no modelo atual. Desse modo, neste capítulo, a análise sobre a (des)estruturação do trabalho e a cobertura da previdência social no Brasil, no contexto da crise do capital na primeira década do século XXI, será feita ressaltando a interferência desses fatores nos (des)caminhos da universalização da previdência social.

O desenvolvimento do capítulo dá-se a partir de três eixos: aspectos gerais da economia e da organização do trabalho no início do século XXI, que desafiam a universalização da cobertura da previdência social;

indicadores do trabalho na primeira década do século XXI, comparados à quantidade estimada e ao percentual de contribuintes da PEA ao sistema previdenciário, e aos não contribuintes; e perfil dos contribuintes da PEA ao RGPS e dos não contribuintes para qualquer regime da previdência na primeira década do século XXI.

Com isso, espera-se assinalar mudanças no país na última década, especialmente na organização do trabalho, com repercussão na cobertura previdenciária, em decorrência de um processo que manteve, ao mesmo tempo, traços de continuidade (principalmente) e de ruptura com o perfil econômico, social e político formado nas décadas de 1980 e 1990.

4.1 Aspectos gerais da economia e da organização do trabalho no início do século XXI que desafiam a universalização da cobertura da previdência social

O desemprego maciço e prolongado e o trabalho precarizado

Em tempos adversos caracterizados pela queda da taxa de lucro, nos anos 1970 e até meados de 1980, o capital no Brasil (e em outros países) implementou um conjunto de transformações visando reverter a seu favor uma conjuntura negativa. As medidas adotadas visavam retomar os altíssimos percentuais de lucro e transferir aos trabalhadores o ônus da crise que afetava o sistema, mediante novas formas de viabilizar a exploração da força de trabalho, reduzindo os custos de sua reprodução. As estratégias do capital, em particular a reestruturação produtiva e a financeirização do capital, repercutiram dura e profundamente sobre os trabalhadores. Esses impactos estenderam-se ao início deste século.

O século XXI apresenta, portanto, um cenário profundamente contraditório e agudamente crítico: se o trabalho ainda é central para a criação do valor — reiterando seu sentido de perenidade — estampa, em patamares assustadores, seu traço de superfluidade, da qual são exemplos os precarizados, flexibilizados, temporários, além do enorme exército de desempregados e desempregadas que se esparramam pelo mundo (Antunes, 2008, p. 19).

As alterações no mercado de trabalho que conduziram ao desemprego maciço e prolongado deram-se sob o comando neoliberal da necessidade de "flexibilização", para que o mercado de trabalho se expandisse por meio da criação de novos postos de trabalho, mas essa máxima não se viabilizou: "onde o trabalho foi flexibilizado, isso ocorreu juntamente com o crescimento do desemprego" (Netto e Braz, 2006, p. 219). No Brasil foi assim.

Em face disso, o *desemprego maciço e prolongado e o trabalho precarizado* (terceirizados, temporários, subempregados, entre outros) estão entre as situações mais complexas na atualidade relacionadas à organização do trabalho, a impor desafios ao avanço da universalização da previdência social. Exige-se, para tanto, o rompimento com amarras do modelo atual que depende fundamentalmente do trabalho assalariado formal e daqueles que possuem capacidade contributiva. Não é mais possível continuar penalizando, no século XXI, milhões de trabalhadores, sem emprego formal e sem capacidade contributiva, que prosseguem sem horizontes de proteção social, sob o jugo do "trabalho desprotegido", cada vez mais permanente e "naturalizado" na sociedade.

Na primeira década do século XXI, sobretudo a partir de 2004, notou-se a melhoria de alguns indicadores relativos ao trabalho e dos níveis de cobertura da previdência social, frente a alguns anos das duas décadas anteriores. Entretanto, essa melhoria não pode ser colocada como uma venda sobre o que estruturalmente precisa ser modificado, para que o Brasil se torne um país mais livre e menos desigual.

A perspectiva macroeconômica voltada para favorecer o grande capital precisa ser reorientada, de forma a estimular a desconcentração de renda e poder que fizeram do Brasil, em 2009, o 75º país no *ranking* dos países mais desiguais em pobreza e rendimentos (PNUD, 2010, p. 188), cuja taxa de rendimento ou consumo assegurava aos 10% mais ricos 43% da renda nacional, enquanto os 10% mais pobres disputavam 1,1% dessa renda (Idem, ibidem, p. 208). O não rompimento com as diretrizes macroeconômicas adotadas nas duas décadas anteriores, que favorecem o grande capital e impõem sacrifícios aos trabalhadores, mantém no presente o Brasil ligado ao passado, sem apresentar perspectivas efetivas e promissoras para um futuro em que as relações de exploração, atualmente assentadas no limite da tolerância humana, sejam modificadas em favor dos trabalhadores. É nesse contexto perverso que se assenta a superexploração dos trabalhadores e se sustenta a superacumulação do capital. É com o olhar voltado para essa contraditória relação que alguns dos indicadores da economia e do trabalho, na primeira década do século XXI, precisam ser analisados. Esses indicadores precisam ser cotejados à luz das grandes marcas estruturais que atribuem ao Brasil a sua perversa feição no tempo presente, inclusive no que se refere à condição estrutural do trabalho e dos direitos dele derivados. Nessa perspectiva, direciona-se o olhar sobre aspectos da economia e do trabalho que desafiam o avanço da universalização da previdência social no país, no século XXI.

Portanto, como registram as pesquisas realizadas pelo IBGE,[3] entre 1995 e 2003, ocorreu um elevado crescimento da taxa de desemprego, ainda que tenha havido uma pequena redução entre os anos de 2001 e 2002. Segundo o Ipea, com base nos dados do IBGE, as taxas do desemprego total corresponderam a 9,6% em 2001 e a 9,4% em 2002. Já em 2003 essa taxa atingiu 10,1% — a mais alta da década — e, em 2004, caiu para 9,3% (Ipea, 2006, p. 19). Essa redução percebida em 2004 repetiu-se nos anos posteriores. A PNAD/2007 apontou que, naquele ano, a taxa de desemprego foi de 8,2% — a menor da década até então (IBGE, 2008) —, bastante festejada pelo governo federal. Todavia, há que se considerar que, em um país com uma PEA estimada em 98.846 milhões, essa taxa de desemprego é muito alta.[4]

---

3. Pesquisa Nacional por Amostra de Domicílios (PNAD), Pesquisa Mensal sobre o Emprego (PME), entre outras.

4. Em 2007 a população residente estimada era 189,8 sendo 92,6 milhões de homens e 97,2 milhões de mulheres. A PIA foi estimada em 159 milhões. A PEA total foi estimada em 98.846 milhões, sendo 90.786 milhões ocupada e 8.060 milhões desocupada (IBGE, 2008, p. 44-59).

A crise do capital, que inicialmente se manifestou em setembro de 2008, nos Estados Unidos, e teve como base a crise do setor imobiliário daquele país, alastrou-se em seguida para outros países, atingindo as principais potências e, posteriormente, os países periféricos, em outros setores para além do imobiliário. Pois, pelas características que possui, quando o capital financeiro entra em crise, esta logo afeta o capital produtivo e o comercial. Foi o que ocorreu no cenário mundial em 2008 e 2009. O setor produtivo foi duramente atacado. Empresas faliram, reduziram a criação e a oferta de novos postos de trabalho, inibiram o valor real dos rendimentos, ampliaram os níveis de exploração aos trabalhadores, com medidas que provocaram o aprofundamento acelerado do desemprego e da precarização do trabalho.

O Brasil também sentiu os duros efeitos da crise. Os primeiros meses do ano de 2009 registraram a queda do emprego formal com carteira assinada, apontando para a inversão da tendência de redução da taxa de desemprego que o mercado de trabalho assinalou nos quatro anos imediatamente anteriores. A economia como um todo foi afetada e a redução dos postos de trabalho foi acentuada, como afirma a Anfip (jul. 2010, p. 97), ao comentar os efeitos da crise no país:

> [...] Ao final de setembro, início de outubro, o crédito sumiu, as exportações foram canceladas, e nos seis meses que se seguiram o emprego encolheu em quase 700 mil vagas, num período em que, pelo histórico dos dois anos anteriores, deveriam ter sido contratados mais de quinhentos mil novos empregos com carteira assinada. Somente os setores industriais, que mais exportaram, perderam 480 mil postos de trabalho.

As medidas governamentais para inibir os efeitos da crise dirigiram-se para: o estímulo à produção, por meio do crédito fácil efetuado pelos bancos, com apoio governamental; o aumento do consumo interno favorecido pela redução de impostos, como o Imposto sobre os Produtos Industrializados (IPI), e pela ampliação da capacidade temporária de consumo dos trabalhadores, mediante a elevação do salário mínimo e dos valores dos benefícios da seguridade social; ampliação da cobertura do seguro-desemprego para os trabalhadores da indústria mais afetados pela crise, entre outras. Ainda assim, os efeitos da crise foram marcantes no Brasil, sobretudo, em 2009.

De acordo com o IBGE, com base nos dados da PNAD/2009, naquele ano havia um contingente de 162,8 milhões de pessoas de 10 anos e mais de idade, 62,1% faziam parte da PEA. A população economicamente ativa ocupada foi estimada em 92,7 milhões e a população sem ocupação em 8,4 milhões de pessoas. A população sem ocupação apresentou um acréscimo de 18,5% em relação a 2008. Os sindicatos perderam associados. Em 2009, foi estimado que 17,7% da PEA ocupada estava associada a algum sindicato contra 18,2% em 2008, uma redução de 1,9%. O percentual de trabalhadores por conta própria cresceu. Em 2008, eram 15,8% no total dos ocupados, em 2009 eram 20,5%. O percentual de trabalhadores domésticos com carteira assinada reduziu de 4,1% (em 2008) para 2,2% (em 2009), embora o grupo dos empregados com carteira assinada tenha dados sinais de crescimento, de 29,2% em 2008 para 34,9% em 2009 (IBGE, 2010, p. 10-1; 13; 150-1).

Os efeitos da crise de 2008 e 2009 somam-se aos prejuízos impostos aos trabalhadores brasileiros ao longo dos últimos 30 anos — uma dívida social que só se avoluma, sem perspectiva de reparação, em curto e médio prazos. As avaliações de políticos e técnicos ligados ao governo ficam, porém, prioritariamente voltadas para as oscilações "positivas" de indicadores do trabalho, como as taxas de desemprego, níveis de ocupação, taxas de desocupação, percentual de pessoas com carteira de trabalho assinada no total de emprego, entre outras, verificadas no país durante a primeira década deste século. Todavia, na realidade, o que se percebeu ao longo dos últimos 30 anos, inclusive na primeira década do século XXI, é que o *desemprego maciço e prolongado*, cada vez mais, se consolidou como um componente *estrutural da sociedade brasileira, que alcança uma grande massa de trabalhadores*, independentemente de alguns pontos percentuais a mais ou a menos na taxa que o situa conjunturalmente no contexto do mercado de trabalho. Essa marca da estrutura do trabalho no país é tratada, contudo, dentro de uma tendência a sua "naturalização", como se contra ela nada ou quase nada pudesse ser feito. O mesmo ocorre em relação à regressão e à restrição dos direitos e dependentes do trabalho assalariado formal. Assim, o *desemprego maciço e prolongado* constitui uma marca da condição estrutural do trabalho no Brasil que desafia sobremaneira a expansão da cobertura da previdência social, no modelo atual.

A expansão da informalidade e as estratégias precarizadas para enfrentá-la

Nesse contexto de desemprego estrutural, a expansão do trabalho informal é enorme. Em verdade, a informalidade sempre foi marcante no país, entretanto nos últimos 30 anos ela tem alcançado uma dimensão espantosa no conjunto dos trabalhadores. Segundo Delgado (2004), a informalidade no mercado de trabalho brasileiro teve crescimento em torno de 12% no período entre 1980 e 2000, traduzindo-se, principalmente, nos empregados sem carteira assinada e nos trabalhadores por conta própria. O Ipea (2006, p. 11) também faz referência à expansão da informalidade, nos anos mais recentes: "apesar de pequenas quedas em 2003 e 2004, o patamar da informalidade ainda é muito elevado na economia brasileira, e como o comportamento é bastante diferenciado entre as categorias que a compõem, ainda não se pode antever nenhuma trajetória sustentada de queda". Nos anos subsequentes, houve o crescimento da informalidade, tanto em relação aos trabalhadores autônomos quanto aos que produzem para o próprio consumo, mais os não remunerados e aqueles que se dedicam à construção para uso próprio, conforme mostra o IBGE (2010, p. 17), ao tratar da posição das diversas categoriais/ocupações no mercado de trabalho em 2009:

> A PNAD 2009 mostrou que, no Brasil, mais da metade da população ocupada (58,6%) era empregada; os trabalhadores domésticos representavam 7,8%; *aqueles que trabalhavam por conta própria, 20,5%*; e os empregadores, 4,3%. Os demais *8,8% dos ocupados estavam assim distribuídos no mercado de trabalho: trabalhadores não remunerados (4,6%); trabalhadores na*

produção para o próprio consumo (4,1%); e trabalhadores na construção para próprio uso (0,1%) (grifos nossos).

Entre os grupos e categorias citados encontram-se aqueles cujos empreendimentos são denominados de "economia solidária". São empreendimentos representados pelas associações, cooperativas e grupos produtivos informais, que desenvolvem atividades econômicas nos ramos da prestação de serviços, agricultura, pecuária, pesca, artesanato, produção de artefatos têxteis, produção industrial e área de reciclagem de resíduos sólidos. Nessa área, tem destaque a categoria dos catadores de materiais recicláveis.

A chamada "economia solidária", pelas características, expansão e contradições internas que carrega, tem sido criticada por alguns setores e elogiada por outros.

Uma das iniciativas do primeiro mandato do governo Lula, a partir de 2003, foi a criação da Secretaria Nacional de Economia Solidária (Senaes), voltada para o setor informal, a qual tem por finalidade principal o fortalecimento da chamada "economia solidária" no país. Essa Secretaria, desde sua criação até 2009, foi dirigida pelo professor de economia, especialista no tema, Paul Singer (2010, p. 69), que a conduz sob a convicção de que:

> A economia solidária propõe uma economia em que não haja assalariados nem assalariadores, nem empregados nem empregadores. O empreendimento típico da economia solidária é aquele em que todos os que trabalham são donos do empreendimento e, necessariamente, nele trabalham.

Nessa perspectiva, segundo o secretário, com a criação da Senaes para atuar no enfrentamento da informalidade, tendo a "economia solidária" como eixo central de intervenção, esse tipo de atividade econômica passou a ser vista pela sociedade e também por setores do próprio governo, "como uma ferramenta de combate ao desemprego [...] como alternativa ao desemprego. Alternativa num sentido pejorativo, como um 'mal menor'" (Idem, ibidem, p. 70). O que para ele é um erro, pois, embora a "economia solidária" possa ser considerada uma política social por muitas pessoas, inclusive no âmbito governamental, em sua opinião "ela é, no fundo, uma política social também. Mas, vai além, porque pretende criar alguma coisa permanente, pretende ser uma alternativa estrutural ao capitalismo e não uma alternativa conjuntural ao desemprego" (Idem, ibidem, p. 70).

Apesar dessa ressalva crítica de Singer (2010) a alguns setores do governo, sua visão conceitual e estratégica sobre "a economia solidária" é também, coerentemente, criticada por diversos setores da esquerda no Brasil, como o faz Daniele Neves Sousa (2008, p. 54):

> [...] as transformações no mundo do trabalho devem ser submetidas a uma análise atenta, [...] por sua funcionalidade em relação ao capital. Assim, compreendemos que as mudanças impostas ao trabalho são resultantes do estágio atual de desenvolvimento das forças produtivas e dos constrangimentos das relações sociais de produção. Portanto, nossa hipótese é de que as atividades de trabalho que vêm sendo organizadas a partir de empreendimentos da chamada "economia solidária", estando em franca expansão, relacionam-se intimamente com formas atuais de desenvolvimento econômico e industrial caracterizando-se como estratégias de controle sobre o trabalho. Nestes termos, algumas propostas de auto-organização dos trabalhadores, na busca de satisfazer livremente as suas necessidades e combater o desemprego, tornam-se estratégias para satisfazer as necessidades atualizadas do capital.

No que se refere à concepção de economia solidária difundida e defendida por Paul Singer, a autora, com bastante propriedade, faz uma crítica que não cabe recuperar aqui, em sua totalidade, mas que se desenvolve a partir do seguinte viés de análise:

> A concepção dominante sobre a economia solidária, que é marcada pela produção teórica de Singer (em diversos títulos), expressa um conteúdo eclético — influenciado nitidamente por ideias socialistas utópicas, socialistas marxistas, anarquistas social-democratas e reformistas em geral — e polimorfo — a diversidade que compõe o conjunto de atividades da economia solidária é exponencialmente imensurável. Essas questões se fossem de ordem exclusivamente intelectiva, não seriam um problema. Entretan-

to, como tal concepção é elaborada para fundamentar supostas práticas sociais não capitalistas, e por vezes, pretensas alternativas de luta anticapitalista, carece de uma formulação saturada de realidade social.

Para nós, nesse trato dedicado à economia solidária — centrado no trabalho e no trabalhador — está contido um modo superficial de analisar os processos históricos e contemporâneos de transformação da sociedade capitalista, em particular a reestruturação da esfera produtiva e as relações sociais de produção. São, assim, isolados determinantes históricos e políticos fundamentais, que envolvem a participação de outros sujeitos centrais na esfera de organização da sociedade: o Estado e o capital, fragmentando a realidade social, que só pode ser pretensamente conhecida na medida em que nos defrontamos com ela como uma totalidade. Isso é facilmente perceptível quando identificamos, na formulação de diversos autores, em especial Singer, a articulação da economia solidária à necessidade contemporânea de combate ao desemprego (Sousa, 2008, p. 57).

Os empreendimentos de "economia solidária" não surgiram no governo Lula, mas nele ganharam expressão e entraram para a agenda estratégica governamental, apesar das críticas recebidas. Na década de 1980 já havia iniciativas de "economia solidária" e, na década de 1990, no contexto do aprofundamento do desemprego, elas ganham um pouco de visibilidade. Todavia, foi na primeira década do século XXI que a chamada "economia solidária" passou a ser tema de destaque nos debates nacionais, entrou na agenda política e estratégica do governo e ganhou grande impulso. Desse modo, em 2005, em levantamento realizado pelo governo federal foram identificados 14.954 empreendimentos de "economia solidária", instalados em 2.274 municípios brasileiros (Brasil, 2007).[5] Dois anos depois, esse número quase dobrou, como diz Singer (2010, p. 71): "No nosso mapeamento da economia solidária, feito em 2007, tínhamos 22 mil empreendimentos".

Para se ter uma aproximação da quantidade de pessoas alcançadas por esses empreendimentos, vale fazer dois registros. O primeiro é um exemplo dado por Singer (2010, p. 73):

---

5. Documento não paginado. Disponível em: <http://portal.mte.gov.br/ecosolidaria/sistema-nacional-de-informacoes-em-economia-solidaria>. Acesso em: 10 jan. 2011

Com o Ministério da Saúde temos um programa especial com egressos de manicômios. [...] temos ajudado a organizar esses egressos em cooperativas. São apoiados pelos Centros de Atenção Psicossocial (Caps). Temos mais de mil Caps no Brasil para uma população de egressos de meio milhão.

O outro registro que também merece ser feito diz respeito aos dados e informações disponíveis no Sistema Nacional de Informações em Economia Solidária (SIES). O sistema disponibiliza um *Relatório Nacional* referente aos anos de 2005 e 2007, o qual destaca que nesse período havia 21.626 empreendimentos de economia solidária, com 1.687.035 participantes (pessoa física) e 144 empreendimentos, com 7.870 participantes (pessoa jurídica).[6] São esses os dados mais consolidados que conseguimos obter.

Quanto aos catadores de materiais recicláveis, constituem uma categoria reconhecida pela Classificação Brasileira de Ocupações (CBO), desde 2002. De acordo com pesquisa financiada pelo Ministério do Desenvolvimento Social e Combate à Fome (MDS), realizada pelo Movimento Nacional de Catadores de Materiais Recicláveis (MNCR) sobre o custo da geração de postos de trabalho na economia urbana para o segmento dos catadores de materiais recicláveis, existiam no país, em 2005 — no momento de realização da pesquisa —, o total de 244 unidades básicas de cooperativas de catadores, localizadas em 199 municípios, em 22 estados, envolvendo cerca de 35.000 cooperados (Brasil, 2006, p. 9; 120-31). Esse contingente tem crescido muito e alcança, nos dias atuais, cerca de 800 mil trabalhadores.[7]

É importante destacar, que apesar de ser um ponto polêmico, a chamada "economia solidária" é defendida por alguns grupos, movimentos e organizações sindicais, na atualidade, a exemplo do MST e CUT, além de algumas universidades, como cita Sousa (2008, p. 55):

---

6. Informação disponível apenas para leitura, em: <http://portal.mte.gov.br/ecosolidaria/sistema-nacional-de-informacoes-em-economia-solidaria>. Acesso em: 10 jan. 2011.

7. Informação disponível no portal do MNCR: <http:www.mncr.org.br/home>.

Outro agente de grande participação no desenvolvimento ideopolítico da noção de economia solidária, com a criação de cooperativas e associações de trabalhadores, foi o Movimento dos Trabalhadores Rurais Sem Terra (MST) que, através da luta dos moradores do campo, ocuparam territórios e assentaram diversas famílias [...]

O meio acadêmico se mobilizou em torno da discussão da economia solidária e criou, em 1990, a Rede Universitária de Incubadoras Tecnológicas de Cooperativas Populares — Rede Universitária de ITCPs, com o objetivo de assessorar camadas pobres da população na formação, capacitação e inserção de cooperativas de diversos ramos no mercado de trabalho [...]

Hoje, vários sindicatos se empenham na formação e articulação de grupos, visando à criação de cooperativas habitacionais, de trabalho ou de serviços. Dentre as entidades do movimento sindical, destaque-se a Unisol, do Sindicato dos Metalúrgicos do ABC, e a Agência de Desenvolvimento Solidário (ADS), da Central Única dos Trabalhadores (CUT).

O que chama a atenção e é objeto de nosso interesse neste trabalho é que a grande maioria dos trabalhadores de cooperativas, associações e/ou outros empreendimentos da chamada "economia solidária", além de estar submetida às precárias condições materiais de trabalho, sem adequada segurança e conforto, tem baixo rendimento mensal. Geralmente, não tem proteção previdenciária e, quando tem, as contribuições se dão sob os critérios dos chamados contribuintes facultativos ou por meio do Plano Simplificado de Previdência Social, que, embora requeira contribuição em alíquota mais baixa (11% sobre o salário mínimo),[8] exige declinação do direito de aposentadoria por tempo de contribuição. Outra opção é contribuir com base nas instruções normativas do MPS/INSS para associações e cooperativas, que também não atendem às necessidades e capacidades contributivas desses trabalhadores, pois, da mesma forma, exigem a alíquota de 11% sobre o salário mínimo.

---

8. Em 7 de abril de 2011, a MP n°529 reduziu a alíquota de contribuição do microempreendedor individual para 5% do salário-mínimo. Porém, permaneceu 11% para o contribuinte individual que trabalha por conta própria (antigo autônomo), sem relação de trabalho com empresa ou equiparada e para o segurado facultativo.

Em face disso, esses grupos têm se mobilizado na luta pelo acesso à previdência social, de forma compatível com as suas capacidades contributivas, como é o caso da categoria dos catadores de materiais recicláveis, que levantou essa bandeira desde 2005. Em 7 de dezembro de 2010, por meio do MNCR, entregou à Comissão de Legislação Participativa da Câmara dos Deputados uma minuta de projeto de lei sobre o tema, em audiência pública realizada com este fim. Foi uma audiência bastante concorrida,[9] com participação de representantes nacionais da categoria, parlamentares, especialistas e organizações da sociedade civil.

No debate sobre economia solidária, na opinião de Andrade (2008, p. 157), pouco se avançou sobre a incorporação da mulher. Com base em levantamento realizado em 2005 pela Senaes, a autora argumenta:

O cenário de inserção das mulheres no campo da economia solidária desenhado pelo mapeamento evidencia uma inserção marginal das mulheres na esfera de produção solidária, como o que ocorre na esfera de produção tradicional [...] as mulheres estão em situação minoritária, sobrerrepresentadas nos menores empreendimentos e na condição de não sócias. De tais dados pode-se inferir que auferem menores rendimentos e possuem menos chances de acessarem direitos sociais, se comparadas com os demais trabalhadores inseridos em empreendimentos econômicos solidários, ou seja, acabam vivenciando problemas similares aos que enfrentam no mercado tradicional.

Essa posição da mulher no mercado de trabalho, no desempenho de atividade de qualquer natureza, fez da previdência social mais um espaço em que a luta pela igualdade de condições e tratamentos entre homens e mulheres seja realizada. Para isso:

Movimento de mulheres de todo o país — tanto de áreas urbanas quanto rurais — criaram, em abril de 2007, o Fórum Itinerante e Paralelo sobre a Previdência Social (FIPPS).

---

9. Participamos da audiência pública como palestrante sobre o tema, por indicação do MNCR. Cf. Brasil (2010)/Comissão de Legislação Participativa. Autoria Dep. Leonardo Monteiro (PT), Minas Gerais.

A articulação tem como objetivo dar visibilidade às desigualdades vividas pelas mulheres no mundo do trabalho, a situação de desproteção a que estão submetidas, e apresentar suas propostas para reforma do sistema previdenciário (Anfip, jul./set. 2008, p. 15).

Sobre este tema consideramos importante ressaltar a visão de Mészáros (2009, p. 271), de que a causa histórica da "emancipação das mulheres não pode ser atingida sem afirmar a demanda pela igualdade verdadeira, que afeta diretamente a autoridade do capital prevalecente no 'macrocosmo' abrangente da sociedade e igualmente no microcosmo da família nuclear". Da mesma forma, concordamos com a crítica de que é ilusória a esperança disseminada sobre as possibilidades de se destruir o capitalismo por meio do fortalecimento das atividades de economia solidária em um país em que as expressões da questão social se agudizam ao extremo e se aproximam da barbárie, e os movimentos sociais são perseguidos e criminalizados revelando a força desse sistema. Não obstante, compreendemos que a condição de superexploração da mulher e a sua falta de proteção social, assim como a expansão da informalidade por meio da "economia solidária", com incentivo governamental, sem a adequada proteção social, constituem contradição sem medidas. Nesse sentido, devem ser vistas como desafios à universalização da previdência social, no contexto de desemprego maciço, sem fazer da proteção social um meio para legitimar o trabalho precarizado.

As características atribuídas pela "onda longa recessiva" e pelas crises cíclicas do capitalismo contemporâneo no Brasil, expressas pelo desemprego maciço e prolongado, crescimento da informalidade, aprofundamento das desigualdades, superexploração dos trabalhadores e pela política de cooptação e/ou criminalização dos movimentos sociais, dão a tônica do contexto local. Para compreensão e definição de estratégias para nele intervir, mais uma vez são oportunas as reflexões de Mandel (1990, p. 8):

A crise, o reaparecimento do desemprego massivo, a ofensiva universal do capital contra a classe operária, a miséria que se amplia no Terceiro

Mundo, as ameaças crescentes que pesam sobre as liberdades democráticas e sobre a paz em razão da própria deterioração da situação econômica do capital, tudo isso nos incita a repetir com força que o regime capitalista é um regime condenado. Ele ameaça cada vez mais destruir a substância da civilização material e da cultura humana a que ele outrora propiciara o progresso, embora de forma contraditória, com vícios enormes e alienações que lhe eram inerentes desde o início. É urgente que a humanidade o substitua por um regime social adaptado às necessidades contemporâneas do homem, às suas forças produtivas e à sua tendência emancipadora — o regime socialista não existente em lugar nenhum. A única força social capaz de levar a bom termo essa obra de reconstrução gigantesca é a classe operária, isto é, "o conjunto dos assalariados".

A grande rotatividade no emprego e a predominância das contratações com rendimentos mensais até o limite de dois salários mínimos

Outro ponto que chama muito a atenção na conjuntura da primeira década do século XXI, que repercute nas condições de universalização da previdência social no Brasil, é a *grande rotatividade no emprego e a predominância das contratações com rendimentos mensais até o limite de dois salários mínimos.*

A Tabela 12 mostra a rotatividade no emprego e o percentual de contratados com rendimentos mensais de até dois salários mínimos, no período entre 2005 e 2009.

Nessa tabela, o quadro de admissões, demissões e rendimentos com até dois salários mínimos traz revelações significativas. A primeira é o crescimento exponencial do percentual de contratações, cujos rendimentos mensais são de até dois salários mínimos. Assim, se em 2005 esse percentual era 69,9% — o menor da década —, nos anos subsequentes esse percentual cresceu, alcançando, em 2006, o percentual de 80,8%, e em 2009, o percentual de 84,8% — o maior percentual do período. Foram quase quinze pontos percentuais em quatro anos. Essa situação, associada à rotatividade no trabalho, repercute imensamente sobre a cobertura previdenciária, pois a maior parte das pessoas

TABELA 12

Evolução das contratações, demissões e o saldo líquido, em postos de trabalho registrados, e o percentual de admissões em faixas de remuneração de até dois salários mínimos — 2005 a 2009

	2005	2006	2007	2008	2009
Admissões	12.179.001	12.831.149	14.341.289	16.659.331	16.187.640
Demissões	10.925.020	11.602.463	12.723.897	15.207.127	15.192.530
Saldo	1.253.981	1.228.686	1.617.392	1.452.204	995.110
Saldo (% admissões)	10,3%	9,6%	11,3%	8,7%	6,1%
% admissões com até dois salários mínimos	69,9%	80,8%	82,0%	82,2%	84,8%

Fonte: Caged/MTE. Elaboração Anfip e Fundação Anfip. Localizada em Anfip (jul.2010, p. 57).

que está fora dessa cobertura localiza-se nessa faixa salarial, como será visto adiante. Logo, se de todos os postos de trabalho abertos no país somente 15% estão fora dessa faixa salarial, urge mudanças no sistema previdenciário e na política de emprego para assegurar cobertura a esses trabalhadores que, localizados nesse patamar de renda e altamente vulneráveis à rotatividade no emprego, não conseguem assegurar proteção contínua, pelas regras atuais do RGPS.

Quanto à rotatividade no trabalho, a situação é mais gritante ainda. A relação entre as admissões e as demissões ocorridas em cada ano do período a que a tabela se refere conduz a resultados díspares para cada ano. Em 2005, o saldo obtido foi de 10,3%. Já em 2006 a diferença foi um pouco menor, 9,6%, e, em 2007 o percentual foi o mais elevado da série, 11,3%. Já em 2008 houve uma queda nesse saldo para 8,7%, em função da crise do capital iniciada no último trimestre do ano. No ano de 2009, os efeitos da crise foram mais profundos e o saldo de 6,1% entre admissão e demissões foi o mais baixo da série.

No que se refere ao impacto da *rotatividade no emprego* sobre a expansão/retração da previdência social, o quadro é tão preocupante que até mesmo os que consideram que "a previdência brasileira é altamente inclusiva" (Prata, 2010, p. 133) chegam a apontar a rotatividade como um desafio. Avalia, portanto, esse autor: "um problema que estamos longe de resolver e que tem impactos no financiamento em longo prazo da previdência é a falta de qualquer garantia no emprego" (Idem, ibidem, p. 133). A rotatividade rebate na cobertura previdenciária, pela inconstância de renda e frequentes perdas da qualidade de segurados a que se submetem os trabalhadores, que mudam constantemente de emprego.

A redução da capacidade de resistência e pressão do movimento sindical

Mais uma situação correlacionada à "naturalização" do desemprego maciço como algo permanente nas sociedades capitalistas contemporâneas, que também concerne à organização do trabalho e afeta a universalização da previdência social refere-se à *redução da capacidade de resistência e pressão do movimento sindical*. Compreende-se este fato como uma decorrência da desregulamentação dos diretos, da redução do número de sindicalizados, da redução do contingente dos operários industriais, da política de cooptação utilizada pelo governo durante esta primeira década do século, especialmente durante os dois mandatos do governo Lula da Silva. Ademais, pode-se incluir neste rol de causas a política de criminalização dos movimentos sociais, muito visível no Brasil nesta década. Neste período, o principal foi o Movimento dos Trabalhadores Rurais Sem Terra (MST), embora não tenha sido o único a sofrer represálias do grande capital nacional, representado pelos banqueiros, latifundiários, empresários rurais, entre outros.

No que se refere à sindicalização, "no período de uma década que separou os anos de 1992 e 2002, a taxa de sindicalização no Brasil caiu quase 18%" (Pochmann, 2008, p. 86). Em 2005, "a taxa de sindicalização foi 15,7% superior à de 1998. Mesmo assim, não chegou a representar ainda 2/3 da taxa de sindicalização registrada em 1989"(Idem, ibidem, p. 88). A taxa de sindicalização é um importante indicador da capacidade de pressão dos trabalhadores, embora não seja o único. Portanto, pelos fatores citados e outros não citados, durante a primeira década do século XXI, a capacidade de pressão dos trabalhadores foi reduzida.

Essa situação contribui para a inibição ou estagnação dos processos relacionados à universalização da previdência social, visto que a pressão dos trabalhadores, historicamente, sempre foi determinante para a conquista de proteção social, na área de seguridade social. Além do mais, a previdência social é uma das políticas sociais mais resistentes ao controle democrático da sociedade. Com certeza, não haverá alargamento e expansão da cobertura previdenciária, sem que os trabalhadores participem das decisões sobre os destinos desta política social e controlem a sua implementação, no contexto da seguridade social, até mesmo para evitar desvios dos recursos destinados ao seu financiamento e das demais políticas.

O ingresso precoce dos pobres e tardio das classes médias ao mercado de trabalho

O *ingresso precoce dos pobres no mercado de trabalho* para atender às necessidades de sobrevivência e *a tendência crescente de ingresso tardio* dos setores médios da sociedade no mercado de trabalho constituem situações contemporâneas referentes à organização do emprego no país que afetam os (des)caminhos da universalização da previdência social.

No tempo presente, cada vez mais setores da chamada "classe média" das áreas urbanas ingressam tardiamente no mercado de trabalho, com idade entre 25 e 30 anos, em geral, após a conclusão de um curso superior e por meio do trabalho assalariado formal. Desse modo, permanecem, em média, contribuindo durante 35 anos para a previdência, se homem, ou 30 anos, se mulher, e podem se aposentar. Em situações como estas, a idade mínima de 60 anos de idade para mulheres e 65 anos para homens urbanos,[10] quando exigida, é cumprida

---

10. A idade mínima para os trabalhadores rurais de ambos os sexos é reduzida em cinco anos. Cf. CF, art. 201, § 7º, II.

no transcurso do tempo de contribuição, em caso de ingresso no mercado aos 30 anos de idade. Enquanto isso, as camadas mais pobres da sociedade continuam ingressando no mercado de trabalho de forma precoce (muitas vezes, bem antes dos 18 anos), geralmente mediante o trabalho precarizado e sem capacidade contributiva. Essa situação, associada à grande rotatividade no trabalho, faz com que os trabalhadores das camadas mais pobres realizem suas contribuições de forma esparsa e fragmentada ao longo dos anos. Em função disso, algumas vezes precisam cumprir pedágio,[11] para readquirem a qualidade de segurado e, assim, poderem usufruir os benefícios previdenciários, principalmente os relacionados à incapacidade laborativa temporária. Diante desse quadro, quando esses trabalhadores acessam a aposentadoria, normalmente o fazem em função da idade, se conseguirem realizar as contribuições exigidas para esse tipo de benefício. Outras opções são apresentadas a esses segmentos, não recuperadas aqui, mas todas apresentam alguma distorção que terminam favorecendo os que podem ingressar tardiamente no mercado de trabalho. Assim, o modelo de previdência social em vigor penaliza aqueles que precisam ingressar precocemente na vida produtiva e não ganham o suficiente para pagarem as alíquotas definidas pelo tempo exigido. Esse e outros aspectos da legislação não citados revelam a forma injusta de organização do sistema previdenciário vigente, o que requer mudanças para que possa haver avanços na direção da universalização.

Vale salientar que as contrarreformas no sistema previdenciário realizadas em anos recentes (1998 e 2003), embora tenham ocorrido em governos e em anos diferentes e voltadas para públicos distintos, seguiram a mesma lógica, como comenta Graneman (2004, p. 30):

> Em relação à política previdenciária, duas emblemáticas contrarreformas efetivaram a desestruturação dos direitos trabalhistas por intermédio das Emendas Constitucionais número 20 e 41. Embora tenham sido realizadas por diferentes governos — a Emenda Constitucional n. 20, de

---

11. Pagarem um número determinado de contribuição para adquirirem novamente a qualidade de segurado.

1998, impingida pelo governo Fernando Henrique Cardoso, alterou o Regime Geral de Previdência Social; a Emenda Constitucional n. 41, de 2003, imposta aos trabalhadores do serviço público brasileiro pelo governo Lula, modificou o Regime Próprio de Previdência Social dos Servidores Públicos. A lógica basilar de ambas as emendas é a de transferência de recursos públicos estatais, para a acumulação capitalista, especialmente para o capital financeiro.

Uma das estratégias usadas para transferir recursos públicos ao capital financeiro foi a imposição de redução de direitos previdenciários aos trabalhadores, para que estes pudessem recorrer à previdência privada. Isso se deu tanto em relação aos trabalhadores da iniciativa privada, quanto em relação aos servidores públicos, como bem recupera a autora:

> Para operar a transferência de volumosas quantias de riqueza, até então sob a gestão estatal, os governos brasileiros tiveram de realizar contrarreformas constitucionais para rebaixar os direitos da classe trabalhadora, tanto no sentido de aumentar-lhes o tempo de trabalho e de contribuição como no de estabelecer valores miseráveis [...] como referências máximas a que pode ter direito um trabalhador quando de sua aposentadoria, os comumente denominados tetos previdenciários.
>
> No caso da contrarreforma previdenciária do governo Lula, tratou-se de realizar no âmbito do serviço público ações restritivas de direitos correspondentes às já realizadas por FHC para a força de trabalho diretamente empregada pelo capital, direitos como aposentadoria integral, isonomia para ativos e aposentados foram subtraídos dos trabalhadores; em seu lugar novos deveres: contribuição previdenciária para os já aposentados, aumento do teto de trabalho e de idade mínima para acesso ao direito de aposentadoria (Granemann, 2004, p. 30-1).

Na opinião de Granemann (2004, p. 32):

> Os esforços articulados para a aprovação da Emenda Constitucional n. 41, de 2003, tornam límpidos os interesses que o revestem: a privatização da previdência dos servidores públicos é um negócio estimado pelo próprio mercado financeiro em cerca de R$ 700 bilhões até 2010.

Importante registrar que, por um lado, o ingresso tardio no mercado de trabalho entre os 25 e 30 anos de idade, por parte dos setores das chamadas classes médias, constitui uma estratégia adotada por esses setores em relação às medidas definidas, unilateralmente, pelo governo de estabelecer uma idade mínima e um tempo de contribuição mínimo como requisitos articulados para acesso à previdência (RPPS). Por outro, o ingresso tardio também constitui uma bandeira de luta, como dizem Pochmann e Dias (2010, p. 120):

> A ênfase no estabelecimento de uma nova agenda civilizatória merece ser perseguida, permitindo a reconstrução da sociabilidade perdida, bem como a liberação do homem do trabalho heterônomo no contexto das exigências da sociedade pós-industrial. Ela é constituída por alguns itens, em especial: ingresso no mercado de trabalho aos 25 anos (e não aos 16) educação ao longo da vida (ao contrário de atender apenas a crianças, adolescentes e jovens), permanência de 12 horas semanais no local de trabalho (em lugar de 44 horas) e expansão de atividades ocupacionais socialmente úteis à sociabilidade, como a de cuidadores sociais, e aquelas ligadas ao entretenimento.

O agravamento da questão social e a financeirização do capital

A esse quadro de mudanças na organização do trabalho associam-se também duas grandes características mais gerais da sociedade e da economia que ganham corpo na contemporaneidade em decorrência da ofensiva do capital sobre o trabalho, e que também constituem importantes desafios à universalização da previdência social: *o agravamento da questão social e a financeirização do capital*.

Na visão de Marilda Iamamoto, esses dois processos estão absolutamente imbricados no tempo presente. A mundialização financeira unifica os processos que tendem a ser tratados isoladamente, como a reestruturação produtiva, a redefinição das funções do Estado, a questão social, a ideologia neoliberal e as concepções pós-modernas. Assim:

As feições assumidas pela questão social são indissociáveis das responsabilidades dos governos, nos campos monetário e financeiro, e da liberdade dada aos movimentos do capital concentrado para atuar sem regulamentação e controle, transferindo lucros e salários oriundos da produção para se valorizar na esfera financeira e especulativa. [...] o predomínio do capital fetiche conduz à banalização do humano, à descartabilidade e indiferença perante o outro, o que se encontra na raiz da *questão social* na era das finanças (Iamamoto, 2007, p. 37; grifos da autora).

O aprofundamento das desigualdades sociais distribuídas territorialmente revela um país que vivencia, cada vez mais e com maior intensidade, as distâncias entre as rendas do trabalho e do capital, entre a renda dos trabalhadores qualificados e dos não qualificados, a renda dos trabalhadores que vivem em regiões geográficas diferentes, marcadas historicamente pelas desigualdades econômicas. Essas desigualdades são acentuadas em um contexto em que a lógica financeira preside o regime de acumulação e "os investimentos especulativos são favorecidos em detrimento da produção, o que se encontra na raiz da redução dos níveis de emprego, do agravamento da *questão social* e da regressão das políticas sociais públicas" (Idem, ibidem, p. 143; grifos da autora). São desigualdades que assolam o país e afetam a economia, a política e a cultura, ao mesmo tempo que revelam um descompasso entre o novo e o velho, que se articulam e se alteram em direções contrapostas que radicalizam a questão social, como sugere Iamamoto (2007, p. 129): "a modernidade das forças produtivas do trabalho social convive com padrões retrógrados nas relações no trabalho, radicalizando a *questão social*"(grifos da autora).

Para a autora, na cena contemporânea:

A "velha questão social" *metamorfoseia-se*, assumindo *novas roupagens*. Ela evidencia hoje a imensa fratura entre o desenvolvimento das forças produtivas do trabalho social e as relações sociais que o impulsionam. Fratura esta que vem se traduzindo na banalização da vida humana, na violência escondida no fetiche do dinheiro e da mistificação do capital ao impregnar todos os espaços e esferas da vida social. Violência que tem no aparato repressivo do Estado, capturado pelas finanças e colocado a serviço da propriedade e poder dos que dominam o seu escudo de proteção e de disseminação. O alvo principal são aqueles que dispõem apenas de sua força de trabalho para sobreviver: além do segmento masculino adulto de trabalhadores urbanos e rurais, penalizam-se os velhos trabalhadores, as mulheres e as novas gerações de filhos da classe trabalhadora, jovens e crianças, em especial negros e mestiços.

Crescem os níveis de exploração e as desigualdades, assim como, no seu reverso, as insatisfações e resistências presentes nas lutas do dia a dia, ainda carentes de maior organicidade e densidade política (Iamamoto, 2007, p. 144-5; grifos da autora).

Ainda sobre a questão social na contemporaneidade, na opinião de Netto e Braz (2006, p. 220):

Uma das características mais marcantes do capitalismo contemporâneo é a *exponenciação da "questão social"* (também esta continua sendo naturalizada, mas acrescida da *criminalização* do pauperismo e dos pobres — donde a repressão expandida, das exigências da "tolerância zero" ao crescimento das soluções carcerárias). Aquilo que parecia estar sob controle nos "anos dourados" adquire, na terceira fase do estágio imperialista, magnitude extraordinária e explicita dimensões que, antes, eram mais discretas (grifos dos autores).

No que se refere à *financeirização* do capital, de acordo com os autores, a principal razão de sua existência resulta da "superacumulação e da queda nas taxas de lucro dos investimentos industriais registradas entre os anos setenta e meados dos oitenta" (Idem, ibidem, p. 231). Diante da redução dos lucros advindos do capital industrial, os capitalistas mudaram de estratégia para recuperar e acumular em patamares elevados, disponibilizando uma parte significativa do capital sob a forma de capital dinheiro ou capital monetário, pois para eles é melhor não investir na produção do que investir e não ter lucro. Dentro dessa lógica, uma parte do capital foi destinada à produção, especialmente, no setor de serviços em outros países pelas corporações imperialistas, representando o chamado investimento externo direto, e a outra, porém, permaneceu no circuito da circulação, buscando se valorizar nesta esfera.

Desse modo, o aumento da margem de lucro por meio da financeirização do capital em detrimento do investimento na produção implica redução de novos postos de trabalho, ampliação do exército de reserva, maior concentração de renda e da riqueza gerada, e, tendo em vista o atual modelo do sistema previdenciário, mais dificuldade de acesso a ele.

Nesse sentido, concordamos com a análise de Pochmann e Dias (2010, p. 119):

> [...] a conexão do Brasil com o futuro pressupõe reconsiderar certos "defeitos" que atingem historicamente a nação: a força da financeirização da riqueza e o subdesenvolvimento da ausência da plena ocupação e da injusta repartição da riqueza e das rendas geradas [...]
>
> Por ser o Brasil um país ainda em construção, com incompleta infraestrutura e enorme ociosidade de parte de sua mão de obra, a convergência de esforços associados ao alongamento da capacidade de produção pressupõe a inversão da tendência [...] de queda de rendimento do trabalho na renda nacional. Atualmente, os brasileiros que dependem exclusivamente de seu próprio trabalho para sobreviver alcançam cerca de 40% de toda a renda nacional, enquanto na década de 1950 tal índice chegava a quase 60%.

Portanto, o agravamento da questão social, a financeirização do capital, o ingresso precoce dos jovens pobres e tardio dos que possuem maior poder aquisitivo no mercado de trabalho, o desemprego maciço permanente, a expansão da informalidade e do "trabalho desprotegido", a grande rotatividade no emprego, a redução da capacidade de resistência do movimento sindical e os baixos rendimentos mensais, que inibem a capacidade contributiva, são alguns aspectos relevantes que devem ser considerados na análise das possibilidades e limites de universalização da cobertura previdenciária. Depois de considerados os indicadores de mercado de trabalho, podem-se citar ainda: os níveis de ocupação, as taxas de produtividade, as taxas de desocupação e desemprego, o percentual de trabalhadores com carteira de trabalho assinada entre o total de empregados, o rendimento médio mensal real e o perfil dos contribuintes e dos não contribuintes, que serão tratados nos itens subsequentes.

Os itens aqui registrados não se esgotam em si mesmos nem estão arrolados pelo grau de importância. São apenas grandes questões de interesse na análise das condições para universalização da previdência social, para além dos aspectos demográficos, orçamentários e financeiros costumeiramente arrolados no contraponto a esse debate.

4.2 Indicadores do trabalho nos anos 2000 comparados à PEA contribuinte ao sistema previdenciário e aos não contribuintes

O conhecimento de alguns indicadores do mercado de trabalho é relevante para maior compreensão sobre a organização do trabalho em dadas conjunturas. Entre esses indicadores estão as taxas de atividade e de desocupação, os níveis de ocupação e de renda média real mensal dos trabalhadores e o percentual de empregados com carteira de trabalho assinada.

Neste item, o propósito é mostrar o comportamento desses indicadores e suas correlações com a quantidade e/ou percentual de contribuintes para qualquer regime de previdência para regimes específicos (RGPS, Regime dos Militares e RPPS), e com os não contribuintes para o sistema previdenciário brasileiro, na primeira década do século XXI. Nessa relação, aspectos referentes à economia ao trabalho, já comentados, serão retomados.

A Tabela 13 apresenta os percentuais das taxas de atividade e desocupação e do nível de ocupação com base na PEA (entre 16 e 64 anos de idade), nos anos de 2001 a 2008.

Quanto à *taxa de atividade* — a percentagem de pessoas economicamente ativas, ocupadas e procurando ocupação, de uma dada faixa etária, em relação ao total de pessoas no país, na mesma faixa etária

—, no período entre 2001 e 2008, a Tabela 13 mostra um pequeno, embora contínuo, crescimento para a faixa etária entre 16 e 64 anos.

Em 2001 a taxa de atividade era de 72,42%, a menor da década. Nos anos de 2002 e 2003, as taxas estiveram muito próximas uma da outra, alcançando 73,42%, em 2002 e 73,58%, em 2003. Como se pode aferir, na Tabela 13, em 2003, comparativamente a 2001, houve elevação de um pouco mais de um ponto percentual na taxa de atividade. Todavia, foi em 2005 que se teve a maior taxa de atividade, no período analisado, equivalendo a 75,24%. O percentual de 2008 (75,02%) ficou muito próximo, porém abaixo do percentual de 2005.

Esses dados revelam que o nível de crescimento da PEA, na faixa etária entre 16 e 64 anos de idade, foi contínuo, relativamente constante e proporcional ao crescimento da população total do país, nessa faixa etária, na primeira década do século. Os percentuais ficaram muito próximos de um para outro ano, com a diferença máxima entre a menor taxa (72,42%, em 2001) e a maior taxa (75,24%, em 2005) abaixo de três pontos percentuais.

É importante registrar que a taxa de atividade para esta faixa etária é, em geral, superior à da faixa etária considerada pelo IBGE em suas análises, seus relatórios e sínteses (10 anos e mais de idade), como mostra a Tabela 14. Ademais, a faixa etária que se considera, nessa análise (entre 16 e 64 anos de idade), é a que permanece mais constantemente ocupada, além de ser a que mais procura ocupação. Dessa forma, como a taxa de atividade observa a PEA total (as pessoas ocupadas e as que procuram ocupação), nem sempre um percentual muito elevado para esse indicador significa uma boa situação do mercado de trabalho. Pode haver situações em que o contingente de pessoas procurando ocupação seja muito elevado, comparativamente ao de pessoas ocupadas. É o que aconteceu, por exemplo, em 2003, em que ocorreu a maior taxa de desocupação nesta faixa etária (9,8%), no período analisado (como mostra a Tabela 13) e também a maior taxa de desemprego total, 10,1% (Ipea, 2006, p. 19).

Desse modo, o indicador "taxa de atividade", preferencialmente, deve ser considerado, observando-se todos os aspectos que o envolvem, inclusive o crescimento da população, na faixa etária determinada na elaboração do indicador. E, em algumas análises, como para aferir o seu rebatimento na cobertura previdenciária, deve ser examinado juntamente com o nível de ocupação para a mesma faixa etária.

Quanto ao *nível de ocupação* — o percentual de pessoas ocupadas, em um determinado grupo etário (no caso, entre 16 e 64 anos de idade) em relação ao total de pessoas deste mesmo grupo no país —, a variação entre 2001 e 2008 foi um pouco maior (3,98%) do que a variação da taxa de atividade (2,82%), como era de se esperar, haja vista a maior expansão da taxa de ocupação[12] (2,18%), comparativamente à taxa de desocupação (2,1%), sem que tenha havido uma alteração substantiva da população nessa faixa de idade, durante o período.

Assim, de acordo com a Tabela 13, o nível de ocupação anual, entre 2001 e 2005, foi muito próximo. Em 2001, o nível de ocupação foi de 65,59% — menor percentual e pior nível de ocupação do período. No ano subsequente (2002), esse percentual subiu um pouco, e alcançou 66,67%. Já em 2003, houve uma pequena queda no nível de ocupação, em comparação ao ano anterior, ficando em 66,34%, o que se justifica por este ter sido um ano com a mais elevada taxa de desemprego (10,1% — Ipea, 2006, p. 19) e a maior taxa de desocupação do período para essa faixa etária (9,8% — Tabela 13). No ano de 2004, houve uma pequena recuperação do nível de ocupação em relação aos três anos anteriores, o percentual ficou em 67,56% e, nos três anos seguintes, houve contínua melhora do indicador.

Em 2006, o nível de ocupação para a faixa etária usada como referência na análise (de 16 a 64 anos de idade) alcançou o percentual de 68,50%, quase um ponto percentual a mais, em relação a 2004 e, alguns décimos em relação a 2005 (68,11%). Em 2007, o nível de ocupação alcançou 68,58% e, em 2008, ficou em 69,57% — o maior percentual e melhor nível de ocupação do período. Assim, a diferença entre o pior nível de ocupação do período, ocorrido, em 2001 (65,59%) e o melhor nível, em 2008 (69,57%) foi de quase quatro pontos percentuais (3,98%).

---

12. Percentual de pessoas ocupadas na PEA.

O melhor indicador para o ano de 2008 justifica-se, principalmente, pelo crescimento da PEA ocupada e pela redução da taxa de desocupação. Em 2005, o crescimento da PEA total foi o maior, se comparado a outros anos da década (Tabela 17), mas a taxa de desocupação foi muito elevada (9,5% — Tabela 13), comparativamente aos três anos seguintes, sobretudo em relação ao ano de 2008, cuja taxa de desocupação foi 7,3% (Tabela 13).

É bom ressaltar que a Tabela 13 não considera o ano de 2009. Contudo, segundo o IBGE (2010, p. 59), "a população ocupada em 2009 [...] não se alterou significativamente frente a 2008 (aumento de 0,3%). [...]. Tal população representava 56,9% das pessoas com 10 anos ou mais de idade. Esta estatística, denominada nível de ocupação, sofreu redução em relação a 2008, quando foi estimada em 57,5%".[13] Essa redução do nível de ocupação, em 2009, ocorreu para todas as faixas etárias e, embora tenha ocorrido de modo mais acentuado nas faixas etárias mais jovens,[14] teve impacto nas faixas de idade superior e no conjunto da PEA. Essa situação constitui um dos efeitos da crise de 2008/2009.

Vale dizer que o nível de ocupação para a faixa etária entre 16 e 64 anos de idade é superior ao nível de ocupação para a faixa etária de 10 anos e mais de idade. É uma diferença de um décimo, como mostra a Tabela 14, o qual se explica pelas mesmas razões que da diferença em relação à taxa de atividade entre as duas faixas etárias.

Quanto à *taxa de desocupação*, isto é, o percentual das pessoas desocupadas (de um grupo etário) em relação às pessoas economicamente ativas (do mesmo grupo etário), para o grupo etário de 16 a 64 anos de idade, a Tabela 13 que mostra os dados do período entre 2001 e 2008 retratam uma variação de 2,5%, entre a maior taxa de desocupação (9,8%, em 2003) do período e a menor taxa (7,3% no ano de 2008). Essa

---

13. A análise do IBGE é para as pessoas de 10 anos e mais de idade. A nossa análise volta-se para a faixa etária de 16 a 64 anos, em que há concentração da ocupação, porém as proporções de crescimento e retração para ambas as faixas foram relativamente equivalentes, no período 2001-2008.

14. Cf. IBGE (2010, p. 269).

variação sinaliza uma tendência de melhoria do indicador no curso da década, mas a crise de 2008 interrompeu essa tendência.

No período em análise, houve uma grande oscilação da taxa de desocupação até o ano de 2006, quando a tendência de queda ficou mais evidente, em função da taxa alcançada naquele ano, 8,6%. A partir de então, essa tendência foi mantida até 2008, ou seja, em 2007, a taxa de desocupação ficou em 8,3% e, em 2008, alcançou 7,3%, de acordo com a Tabela 13. Todavia, segundo o IBGE (2010), no ano de 2009, para a faixa etária de 10 anos e mais de idade, a taxa de desocupação foi de 8,4%, portanto maior que a de 2008. Diante disso, considerando-se as características da faixa etária de 16 a 64 anos, principalmente, a de ser a que mais procura ocupação, e considerando-se, ainda que a diferença percentual entre as duas faixas etárias, em todos os anos do período entre 2001 e 2008, foi constante em um décimo,[15] pode-se deduzir que a desocupação atingiu também a faixa de 16 a 64 anos de idade.

O conjunto dos indicadores analisados, com base nos dados do IBGE/PNAD, para o período de 2001 a 2009, confirma o ano de 2003 como o mais crítico e o de 2008 como o melhor em relação a esses indicadores do trabalho. Isso é também o que sinaliza o estudo realizado por Mendonça e Figueiredo (2010, p. 92), com base em dados do Dieese/ PME, que analisa a evolução da ocupação e do desemprego, no período entre 2002 e 2008:

> A evolução da ocupação e do desemprego entre 2002 e 2008 mostra uma expressiva melhora nessa composição. A taxa de desemprego nos mercados metropolitanos recuou de 19,5% em 2002, para 14,1% em 2008, depois de atingir 20,8% em 2003 (maior valor da década). Em contrapartida, a taxa de ocupação (relação entre o total de ocupados e a PEA) atingiu 85,9% em 2008, maior valor no período.

Em estudo realizado pelo IBGE sobre a série histórica entre 1992 e 2009 para a faixa etária de 10 anos e mais, percebe-se uma movimentação interessante:

---

15. Conferir essa diferença nas Tabelas 13 e 14.

No período de 1992 a 2009, a taxa de desocupação chegou ao nível mais baixo em 1995 (6,1%) e atingiu o patamar mais alto em 2003, quando foi estimada em 9,7%. De 1998 a 2005, sofreu oscilações, variando 9,0% a 9,7%. A partir de 2006 (8,5%), iniciou um processo de queda interrompido, em 2009, quando foi estimada em 8,4% (IBGE, 2010, p. 86).

Esses dados da série histórica (1992-2009) analisada pelo IBGE, quando comparados aos dados apresentados pelas Tabelas 13 e 14 referentes à primeira década do século XXI, constituem bom exemplo acerca do que se afirmou na abertura deste capítulo: o perfil do capitalismo no Brasil nos últimos 30 anos continua sendo marcado fundamentalmente pelos elementos que caracterizam a "onda longa recessiva", iniciada em meados da década de 1970 (reduzido nível de ocupação e taxa de atividade e elevada taxa de desocupação e desemprego), e não pelas alterações ocorridas em um ou outro indicador econômico e social ao longo de uma década, visto isoladamente. Confirmam, também, que as alterações nos indicadores econômicos e do trabalho na primeira década do século não apresentam rupturas, mas, ao contrário, expõem sinais de continuidade, quando comparados às duas décadas anteriores.

Nessa perspectiva, a *taxa de desocupação*, de acordo com a série analisada pelo IBGE, em quase 20 anos (1992-2009), apresenta exemplo curioso: a melhor taxa do período ocorreu no primeiro ano do primeiro mandato do governo Fernando Henrique (1995, taxa de 6,1%)[16] e a pior taxa, no primeiro ano do primeiro mandato do governo Lula (2003, taxa de 9,8%).[17]

É fácil para os representantes do governo Lula da Silva argumentarem que essa situação decorreu das sequelas do governo anterior. Mas, contra esse argumento, há outro muito forte: se esse resultado de 2003 deveu-se às sequelas do governo anterior, por que então, cinco anos depois, em 2008, o menor percentual obtido na taxa de

---

16. Cf. IBGE (2010, p. 86 e 269).

17. Ibidem.

desocupação, 7,3% (IBGE, 2010, p. 269), ainda foi superior ao alcançado em 1995, ou seja, 6,1% (IBGE, 2010, p. 86)?

Em nossa opinião, isso mostra que as diretrizes adotadas por ambos os governos, na macroeconomia e em relação a aspectos estruturais relacionados ao trabalho e aos direitos dele derivados, não rompem com os problemas estruturais do país. Assim, ainda que a redução da taxa de desocupação na última década, no governo Lula, possa ser lida como um investimento numa contratendência ao que vinha ocorrendo, este teria sido pouco eficaz.

TABELA 13

Nível de ocupação, taxa de atividade e taxa de desocupação (%), a partir da População Economicamente Ativa (PEA) (entre 16 e 64 anos de idade), Brasil, segundo os anos de 2001-2008

Anos*	Nível de ocupação %	Taxa de atividade %	Taxa de desocupação %
2001	65,59	72,42	9,4
2002	66,67	73,42	9,2
2003	66,34	73,58	9,8
2004	67,56	74,33	9,1
2005	68,11	75,24	9,5
2006	68,50	74,95	8,6
2007	68,58	74,76	8,3
2008	69,57	75,02	7,3

Fonte: Elaboração própria a partir dos dados da Pesquisa Nacional por Amostra de Domicílios (PNAD).

Notas: * 1. Dados a partir de 2004 exclusive áreas rurais de Rondônia, Acre, Amazonas, Roraima, Pará e Amapá. 2) A tabela inicia-se em 2001, pois 2000 é ano de Censo Demográfico e a PNAD não foi realizada.

Para fins de comparação, a Tabela 14 traz o nível de ocupação e as taxas de atividade e desocupação, com base na PEA (com 10 anos e mais de idade), de 2001 a 2008.

Na Tabela 14, os movimentos relacionados aos três indicadores são iguais aos da Tabela 13, as diferenças estão apenas nos percentuais. No que se refere à *taxa de desocupação*, para a faixa etária de 10 anos e mais, em todos os anos houve a diferença de um décimo a menos, comparada à faixa etária de 16 a 64 anos de idade, o que se explica, sobretudo, pelo fato de a população na faixa etária de 16 a 64 anos ter, estruturalmente, um maior nível de desocupação, ou seja, concentrar uma maior quantidade de pessoas procurando ocupação.

No que diz respeito ao *nível de ocupação*, a diferença média é de aproximadamente 10 pontos percentuais a mais para a faixa etária de 16 a 64 anos de idade, porém, anualmente, percebeu-se uma escala crescente de diferenças, que partiu de 10,8% em 2001 e chegou a 12,0% em 2008, ao se comparar nas Tabelas 13 e 14 os dados sobre este indicador.

Isso se explica, principalmente, pelo decréscimo da ocupação nas faixas etárias entre 10 e 17 anos de idade nos anos mais recentes e aumento da ocupação nas faixas acima de 18 anos, como sinaliza o estudo serial (1992 a 2009) feito pelo IBGE. O estudo revela que para as faixas de 10 a 14 anos houve um decréscimo do nível de ocupação entre 2001 (11,6%) e 2009 (6,9%) de 4,7% e, para as faixas de 15 a 17 anos de idade, houve um decréscimo de 4,1% entre 2001 (31,5%) e 2009 (27,4%). Já para as faixas acima de 18 anos houve um pequeno crescimento do nível de ocupação de 2%, entre 2001 (63,5%) e 2009 (65,5%) (IBGE, 2010, p. 269).

Quanto à *taxa de atividade*, os movimentos também são semelhantes entre as duas faixas etárias em comparação, sendo que há uma diferença positiva em relação aos percentuais para a faixa etária de 16 a 64 anos, em média de 11%, porém com uma variação anual crescente de 12,0%, em 2001, e para 13,0%, em 2008. Essas diferenças e variações explicam-se pelos mesmos motivos que explicam as diferenças e variações entre os níveis de ocupação para as duas faixas etárias, no período analisado.

Essas diferenças em percentuais, ano a ano — embora não nos resultados finais —, nos níveis de ocupação, taxas de atividades e taxas de desocupação, para as faixas etárias da PEA (10 anos e mais e de 16 a 64 anos) referidas neste trabalho, nos deixam confortáveis para usar como referência a faixa etária de 16 a 64 anos, de modo a não computar o trabalho infantil.

TABELA 14

Nível de ocupação, taxa de atividade e taxa de desocupação (em %), a partir da População Economicamente Ativa (PEA) (10 anos e mais de idade), Brasil, segundo os anos de 2001-2008

Anos*	Nível de ocupação %	Taxa de atividade %	Taxa de Desocupação %
2001	54,81	60,46	9,3
2002	55,71	61,31	9,1
2003	55,43	61,40	9,7
2004	56,27	61,85	9,0
2005	56,85	62,76	9,4
2006	56,99	62,29	8,5
2007	56,86	61,95	8,2
2008	57,48	61,95	7,2

Fonte: Elaboração própria a partir dos dados da Pesquisa Nacional por Amostra de Domicílios (PNAD).

Notas: * Dados a partir de 2004 exclusive áreas rurais de Rondônia, Acre, Amazonas, Roraima, Pará e Amapá. 1) A Tabela inicia-se em 2001, pois 2000 é ano de Censo Demográfico e a PNAD não foi realizada.

Outro indicador do mercado de trabalho, com impacto na cobertura previdenciária, é o rendimento médio real habitual recebido pela população ocupada, por região metropolitana, na primeira década do século XXI. A Tabela 15 apresenta a evolução desse indicador, com base nos dados da PME realizada pelo IBGE, tendo o mês de agosto como referência.

Para o período de 2002 a 2010, tendo o mês de agosto como referência, a Tabela 15 apresenta que, no mês de agosto de 2002, o rendimento médio real habitual total foi de R$ 1.400,88. Em agosto de 2003, este valor caiu para R$ 1.217,04 e, em agosto de 2004, obteve-se o pior rendimento da década (R$ 1.193,04), uma diferença de R$ 207,84 em relação a agosto de 2002. A partir de 2005, houve um crescimento contínuo e, em agosto de 2010, foi alcançado o melhor rendimento médio real habitual total do período, R$ 1.472,10, o que representa um ganho de R$ 279,06 (23,39%) em relação ao pior resultado obtido, em 2004.

Sobre este tema, o IBGE (2010, p. 87), ao analisar uma série histórica sobre a evolução do rendimento médio mensal real do trabalho, no período de 1992 a 2009, diz que:

> O rendimento médio mensal real de trabalho, de 1992 a 1996, apresentou ganhos reais anuais, registrando crescimento de 43,2%. Os ganhos desse período, sobretudo a partir de 1994, foram propiciados pelos efeitos da estabilização monetária do Plano Real, instituído em julho de 1994.

De acordo com o órgão, esse crescimento continuou ocorrendo até 1996, quando foi alcançado o melhor rendimento da década de 1990. Entre os anos de 1997 até 2004 houve retração. A partir de 2005, o crescimento do rendimento do trabalho foi retomado, mas o melhor ganho da década de 2000 não chegou a superar o melhor ganho da década anterior:

> [...] em 1999 a perda foi de 7,0% em relação ao ano anterior, influenciada pela aceleração inflacionária e por ajustes estruturais da política econômica nesse ano. No período de 2001 a 2004, a perda média anual ficou em torno de 3,4%, sendo que, de 2002 para 2003, foi de 7,4%. A partir de 2005, houve aumento real em todos os anos. De 2005 para 2006, o ganho foi de 7,2%, desacelerando de 2006 para 2007 (3,0%) e de 2007 para 2008 (1,7%). Em 2009, o crescimento foi de 2,2% frente a 2008 [...]. Comparando com 1992 (R$ 799,00), o crescimento foi de 39,0% em 2009; frente a 1996, no entanto, quando se registrou o maior rendimento do trabalho (R$ 1.144,00) desde 1992, houve queda real de 2,9% (Idem, ibidem, p. 87).

Essa análise serial de quase 20 anos feita pelo IBGE (2010) em relação aos rendimentos médios reais mensais dos trabalhadores mostra que as perdas salariais crônicas dos trabalhadores dos últimos 30 anos não foram superadas e, mesmo com recuperações parciais, a partir de 2005, os ganhos alcançados não foram capazes de superar nem mesmo alguns resultados da década de 1990 — "a segunda década perdida" (Mattoso, 2010, p. 35). O fato de o melhor resultado da década de 2000, alcançado no ano de 2009, ainda ser 2,9% menor que o alcançado em 1996, só reitera que não houve mudanças expressivas na condição estrutural do trabalho durante os últimos 30 anos. Na realidade, a desestruturação do trabalho assalariado seguiu o seu curso, ainda que sua centralidade continue determinante no país.

A Tabela 15 mostra, também, que a região metropolitana com os melhores rendimentos médios reais habitualmente recebidos em todos os anos foi São Paulo (com pior rendimento em ago. 2004, correspondendo a R$ 1.348,87, e o melhor em ago. 2010, no valor de R$ 1.580,10), seguida pela região metropolitana do Rio de Janeiro e pela região metropolitana de Porto Alegre. Os piores resultados obtidos são, por sua vez, da região metropolitana do Recife, que teve em ago. 2003 o seu pior resultado (R$ 858,91), aliás, o pior entre todos os resultados, de todas as regiões, em todos os anos analisados. A situação da região metropolitana do Recife é seguida pela região metropolitana de Salvador, cujos resultados também são bem reduzidos. O ano de 2004, tendo o mês de agosto como referência, teve o mais baixo resultado, isto é, R$ 924,50. O que explica a explosão da violência nessas cidades.

TABELA 15

Rendimento médio real habitual da população ocupada, por região metropolitana (em %), ago./2002, ago./2003, ago./2004, ago./2005, ago./2006, ago./2007, ago./2008, ago./2009, jul./2010, ago./2010 (10 anos e mais de idade)

(a preços de agosto de 2010)

Mês/ano	Total*	Recife	Salvador	Belo Horizonte	Rio de Janeiro	São Paulo	Porto Alegre
Ago. 2002	1.400,88	1.035,31	1.003,65	1.176,77	1.462,99	1.555,85	1.284,94
Ago. 2003	1.217,04	858,91	1.004,32	1.037,90	1.186,61	1.378,17	1.180,73
Ago. 2004	1.193,04	889,00	924,50	1.090,84	1.132,57	1.348,87	1.175,97
Ago. 2005	1.239,39	901,24	975,58	1.092,05	1.211,89	1.400,81	1.165,40
Ago. 2006	1.276,57	916,03	1.021,23	1.163,67	1.234,77	1.448,58	1.203,03
Ago. 2007	1.291,37	976,39	1.017,67	1.185,58	1.283,42	1.436,18	1.233,58
Ago. 2008	1.364,54	912,89	1.083,31	1.226,52	1.435,16	1.501,73	1.259,71
Ago. 2009	1.395,21	917,47	1.144,31	1.309,48	1.439,59	1.522,78	1.336,31
Jul. 2010	1.451,91	1.032,44	1.192,65	1.397,30	1.484,79	1.569,50	1.411,63
Ago. 2010	1.472,10	1.078,10	1.231,90	1.396,40	1.522,20	1.580,10	1.421,50

Fonte: IBGE/PME. Disponível em: <http://www.ibge.gov.br/home/estatistica/indicadores/trabalhoerendimento/pme/default.shtm>.

* Referente à média das seis regiões metropolitanas pesquisadas: Recife, Salvador, Belo Horizonte, São Paulo, Rio de Janeiro e Porto Alegre, com valores atualizados a preço de agosto de 2010.

Os indicadores analisados (taxa de atividade e desocupação, nível de rendimento e de ocupação) referentes à década de 2000, comparados aos anos das décadas anteriores, por um lado, sinalizam que a desestruturação do trabalho iniciada nas duas últimas décadas do século XX permaneceu em curso no século XXI, em decorrência de uma política macroeconômica que preservou os elementos essenciais do modelo que se forjou nas décadas de 1980 e 1990. Por outro, são indicadores que exercem impacto sobre a cobertura previdenciária, especialmente em relação ao RGPS, como será visto adiante. Todavia, o indicador determinante na cobertura do sistema previdenciário como um todo é o percentual de trabalhadores com carteira de trabalho assinada no total dos empregados. A Tabela 16 traz essas informações, no período de 2001 a 2009, para a PEA, com 10 anos e mais de idade.

A Tabela 16 mostra que, no período entre 2001 e 2009, os primeiros três anos foram os que apresentaram menores percentuais de trabalho com carteira assinada. O ano de 2002 teve o menor percentual (54,0%). A repercussão desse indicador na cobertura da previdência foi determinante. Os anos de 2001, 2002 e 2003 foram os anos de menor cobertura previdenciária no período, com destaque para o ano de 2002, cujo percentual alcançado foi o pior da série (45,1% da PEA ocupada). Isso ocorreu apesar de o ano de 2002 não ter tido os piores indicadores da década e até ter se destacado em relação a alguns, como o de rendimento médio real que, em ago. 2002, correspondeu a R$ 1.400,88 (Tabela 15), segundo melhor da década, inferior apenas ao de ago./2010 (R$ 1.472,10 — Tabela 15). A dependência do sistema previdenciário do trabalho formal é tão grande que mesmo o ano de 2003 acumulando os piores indicadores para esta faixa etária (10 e mais de idade) em relação ao desemprego (10,1%, — Ipea, 2006, p. 19) e à taxa de desocupação (9,7% — Tabela 14), não ficou no *ranking* da cobertura previdenciária como o pior ano. O principal motivo foi ter alcançado um percentual de trabalhadores com carteira de trabalho assinada maior do que em 2002. Isso evidencia que entre todos os indicadores que impactam a expansão ou retração de cobertura previdenciária para todos os regimes, o emprego estável é o mais relevante.

A Tabela 16 aponta que 2009 foi o ano com maior percentual de trabalhadores com carteira assinada (59,9%) e o ano que teve o maior percentual de cobertura previdenciária (54,1%), ainda em que 2009 tenha ocorrido um nível de ocupação (56,8%) inferior ao de 2008 (57,5%) e a taxa de desocupação (8,4%) maior que a de 2008 (7,2%) (IBGE, 2010, p. 269).

O peso determinante do indicador, percentual de trabalhadores com carteira de trabalho assinada, na cobertura previdenciária, comparativamente aos demais indicadores, justifica-se, no atual modelo, sobretudo, por duas razões: a natureza compulsória de filiação previdenciária para os que têm carteira de trabalho assinada ou contrato de trabalho formal e a regularidade de renda — o que não acontece com os demais trabalhadores ocupados.

TABELA 16

Trabalhadores assalariados com carteira de trabalho assinada no trabalho principal e contribuintes para qualquer regime de previdência a partir de qualquer trabalho, com base na População Economicamente Ativa (PEA) ocupada (10 anos e mais de idade) (%), Brasil, 2001-2009

Anos	Especificação	
	Pessoas com carteira assinada, no total dos empregados no trabalho principal	Contribuintes para qualquer regime de previdência a partir de qualquer trabalho
2001	54,1	45,7
2002	54,0	45,1
2003	54,9	46,3
2004	55,1	47,4
2005	56,5	47,9
2006	56,7	49,2
2007	58,0	51,8
2008	59,0	52,6
2009	59,9	54,1

Fonte: IBGE, Pesquisa Nacional por Amostra de Domicílios 2001/2009. In: IBGE (2010, p. 269). Elaboração própria.

Notas: 1) Exclusive as informações das pessoas da área rural de Rondônia, Acre, Amazonas, Roraima, Pará e Amapá.

2) A tabela original é intitulada: Tabela 5 — Indicadores de trabalho Brasil — 1992-2009 e contém informações adicionais.

Para se ter uma visão mais ampla sobre o impacto desses indicadores sobre a cobertura previdenciária, o Gráfico 2 traz a taxa de atividade, o nível de ocupação, a taxa de desocupação e trabalhadores com carteira de trabalho assinada e cobertura previdenciária, no período entre 1992 e 2009, para a PEA, na faixa etária de 10 anos e mais de idade.

O primeiro aspecto que chama a atenção no Gráfico 2 é o comportamento do indicador trabalhadores com carteira de trabalho assinada, em franca sintonia com o comportamento da cobertura previdenciária durante todo o período, de 1992 a 2009. Entre todos os indicadores, esse foi o que demonstrou maior sincronia gráfica com a cobertura previdenciária, embora no início da década de 1990 tenha havido maior distância entre as casas percentuais percorridas por ambos. Enquanto o indicador relacionado ao trabalho com carteira assinada percorria a segunda metade da casa dos 50% da PEA, a cobertura previdenciária percorria a primeira metade da casa dos 40%. Todavia, a partir de 1999 começa a haver uma aproximação contínua entre estes dois indicadores, de modo que a partir de 2008 o indicador cobertura previdenciária alcança a casa dos 50%, ao passo que o de trabalho formal se encontra no limite dessa mesma casa. Essa sincronia no movimento e aproximação quanto aos percentuais da PEA alcançados explicita a grande determinação do indicador de trabalhadores com carteira de trabalho assinada sobre a cobertura do sistema previdenciário.

O segundo aspecto destacável é o comportamento da taxa de desocupação que se manteve em níveis reduzidos nos primeiros anos da década de 1990, principalmente até o ano de 1995, quando apresentou o maior declínio. A partir de então, inicia-se uma fase de crescimento da desocupação que perpassou a década de 1990, atingindo seu pico em 2003. Desde 2004, percebe-se um breve recuo, com pequenas oscilações até uma leve queda em 2008. Em 2009, observa-se um novo pico de crescimento da desocupação. Assim, o Gráfico 2 revela que a frequência de percentuais de desocupação mais baixa nos primeiros anos da década de 1990 e o mais baixo percentual de 1995 não foram superados no período.

GRÁFICO 2

Indicadores do trabalho, considerando a População Economicamente Ativa — PEA (10 anos e mais de idade) e contribuintes para qualquer regime de previdência (%), Brasil, 1992-2009.

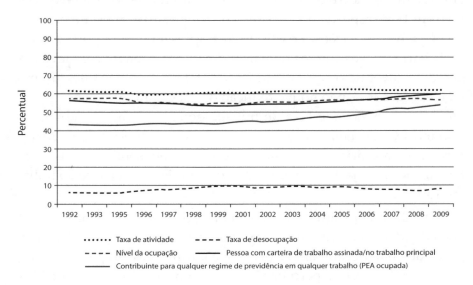

Fonte: IBGE/PNAD 1992-2009. In: IBGE (2010, p. 269). Tabela 5 — Indicadores de trabalho — Brasil 1992/2009. Elaboração própria.

Esse indicador demonstra relativa influência sobre a cobertura da previdência social, porém de modo bem menos determinante do que o percentual de pessoas com carteira de trabalho assinada. Há, contudo, dois momentos em que essa influência é mais visível, no ano de 1999, quando houve crescimento da desocupação e recuo na cobertura previdenciária e, no ano de 2008, quando o recuo da taxa de desocupação teve novamente combinação com o crescimento da cobertura previdenciária. É claro que nas duas ocasiões ocorreram outros movimentos simultâneos e inter-relacionados, ou seja, em 1999 além do crescimento da desocupação, houve declínio do percentual de pessoas com carteira de trabalho assinada, enquanto em 2008 houve crescimento. Ambos os movimentos influenciaram a cobertura previdenciária — recuando em 1999 e ampliando em 2008.

Finalmente, é também destacável o comportamento da taxa de atividade e do nível de ocupação, com movimentos sincronizados entre si, mostrando elevação nos anos iniciais da década de 1990, com pico em 1995 (especialmente o nível de ocupação) e, após um período de pequenas oscilações, a partir de 2006 apresentam comportamentos mais harmoniosos com os demais indicadores, todavia com leve declínio do nível de ocupação em 2009. É relevante notar que, mesmo com este declínio, não houve redução da cobertura previdenciária no ano, devido à elevada taxa de trabalhadores com carteira assinada. Isso mostra que, embora sejam indicadores que atuem sobre a cobertura previdenciária, a determinação que exercem sobre o nível de cobertura ao sistema é bem menor do que o indicador relativo ao trabalho formal.

A Tabela 17 exibe dados sobre a PEA, na faixa etária entre 16 e 64 anos de idade, contribuinte para qualquer regime de previdência, a partir de qualquer trabalho e dos não contribuintes, no período entre 2001 e 2008. O que se percebe são os mesmos movimentos ocorridos em relação à cobertura previdenciária para as faixas de 10 anos e mais de idade (Gráfico 2). Assim, os piores anos de cobertura previdenciária foram os primeiros anos da década, sobretudo 2002 — ano de pior percentual de trabalhadores com carteira de trabalho assinada (Tabela 16). Nesse ano, apenas 43,8% da PEA total, na faixa etária de 16 a 64 anos, contribuía para algum regime de previdência, o que foi estimado em 35.475.751 milhões de pessoas, enquanto 56,2% (45.600.197 milhões de pessoas) estavam fora do sistema.

De acordo com a Tabela 17, a partir de 2003 a cobertura previdenciária teve uma leve, porém contínua, expansão, enquanto o percentual de não contribuintes decresceu também sem interrupções. A cobertura previdenciária, em 2008, alcançou 51,4%, o que foi estimado em 47.585.478 milhões de contribuintes, contra 48,6% (44.905.372 milhões) de não contribuintes para o sistema previdenciário. Os resultados de 2008 foram os melhores do período.

Portanto, no período de 2001 a 2008, não obstante um relativo crescimento da cobertura previdenciária por pessoas economicamente

TABELA 17

População Economicamente Ativa (PEA) (entre 16 e 64 anos de idade), contribuinte para qualquer regime de previdência a partir de qualquer trabalho, e não contribuinte (quantidade e %), segundo os anos de 2001-2008

Ano	PEA total					PEA total				PEA ocupada	
	Ocupada	%	Sem ocupação	%	Total	Contribuinte para qualquer regime*	%	Não contribuinte	%	Não contribuinte	%
2001	70.808.663	90,6	7.376.802	9,4	78.185.465	34.658.321	44,3	43.519.020	55,7	36.142.218	51,0
2002	73.624.968	90,8	7.453.485	9,2	81.078.453	35.475.751	43,8	45.600.197	56,2	38.146.712	51,8
2003	74.859.339	90,2	8.172.832	9,8	83.032.171	36.898.516	44,4	46.132.697	55,6	37.959.865	50,7
2004	77.633.151	90,9	7.779.135	9,1	85.412.286	38.836.967	45,5	46.573.929	54,5	38.794.794	50,0
2005	79.853.565	90,5	8.357.856	9,5	88.211.421	40.631.933	46,1	47.579.488	53,9	39.221.632	49,1
2006	81.684.468	91,4	7.692.057	8,6	89.376.525	42.720.315	47,8	46.656.210	52,2	38.964.153	47,7
2007	83.170.972	91,7	7.491.256	8,3	90.662.228	44.909.750	49,5	45.752.478	50,5	38.261.222	46,0
2008	85.777.078	92,7	6.713.772	7,3	92.490.850	47.585.478	51,4	44.905.372	48,6	38.191.600	44,5

Fonte: Elaboração própria a partir dos dados da Pesquisa Nacional por Amostra de Domicílios (PNAD).

Notas: 1) Dados a partir de 2004, sem as áreas rurais dos estados de Rondônia, Acre, Amazonas, Roraima, Pará e Amapá.

2) Não há desocupados contribuintes para qualquer regime previdenciário.

3) O somatório dos contribuintes e dos não contribuintes não corresponde ao número da PEA total, pois não estão representados na tabela os que não declararam a condição de contribuição.

4) O somatório dos dados da coluna "Contribuinte para qualquer regime" com os da coluna "PEA ocupada não contribuinte" não corresponde ao total da PEA ocupada, pois não estão representados na tabela os que não declararam a condição de contribuição.

* Corresponde aos contribuintes da PEA ocupada.

ativas, ocupadas ou procurando ocupação, na faixa etária entre 16 e 64 anos, em 2008, apenas cerca de 47,5 milhões de pessoas com esses atributos contribuíam para a previdência. Enquanto isso, cerca de 45 milhões (44.905.372) não eram contribuintes, uma estimativa muito elevada e que deve constituir ponto prioritário da agenda permanente dos movimentos organizados da sociedade e do Estado.

Os dados do IBGE/PNAD/2009, para a PEA (com 10 anos e mais de idade), em 2009, registram que "cerca de 49,6 milhões de trabalhadores contribuíam para o instituto de previdência. Eles representam 53,5% do total da população ocupada" (IBGE, 2010, p. 67), enquanto, aproximadamente 43,061 milhões (46,5% da PEA ocupada) não contribuíam para qualquer regime (Idem, ibidem, p. 137). Esse dado é mais uma das principais referências ao debate sobre a universalização da previdência social. Quando é acrescido da quantidade de pessoas estimadas para a PEA desocupada, no mesmo ano, que correspondia a cerca de 8,421milhões (IBGE, 2010, p. 129), alcança 51.482 milhões de pessoas economicamente ativas, ocupadas e procurando ocupação, acima de 10 anos de idade, sem cobertura previdenciária. Considerando-se que a PEA (ocupada e desocupada) foi estimada em 101,110 milhões, sendo 92.689 ocupadas e 8.421 desocupadas (IBGE, 2010, p. 129), pode-se dizer que mais de 50% da PEA (com 10 anos e mais de idade), o que corresponde a mais de 50 milhões de pessoas, estava fora da cobertura previdência.

Esse dado é muito expressivo. Se 50% das pessoas economicamente ativas deste país estão sem proteção previdenciária, qual será a taxa de cobertura previdenciária, considerando-se a relação entre estas pessoas que estão vinculadas a algum regime previdenciário e as demais pessoas na mesma faixa etária que não estão vinculadas a qualquer regime de previdência? Essa é a indagação deve estar na mente de todo pesquisador da área, dos gestores públicos e dos movimentos organizados da sociedade, haja vista, potencialmente, este ser o universo de pessoas sem cobertura previdenciária e que dela precisariam.

Muitas pessoas já não procuram alguma ocupação porque já estão desanimadas e não acreditam mais na possibilidade de encontrarem algum emprego que atenda às suas expectativas, mas não porque não desejem nem precisem de uma ocupação. Essas pessoas não são computadas entre a população ativa. Da mesma forma, as que não estavam procurando ocupação em razão de doença ou causa fortuita (desastres, acidentes, mortes etc.) também não aparecem. De qualquer modo, 50 milhões de pessoas ativas fora do sistema é o objeto central de nossa atenção no momento.

O Gráfico 3 mostra a População Economicamente Ativa (PEA) ocupada e não ocupada, na faixa etária entre 16 e 64 anos de idade, contribuinte para algum dos regimes de previdência, a partir de qualquer trabalho, e não contribuinte, segundo os anos de 1987-2008.

Com base no período que o gráfico representa, percebem-se movimentos interessantes. Um deles é o crescimento da PEA ocupada, de modo acentuado, a partir dos anos 1990 até 2008, saltando da casa dos 50 milhões e quase alcançando o limite da casa dos 80 milhões, com um pequeno declínio entre os anos de 1995 e 1999. Esse crescimento da PEA ocupada mantém certa relação com o crescimento da cobertura previdenciária. São dois indicadores com movimentos ascendentes, com oscilações mais ou menos proporcionais, ainda que percorram casas bem diferentes e distantes, entre si, das quantidades em milhões. Todavia, neste gráfico, é mais perceptível a relação entre o movimento de crescimento da PEA sem ocupação (taxa de desocupação) e a retração da cobertura previdenciária e vice-versa. Entre 1987 a 1990, houve certa estabilidade dos dois indicadores. Entre 1990 e 1992, houve breve elevação da PEA desocupada e consequente declínio da PEA contribuinte, impactando na redução da cobertura previdenciária. A partir de 1992, o movimento de cobertura previdenciária segue inversamente os movimentos da PEA sem ocupação. Esta, a partir de 1992, apresentou leve crescimento, mas com pequenas variações entre crescimentos e declínios até por volta de 1997. Esse movimento foi relativamente equivalente à retração da cobertura previdenciária, nos mesmos anos. Entre 1998 e 2005, o crescimento da PEA sem ocupação (taxa de desocupação) se acelerou e, a partir de 2006, começou a declinar até o ano de 2008. Toda essa movimentação da PEA desocupada deu-se entre as casas de 2 a 9 milhões. A partir de 2006, com a redução da taxa de desocupação, percebeu-se maior crescimento da cobertura previdenciária. Ressalta-se, porém, que outros indicadores se associam a esse movimento de expansão da cobertura, inclusive a expansão da PEA ocupada.

Vale notar que, quanto ao nível de cobertura previdenciária, o Gráfico 3 mostra que a PEA contribuinte, obedecendo aos movimentos já descritos, permaneceu entre 20 e 32 milhões, na década de 1990, com uma pequena elevação a partir de 2001. Nessa ocasião, alcançou em torno de 35 milhões e teve leve declínio em 2002, voltando a crescer, mais visivelmente, a partir de 2005, chegando próximo aos 40 milhões em 2008.

A PEA ocupada não contribuinte teve movimentos inversos ao da PEA ocupada contribuinte (enquanto uma cresceu a outra declinou) e acompanhou ligeiramente os movimentos da PEA sem ocupação, todos anteriormente descritos. Assim, a PEA ocupada não contribuinte entre 1987 e 1990 esteve mais ou menos estável na casa dos 25 milhões. Entre 1990 e 1992, atingiu a casa dos 35 milhões e, a partir de então, cresceu em movimentos circulares até o ano de 2005 quando alcançou o limite de 48 milhões e deu sinais de declínio até 2008, quando alcançou a casa dos 45 milhões.

Por fim, a PEA total não contribuinte expandiu-se a partir de 1990 e ultrapassou a casa dos 20 milhões em 1992 e dos 30 em 1999, demonstrando total coerência com a taxa de desocupação do período. Começou a declinar a partir de 2005 — quando já estava próxima a casa dos 50 milhões — até 2008, quando atingiu aproximadamente a casa dos 45 milhões.

Esses movimentos mostrados pelo Gráfico 3 em relação ao trabalho e à cobertura previdenciária apontam que a política macroeconômica do governo não mudou substancialmente, entre uma e outra década, no que tange à política de emprego e ampliação da ocupação e do incentivo à cobertura previdenciária. Houve, é fato, sinais mais positivos para os trabalhadores, em relação aos indicadores do trabalho até então analisados, e aos movimentos da PEA (ocupada e desocupada), ocupada contribuinte e ocupada não contribuinte ao sistema previdenciário, a partir da segunda metade da década de 2000.

GRÁFICO 3

População Economicamente Ativa — PEA (entre 16 e 64 anos de idade), contribuinte para qualquer regime de previdência a partir de qualquer trabalho e não contribuinte (quantidade e %), segundo os anos de 1987-2008.

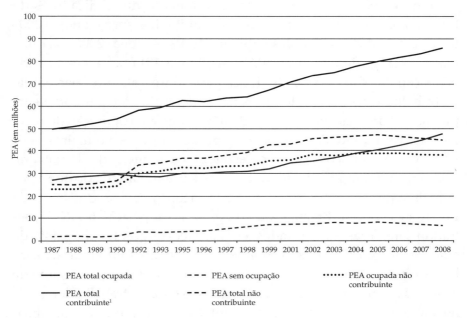

Fonte: Elaboração própria a partir dos dados da Pesquisa Nacional por Amostra de Domicílios (PNAD).

Notas: 1. Dados a partir de 2004, sem as áreas rurais dos estados de Rondônia, Acre, Amazonas, Roraima, Pará e Amapá.

2. Não há desocupados contribuintes para qualquer regime. (1) Equivale aos contribuintes da PEA ocupada.

A Tabela 18 mostra a quantidades e percentuais da PEA ocupada, com idade entre 16 e 64 anos, contribuinte para os três regimes básicos de previdência no período de 2001 a 2008.

Com base nessa tabela, o RGPS é o regime que apresenta a maior estimativa em quantidade e percentual de contribuintes, variando cerca de um ponto percentual (1,1%) entre a menor estimativa (85,8%, que correspondeu a 31.667.842 milhões, em 2003) e a maior estimativa

(86,8%, que correspondeu a 41.303.877 milhões, em 2008). Esses dados têm profunda correlação com os indicadores do trabalho supramencionados. A pior estimativa do percentual de contribuintes para o RGPS, no ano de 2003, está relacionada com situação dos indicadores do trabalho para esse ano. Nesse caso, fez muita diferença o ano de 2003 ter tido a maior taxa de desemprego (10,1% — Ipea, 2006, p. 19), a maior taxa de desocupação (9,8% — Tabela 13) e a menor taxa de ocupação (90,2%) do período. Esses indicadores, além do percentual de trabalhadores com carteira assinada (determinante para o sistema previdenciário), assumiram grande importância na definição do nível de cobertura do RGPS. Isso ocorreu porque o RGPS é o regime mais suscetível às variações gerais da economia e do mercado de trabalho porque a sua composição de contribuintes é mais variada do que a dos demais regimes (militares e RPPS). De acordo com o Ministério da Previdência Social (Brasil, fev. 2010, p. 1), a composição do RGPS, segundo categorias de segurados, em 2008, correspondeu a: 78,54% de empregados; 16,25% de contribuintes individuais — autônomos, membros de associações, cooperativas, trabalhadores rurais em regime de economia familiar, meeiros, entre outros; 3,68% de trabalhadores domésticos; 1,52% de contribuintes facultativos — estudantes, membros de congregação religiosa, síndicos de prédios etc.; e 0,1% de outros. Esses cerca de 20% de contribuintes que não são empregados e não dependem da carteira de trabalho assinada para acesso ao RGPS estão mais vulneráveis aos outros indicadores econômicos e do trabalho, pois necessitam fundamentalmente de renda para viabilizarem esse acesso. Assim, essa composição do RGPS explica as razões pelas quais, para esse regime, o pior ano de cobertura foi o ano de 2003 e não 2002, como foi para o conjunto do sistema previdenciário. Os outros regimes são constituídos especificamente por pessoas com carteira de trabalho ou contrato formal de trabalho (militares e RGPS), enquanto o RGPS, em torno de 20% de sua composição, não possui essa condição. Os anos de 2002, 2003 e 2004 apresentam proporções percentuais menores de contribuintes para o RGPS, em relação aos demais regimes (militares e RPPS), o que confirma os rebatimentos dos piores percentuais dos indicadores do trabalho (percentual de trabalhadores com carteira assinada, nível de ocupação, taxa de desocupação, nível de rendimento médio real).

A Tabela 18 mostra ainda que o RGPS, em relação à estimativa de contribuintes, é seguido pelo RPPS, cujas variações de contribuintes encontram-se entre 12,6% (5.132.180), no ano de 2005, e 13,5% para os anos de 2002 e 2003 (4.775.197 milhões para o ano de 2002 e 4.977.169 milhões para 2003). As estimativas de contribuição para esse regime apresentam movimentos diferentes em relação ao RGPS, com pouca variação entre os anos, com aumento quantitativo de contribuintes e queda da estimativa percentual, a partir de 2005. O aumento quantitativo justifica-se pelo aumento das contratações no serviço público nesse período. A queda do percentual de cobertura do RPPS no conjunto do sistema deve-se ao crescimento da cobertura do RGPS e a uma pequena retração de cobertura para o próprio RPPS.

Entre todos os regimes, o dos militares da União é o que apresenta maior estabilidade das estimativas, tanto em número quanto em percentual. O ano de maior quantidade de contribuintes foi o de 2001 (266.904) e o de menor quantidade foi o de 2007, com 238.661 contribuintes. Nesse regime, as estimativas percentuais ficaram entre 0,5% (anos de 2007 e 2008) e 0,8% (para o ano de 2001). Os anos de 2003 e 2004 tiveram a mesma estimativa percentual de contribuintes (0,7%), da mesma forma que para os anos de 2005 e 2006 a estimativa também foi igual, 0,6% entre o total de contribuintes para qualquer regime nestes anos. Os maiores percentuais para esse regime nos anos de 2001 a 2004, com pequena variação a menor em 2002, no conjunto do sistema previdenciário, justifica-se pela maior quantidade de contratados no período e menor crescimento do RGPS nesses anos.

Para fins de comparação, foi elaborada também a Tabela 19 que mostra a PEA ocupada, com 10 anos e mais de idade, contribuinte para regimes específicos de previdência (RGPS, militares e RPPS), no mesmo período analisado anteriormente, 2001 a 2008.

Como era de se esperar, os dados da Tabela 19, comparativamente aos da Tabela 18, mostram que em relação ao regime dos militares não há qualquer variação percentual das estimativas, pois a mudança

TABELA 18

População Economicamente Ativa (PEA) (entre 16 e 64 anos de idade), ocupada na semana de referência, contribuinte para regimes específicos de previdência (RGPS, militares e RPPS) a partir de qualquer trabalho, e não contribuinte (quantidade em %) segundo os anos de 2001-2008

Anos	Contribuintes RGPS	%	Contribuintes militares	%	Contribuintes RPPS	%	Total de contribuintes	Não contribuintes	%
2001	29.792.954	86,0	266.904	0,8	4.598.463	13,3	34.658.321	36.142.218	51,0
2002	30.486.884	85,9	213.670	0,6	4.775.197	13,5	35.475.751	38.146.712	51,8
2003	31.667.842	85,8	253.505	0,7	4.977.169	13,5	36.898.516	37.959.865	50,7
2004	33.378.725	85,9	259.819	0,7	5.198.423	13,4	38.836.967	38.794.794	50,0
2005	35.247.167	86,7	252.586	0,6	5.132.180	12,6	40.631.933	39.221.632	49,1
2006	36.976.440	86,6	266.212	0,6	5.477.663	12,8	42.720.315	38.964.153	47,7
2007	38.902.256	86,6	238.661	0,5	5.768.833	12,8	44.909.750	38.261.222	46,0
2008	41.303.877	86,8	260.809	0,5	6.020.792	12,7	47.585.478	38.191.600	44,5

Fonte: Elaboração própria a partir dos dados da Pesquisa Nacional por Amostra de Domicílios (PNAD).

Notas: 1) Dados a partir de 2004, sem as áreas rurais dos estados de Rondônia, Acre, Amazonas, Roraima, Pará e Amapá.

2) O somatório dos contribuintes para qualquer regime e dos não contribuintes não corresponde ao total da PEA ocupada, pois não estão representados na tabela os que não declararam a condição de contribuição.

TABELA 19

População Economicamente Ativa (PEA) (10 anos e mais de idade), ocupada na semana de referência, contribuinte para regimes específicos de previdência (RGPS, militares e RPPS) a partir de qualquer trabalho e não contribuinte (quantidade em %) segundo os anos de 2001-2008

Anos	Contribuintes RGPS	%	Contribuintes militares	%	Contribuintes RPPS	%	Total de contribuintes	Não contribuintes	%
2001	30.133.122	86,0	267.110	0,8	4.648.646	13,3	35.048.878	41.106.446	54,0
2002	30.809.147	85,9	213.670	0,6	4.832.384	13,5	35.855.201	43.150.049	54,6
2003	32.043.635	85,8	253.883	0,7	5.039.553	13,5	37.337.071	42.809.019	53,4
2004	33.722.997	85,9	260.027	0,7	5.262.120	13,4	39.245.144	43.427.074	52,5
2005	35.614.528	86,7	252.586	0,6	5.195.599	12,7	41.062.713	44.117.470	51,8
2006	37.354.239	86,5	266.419	0,6	5.560.631	12,9	43.181.289	43.909.624	50,4
2007	39.318.265	86,6	238.661	0,5	5.855.706	12,9	45.412.632	42.972.590	48,6
2008	41.748.999	86,8	261.671	0,5	6.100.703	12,7	48.111.373	42.823.813	47,1

Fonte: Elaboração própria a partir dos dados da Pesquisa Nacional por Amostra de Domicílios (PNAD).

Notas: 1) Dados a partir de 2004 sem as áreas rurais dos estados de Rondônia, Acre, Amazonas, Roraima, Pará e Amapá.

2) O somatório dos contribuintes para qualquer regime e dos não contribuintes não corresponde ao total da PEA ocupada, pois não estão representados na tabela os que não declararam a condição de contribuição.

da faixa etária não modifica o acesso a esse regime, destinado aos maiores de 18 anos que são contratados pela União para o serviço militar, e são poucos os que ainda não estão na reserva, após os 64 anos de idade. E, na reserva, já não contribuem com o regime de previdência. Assim, o pequeno acréscimo quantitativo em um ou outro ano da década não provocou aumento percentual para a faixa etária de 10 anos e mais de idade.

Já o RPPS, diante da mesma comparação, sofreu uma pequena variação percentual nos anos de 2005, 2006 e 2007, em um décimo a mais em cada ano para a PEA com 10 anos e mais de idade. Os percentuais da PEA ocupada, com idade entre 16 e 64 anos, contribuinte para o RPPS, nesses anos, foram 12,6% em 2005 e 12,8% em 2006 e 2007. E, os percentuais da PEA ocupada, com 10 anos e mais de idade, corresponderam a 12,7% em 2005 e 12,9% em 2006 e 2007. Isso se explica menos pela ampliação de pessoas computadas na faixa etária entre 10 e 16 anos de idade, e mais pela faixa etária acima de 64 anos, pois a regra de acesso ao serviço público para o quadro de pessoal civil, quanto à idade, é igual a dos militares. Porém, a quantidade de servidores públicos civis não aposentados após os 64 anos e ainda contribuintes para o RPPS é maior do que o número de militares, na mesma condição.

Quanto ao RGPS, a variação percentual também foi mínima, um décimo a menos para o ano de 2006, na PEA de 10 anos e mais de idade, embora o regime tenha recebido mais pessoas, dentro dessa faixa etária, do que os demais regimes. Esse decréscimo deve-se aos que contribuem facultativamente para a previdência social, nesta faixa etária. Todavia, a variação percentual de 86,6% para a PEA, na faixa etária entre 16 e 64 anos, e 86,5% para a PEA com 10 anos e mais de idade, em 2006, justifica-se pela distribuição dos contribuintes entre os regimes. Nesse ano, proporcionalmente, houve maior cobertura do RPPS nessa faixa etária.

Essa variação ínfima não justifica a adoção da faixa etária de 10 anos e mais de idade como principal referência no debate sobre a universalização do RGPS. O que se pretende é proteção social a todos em idade legal (acima de 16 anos) e aceitável socialmente (de 16 a 64 anos), sem utilizar medidas de proteção ao trabalho, como incentivo ao trabalho infantil.

Se as comparações, na mesma década, apenas por faixas etárias diferentes não expressaram tantas alterações, o Gráfico 4 permite uma análise por um período mais longo (1987 a 2008) sobre o comportamento da População Economicamente Ativa — PEA (entre 16 e 64 anos de idade), ocupada, contribuinte para regimes específicos de previdência (RGPS, militares e RPPS) a partir de qualquer trabalho, e dos não contribuintes.

GRÁFICO 4

População Economicamente Ativa (PEA) (entre 16 e 64 anos de idade), ocupada, contribuinte para regimes específicos de previdência (RGPS, militares e RPPS) a partir de qualquer trabalho, e não contribuinte (quantidade em %) segundo os anos de 1987-2008.

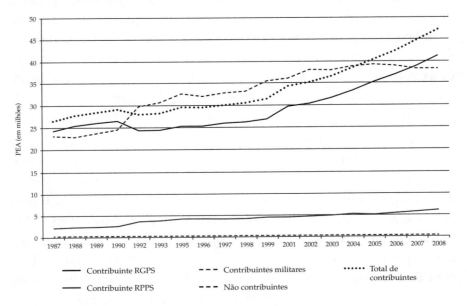

Fonte: Elaboração própria a partir dos dados da Pesquisa Nacional por Amostra de Domicílios (PNAD).
Nota: Dados a partir de 2004, sem as áreas rurais dos estados de Rondônia, Acre, Amazonas, Roraima, Pará e Amapá.

De acordo com o gráfico, as estimativas de contribuições da PEA para o regime dos militares nesse intervalo de 21 anos estiveram relativamente estáveis e sempre abaixo de um milhão. Isso revela, por um lado, as vantagens do vínculo empregatício dos militares da União, comparativamente aos demais empregos: a estabilidade, a relativa preservação dos valores dos rendimentos, a natureza compulsória de filiação ao regime, com a participação do Estado, entre outras. Por outro, indica a relativa estabilidade do regime, tanto pela participação do governo em sua manutenção quanto pela relativa "independência" em relação ao funcionamento do mercado. Essa relativa "independência" pode ser modificada, a depender do interesse do Estado e da pressão exercida pelo conjunto das forças produtivas e do capital financeiro sobre este. As contrarreformas ocorridas na previdência social (em 1998) e no RPPS (em 2003) são exemplos desse tipo de pressão.

No que se refere ao RPPS, o período de 1987 até os anos 1990 é relativamente estável, permanecendo na casa de 2,5 milhões. A partir de 1990, tem uma pequena elevação, atingindo quase 5 milhões e ali permanecendo, com poucas variações até o ano de 2005, quando dá um salto e supera os 5 milhões. Nos anos subsequentes, o RPPS alcança a casa dos seis milhões. Quanto à estabilidade, este regime é relativamente similar aos dos militares, porém sofre maiores pressões do mercado do que este último, a exemplo da contrarreforma de 2003.

No RGPS, as oscilações foram maiores. No período entre 1987 e 1990, a PEA contribuinte teve pouca variação, permanecendo na casa dos 25 a 29 milhões. Em 1990 houve uma queda nesse percentual. O decréscimo fez com que nos anos subsequentes, até 1993, a PEA contribuinte estivesse abaixo dos 25 milhões. No intervalo de tempo entre 1993 e 1996, houve uma relativa estabilização. Todavia, a partir de 1996 houve um novo movimento de crescimento até por volta de 1999, quando a PEA contribuinte atingiu a casa dos 27 milhões. Esse movimento deve-se aos efeitos do plano real que impulsionou o mercado de trabalho, a partir de 1994, porém esses efeitos perduraram por pouco tempo. Embora, no período entre 1999 e 2001, a PEA contribuinte tenha tido um salto para 30 milhões, permaneceu nessa quantidade relativamente estável até 2002, quando teve nova queda, em decorrência da diminuição do percentual do trabalho com carteira assinada e da retração de outros indicadores do trabalho, como a elevação da taxa de desocupação. A partir de 2003 a quantidade de contribuinte ao RGPS cresceu exponencialmente até alcançar cerca de 41 milhões em 2008. Essas oscilações refletem a situação da economia e do mercado de trabalho.

Sobre a relação entre os indicadores do trabalho e a cobertura previdenciária, a Tabela 20 traz dados sobre a PEA ocupada, com 10 anos e mais de idade, contribuinte para a previdência, em 2008 e 2009, segundo as grandes regiões do país.

Na tabela, chama a atenção que tanto no ano de 2008 quanto no de 2009 a região que tem maior participação da PEA contribuinte é a Sudeste, coerentemente, com os indicadores de mercado de trabalho, como os rendimentos médios mensais reais habitualmente recebidos, comentados aqui, a partir das regiões metropolitanas (Tabela 15). Da mesma forma, mantendo a coerência, a região com maior quantidade proporcional da PEA ocupada, sem cobertura previdenciária, é a Nordeste. Vale retomar que a região Nordeste (representada na Tabela 15 pela região metropolitana do Recife e de Salvador) é a que obteve pior rendimento médio mensal real, entre 2002 e 2010.

Assim, no ano de 2008, dos 48.149 milhões da PEA ocupada que contribuíram para algum regime de previdência social — 52,1% da PEA ocupada nesse ano —, mais da metade (24.761 milhões) era da região Sudeste. Isso representava 62,9% da PEA ocupada na região. No mesmo ano, dos 44.245 milhões (47,9%) da PEA ocupada não contribuinte, 16.219 milhões eram da região Nordeste — 66,1% da PEA ocupada na região.

No ano de 2009, a situação foi similar. Dos 49.628 milhões (53,5%) da PEA ocupada contribuinte para algum regime de previdência, mais da metade (25.186 milhões) era da região Sudeste, o que correspondia a 63,6% da PEA ocupada na região, naquele ano. No entanto, dos 43.061 milhões (46,5%) da PEA ocupada, não contribuinte, 15.583 milhões eram da região Nordeste, o que correspondia a 64% da PEA ocupada na região.

TABELA 20

População Economicamente Ativa (PEA) (10 anos e mais de idade), ocupada, contribuinte para regime de previdência, em qualquer trabalho, por grandes regiões — 2008/2009

Pessoas de 10 anos ou mais de idade, ocupadas na semana de referência		Contribuição para instituto de previdência qualquer trabalho					
		Valor absoluto (1.000 pessoas)			Valor relativo (em %)		
		Contribuintes	Não contribuintes	Total	Contribuintes	Não contribuintes	Total
2008							
Grandes regiões	Norte	2.723	4.140	6.863	39,7	60,3	100
	Nordeste	8.331	16.219	24.550	33,9	66,1	100
	Sudeste	24.761	14.636	39.397	62,9	37,1	100
	Sul	8.703	5.972	14.675	59,3	40,7	100
	Centro-Oeste	3.631	3.279	6.910	52,5	47,5	100
Brasil		48.149	44.245	92.394	52,1	47,9	100
2009							
Grandes regiões	Norte	2.758	4.131	6.889	40,0	46,5	100
	Nordeste	8.784	15.583	24.367	36,0	60,0	100
	Sudeste	25.180	14.412	39.592	63,6	36,4	100
	Sul	9.063	5.738	14.801	61,2	38,8	100
	Centro-Oeste	3.843	3.197	7.040	54,6	45,4	100
Brasil		49.628	43.061	92.689	53,5	46,5	100

Fonte: IBGE/PNAD, 2009. Elaboração própria. Localizada em síntese de indicadores da PNAD/2009, p. 137.

Nota: A tabela originária incluía dados referentes à associação e aos sindicatos.

Esses dados, além de confirmarem a relação da cobertura da previdência com a situação estrutural do trabalho, sinalizam que, no debate sobre a universalização da previdência social no Brasil, as diferenças econômicas e a situação do mercado de trabalho nas regiões geográficas devem ser consideradas, sob pena de o sistema apenas reproduzir as desigualdades sociais e econômicas existentes entre as regiões, ao invés de contribuir para a sua superação. As regiões mais pobres, em tese, precisariam de maior proteção social, pelos dados da Tabela 20 são as que mais têm dificuldades de acesso à proteção advinda dos direitos derivados e dependentes do trabalho assalariado formal. A expectativa é que os avanços na direção da universalização da previdência social apontem para a reversão dessa contradição.

4.3 Perfil dos contribuintes ao RGPS e dos não contribuintes para qualquer regime de previdência na primeira década do século XXI

Uma análise mais ampla acerca da (des)estruturação do trabalho e da cobertura da previdência social no Brasil na primeira década do século XXI, bem como a elaboração de políticas e definição de estratégias, com vista à universalização dessa política social, requer o conhecimento do perfil dos cidadãos que constituem o quadro de segurados desse regime durante a década e também o perfil dos que compõem a população economicamente ativa e não tiveram acesso a qualquer regime previdenciário. Mostrar esses perfis é o nosso propósito neste item. Ele será apresentado a partir de quatro variáveis principais: sexo, faixa etária, renda e educação, tendo por base os anos de 2002, 2004, 2006 e 2008.

Perfil dos segurados do RGPS na primeira década do século XXI

A primeira variável considerada no perfil foi o sexo. A Tabela 21 mostra que a proporção média de homens e mulheres contribuintes ao RGPS, durante os quatro anos da década analisada, foi em torno de 60% para homens e 40% para mulheres.

No decorrer da década, percebeu-se um crescimento da participação da mulher no RGPS em cerca de um ponto percentual (0,8%), ou seja, de 38,14%, em 2002, para 39,12%, em 2008. Enquanto isso, os homens tiverem um decréscimo de mais de um ponto percentual, de 61,86% em 2002, para 60,88% em 2008. Essa proporção é relativamente equivalente à participação da mulher na população ocupada. Esta se localiza numa posição de destaque na população em idade ativa, porém tem representação menos significativa na PEA ocupada, ainda que tenha sido registrado, nos últimos anos, crescimento dessa participação. O que sobressai, todavia, é a participação das mulheres na população desocupada. Comentário do IBGE (2010, p. 67) sobre a participação da mulher no mercado de trabalho, em 2009, confirma essa análise: "As mulheres continuam sendo maioria na idade ativa (51,3%), porém, entre as pessoas ocupadas, elas permanecem com uma representação menor (42,6%) que a dos homens. Entre as pessoas desocupadas elas eram a maioria, 58,3%".

TABELA 21

Perfil da População Economicamente Ativa (PEA) (entre 16 e 64 anos de idade), contribuinte para o Regime Geral de Previdência Social (RGPS), segundo o sexo — Brasil, 2002, 2004, 2006 e 2008

Anos	Contribuinte para o Regime Geral de Previdência Social (RGPS)*					
	Sexo					
	Homens		Mulheres		Total	
	Valor absoluto	(%)	Valor absoluto	(%)	Valor absoluto	(%)
2002	18.860.178	61,86	11.626.706	38,14	30.486.884	100,0
2004	20.568.974	61,62	12.809.751	38,38	33.378.725	100,0
2006	22.438.096	60,68	14.538.344	39,32	36.976.440	100,0
2008	25.145.503	60,88	16.158.374	39,12	41.303.877	100,0

Fonte: Elaboração própria a partir dos Microdados da Pesquisa Nacional por Amostra de Domicílios (PNAD).

Nota: Exclusive as respostas "Sem declaração" com relação à condição de contribuição.

* Extraído do total de contribuintes para qualquer regime previdenciário.

O crescimento da participação da mulher na cobertura previdenciária, pelo RGPS, demonstra que ela está conseguindo ampliar a inserção no chamado "trabalho protegido". Contudo, as mulheres ainda são a maioria entre os que experimentam o "trabalho sem proteção", ou seja, entre os ocupados que não têm acesso à previdência social. Da mesma forma são a maioria entre os que estão procurando ocupação, como veremos adiante.

Quanto aos grupos etários dos segurados do RGPS na primeira década do século XXI, o Gráfico 5 revela que em todos os anos pesquisados (2002, 2004, 2006, 2008), a faixa etária predominante é aquela de 30 a 39 anos de idade e a menos representativa é de 60 a 64 anos. Esta, por sua vez, é seguida da faixa etária de 16 a 19 anos. As faixas de 20 a 24, 25 a 29 e de 40 a 49 anos de idade também possuem representação significativa. Assim, pode-se dizer que o RGPS cobre fundamentalmente a população entre 20 e 59 anos de idade. Percebe-se que essa faixa etária mais jovem foi a que ficou mais estável durante os anos pesquisados, apresentando um pequeno movimento de expansão no último ano. Situação semelhante ocorreu com a faixa etária mais idosa, em que o movimento de expansão foi muito limitado.

Sobre a faixa etária entre 60 e 64 anos de idade, estudos e pesquisas recentes[18] vêm mostrando que essa é faixa mais crítica da idade adulta, quanto à proteção social no país. Embora o Estatuto do Idoso reconheça que a idade de 60 anos é tida como a idade a partir da qual a pessoa é considerada idosa para ambos os sexos, as mulheres, para obterem aposentadoria por idade pelo RGPS, se cumprirem as exigências de contribuição, o fazem a partir dessa idade, todavia os homens só o farão quando completarem 65 anos de idade. Se forem pessoas que não contribuíram com a previdência, conforme a legislação vigente, só obterão proteção social da seguridade por meio do Benefício de Prestação Continuada da Assistente Social (BPC), aos 65 anos de idade para ambos os sexos. Então, fica uma lacuna na idade de 60 a 64 anos, que se reflete nas estatísticas, como se viu.

---

18. Cf. Ipea (2008); Salvador (2010).

Todavia, em todas as demais faixas, em todos os anos pesquisados, notou-se um movimento de expansão crescente da cobertura, nesta década.

Essa fotografia sobre os grupos etários que foram cobertos pelo RGPS na década de 2000 revela que o sistema tem um grande espaço de crescimento, em todas as faixas etárias, em especial, entre as camadas mais jovens. As estratégias e políticas direcionadas para a universalização do sistema devem ser consideradas estas características do regime, e também a quantidade de pessoas nessas faixas etárias que se encontram fora do sistema.

GRÁFICO 5
Perfil da População Economicamente Ativa — PEA (16-64 anos) contribuinte para o RGPS, segundo a faixa etária, nos anos de 2002, 2004, 2006 e 2008.

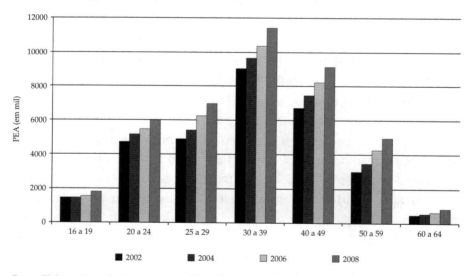

Fonte: Elaboração própria a partir dos Microdados da Pesquisa Nacional por Amostra de Domicílios (PNAD).

Uma condição essencial para o acesso ao sistema da previdência social é a capacidade contributiva daqueles que desejam dele participar.

Essa capacidade está diretamente relacionada à renda regular produzida pelos cidadãos. Nesse sentido, o RGPS caracteriza-se por contar com a grande maioria de seus segurados com renda entre 1 e 2 salários mínimos. O grupo de renda de até um salário mínimo também tem participação relevante. Mas, no Gráfico 6, o que chama a atenção é o nível de participação no RGPS pelas camadas com renda média entre 10 e 20 salários mínimos, em proporção maior do que os grupos com rendimento entre 5 e 9 salários mínimos. Esses grupos de renda são representados pelos empresários rurais, empresários das micro e pequenas empresas e remanescentes de algumas categorias profissionais que na década de 1990 não migraram para regimes próprios ou cargos comissionados sem vínculo com o serviço público, entre outros. Nota-se, entretanto, que na faixa de rendimentos, no intervalo entre 5 e 9 salários, há grande espaço para a expansão da previdência social. Essa é também a faixa disputada pela previdência privada, tanto no RGPS quanto nos RPPS. Portanto, uma política voltada para a universalização do RGPS não apenas tem que considerar as possibilidades de alcance dessa faixa de renda, como também o jogo de interesses e pressão do mercado financeiro em relação a essa fatia. É neste ponto que se conflitam os interesses dos trabalhadores e dos banqueiros e empresários, que, a depender da correlação de forças, conduzem o Estado a intervir na defesa dos trabalhadores (quase nunca) ou no desmonte dos direitos relativos ao trabalho; e a abertura de espaço para o crescimento da acumulação do capital, como destaca Sara Granemann (nov. 2004, p. 30), ao comentar a contrarreforma da previdência no regime dos servidores públicos, realizada mais recentemente:

> A análise da (contra)reforma da previdência levada a termo em 2003 pelo governo Lula presta-se como privilegiado observatório para o entendimento dos nexos existentes entre a redução de direitos do mundo do trabalho, a privatização de recursos públicos e a ampliação dos espaços de acumulação do capital.

Assim, pode-se dizer que o RGPS é um sistema potencialmente aberto a todos. Mas, na prática, é constituído em sua maioria por uma

GRÁFICO 6

Perfil da População Economicamente Ativa — PEA (16-64 anos) contribuinte para o RGPS, segundo a renda nos anos de 2002, 2004, 2006 e 2008.

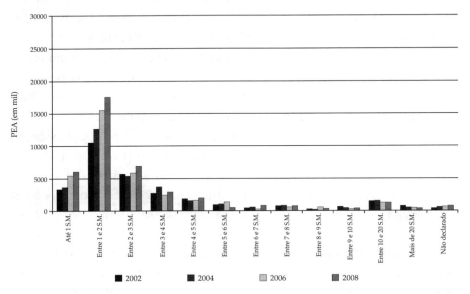

Fonte: Elaboração própria a partir dos Microdados da Pesquisa Nacional por Amostra de Domicílios (PNAD).

fatia de pessoas cuja renda encontra-se entre 1 e 2 salários mínimos. É um grande regime geral para os que ganham menos.

A escolaridade é uma variável cada vez mais importante no mercado de trabalho. Em face da redução da criação e oferta de novos postos de trabalho, o mercado fortalece a sua concorrência e faz da escolaridade um diferencial. A elevação da quantidade de pessoas nos grupos com maior escolaridade no RGPS, em anos recentes, especialmente em 2008, é uma demonstração disso. O Gráfico 7 evidencia que, no ano de 2008, houve uma redução da participação de grupos com menor escolaridade no RGPS e a ampliação dos grupos com escolaridade mais elevada. O grupo com 11 a 14 anos de estudo, que já era predominante no universo dos segurados

GRÁFICO 7

Perfil da População Economicamente Ativa — PEA (16-64 anos) contribuinte para o RGPS, segundo anos de estudo, nos anos de 2002, 2004, 2006 e 2008.

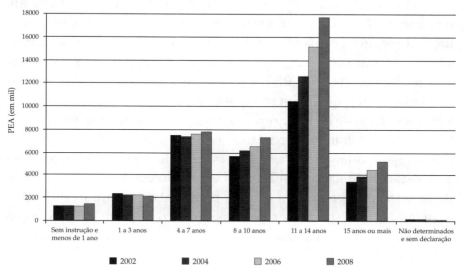

Fonte: Elaboração própria a partir dos Microdados da Pesquisa Nacional por Amostra de Domicílios (PNAD).

do RGPS, ganhou maior expressão, ainda em 2008. Da mesma forma, ganharam maior representatividade os grupos de cidadãos que possuem de 8 a 10 anos de estudo ou mais de 15 anos. Enquanto isso, tiveram representação reduzida aqueles que possuem de 1 a 3 anos de estudo. Essa situação, entre outras coisas, também reflete a condição da educação no contexto nacional nos últimos anos, como aponta a PNAD/2009:

> A melhora do nível de escolaridade no Brasil fica evidenciada ao se observar a distribuição de pessoas de 25 anos ou mais de idade segundo o nível de instrução: a proporção daquelas com nível superior completo aumentou 2,5 pontos percentuais, de 2004 para 2009, alcançando 10,6%, e a proporção das que possuíam [...] o nível médio completo passou de 18,4%, em 2004, para 23%, em 2009, representando um aumento de 4,6 pontos percentuais no período (IBGE, 2010, p. 56).

Assim, essa tendência refletida no RGPS perece ganhar solidez, ano após ano.

A utilização das variáveis sexo, faixa etária, renda e escolaridade na composição do perfil das pessoas vinculadas ao RGPS, pela condição de seguradas (na faixa etária entre 16 e 64 anos de idade), possibilita mostrar um perfil de um grupo fundamentalmente constituído por homens (60%), na faixa etária predominante de 30 a 39 anos de idade, em um quadro etário que se estrutura basicamente entre 20 e 59 anos. Trata-se de um grupo cuja renda média mensal real encontra-se, quase totalmente, na faixa de um a dois salários mínimos e possui escolaridade básica de 11 a 14 anos de estudo, com tendência à elevação. Esse grupo em 2008 foi estimado em 41.303.877 milhões de pessoas, mas possui um enorme potencial de expansão, haja vista a quantidade e o perfil das pessoas que fazem parte da população economicamente ativa ocupada ou que procura ocupação e não são cobertas pelo RGPS.

Perfil dos não contribuintes para qualquer regime de previdência na primeira década do século XXI

As pessoas economicamente ativas (ocupadas e procurando ocupação) que estão fora da cobertura de qualquer regime de previdência, em sua maioria, são do sexo masculino. Como mostra a Tabela 22, no início da década, em 2002, os homens representavam 55,26% das pessoas da PEA, sem cobertura previdenciária, enquanto as mulheres representavam 44,74%. Em 2008, as mulheres representavam 47,19% e os homens 52,81%. Houve crescimento da representação das mulheres e decréscimo em relação aos homens, porém estes continuaram sendo a maioria. Isso significa que as mulheres ampliaram a sua participação na PEA ocupada e também na desocupada, o que sugere uma atenção especial à sua condição no processo de elaboração de políticas que ampliam a participação delas na cobertura previdenciária.

TABELA 22

Perfil da População Economicamente Ativa (PEA) (entre 16 e 64 anos de idade), não contribuinte para qualquer regime de Previdência Social, segundo o sexo — Brasil, 2002, 2004, 2006 e 2008

Anos	Não contribuinte para qualquer regime*					
	Sexo					
	Homens		Mulheres		Total	
	Valor absoluto	(%)	Valor absoluto	(%)	Valor absoluto	(%)
2002	25.199.966	55,26	20.400.231	44,74	45.600.197	100,0
2004	25.052.818	53,79	21.521.111	46,21	46.573.929	100,0
2006	24.742.921	53,03	21.913.289	46,97	46.656.210	100,0
2008	23.714.937	52,81	21.190.435	47,19	44.905.372	100,0

Fonte: Elaboração própria a partir dos Microdados da Pesquisa Nacional por Amostra de Domicílios (PNAD).

Nota: Exclusive as respostas "Sem declaração" com relação à condição de contribuição.

* Não contribuinte da PEA total.

No que se refere às faixas etárias predominantes das pessoas da PEA que não possuem cobertura previdenciária, há prevalência das mesmas faixas etárias que estão sob cobertura do RGPS, ou seja, as faixas de 30 a 39 e 40 a 49 anos de idade. Todavia, o Gráfico 8 revela que em 2008 houve uma relativa retração de quase todas as faixas etárias sem vínculo a qualquer regime previdenciário, especialmente nas faixas etárias mais jovens (entre 16 e 19 anos de idade, e entre 20 e 24 anos de idade), embora a taxa de desocupação "continue sendo maior entre os mais jovens, sobretudo na faixa de 15 a 17 anos" (IBGE, 2010, p. 61).

Contudo, houve um leve crescimento das faixas etárias mais avançadas, principalmente de 50 a 59 anos de idade e de 60 a 64 anos de idade. Isso reflete de certa forma, por um lado, as distorções da política de emprego adotada em anos recentes, que prioriza basicamente os jovens, a exemplo do "Programa meu emprego" implementado pelo governo Lula, sem dar a devida atenção aos setores de idades mais avançadas. Por outro, reflete, também, a insuficiência dos programas voltados para ampliação do acesso à previdência pública, que não respondem às necessidades dos grupos de idades mais avançadas e, historicamente, expostos à não proteção, como a faixa de 60 a 64 anos de idade.

A comparação entre os Gráficos 8 e 5 explicita, que, proporcionalmente, a maior parte das faixas etárias possui um índice maior de não cobertura do que de cobertura, exceto duas faixas etárias: 1) a de 25 a 29 anos de idade, que expressou crescimento de cobertura nos anos de 2006 e 2008 (Gráfico 5) e redução da não cobertura em 2008 (Gráfico 8), confirmando a análise feita em itens anteriores deste capítulo de que as pessoas, em particular dos setores médios da sociedade, estão priorizando ingresso na previdência entre 25 e 30 anos de idade. Esta tende a ser uma reação à política de vinculação da idade ao tempo de contribuição; e 2) a faixa de 30 a 39 anos de idade, que expressou, em 2008, leve retração da não cobertura.

Independentemente dos movimentos de crescimento e retração da cobertura, o Gráfico 8 revela que a população economicamente ativa, em todas as faixas de idade, ainda se encontra em grande exposição diante da não cobertura previdenciária, o que exige uma política voltada à universalização efetiva dessa política, que rompa com o modelo atual e a faça avançar no sentido da correção das distorções atualmente existentes. Não basta que a seguridade social e, consequentemente, a previdência social sejam pautadas em princípios que apontem para a universalização do acesso, é indispensável que essa universalização se torne efetiva. Esses gráficos que expressam a cobertura do RGPS (Gráfico 5) e não cobertura (Gráfico 8) sobre a PEA, tendo como base a faixa etária, mostram quão urgentes e necessárias são as medidas que concretizem o acesso à proteção previdenciária. É curioso que em todas as faixas intercaladas de 40 a 64 anos de idade tenha havia um crescimento de não cobertura em todos os anos da amostra (Gráfico 8), o que exige atenção. De qualquer modo, as faixas etárias com maior estimativa de pessoas fora da cobertura previdenciária são as de 30 a 39, seguida de 40 a 49 e 24 a 25 anos de idade.

GRÁFICO 8

Perfil da População Economicamente Ativa (PEA) (16 a 64 anos) não contribuinte, segundo a faixa etária, nos anos de 2002, 2004, 2006 e 2008.

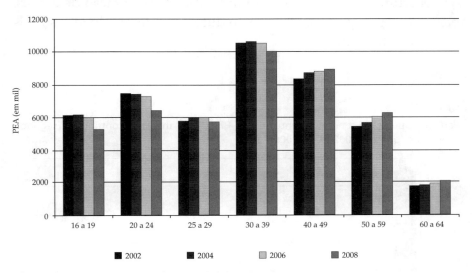

Fonte: Elaboração própria a partir dos Microdados da Pesquisa Nacional por Amostra de Domicílios (PNAD).

A renda constitui o grande empecilho ao acesso à proteção previdenciária no Brasil, no modelo atual. Ao se analisar o Gráfico 9, que mostra o perfil das pessoas não contribuintes para qualquer regime de previdência, segundo a renda, nota-se que ele expressa o reverso do Gráfico 6, no que se refere à cobertura previdenciária das pessoas na faixa de renda com até um salário mínimo. Ele apresenta que a quase totalidade de pessoas que estão fora do sistema encontra-se nessa faixa de renda, seguidas das que ganham entre 1 e 2 salários, e das que ganham entre 2 e 3 salários. Isso expõe que a falta de capacidade contributiva, conforme impõe o modelo atual, faz com que uma grande parte das pessoas que, atualmente, compõem a PEA, esteja fora da cobertura previdenciária. Este aspecto torna-se mais crítico ao ser comparado com os dados referentes à rotatividade no trabalho e ao percentual de pessoas admitidas com até 2 salários mínimos, que, em

2009, representava 84,8% (Tabela 12). Isso indica grande desencontro entre a política de emprego adotada no país e a política de ampliação da cobertura previdenciária, exigindo, assim, redefinição de ambas, para que o país possa avançar na redução das desigualdades sociais que o caracterizam.

GRÁFICO 9
Perfil da População Economicamente Ativa — PEA (16-64 anos) não contribuinte, segundo a renda nos anos de 2002, 2004, 2006 e 2008.

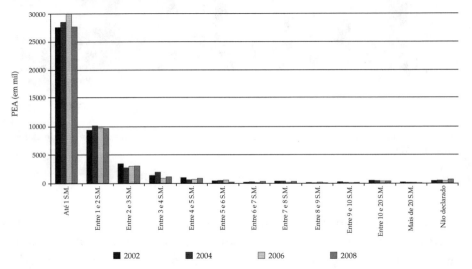

Fonte: Elaboração própria a partir dos Microdados da Pesquisa Nacional por Amostra de Domicílios (PNAD).

Quanto à escolaridade das pessoas da PEA, na faixa etária entre 16 e 64 anos de idade, não contribuintes para o sistema previdenciário, o Gráfico 10 mostra com absoluto destaque as pessoas que possuem entre 4 e 7 anos de estudo, seguidas das que possuem entre 11 e 14 e entre 8 e 10 anos de estudo como as mais afetadas pela não cobertura previdenciária. O Gráfico 10 sinaliza também que muitas pessoas com até três anos de estudo estão fora do sistema, contra um diminuto

GRÁFICO 10

Perfil da População Economicamente Ativa — PEA (16-64 anos) não contribuinte, segundo os anos de estudo, nos anos de 2002, 2004, 2006 e 2008.

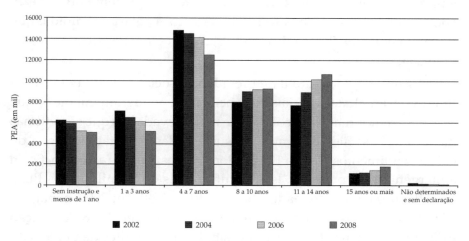

Fonte: Elaboração própria a partir dos Microdados da Pesquisa Nacional por Amostra de Domicílios (PNAD).

quantitativo de pessoas com 15 anos e mais de estudo. Isso demonstra que as pessoas sem instrução e com menor tempo de estudo estão fora do sistema.

Assim, para que se ter proteção previdenciária no país, além de capacidade contributiva, é preciso ter bom nível de escolaridade. O pior é que "não obstante o conjunto de avanços na escolaridade dos trabalhadores ocupados e desempregados, os níveis de remuneração permanecem extremamente contidos" (Pochmann, abr. 2008, p. 7). Essa situação confirma que a política de empregos deve estar vinculada às políticas de expansão da previdência para todas as faixas etárias, faixas de renda e níveis de escolaridade, para ambos os sexos.

A condição das pessoas economicamente ativas não contribuintes para qualquer regime de previdência social, mostrada por meio da Tabela 22 e dos Gráficos de 8 a 10, aponta o seguinte perfil: a maioria é homens (52,81%), embora o percentual de mulheres tenha crescido

(47,19%). A faixa etária predominante está entre 30 e 39 anos de idade, seguida de 40 a 49 anos de idade. Aqueles com idade entre 20 e 24 anos têm maior expressão fora do sistema do que os que têm entre 25 e 29 anos de idade. As pessoas com renda de até 1 salário mínimo e que possuem entre 4 e 7 anos de estudo são as que menos acessam a previdência.

Assim, o modelo atual de previdência social é excludente e legitima as desigualdades sociais. Recepciona preponderantemente os que possuem maior renda e escolaridade mais elevada. Os que são vítimas das políticas sociais de emprego, sustentadas na rotatividade, e de baixos rendimentos (Tabela 12), predominantes durante a década, ficam à margem dessa proteção. Isso significa mais de 50 milhões da PEA, com 10 anos e mais de idade (IBGE, 2010, p. 129), em 2009, e mais de 45 milhões, na faixa etária entre 16 e 64 anos idade, em 2008. A situação exige reflexão acurada sobre as possibilidades e limites de universalização da cobertura do RGPS neste contexto de estruturação do trabalho. O capítulo V tratará disso.

CAPÍTULO V

Condições para a universalização da cobertura da previdência social no contexto da (des)estruturação do trabalho e da seguridade social no Brasil

> *O dever de todo socialista, de todo homem e de toda mulher que ame a humanidade, é combater a seu lado e procurar aumentar ao máximo as chances de sucesso dos combatentes.* (Ernest Mandel)[1]

O trabalho assalariado continua central na estruturação do capitalismo e determinante das relações sociais. A fonte de riqueza no capitalismo contemporâneo continua sendo o trabalho não pago. Assim, a compra da força de trabalho humana permanece vital para este modo de produção. É ela que produz mais-valia, e como diz Marx (1988b, p. 719), "produzir mais-valia é a lei absoluta desse modo de produção". Portanto, enquanto houver capitalismo, existirá trabalho assalariado. Um pressupõe o outro, ainda que a dependência do trabalho em relação ao capital seja *"relativa, historicamente criada e historicamente superável"* (Mészáros, 2009, p. 30; grifos do autor).

---

1. Cf. Mandel (2001, p. 58).

Todavia, nos últimos 30 anos, no contexto da *onda longa recessiva* (Mandel, 1982) e das estratégias do capital para conter os seus efeitos, presenciou-se um aprofundamento da desestruturação do trabalho assalariado e dos direitos dele derivados e dependentes. Essa desestruturação manifesta-se pela: crescente redução da oferta e criação de novos postos de trabalho; aceleração do desemprego maciço prolongado; precarização das condições e relações de trabalho; e pelo aumento do uso de tecnologias avançadas e de métodos de trabalho para incrementar a produção e elevar a produtividade. Presenciou-se, também, o ingresso cada vez mais precoce dos pobres e cada vez mais tardio das camadas médias no mercado de trabalho; a rotatividade no emprego; a redução da capacidade de resistência do movimento sindical; e os baixos rendimentos mensais dos trabalhadores. A expansão da informalidade e do "trabalho desprotegido", a financeirização do capital e o agravamento da questão social ajudam a compor a cena contemporânea. Esses são alguns dos aspectos relevantes que configuraram a desestruturação do trabalho, conforme demonstrado e dimensionado nos capítulos anteriores, e agravam a conjuntura do Brasil e do mundo, afetando a correlação de forças entre as classes sociais fundamentais da sociedade. Desse modo, esses são pontos capitais na análise sobre as possibilidades e limites de universalização da cobertura da previdência social, como também são os indicadores de mercado de trabalho, a exemplo dos níveis de ocupação, as taxas de produtividade, as taxas de desocupação e desemprego, o percentual de trabalhadores com carteira de trabalho assinada entre o total de empregados, o rendimento médio mensal real e o perfil dos contribuintes e dos não contribuintes para o sistema previdenciário brasileiro. Tudo isso tem como pano de fundo a análise das possibilidades e limites das políticas sociais no capitalismo.

Esses itens não se esgotam em si mesmos nem se sobrepõem a outros não mencionados, que também são relevantes para qualquer análise de conjuntura neste início de século. Porém, são significativos no exame crítico das condições para a universalização da previdência social no contexto de desestruturação do trabalho, como o são os aspectos demográficos, orçamentários e financeiros costumeiramente considerados no contraponto do debate sobre os avanços necessários na direção da universalização da previdência social no país.

O pressuposto é de que a universalização do acesso ao trabalho assalariado formal levaria à universalização da cobertura previdenciária, assegurando a proteção a todos os trabalhadores brasileiros, uma vez que os direitos previdenciários no país sempre estiveram fundamentalmente vinculados ao trabalho assalariado. Todavia, as limitações de acesso dos trabalhadores a essa forma de trabalho, dada a oferta reduzida de vagas e a sua incompatibilidade com a universalização plena — em função do papel que assume na acumulação do capital —, põem em xeque tal pressuposto e inibem avanços na direção da universalização dos direitos previdenciários da seguridade social. E, assim, milhões de trabalhadores da PEA ocupada e desocupada ficam sem cobertura previdenciária, a depender dos benefícios e programas assistenciais, uma vez que até as prestações de natureza previdenciária destinadas, sobretudo, aos desempregados, como o seguro-desemprego, são restritas a um número reduzido de trabalhadores, dada a seletividade que o programa adota.

A esperança é a alteração desse quadro, construindo-se alternativas que imprimam avanços na direção da universalização da cobertura previdenciária, mediante mudanças profundas no modelo atual, mesmo reconhecendo-se os limites estruturais das políticas sociais na sociedade capitalista em função dos papéis contraditórios que desempenham.

As estratégias usadas pelo governo federal até então, nessa perspectiva, fogem aos objetivos da seguridade social prescritos na Constituição Federal em vigor, a exemplo do Plano Simplificado de Previdência Social (PSPS), que facilita o acesso, mas restringe direitos.

Em face disso, acredita-se que é preciso (e possível) avançar rumo à expansão da cobertura da previdência social, nos limites do capitalismo, em um contexto de correlação de forças que possibilita o fortalecimento dos princípios e objetivos da seguridade social, que a política de emprego e as diretrizes macroeconômicas vigentes sejam reorientadas, e a democracia no país e o controle democrático da sociedade sobre a seguridade social, em especial sobre a previdência social, sejam aprofundados.

Este capítulo trata das condições para a universalização da cobertura da previdência social no contexto da (des)estruturação do trabalho e da seguridade social no Brasil e se organiza a partir dos eixos: limites estruturais à universalização da previdência social; limites de proteção aos desempregados; estratégia recentes do governo federal para ampliar o acesso ao RGPS; e amostras de propostas dos movimentos sociais pela ampliação do acesso ao RGPS.

5.1 Limites à universalização da cobertura da previdência social no Brasil

O modelo de previdência social que prevalece no Brasil sempre esteve vinculado e dependente, fundamentalmente, do trabalho assalariado. Na atualidade, pelos dados oficiais do governo, cerca de 80% dos contribuintes do RGPS são empregados. Em 2009, dos estimados 41.350.717 milhões de contribuintes,[2] aproximadamente, 33.024,579 milhões eram empregados, enquanto em torno de 8.326.138 milhões eram autônomos — especificados como trabalhadores domésticos, contribuintes individuais, segurados especiais, facultativos e ignorados (Brasil, dez. 2010, p. 2). Desse modo, sua universalização, em tese, dependeria principalmente da generalização do emprego, ou seja, do trabalho assalariado, com carteira de trabalho assinada ou contrato de trabalho formal.

Mas essa relação, embora seja real, é mais complexa do que pode parecer. Na sociedade capitalista, a relação capital/trabalho é permeada por contradições e nuances que precisam ser retomadas nesse debate. Uma dessas nuances são os limites dos mecanismos usados

---

2. Corresponde ao número médio mensal de contribuintes, ou seja, a soma do número de meses com contribuição para cada trabalhador dividido por 12. Cf. nota 7, in: Brasil (dez. 2010, p. 2).

para a universalização do trabalho assalariado, a exemplo da redução da jornada de trabalho ao tempo necessário. Outra nuance é a caracterização do que se denomina generalização do trabalho numa sociedade dividida em classes sociais, e só a uma dessas classes é imposto o fardo da venda da força de trabalho para produzir a riqueza social.

Sobre o assunto, nossa referência é Marx, que em sua obra mais relevante — *O capital* —, ao tratar da redução da jornada de trabalho ao tempo necessário e sobre a generalização do trabalho na sociedade, oferece contribuições relevantes à análise que se deseja desenvolver.

Para o autor, na sociedade capitalista, a jornada de trabalho jamais poderá ser reduzida ao tempo necessário, pois assim desapareceria o trabalho excedente e, consequentemente, a mais-valia — base vital desse modo de produção.[3] Nesse sentido, ele afirma que:

> O aumento da produtividade e o aumento da intensidade do trabalho atuam na mesma direção. Ambos aumentam a quantidade produzida num dado espaço de tempo. Ambos reduzem, portanto, a parte da jornada que o trabalhador precisa para produzir seus meios de subsistência ou o equivalente deles. O limite mínimo absoluto da jornada de trabalho é constituído por essa parte necessária, mas compressível. Se toda jornada de trabalho se reduzisse a essa parte, desapareceria o trabalho excedente, o que é impossível no regime do capital (Marx, 1988b, p. 606).

Com essa reflexão, o autor nos conduz à compreensão de que é valiosa a luta pela redução da jornada de trabalho, no entanto somente "a eliminação da forma capitalista de produção permite limitar a jornada de trabalho ao tempo necessário" (Marx, 1988b, p. 606). Na sociedade capitalista, o trabalho não se generaliza. Somente a classe dos capitalistas possui tempo livre, a vida dos trabalhadores é de tempo de trabalho e de exploração:

---

3. Ver Marx (1988b, p. 606).

Dadas a intensidade e a produtividade do trabalho, o tempo que a sociedade tem de empregar na produção material será tanto menor, e, em consequência, tanto maior o tempo conquistado para a atividade livre, espiritual e social dos indivíduos, quanto mais equitativamente se distribua o trabalho entre os membros aptos da sociedade, e quanto menos uma camada social possa furtar-se às necessidades naturais do trabalho, transferindo-a para outra classe. *Então, a redução da jornada de trabalho encontra seu último limite na generalização do trabalho.* Na sociedade capitalista, consegue-se tempo livre para uma classe, transformando a vida inteira das massas em tempo de trabalho (Marx, 1988b, p. 607; grifos nossos).

Dessa forma, nas sociedades estruturadas sob o modo de produção capitalista *nem o trabalho se generaliza*, visto que somente a classe trabalhadora vive da venda de sua força de trabalho, *nem a jornada de trabalho se reduz ao tempo necessário* à produção dos meios de subsistência da classe trabalhadora, pois a classe dos capitalistas vive da exploração da força de trabalho dos trabalhadores, mediante a extração da mais-valia. Portanto, o trabalho excedente é a fonte de riqueza dos capitalistas. Fica evidente, assim, que o trabalho assalariado é o meio principal de subsistência da classe trabalhadora e, ao mesmo tempo, é o meio vital de os capitalistas obterem riqueza mediante sua exploração, extraindo a mais-valia.

Assim, o trabalho assalariado não pode se generalizar no sentido de alcançar todos os trabalhadores, ou seja, não pode se universalizar nem se tornar pleno, pois o desemprego é estrutural ao capitalismo. A constituição de uma população relativamente supérflua às necessidades médias de expansão do capital é mais que uma condição necessária ao capitalismo, é uma condição vital, como diz Marx (1988b, p. 733), "se uma população excedente é produto necessário da acumulação ou do desenvolvimento da riqueza no sistema capitalista, ela se torna por sua vez a alavanca da acumulação capitalista, e mesmo a condição de existência do modo de produção capitalista". Ela está no centro do movimento da oferta e procura de trabalho, "ela mantém o funcionamento desta lei dentro de limites condizentes com os propósitos de exploração e de domínio do capital" (Idem, ibidem, p. 742).

Portanto, assim como é verdadeiro afirmar que não existe capitalismo sem trabalho assalariado, também é verdadeiro dizer que jamais se alcançará a plena universalização do emprego (trabalho assalariado, com carteira de trabalho assinada ou contrato de trabalho) nas sociedades capitalistas — eis aí o principal limite estrutural à universalização dos regimes de previdência social que dependem exclusiva ou fundamentalmente do emprego.

Na contemporaneidade, o desemprego crônico prolongado, que está intimamente relacionado à produção da superpopulação relativa e agrava a questão social, traz implicações sociais e políticas, como os inúmeros e incontroláveis conflitos sociais que estão ocorrendo em diversas partes do mundo, envolvendo pessoas de ambos os sexos e de todas as idades, especialmente os jovens, que são os mais afetados. Ainda assim, a superpopulação relativa é "mais necessária do que nunca para possibilitar a reprodução ampliada do capital" (Mészáros, 2009, p. 344), para possibilitar o estabelecimento do valor do *tempo de trabalho necessário*, dentro dos limites mínimos que interessam ao capital, considerando a margem de lucro que pretende alcançar, como argumenta Mészáros (2009, p. 341):

> Como uma grande ironia da história, a dinâmica interna antagonista do sistema do capital agora se afirma — no seu impulso inexorável para reduzir globalmente *o tempo de trabalho necessário* a um valor mínimo que otimize o lucro — como uma tendência devastadora da humanidade que transforma por toda parte a população trabalhadora numa *força de trabalho crescentemente supérflua* (grifos do autor).

Portanto, se na sociedade capitalista o trabalho assalariado é vital ao capital, também são vitais as condições adequadas para explorá-lo ao máximo. Isso implica sua não generalização e a existência de uma superpopulação relativamente supérflua às necessidades médias de expansão do capital, para que a acumulação ampliada do capital se viabilize de forma satisfatória aos capitalistas — o que se traduz como mais exploração sobre os trabalhadores. Em face disso, duas conclusões iniciais podem ser aventadas. A primeira é que "a necessidade de uma transição para uma ordem social controlável e conscientemente controlada pelos indivíduos, como defende o projeto socialista, continua na agenda" (Idem, ibidem, p. 344). A segunda é que no marco do capitalismo, ao se considerar um modelo de proteção social dependente exclusivamente do trabalho assalariado formal, este jamais será universalizado, já que o trabalhado assalariado formal também não o será.

E mesmo que esse modelo de proteção previdenciária não seja total, mas fundamentalmente dependente do trabalho assalariado formal, como é o caso do modelo de previdência social brasileiro, já que outras formas de trabalho têm possibilidade de alcançá-lo, conforme estabelece a Constituição Federal, ainda assim existem fortes limites estruturais e conjunturais a sua universalização, para além do mencionado.

Um desses limites são as funções das políticas sociais e o papel contraditório do Estado nas sociedades capitalistas e o seu controle sobre o trabalho, por pressão do capital. O Estado, ao cumprir, ao mesmo tempo, as funções de reprodução da força de trabalho e manutenção da população não trabalhadora por meio das políticas sociais, relaciona, numa dimensão mais ampla, essas atividades com as funções de assegurar acumulação e legitimação do próprio sistema capitalista (Gough, 1978). Assim, as conquistas dos trabalhadores estão condicionadas a um conjunto de fatores, especialmente a um contexto em que a correlação de forças lhes seja favorável e possibilite acordos e concessões do capital.

Nessa perspectiva e diante da desestruturação do trabalho, tem sido permanente a ação do capital para condicionar os trabalhadores a aceitarem os postos de trabalho ofertados no mercado, em condições precárias, porém propícias a sua superexploração. Para viabilizar essa condição, alguns recursos são usados pelo capital, como ações inibidoras de garantia de políticas sociais que atendam às necessidades humanas e propiciem bem-estar aos trabalhadores, à maneira de um salário mínimo elevado ou de prestações da seguridade social, como as de natureza previdenciária. Esse tipo de ação do capital, materializada por intermédio do Estado, mostra a atuação contraditória do Estado no capitalismo.

Nos últimos trinta anos, o Estado perdeu poderes em relação ao controle da mobilidade do capital, especialmente financeiro e monetário. Perdeu também controle sobre a política fiscal. Sua intervenção, entretanto, continua forte no controle sobre o trabalho (Harvey, 2004c). Esse tipo de ação se manifestou até mesmo nas experiências mais avançadas de Estado social. Este último, embora tenha tido como base de apoio o que se convencionou chamar social-democracia, nesse modelo de sociedade os direitos sociais são mais universalizados, o respeito às liberdades mais consistentes e as desigualdades sociais mais amenas. Todavia, a estrutura de classes continua a existir, ou seja, as relações de exploração não são eliminadas, o modo de produção continua sendo o capitalista. Assim, o Estado social, ao direcionar suas ações para favorecer os trabalhadores, entra em conflito com os interesses do capital. Por isso mesmo, como diz Ian Gough (1978, p. 63):

> El Estado del Bienestar exhibe rasgos positivos y negativos dentro de una unidad contradictoria. Inevitablemente refleja la contradicción de las raíces de la sociedad capitalista: entre las fuerzas de producción y las relaciones de producción.*

O autor, ao analisar as contradições do Estado social, apresenta um exemplo por meio do qual mostra de maneira simples, a partir de suposições, como medidas que elevariam o bem-estar dos trabalhadores entram em conflito com os limites do capitalismo:

> Supongamos por un momento que un Estado benevolente existiera dentro de una sociedad capitalista y que intentara crear un conjunto de medidas que aumentaran el bienestar, motivado por el deseo de satisfacer necesidades humanas. Es fácil demonstrar que tales medidas pronto se encontrarian con los límites del sistema económico capitalista. Tomemos la Seguridad Social, por ejemplo. Si el Estado diera un salario mínimo más alto que eliminaria la pobreza, muy pronto este salario sería

---

* O Estado de Bem-Estar exibe traços positivos e negativos dentro de uma unidade contraditória. Inevitavelmente, reflete a contradição das raízes da sociedade capitalista: entre as forças de produção e as relações de produção.

mayor que el pagado a los trabajadores peor remunerados y actuaría como un desincentivo para que la gente trabajara. Substancialmente interferiria el funcionamiento libre del mercado de trabajo. Una solución sería reemplazar la elección económica por la coerción y persuasión administrativas, pero esto entraria en conflicto con las intenciones de una política más orientada hacia el bienestar. No es esto todo. Si este salario mínimo más alto se concediera con una base selectiva y adecuada, los "tipos impositivos marginales" (los tipos en los cuales el beneficio se reduce a medida que la renta aumenta) tendrían que ser muy altos y resultarían en "la trampa de la pobreza" y la corrupción de la ética del trabajo, o el coste total sería extraordinariamente alto, en cuyo caso los problemas de financiación llevarían a una mayor inflación, un menor crecimiento económico, o a ambos. Si este Estado benevolente perplejo ante estos problemas no previstos intentara elevar el salario mínimo directamente, se encontraria con que ela competitividad de la economía quedaria socavada, o que el desempleo y la inflación se elevarían. Hiciera lo que hiciera, el Estado no podría huir de los límites impuestos por su situación dentro del modelo capitalista de producción. En una palabra, el estado del bienestar está atado de manos (Gough, 1978, p. 64).*

---

* Suponhamos por um momento que um Estado benevolente existisse dentro de uma sociedade capitalista e que tentasse criar um conjunto de medidas que aumentassem o bem-estar, motivado pelo desejo de satisfazer necessidades humanas. É fácil demonstrar que tais medidas logo se depaprariam com os limites do sistema econômico capitalista. Tomemos a Previdência Social, por exemplo. Se o Estado desse um salário mínimo mais alto que eliminasse a pobreza, logo, este salário seria maior do que o pago aos trabalhadores pior remunerados e atuaria como um desincentivo para que as pessoas trabalhassem. Substancialmente interferiria no funcionamento livre do mercado de trabalho. Uma solução seria substituir a escolha econômica pela coerção e persuasão administrativas, mas isto entraria em conflito com as intenções de uma política mais orientada ao bem-estar. Isto não é tudo. Se este salário mínimo mais alto fosse concedido com uma base seletiva e adequada, os "tipos impositivos marginais" (os tipos nos quais o benefício se reduz na medida em que a renda aumenta) teriam de ser muito altos e se tornariam a "armadilha da pobreza" e a corrupção da ética do trabalho, ou, ainda,o custo total seria extraordinariamente alto, em cujo caso os problemas de financiamento levariam à maior elevação da inflação, a um menor crescimento econômico, ou a ambos. Se este Estado benevolente perplexo diante destes problemas não previstos tentasse elevar o salário mínimo diretamente, se depararia com que a competitividade da economia ficasse solapada ou que o desemprego e a inflação se elevariam. Fizesse o que fizesse,o Estado não poderia fugir dos limites impostos por sua situação dentro do modelo capitalista de produção. Numa palavra, o Estado de Bem-Estar está de mãos atadas (Gough, 1978, p. 64).

Essa suposição de Ian Gough é exemplar, para que se compreenda que o Estado está inserido na sociedade capitalista e não pode, isoladamente, desafiar as prioridades desse modo de produção. Revela ainda que o capital não pode prescindir do Estado para viabilizar os seus interesses e, por isso mesmo, a retórica do capital e da ideologia neoliberal sobre "a necessidade de redução das funções estatais é falsa e mistificadora, porque oculta o seu objetivo real: o Estado mínimo que defende equivale a um Estado máximo para o capital" (Netto, 2007, p. 146). Além disso, os limites e contradições que perpassam a construção do Estado social no capitalismo fazem dele um complexo contraditório, com pontos negativos e positivos, e sempre condicionado às pressões do capital. Por fim, o exemplo citado reforça a visão de que as conquistas dos trabalhadores no Estado social só ocorreram em função da correlação de forças que permitiu o *pacto social* fordista/ keynesiano ser viabilizado.

O Brasil não viveu a experiência de Estado social universal e o que possui de proteção social, particularmente o que foi desenhado na Constituição Federal de 1988, reflete os níveis de organização, mobilização e capacidade de pressão dos trabalhadores. Desse modo, nas últimas três décadas, a luta para conquistar, efetivar e preservar na Constituição Federal os direitos e garantias dos trabalhadores (inclusive os direitos relativos à seguridade social) teve altos e baixos. Em contextos de correlação de forças favoráveis aos trabalhadores, avanços foram obtidos. Em contextos desfavoráveis, prejuízos foram acumulados. Um bom exemplo é o valor real do salário mínimo, o qual tem repercussão direta na cobertura previdenciária. No início de cada ano legislativo, por ocasião da aprovação do reajuste do salário mínimo, o país torna-se um palco de disputas e tensões profundas entre as diferentes forças e sujeitos políticos envolvidos no debate (os trabalhadores, os empresários e suas entidades representativas, além dos representantes dos três poderes que constituem o governo federal). Nessa disputa, a batalha anual é vencida pelas forças com maiores poderes, nas conjunturas específicas. Portanto, os trabalhadores tiveram perdas salariais ao longo dos anos e o salário-mínimo tornou-se profundamente defasado[4] e incapaz de cumprir o previsto constitucionalmente.[5] Como os benefícios previdenciários, por determinação constitucional são vinculados ao salário mínimo, também perderam valor real.

Além disso, essas perdas salariais e, particularmente, a defasagem do salário mínimo, têm inibido a cobertura da previdência social. Como podemos conferir na Tabela 23, dos estimados 44.905.372 milhões de pessoas da PEA (entre 16 e 64 anos de idade) não contribuintes para qualquer regime de previdência, em 2008, mais de 83% (aproximadamente, 37.415.233 milhões) ganhavam até 2 salários mínimos, sendo que 61,67% (em torno de 27.695.799) ganhavam até um salário. Isso explica os limites de vinculação ao RGPS pela insuficiência de renda, haja vista as alíquotas mensais cobradas, conforme modelo atual, variarem entre 11 e 20% do salário mínimo (no caso do trabalhador urbano).[6] E, com apenas um ou dois salários mínimos, no valor de R$ 415,00, em 2008, era impossível para esse trabalhador suprir suas necessidades básicas e ainda contribuir para a previdência social. Ressalte-se que o valor do salário mínimo necessário, de acordo com o Dieese, para o mês de dezembro do mesmo ano, seria R$ 2.141,08.[7]

Portanto, a natureza contraditória do Estado, geralmente condicionado às pressões do capital, constitui um limite estrutural para a universalização dos sistemas de proteção social, a exemplo do RGPS brasileiro. Permanece um desafio, assim, a viabilização de políticas

---

4. O Dieese realiza estudo mensal sobre as perdas reais do salário mínimo e sobre o valor do salário mínimo necessário, a partir de sua conceituação, em vigor. Em dezembro de 2010, por exemplo, o valor do salário mínimo era R$ 510,00, pelo estudo, o necessário seria R$ 2.227,53. Disponível em: <http://www.DIEESE.org.br/rel/rac/salminMenu09-05.xml>. Acesso em: 23 fev. 2011.

5. De acordo com a Constituição Federal, os trabalhadores têm direito a "salário mínimo fixado em lei, nacionalmente unificado, capaz de atender às suas necessidades vitais básicas e às de sua família, como moradia, alimentação, educação, saúde, lazer, vestuário, higiene, transporte e previdência social, reajustado periodicamente, de modo a preservar o poder aquisitivo, vedada sua vinculação para qualquer fim" (Brasil, 2008a, art. 7º, inciso IV).

6. Em 7 de abril de 2011, a MP n. 529 reduziu a alíquota de contribuição do microempreendedor individual para 5% do salário mínimo. Isso ocorreu após a defesa desta tese e antes do final do prazo para entregá-la, o que permitiu esta nota.

7. Disponível em: <http://www.DIEESE.org.br/rel/rac/salminMenu09-05.xml>. Acesso em: 18 fev. 2011.

TABELA 23

Perfil da População Economicamente Ativa (PEA) (entre 16 e 64 anos de idade), condição e regime de contribuição previdenciária, segundo a renda, Brasil, — 2008.

Renda	Qualquer regime	RGPS*	Não contribuinte**	Total***
Até 1 S.M.	6.648.838	6.071.657	27.695.799	34.344.637
Entre 1 e 2 S.M.	19.098.272	17.602.417	9.719.434	28.817.706
Entre 2 e 3 S.M.	7.971.905	6.947.885	3.075.308	11.047.213
Entre 3 e 4 S.M.	3.711.996	2.977.329	1.187.436	4.899.432
Entre 4 e 5 S.M.	2.648.620	2.032.383	897.833	3.546.453
Entre 5 e 6 S.M.	879.293	596.055	207.853	1.087.146
Entre 6 e 7 S.M.	1.178.727	882.622	317.302	1.496.029
Entre 7 e 8 S.M.	1.080.481	824.690	323.114	1.403.595
Entre 8 e 9 S.M.	484.773	362.249	103.269	588.042
Entre 9 e 10 S.M.	606.221	452.821	155.587	761.808
Entre 10 e 20 S.M.	1.716.230	1.289.493	379.378	2.095.608
Mais de 20 S.M.	626.673	459.943	107.735	734.408
Não declarado	933.449	804.333	735.324	1.668.773
Total	47.585.478	41.303.877	44.905.372	92.490.850

Fonte: Elaboração própria a partir dos Microdados da Pesquisa Nacional por Amostra de Domicílios (PNAD).

* Extraído do total de contribuintes para qualquer regime previdenciário.

** Não contribuinte da PEA total.

*** Somatório de contribuintes para qualquer regime e não contribuintes da PEA total.

sociais que promovam o desenvolvimento humano, qualidade de vida e bem-estar aos trabalhadores, como um salário mínimo suficiente para atender às necessidades básicas do trabalhador.

Outros fatores presentes na cena contemporânea que poderiam ser considerados limites conjunturais à universalização da cobertura previdenciária, dada a sua persistência e, sobretudo, os seus imbricamentos com aspectos estruturais do capitalismo contemporâneo, ganham contornos crônicos e dimensões estruturais. Por isso, serão destacados neste item, preservados desta caracterização definitiva por esta ressalva.

Entre esses fatores conjunturais, estruturalmente limitadores da universalização da previdência social, encontra-se o padrão contemporâneo de acumulação do capital, o qual é presidido pelo capital financeiro (representado pelos bancos, fundos de pensão, companhias de seguros, sociedades financeiras de investimentos e fundos mútuos, que operam no mercado com o capital que rende juros), articulado aos grupos industriais transnacionais, que assumem formas cada vez mais concentradas e centralizadas do capital industrial.

Esse novo padrão de acumulação vem atribuindo novas características e configurando um novo modo de estruturação da economia capitalista mundial, na contemporaneidade. Nesse processo, mudanças estruturais significativas qualificam a mundialização da economia, como "sociedade global", a qual funciona pela ação dos grandes grupos industriais articulados ao mundo das finanças, com suporte dos Estados nacionais e das instituições financeiras que passaram a atuar com o capital que rende juros, apoiadas na dívida pública e no mercado de ações das empresas. As ações que dão materialidade a essas mudanças, geralmente, ocorrem com a intermediação dos organismos internacionais (Banco Mundial — BM, Fundo Monetário Internacional — FMI, Organização Mundial do Comércio — OMC etc.), que se colocam como legítimos representantes do capital financeiro e também das grandes potências mundiais. Essa é, também, a opinião de Iamamoto (2007, p. 107), para quem esse processo atribui,

> [...] um caráter comospolita à produção e consumo de todos os países; e, simultaneamente, radicaliza o desenvolvimento desigual e combinado, que estrutura as relações de dependência entre nações no cenário internacional. O capital financeiro assume o comando do processo de acumulação e, mediante inéditos processos sociais, envolve a economia e a sociedade, a política e a cultura vincando profundamente as formas de sociabilidade e o jogo das forças sociais.

Nesse novo contexto de desenvolvimento do capital, de acordo com a autora, as novas condições históricas — acentuadamente modificadas pelo comando do capital financeiro, centralidade dos grandes

PREVIDÊNCIA SOCIAL NO BRASIL

grupos industriais transnacionais na acumulação e inserção dos países "periféricos" na divisão internacional do trabalho —, porém combinadas às velhas marcas históricas da sociedade brasileira, vinculadas a sua formação e desenvolvimento, agora redimensionadas, provocam diversas situações que atribuem conformação específica ao capitalismo contemporâneo. Essas condições fazem, assim, do espaço mundial o espaço do capital, sem limites e sem fronteiras para a expansão. Transformam os investidores financeiros institucionais em proprietários das empresas transnacionais, os quais passam a interferir na dinâmica de investimento das empresas, na divisão de suas receitas, na definição das formas de emprego assalariado, na gestão da força de trabalho e no feitio do mercado de trabalho. Impulsionam a desregulamentação iniciada na esfera financeira, fazendo-a adentrar no mercado de trabalho e todo o tecido social. Metamorfoseiam a *questão social*, inerente à acumulação do capital, obscurecendo a classe trabalhadora e suas lutas, que, no processo de produção de riqueza para outros, vivencia a radicalização da exploração e da expropriação. Desarticulam o movimento sindical para viabilizar o rebaixamento salarial e aumentar a competitividade entre os trabalhadores. Provocam o crescimento da dívida pública, a qual constitui um dos sustentáculos do universo das finanças e fonte de poder dos fundos de investimentos.[8] Tais condições reforçam a desigual distribuição de renda e a menor tributação das altas rendas. Canalizam o fundo público para alimentar o mercado financeiro em detrimento das políticas sociais, entre outras coisas (Iamamoto, 2007, p. 108-28). Tudo isso faz da financeirização do capital "*um modo de estruturação da economia mundial*. Não [...] a mera preferência do capital por aplicações financeiras especulativas em detrimento de aplicações produtivas"[9] (Husson, 1999, p. 99, apud Iamamoto, 2007, p. 108).

---

8. A autora, com base em Chesnais (1996), explica que em especial, a partir da década de 1980, os fundos de previdência e os fundos de investimentos passaram a aplicar cerca de 1/3 de suas carteiras em títulos da dívida, tidos como investimentos mais seguros. Cf. Iamamoto (2007, p. 113).

9. Iamamoto (2007, p. 108, nota 50) reproduz esta nota do autor: "Do ponto de vista teórico, é crucial ligar o processo de financeirização à sua base material e evitar fazer como se a economia se tornasse de certo modo 'virtual'. Só essa articulação permite compreender como se pode

Esse novo modo de organização da economia impõe como desdobramentos, no Brasil e em outros países do mundo capitalista, a regressividade de direitos e a degradação das condições de vida da classe trabalhadora. Ainda segundo Iamamoto (2007, p. 107): "as necessidades sociais das maiorias, a luta dos trabalhadores organizados pelo reconhecimento de seus direitos e suas refrações nas políticas públicas [...] sofrem uma ampla regressão na prevalência do neoliberalismo, em favor da economia política do capital". Nesse âmbito, inscreve-se a desestruturação do trabalho assalariado, tendo o aprofundamento do desemprego maciço e prolongado como marca principal.

Outra característica desse processo é o desmonte das políticas de proteção social nos países em que elas já estavam estruturadas e a inibição de sua estruturação naqueles em que estas estavam em processo de construção, como é o caso da seguridade social no Brasil. Inscrevem-se também as políticas de (não) emprego como as que estão sendo aplicadas na sociedade brasileira, com base na rotatividade da força de trabalho, na redução da renda média real dos trabalhadores, no aumento simultâneo da jornada e da intensidade do trabalho, na legitimação das formas precarizadas de trabalho. Como exemplo, podem-se citar os empreendimentos da chamada "economia solidária", que conduzem à "natural" aceitação do "trabalho desprotegido" como alternativa ao desemprego maciço e prolongado.

Essa legitimação do "trabalho desprotegido", por parte do Estado, está ancorada numa tendência de redirecionamento da assistência social para o centro da seguridade social, em face dos crescentes limites de acesso à previdência social, no modelo atualmente adotado. Desse modo, como um processo combinado, os que têm acesso ao emprego com carteira de trabalho assinada ou outra ocupação com rendimentos suficientes para contribuírem com a previdência social possuem proteção previdenciária. Os que estão submetidos ao subem-

---

conduzir uma política de austeridade salarial sem soçobrar numa crise crônica sem saídas e por que também o ascenso do desemprego é indissociável do dos rendimentos financeiros" (Husson, 1999, p. 101).

prego e desemprego ficam à mercê dos programas, serviços e benefícios de assistência social. A expansão do Programa Bolsa Família e a ampliação das demandas ao Benefício de Prestação Continuada da Assistência Social (BPC), como será mostrado adiante, expressam isso.

No que se refere ao BPC, é bastante significativa a informação de que dos 434.287 benefícios concedidos, no período de janeiro de 2000 a maio a 2007, o total de 86.236 (19,86%) foram dados a pessoas que tiveram algum vínculo com a previdência social. Destes, 36.928 (42,82%) informaram ter contribuído entre 13 e 60 meses e 1.483 (1,71%) mais de 180 meses.[10] Isso demonstra que essas pessoas não se aposentaram por tempo de contribuição ou idade (o que seria mais vantajoso para elas, inclusive porque teriam direito a 13º salário e o benefício geraria pensão para os dependentes, em caso de morte do beneficiário), porque não prosseguiram contribuindo com a previdência social. O recorte de renda familiar *per capita* exigido para acesso ao BPC é um indicador de que a insuficiência de renda para continuarem contribuindo com a previdência social fez desse Benefício a única alternativa de proteção para essas pessoas.

Outro exemplo são os dados obtidos junto aos beneficiários do BPC da região Sudeste do país, em pesquisa realizada pelo Núcleo de Avaliação de Políticas — NAP/Universidade Federal Fluminense —, por encomenda do MDS. Segundo a pesquisa, 41,2% dos entrevistados já haviam trabalhado antes de ter acesso ao BPC e, destes, 19,7% foram contribuintes do RGPS, por algum período (NAP/UFF, 2007b, p. 297). Eram pessoas que perderam a qualidade de segurado, por terem deixado de contribuir com a previdência social e, por isso, já não puderam usufruir a proteção previdenciária. A alternativa foi procurar o BPC. Esses dados confirmam que a desestruturação do trabalho assalariado restringe o acesso à previdência social. Em face disso, cresce a demanda por benefícios assistenciais, o que explica, parcialmente, a centralidade da assistência social na atualidade.

---

10. Informações registradas no Sistema de Administração de Benefícios por Incapacidade (Sabi/INSS), fornecidas pelo DBA/MDS em 21 fev. 2011.

Portanto, entre os fatores conjunturais que se prolongam e, estruturalmente, limitam a universalização da cobertura da previdência social neste limiar do século XXI, encontram-se: 1) o novo modo de organização da economia capitalista mundial, com base em um padrão de acumulação presidido pelo capital financeiro, articulado aos grandes grupos industriais transnacionais; 2) a desestruturação do trabalho assalariado; 3) os limites da política de emprego; e 4) a tendência do Estado brasileiro à legitimação do "trabalho desprotegido", como alternativa ao desemprego estrutural. A condição do trabalho, conforme apresentada e dimensionada no capítulo anterior, tem a marca do desemprego maciço prolongado e provoca o aprofundamento da informalidade, da pobreza e das desigualdades sociais.

No que se refere à seguridade social brasileira, o que se percebe no tempo presente é a corrosão do seu significado na Constituição Federal, refletindo sua profunda dilapidação.

Essa dilapidação da seguridade não ocorreu isoladamente, pois como diz Behring (2008, p. 153), a seguridade precisa ser compreendida como processo histórico: "não apenas a partir de si mesma, mas na totalidade histórica em movimento, reconhecendo os limites e condições impostas pela política econômica e a conjuntura política [...]". Nesse sentido, desde que foi instituída, a conjuntura econômica e política do país impôs à seguridade social um processo de dilapidação profundo. Segundo os termos de Boschetti (2008c, p. 14): "nosso caminho tem sido o inverso ao da universalização da seguridade social. Desde sua instituição, esta vem sofrendo as consequências de uma contrarreforma, de matiz neoliberal, que vem provocando permanente e gradual processo de desmonte e fragmentação".

Como evidências desse desmonte, podemos exemplificar a descaracterização dos direitos constitucionalmente estabelecidos que não foram uniformizados nem universalizados, mas restringidos e desfigurados pela(o)s: lógica do seguro; redução dos valores reais dos benefícios; limites administrativos criados no processo de reconhecimento de direitos; enfim, condições rebaixadas a que foram submetidos pelas contrarreformas da previdência realizadas nesse ínterim. Esse rebaixamento deu-se porque "a proposta neoliberal inclui a passagem da proteção para o mercado, transformando benefícios da seguridade social em 'novos produtos' da especulação financeira" (Salvador, 2010, p. 387).

Como expressão do desmonte, podemos citar ainda a regressividade dos impostos que custeiam a seguridade social,[11] pois, como diz Salvador (2010, p. 389): "a correlação da luta de classes no país, no contexto do neoliberalismo, foi desfavorável aos trabalhadores e decisiva para o predomínio dos impostos indiretos e regressivos na estrutura tributária". Outro elemento a ser apontado é o da não implementação plena da forma plural e solidária do financiamento da seguridade e as transferências dos recursos destinados ao financiamento da seguridade social para outros fins, principalmente por meio da incidência da DRU.[12] Esta última, vale dizer, extraiu, na primeira década do século XXI, conforme dicutido no Capítulo II deste livro, uma média anual de mais 20 bilhões do orçamento da seguridade social.

Assim, a conjuntura econômica e política que teve a crise estrutural do capital, iniciada nos anos 1970, como pano de fundo, impulsionou sobremaneira a dilapidação da seguridade social no Brasil, o que fortalece o alerta de Behring (2008, p. 154): "temos que pensar a seguridade social no contexto da crise estrutural do capital, que se arrasta desde início dos anos 1970 do século passado até os dias de hoje, com fortes impactos para o trabalho e os direitos sociais, sobretudo aqueles que são viabilizados pela seguridade".

Ao fazer uma análise das "reformas" da previdência na América Latina e seus impactos nos princípios de seguridade, Mesa-Lago (2007) considera que o Brasil se encontra entre os países dessa região que não realizam "reformas" estruturais, apenas paramétricas. Além disso, ao analisar comparativamente a universalidade de cobertura entre os países, ressalta dois aspectos importantes. O primeiro é que "as

---

11. Cf. Salvador (2010).
12. Cf. Salvador (2010); e principalmente Anfip (2009, p. 50).

comparações da cobertura entre os países com e sem reforma estrutural não são precisas, mas as estimativas sugerem uma média ponderada de 27% nos primeiros contra 47% nos segundos" (Mesa-Lago, 2007, p. 112). Ou seja, "as reformas estruturais" realizadas em países como Chile, Bolívia, México, El Salvador, R. Dominicana, Nicarágua (modelo substitutivo), Peru, Colômbia (modelo paralelo) ou Argentina, Uruguai, Costa Rica e Equador (modelo misto) não apresentaram vantagens do ponto de vista da cobertura, comparativamente aos países que realizaram reformas apenas nos parâmetros, como é o caso do Brasil, Cuba, Guatemala, Haiti, Honduras, Panamá, Paraguai e Venezuela. O segundo aspecto é o que segue:

> A cobertura dos trabalhadores autônomos é obrigatória somente no Brasil e cobre 23%, enquanto que é voluntária nos outros países (cobre 0,2% no Paraguai). Brasil, Cuba e Panamá têm programas obrigatórios que cobrem os trabalhadores rurais, o resto dos países cobre somente uma percentagem ínfima ou os exclui; somente o Brasil e Cuba possuem benefícios assistenciais. Esses três países são os que têm maior cobertura, os setores autônomos e agrícolas menores, e dois deles contam com a menor incidência de pobreza. A cobertura dos idosos no Brasil é semelhante à do Chile e maior do que a da Argentina, é superada apenas pelo Uruguai (Idem, ibidem, p. 112).

Isto significa, por um lado, que "as reformas estruturais", que apontaram para a privatização dos sistemas, para a adoção de modelos públicos concorrenciais ao privado ou modelos mistos (público e privados), não são os caminhos a serem seguidos. Por outro, embora o Brasil esteja em melhores condições de cobertura, comparativamente a outros países, conforme apontou o estudo de Mesa-Lago, ainda está muito distante da universalização orientada pela Constituição Federal de 1988. Milhões de pessoas da população economicamente ativa continuam sem cobertura previdenciária.

Dessa forma, a dilapidação da seguridade social, especialmente no que se refere à não implementação plena do orçamento plural e solidário, tanto no sentido da exploração máxima de cada fonte de financiamento (sobretudo as que possibilitam maior potencial de progressividade) quanto da aplicação dos recursos exclusivamente para a seguridade social, quando associado à desestruturação do trabalho assalariado, constitui um grande entrave conjuntural à universalização da previdência social, no contexto da seguridade social.

Como fatores fortemente avessos à universalização da previdência social no Brasil, podem-se apontar: 1) a não generalização do trabalho assalariado na sociedade e no âmbito da classe trabalhadora; 2) o novo modo de organização da economia capitalista mundial com base em um padrão de acumulação presidido pelo capital financeiro articulado aos grandes grupos industriais transnacionais e os processos deletérios relativos ao trabalho e às políticas sociais a ele vinculados, a exemplo da desestruturação do trabalho assalariado; 3) os limites da política de emprego e da tendência à legitimação do "trabalho desprotegido" como alternativa ao desemprego estrutural; 4) o papel contraditório do Estado e das políticas sociais, sempre sujeitos às pressões do capital; 5) o controle do capital sobre o trabalho, por intermédio do Estado; e 6) a dilapidação da seguridade social na forma apresentada. A maior expressão disso é o contingente populacional que potencialmente poderia (deveria) estar sob a proteção dos direitos previdenciários da seguridade social, no RGPS e não está.

Com base na PNAD/2009, naquele ano, o país tinha uma população residente estimada em 191,8 milhões, da qual 162,8 milhões possuíam 10 anos ou mais de idade e formavam a PIA. Desse universo, 101,1 milhões de pessoas formavam a PEA (com 10 anos e mais de idade), da qual, 91,7%, o que correspondia a 92,7 milhões de pessoas, estavam ocupadas, e 8,3% correspondendo a 8,4 milhões de pessoas, procuravam alguma ocupação (IBGE, 2010, p. 49; 58-9; 61). Em 2009 "havia 54,3 milhões de empregados no mercado de trabalho. Este grupo de trabalhadores estava assim distribuído: 59,6% [32,4 milhões] tinham carteira de trabalho assinada; os militares e estatutários representavam 12,2%; e outros empregados sem carteira de trabalho assinada, 28,2%" (IBGE, 2010, p. 65-6).

Essa situação teve rebatimento direto na cobertura previdenciária. Do universo de 101,1 milhões de pessoas que formavam a PEA (com 10 anos mais de idade), mais de 50 milhões (IBGE, 2010) não tinham cobertura previdenciária. Entre estes, estima-se que 45 milhões na idade entre 16 e 64 anos (Tabela 23). Esse já é um dado por demais relevante, sem computar os mais de 70 milhões que não pertencem à PEA, mas à PIA (IBGE, 2010, p. 58), cujos microdados da PNAD não foram objeto de nossa pesquisa, mas pelas características dessa população é possível presumir que não dispõem de proteção previdenciária. Portanto, se foi motivo para o governo federal festejar a ínfima ampliação da cobertura do sistema a partir de 2004, chegando em 2009 com 49,6 milhões de pessoas da PEA vinculadas ao sistema previdenciário, é de alarmar saber que mais de 50 milhões da PEA (IBGE, 2010) não tinham essa mesma condição e deveriam ter. É para esse contingente que nossa atenção se volta.

Nestas circunstâncias, permeadas por limites estruturais e conjunturais à universalização da previdência social, o governo Lula da Silva foi limitado no sentido de apresentar alternativas que apontassem na direção da efetiva reversão desse quadro, como era esperado. Havia essa expectativa devido à história de luta do presidente e por ter sido um governo (de dois mandatos) que se viabilizou eleitoralmente, em 2003 e em 2006, a partir de críticas acentuadas sobre os fatores degradantes das condições de vida dos trabalhadores que assolam a sociedade brasileira e prejudicam os trabalhadores. Todavia, ao se constituir, seu governo deu seguimento ao deletério processo de impor regressão às políticas sociais, mediante reforço à ideologia neoliberal, em favor da economia política do capital, em detrimento de condições para o desenvolvimento humano dos trabalhadores.

Isso não significa que esse governo não tenha atendido a algumas poucas reivindicações dos trabalhadores e segmentos organizados da sociedade civil. Fê-lo, sim, porém negando o antagonismo de classe e favorecendo, fundamentalmente, o grande capital em momentos cruciais durante o seu governo, como: 1) por ocasião da contrarreforma da previdência social em 2003, realizada com o fim de favorecer os

Fundos de Pensão e às instituições privadas de previdência; 2) na crise financeira de 2008/2009, quando carreou recursos volumosos para "salvar os bancos", utilizou o aumento dos benefícios da previdência social como mecanismo amortecedor dos efeitos da crise e fez apelos insistentes nos canais de comunicação à manutenção dos níveis de consumo; e, 3) ao desviar recursos da seguridade social por meio da incidência da DRU, para cumprir compromissos com os serviços da dívida. Nesse sentido, é oportuna a análise de Mota (2010, p. 23):

> Fato é que o governo Lula da Silva, ao atender parte das reivindicações e necessidades das classes subalternas, o fez renunciando à sua origem de classe e afastando-se dos referenciais classistas de socialização da riqueza produzida. Por isso, respondeu à luta social e histórica contra a miséria e a desigualdade social com estratégias que negam o antagonismo das classes, obtendo, assim, o consentimento ativo e passivo de grande parte dos "trabalhadores" e do "lúmpen".

É nessa perspectiva que se inserem os limitados e dispersos programas e políticas de (não) enfrentamento dos obstáculos à universalização da cobertura da previdência social no Brasil, mantidos e/ou iniciados no governo Lula da Silva, que reforçam o fosso econômico e social entre as classes fundamentais da sociedade brasileira, neste limiar do século XXI.

A apresentação e análise sumária de alguns desses programas e políticas são objetos dos próximos itens, iniciando-se pelos limites de proteção aos desempregados e subempregados.

5.2 Limites de proteção social aos desempregados e subempregados

No Brasil, são poucos os mecanismos de proteção social aos desempregados e subempregados. No cenário contemporâneo, dois programas alcançam este público, de forma e em proporção diferentes: o seguro-desemprego e o Programa Bolsa Família (PBF).

Seguro-desemprego

Previsto na Constituição Federal de 1946 e regulamentado, em 1986, o seguro-desemprego é o único programa de natureza previdenciária no país dirigido especialmente aos desempregados. Em 1986, o benefício cobriu 150 mil trabalhadores. Em 1996, a sua cobertura alcançou 4,5 milhões de pessoas, passando de um percentual de 4,7% de cobertura sobre o total de assalariados com carteira assinada demitidos, para 66% em 1996 (Pochmann, 2002). Entre 1998 e 2001, a média de cobertura anual foi de 4,4 milhões de pessoas (Brasil, 2001); média que permaneceu até 2004. Já como dizem Amorim e Gonzales (2009, p. 44), "entre 2005 e 2008, o patamar de segurados elevou-se em 1,4 milhão — uma variação relativa de 26,1%". Em termos de investimentos, também houve um crescimento nos últimos anos. De acordo com a Anfip (jul. 2010), em 2007, houve um investimento de R$ 17.951,4 milhões em benefícios do FAT,[13] em 2008, atingiu-se R$ 20.689,6 milhões de investimentos e, em 2009, foram R$ 27. 077,1 milhões (Anfip, jul. 2010, p. 20).

Vale ressaltar que o crescimento do investimento no seguro-desemprego, em 2009, em parte é reflexo da estratégia adotada para enfrentar a crise manifesta no último trimestre de 2008 e no primeiro trimestre de 2009. A opção para manter o mercado interno aquecido dependia do aumento da capacidade de consumo das famílias; uma das medidas adotadas pelo governo federal para alcançar essa meta foi, conforme estudo da Anfip (jul. 2010, p. 18), "a ampliação das prestações do seguro desemprego para as categorias de trabalhadores mais afetadas pelas demissões da indústria ocorridas ao final de 2008 e início de 2009".

A principal norma reguladora do seguro-desemprego é a Lei n. 7.998, de 11 de janeiro de 1990, e alterações posteriores, que regula

---

13. Seguro-desemprego em suas diversas formas (para os trabalhadores que sofreram demissão imotivada, para os pescadores artesanais no período do defeso, para os trabalhadores resgatados do trabalho escravo e para os trabalhadores domésticos) e com o abono salarial (um benefício anual de um salário mínimo concedido aos trabalhadores que estiveram registrados e receberam no ano anterior até dois salários mínimos mensais, na média) Cf. Anfip (jul. 2010, p. 20).

também o abono salarial e institui o Fundo de Amparo ao Trabalhador (FAT). De acordo com esta lei, a finalidade do programa é prover assistência financeira temporária ao trabalhador desempregado, em virtude de dispensa sem justa causa e ao trabalhador comprovadamente resgatado do regime de trabalho forçado ou da condição análoga à de escravo, além de auxiliá-los na busca de um novo emprego por meio de ações de orientação, recolocação e requalificação profissional.

No caso dos trabalhadores resgatados de trabalho forçado, o benefício resume-se a três parcelas no valor de um salário mínimo. Nas demais situações de desemprego involuntário, para acesso ao benefício, é preciso que os trabalhadores reúnam algumas condições, como: 1) ter recebido salário de pessoa jurídica ou pessoa física a ela equiparada, nos últimos seis meses consecutivos; 2) ter sido empregado de pessoa jurídica ou pessoa física a ela equiparada ou ter exercido atividade autônoma legalmente reconhecida como autônoma durante pelo menos 15 meses, nos últimos 24 meses; 3) não estar em gozo de benefício previdenciário, exceto auxílio-acidente, auxílio-suplementar e abono de permanêcia em serviço; e 4) não estar em gozo de auxílio-desemprego e não possuir renda própria suficiente para manter a sua família. O benefício pode ter até quatro parcelas mensais e possui três faixas de valores, a depender da média dos últimos três salários do requerente, não podendo ser inferior a um salário mínimo. Todavia, em decorrência do grande número de demissões processadas em dezembro de 2008, em função da crise do capital e das dificuldades de recolocação dos trabalhadores desempregados em diversos setores e segmentos econômicos, sabe-se por meio da ANFIP (jul. 2010, p. 56) que: "esses prazos de concessão dos benefícios [número de parcelas] foram prorrogados por sucessivas decisões do Conselho Diretor do FAT, em fevereiro, março e maio de 2009. Essas resoluções[14] determinaram [...] pagamento de prestações adicionais".

---

14. As resoluções e as respectivas situações beneficiadas, por Estado e setor ou segmento econômico, podem ser encontradas em: <http://www.mte.gov.br/codefat/leg_segdesemprego.asp>. Acesso em: 23 fev. 2011.

Os pescadores profissionais recebem o seguro-desemprego no valor de um salário mínimo, no período de proibição da pesca (Brasil, 1990a). Dessa forma, o seguro-desemprego destina-se aos assalariados, com carteira assinada que possuam história de relativa estabilidade no emprego, aos autônomos, em ocupações reconhecidas legalmente, e ainda aos pescadores profissionais e trabalhadores resgatados do trabalho forçado. Os demais trabalhadores em desemprego involuntário, que não reúnam essas condições, não possuem esse tipo de proteção social, ainda que "seguro-desemprego, em caso de desemprego involuntário" seja uma previsão constitucional como direito dos trabalhadores urbanos e rurais.[15] Como tem sido crescente o número de ocupações precárias, pode-se inferir que também é crescente o número de trabalhadores desempregados, inseridos em trabalhos precários, sem proteção social. Dessa forma, as mudanças no mundo do trabalho também repercutiram no sistema de proteção social aos trabalhadores desempregados e subempregados, minimizando sua cobertura proporcionalmente ao número total de desempregados. Assim, com limites enormes de proteção, os desempregados ficam dependentes dos programas assistenciais, como diz Mota (2008, p. 16):

> Na impossibilidade de garantir o direito ao trabalho, seja pelas condições que ele assume contemporaneamente, seja pelo nível de desemprego, ou pelas orientações macroeconômicas vigentes, o Estado capitalista amplia o campo da Assistência Social. As tendências da assistência social revelam que, além dos pobres, miseráveis e inaptos para produzir, também os desempregados passam a compor a sua clientela.

A partir de 2004, alguns trabalhadores desempregados, em situação de pobreza absoluta, foram alcançados pelo Programa Bolsa Família (PBF), que se tornou o programa central no âmbito das políticas do governo federal, desde que foi instituído.

---

15. Cf. Brasil (2008a, art. 7º, inciso II).

Programa Bolsa Família

O Programa Bolsa Família (PBF) é destinado às ações de transferência de renda com condicionalidades e tem como público as famílias com renda *per capita* de até R$ 140,00 (cento e quarenta reais).[16] Os valores do benefício são variáveis de R$ 22,00 (vinte e dois reais) a R$ 200,00 (duzentos reais), e o valor médio é R$ 95,00 (noventa e cinco reais).

A continuidade no Programa depende do cumprimento de condicionalidades, no que couber, relativas ao exame pré-natal para as gestantes, ao acompanhamento nutricional e de saúde para as crianças menores de 6 anos, à matrícula e frequência escolar em estabelecimento de ensino regular para aqueles entre 6 e 17 anos.

Criado pela Lei n. 10.836, de 9 de janeiro de 2005, pela junção do Bolsa Escola, Bolsa Alimentação, Auxílio-gás e Cartão-alimentação,[17] tem por objetivos: promover o acesso à rede de serviços públicos, em especial, de saúde, educação e assistência social; combater a fome e promover a segurança alimentar e nutricional; estimular a emancipação sustentada das famílias que vivem em situação de pobreza e extrema pobreza.[18]

Em novembro de 2009, o PBF atingia os 5.564 municípios brasileiros e alcançava 12,1 milhões de famílias, o que corresponde a cerca

---

16. Este valor passou a vigorar a partir de julho e 2009 por força do Decreto n. 6.917, de 30 de julho de 2009.

17. O Programa Bolsa Escola vinculava-se ao Ministério da Educação e Cultura (MEC) e era dirigido a famílias com renda *per capita* de até R$ 90,00, com crianças e adolescentes entre 7 e 14 anos matriculados na rede regular de ensino. O valor do benefício era de R$ 15,00. O pagamento era condicionado à frequência de 85% às aulas ministradas. O Bolsa Alimentação era vinculado ao Ministério da Saúde e destinava-se a crianças de até 3 anos, nutrizes e gestantes. A renda familiar exigida e o valor do benefício eram iguais aos do Bolsa Escola e o pagamento era condicionado à manutenção da carteira de vacinação em dia e ao acompanhamento do desenvolvimento nutricional das crianças, e no caso de gestante, à realização de consulta pré-natal. O Auxílio-gás, criado pelo Ministério das Minas e Energia, em 2002, transferia R$ 15,00 a cada dois meses para subsidiar a compra de gás por famílias do Bolsa Escola e Bolsa Educação. Não tinha contrapartida.

18. Cf. Lei n. 10.836/2004 e o Decreto n. 5.209/2004, que regulam o programa.

de 48 milhões de pessoas, segundo dados do Ministério do Desenvolvimento Social e Combate à Fome.[19] Em fevereiro de 2011, o PBF alcançou a meta de atendimento definida em abril de 2009, conforme noticia o MDS: "são 12,9 milhões de famílias que podem sacar o benefício nos postos de pagamento da Caixa Econômica Federal até 28 de fevereiro. Os valores transferidos superam R$ 1,2 bilhão".[20]

Assim, ocupa a posição de maior programa de transferência de renda da América Latina.

O PBF não se destina exclusivamente aos desempregados e subempregados. É um programa extremamente limitado, comparativamente aos objetivos a que se propõe, e sua criação reforça a tendência à centralidade da assistência social no âmbito da seguridade social, sobretudo pelo uso político-ideológico do Programa feito pelo governo federal. Rompe a barreira histórica da assistência social de destinar benefícios apenas para os pobres incapazes para o trabalho. Uma pessoa adulta capaz para o trabalho, inclusive empregada, pode ter acesso ao Programa, sem contribuições prévias, desde que atenda aos critérios. Isso foi comprovado em pesquisa realizada, por encomenda do MDS, pelo Núcleo de Avaliação de Políticas (NAP/Universidade Federal Fluminense) sobre a segurança alimentar e nutricional entre os beneficiários do Programa. O NAP realizou 4.000 entrevistas com responsáveis legais pelo recebimento de benefícios do PBF, em 2006, entre os quais identificou a seguinte situação ocupacional: 10,1% eram empregados assalariados, 14,4% eram autônomos/conta própria, 18,4% estavam desempregados, 4.4% eram aposentados, 37,5% disseram ser donas de casa, 1,0% afirmou ser funcionário público, 5,8% disseram ser empregadas domésticas, 4,3% eram diaristas e 4,1% ficaram entre outras opções (NAP/UFF, 2007a, p. 105).

---

19. Dados e informações fornecidos pela Secretaria Nacional de Renda de Cidadania (Senarc/ MDS), dez. 2009.

20. Disponível em: <http://www.mds.gov.br/saladeimprensa/noticias/2011/fevereiro/bolsa-familia-chega-a-12-9-milhoes-de-familias-e-atinge-meta-de-atendimento>. Acesso em: 21 fev. 2011.

Ressalte-se, todavia, que têm acesso ao PBF as pessoas extremamente pobres aptas ao trabalho, independentemente da composição familiar, que tiveram renda familiar *per capita* até R$ 70,00 (setenta reais). Os demais pobres, cuja renda familiar varia entre R$ 70,00 (setenta reais) e R$ 140,00 (cento e quarenta reais), somente têm acesso ao Programa se tiverem crianças ou adolescentes até 17 anos na composição familiar. Na primeira faixa de renda, os valores do benefício variam entre R$ 68,00 (sessenta e oito reais) e R$ 200,00 (duzentos reais). Na segunda faixa de renda, os benefícios variam entre R$ 22,00 (vinte e dois reais) e R$ 132,00 (cento e trinta e dois reais). Assim, é um benefício vinculado a condicionalidades, com valor financeiro muito reduzido, focalizado na extrema pobreza, mas sua criação abre um precedente na direção da implementação da Lei n. 10.835, de janeiro de 2004. Esta lei institui a renda básica de cidadania, definindo-a como uma medida que se constitui no direito de todos os brasileiros residentes no país e estrangeiros residentes há pelo menos cinco anos no Brasil. Não importa sua condição socioeconômica, podem receber, anualmente, um benefício monetário, em igual valor para todos, e suficiente para atender às despesas mínimas de cada pessoa com alimentação, educação e saúde, considerando para isso o grau de desenvolvimento do país e as possibilidades orçamentárias (Brasil, jan. 2004a).

Nota-se que o PBF está a uma longa distância do que propõe essa lei e não há evidências de que o governo federal pretenda imprimir mudanças significativas ao programa, atribuindo-lhe maiores avanços. A previsão é que haja a expansão desta política pobre para os pobres, ou melhor, esta política pobre para manter os pobres sob controle político-ideológico.

O PBF, ao ser analisado ao lado de outros similares desenvolvidos na America Latina, é considerado por Stein (2008, p. 201) destituído de direito social:

> "[...] os programas de transferências de renda ganham notoriedade e transferem prestígio aos governantes [...]. Entretanto, analisados sob o prisma das necessidades básicas, os Programas revelam que o atendimento se restringe à sobrevivência, destituídos de caráter de direito social".

A autora considera esses programas, também, como "estratégia de proteção tardia em relação ao que secularmente já se desenvolveu" (Idem, ibidem, p. 215).

Com vista a ampliar a assistência social aos desempregados, o governo federal adotou duas outras iniciativas que merecem ser lembradas. A primeira diz respeito à Lei n. 11.258, de 30 de dezembro de 2005, que altera a Loas para tornar obrigatória a criação de programas para a população em situação de rua no âmbito da assistência social. A segunda refere-se à possibilidade de retorno ao BPC pelas pessoas com deficiência que tiverem experiência no mercado de trabalho e voltarem a adquirir os requisitos que o habilitem ao benefício, conforme estabelece o art. 25 do Decreto n. 6.214 de 26 de setembro de 2007. Essas medidas, ainda que importantes para as pessoas às quais se destinam, quando analisadas sob a ótica das orientações macroeconômicas vigentes, reforçam a tendência de atribuir à assistência social papel central no processo de "naturalização" do desemprego, das desigualdades sociais e do crescimento exponencial da pobreza, na medida em que tais medidas e ações não apontam para a superação das causas geradoras das situações, mas para a "suavização" de seus efeitos.

Vale mencionar que organizações da sociedade civil, entidades de classes e o Fórum Social Mundial (FSM) em suas diversas edições durante o governo Lula da Silva organizaram debates em que críticas a essa tendência assumida pelo governo federal foram desenvolvidas, inclusive na presença de representantes desse governo. Registra-se, especialmente, a realização do seminário sobre o Sistema Único de Assistência Social (Suas), ocorrido no Rio de Janeiro nos dias 2 e 3 de abril de 2009, sob organização do Conselho Federal de Serviço Social (CFESS). Todavia, o governo federal não se mostrou aberto às críticas efetuadas e deu segmento à sua política reducionista de cunho conservador. Uma política pobre para pobres.

É importante destacar que dados do governo federal revelam o crescimento do número de requerimentos ao BPC nos últimos anos. As Tabelas 24, 25 e 26 mostram, respectivamente, a quantidade e percentual dos *benefícios requeridos, concedidos e indeferidos*, por espécie (benefícios para pessoas com deficiência — PCD — e benefícios para pessoas idosas), nos anos de 2004 a 2009. A relação entre estas tabelas indica que, durante os anos citados, foram requeridos 3.773.015 benefícios, sendo 2.306.725 destinados às pessoas com deficiência e 1.466.290 destinados às pessoas idosas (Tabela 24), do total geral de benefícios requeridos. A Tabela 25, por sua vez, mostra que apenas 2.123.131 (56,27%) foram concedidos. A quantidade e percentual de concessão foram menores para os benefícios destinados a pessoas com deficiência, no caso somente 883.099 benefícios, o que equivale à média de 38,28% do total de benefícios requeridos. Para as pessoas idosas foram concedidos 1.240.032 benefícios (84,57% dos requeridos). A maior quantidade e percentual de indeferimento foi de benefícios destinados às pessoas com deficiências, um total de 1.627.303, o que corresponde à média de 70,55% (Tabela 26) dos benefícios requeridos, comparativamente aos concedido nos mesmos anos (Tabela 24). Isso se deve aos critérios restritivos de recorte de renda[21] (também válido para idosos), combinados com o conceito de deficiência[22] — principal motivo de indeferimento.

Relevante observar que em relação ao número de requerimentos, a Tabela 24 mostra que, para as pessoas idosas, houve um decréscimo entre os anos de 2004 a 2006, voltando a crescer a partir de 2007, com grande destaque para o ano de 2008, cujo percentual de crescimento em relação ao ano anterior foi maior que o de 2009. Este, por sua vez, foi maior que o de 2007. Isso mostra o reflexo da crise financeira e do aprofundamento dos limites de acesso à previdência social em 2008, o que pressionou a demanda por BPC para a pessoa idosa. Em relação à pessoa com deficiência, percebe-se um movimento mais sinuoso. A Tabela 24 mostra decréscimo de requerimentos de 2004 para 2005, mas a partir de 2006 houve aumento, sobretudo, em 2008, e um pequeno decréscimo em 2009. Aqui, também, sente-se o reflexo da crise em 2008.

---

21. Renda familiar *per capita* inferior a um quarto do salário mínimo. Cf. Brasil (1993, art. 20, § 3º).

22. Pessoa incapacitada para a vida independente e para o trabalho. Cf. Brasil (1993, art. 20, § 2º).

Uma situação já corriqueira, diante da crise, ganhou maiores proporções. As pessoas com alguma deficiência, mesmo não limitadora de sua capacidade de trabalho, e pessoas idosas com idade acima de 65 anos, desempregadas ou sem capacidade de continuarem contribuindo com a previdência, procuram o acesso ao BPC como alternativa.

Convém realçar que o ano de 2009 registra o menor percentual de indeferimento de benefícios destinados às pessoas com deficiência, ou seja, 58,47% (Tabela 26), enquanto a média do período foi superior a 70%. Isso ocorreu devido à implantação, em junho de 2009, do novo modelo de avaliação da deficiência e do grau de incapacidade das pessoas com deficiência requerentes ao BPC. Esse modelo é composto por uma avaliação médica e uma social, realizadas respectivamente por médicos peritos e assistentes sociais do INSS. Antes disso, a avaliação era apenas médica e realizada por médicos peritos. A nova avaliação médica considera as deficiências nas funções e nas estruturas do corpo, e a avaliação social considera os fatores ambientais, sociais e pessoais, e ambas consideram a limitação do desempenho de atividades e a restrição da participação social, segundo suas especificidades (Brasil, 2007a, art. 16, §§ 1° e 2°).

TABELA 24

Benefício de Prestação Continuada da Assistência Social (BPC) requerido, por espécie (quantidade e %), Brasil, segundo os anos de 2004, 2005, 2006, 2007, 2008 e 2009

Ano de requerimento	Espécie				
	PCD	%	Idoso	%	Total
2004	394.131	50,78%	382.004	49,22%	776.135
2005	346.218	61,75%	214.504	38,25%	560.722
2006	372.297	65,03%	200.203	34,97%	572.500
2007	386.582	64,82%	209.815	35,18%	596.397
2008	430.923	65,04%	231.667	34,96%	662.590
2009	376.574	62,28%	228.097	37,72%	604.671
Total	2.306.725	61,14%	1.466.290	38,86%	3.773.015

Fonte: Suibe, extraído em 7 nov. 2009. Elaboração DBA/MDS. Fornecida à autora em 21 fev. 2011.

TABELA 25

Benefício de Prestação Continuada da Assistência Social (BPC), concedido, por espécie (quantidade em %), Brasil, segundo os anos de 2004, 2005, 2006, 2007, 2008 e 2009

Ano de concessão	Espécie					
	PCD	% em relação ao requerimento	Idoso	% em relação ao requerimento	Total	% em relação ao requerimento
2004	141.554	35,92%	317.157	83,02%	458.711	59,10%
2005	132.986	38,41%	185.223	86,35%	318.209	56,75%
2006	132.282	35,53%	173.960	86,89%	306.242	53,49%
2007	145.829	37,72%	181.528	86,52%	327.357	54,89%
2008	179.572	41,67%	198.763	85,80%	378.335	57,10%
2009	150.876	40,07%	183.401	80,40%	334.277	55,28%
Total	883.099	38,28%	1.240.032	84,57%	2.123.131	56,27%

Fonte: Suibe, extraído em 7 nov. 2009. Elaboração DBA/MDS. Fornecida à autora em 21 fev. 2011.

TABELA 26

Benefício de Prestação Continuada da Assistência Social (BPC), indeferido, por espécie (quantidade em %), Brasil, segundo os anos de 2004, 2005, 2006, 2007, 2008 e 2009

Ano de indeferimento	Espécie					
	PCD	% em relação ao requerimento	Idoso	% em relação ao requerimento	Total	% em relação ao requerimento
2004	262.409	66,58%	87.490	22,90%	349.899	45,08%
2005	261.768	75,61%	49.237	22,95%	311.005	55,47%
2006	291.574	78,32%	50.559	25,25%	342.133	59,76%
2007	272.825	70,57%	42.467	20,24%	315.292	52,87%
2008	318.542	73,92%	58.386	25,20%	376.928	56,89%
2009	220.185	58,47%	58.306	25,56%	278.491	46,06%
Total	1.627.303	70,55%	346.445	23,63%	1.973.748	52,31%

Fonte: Suibe, extraído em 7 nov. 2009. Elaboração DBA/MDS. Fornecida à autora em 21 fev. 2011.

Ainda sobre o BPC é importante realçar que, além dos limites de acesso devido ao recorte de renda, o conceito de deficiência, ou seja, o processo de reconhecimento do direito ao benefício é feito pelo INSS, cujos servidores, majoritariamente, possuem uma visão limitada e conservadora em relação à seguridade social. Pois prevalece na instituição a visão de seguro social e é esse o conteúdo que compõe a política de capacitação institucional. A exceção fica por conta dos profissionais que tiveram uma formação acadêmica que lhe permitiram estudar e debater o conteúdo referente à seguridade social e por àqueles que, por outros caminhos como pós-graduações, militância política e sindical, entre outros, conseguiram ampliar sua visão sobre o tema. Todavia, a visão preponderante de seguro social, desvinculada da visão de seguridade social, se reflete na operacionalização do BPC: a quantidade e percentuais de indeferimentos mostrados e o montante de concessões por decisão judicial revelam isso.

A Tabela 27 mostra que, entre os anos de 2004 e 2010, 198.324 benefícios foram concedidos por decisão judicial, o que corresponde a 7,84% dos benefícios concedidos. Entre estes, 161.725 eram destinados às pessoas com deficiência, o que equivale a uma média de 14,59% dos benefícios concedidos a esse grupo populacional, no mesmo período. Um percentual elevadíssimo que pode ser reflexo de trabalho administrativo mal realizado.

A responsabilidade social dos que realizam o reconhecimento de direitos a serem processados é relevante. Pois, como diz Silvana Santos (2007, p. 26-7):

> O direito é um complexo social parcial próprio da sociedade de classes [...] a política e o direito são complexos determinados e não determinantes da sociabilidade. São determinados pelas relações de produção. Não obstante, o direito é fundamental como força reguladora e, em certas conjunturas, indispensável para garantir ganhos aos segmentos do trabalho.

Assim, o reconhecimento administrativo e técnico dos direitos conquistados, condicionado à visões ideológicas contrárias, não pode constituir entrave à sua efetivação.

TABELA 27

Benefício de Prestação Continuada da Assistência Social (BPC), concedido por decisão judicial, por espécie (quantidade e %), Brasil, segundo os anos de 2004, 2005, 2006, 2007, 2008, 2009 e 2010

Ano de concessão	Benefícios concedidos judicialmente					
	PCD	% em relação à concessão	Idoso	% em relação à concessão	Total	% em relação à concessão
2004	9.497	6,71%	2.302	0,73%	11.799	2,57%
2005	16.069	12,08%	4.122	2,23%	20.191	6,35%
2006	19.423	14,68%	4.766	2,74%	24.189	7,90%
2007	25.321	17,36%	5.342	2,94%	30.663	9,37%
2008	28.545	15,90%	5.870	2,95%	34.415	9,10%
2009	31.340	18,69%	6.650	3,40%	37.990	10,46%
2010	31.530	15,14%	7.547	4,46%	39.077	10,35%
Total	161.725	14,59%	36.599	2,57%	198.324	7,84%

Fonte: Suibe, extraído em 22 fev. 2011. Elaboração DBA/MDS. Cedido à autora em 23 fev. 2011.

Entretanto, apesar de todas as restrições, até dezembro de 2010 existiam 3,40 milhões de benefícios emitidos, sendo 1,78 milhão destinados a pessoas com deficiência e 1,62 milhão destinados a idosos. O investimento em BPC em 2010 foi de 20,10 bilhões de reais. Esse valor equivaleu a aproximadamente 85,% dos recursos do Fundo Nacional de Assistência Social.[23] Vale ressaltar que o BPC é uma das mais significativas conquistas sociais das últimas três décadas, ainda que o seu desenho necessite ser modificado para torná-lo mais acessível ao público ao qual se destina e, quiçá, a outros segmentos e grupos sociais.

Segundo a ANFIP (maio 2009, p. 13-4), houve um crescimento significativo do investimento do orçamento da seguridade social para os benefícios assistenciais, no período entre 2003 e 2008:

---

23. Dados fornecidos pelo Departamento de Benefícios Assistenciais (DBA) da Secretaria Nacional de Assistência Social (SNAS/MDS), em fevereiro de 2011.

As despesas com benefícios da Loas — Lei Orgânica da Assistência Social — aumentaram 205%, pois, além da expansão da cobertura, são diretamente impactadas pela política de aumento do salário mínimo, que cresceu, entre 2003 e 2008, 108% em termos nominais e 46% em termos reais, nesse período. O aumento do salário mínimo tem duplo efeito: amplia o valor do benefício pago e ainda aumenta as faixas da sociedade que são beneficiadas por essa cobertura.

Compreendemos que o direito à renda não se dissocia do direito ao trabalho nem o trabalho é a única condição para se ter direito a uma renda. Cada cidadão deve ter o direito a um padrão de vida digno, mas também o de fornecer à sociedade os produtos de seu trabalho, como bens úteis, necessários à sociedade. Essa é uma unidade indissolúvel como base para a cidadania. Essa, porém, não é a situação que está acontecendo no Brasil e no mundo, em que a condição de não trabalho conduz ao não direito à proteção social, ao não direito a uma renda compatível com um padrão de vida digno. É urgente que isso mude.

Diante do enorme contingente de desempregados e subempregados, e da insuficiência de proteção social, quais medidas têm sido adotadas pelo governo federal, no sentido da universalização da cobertura previdenciária? É sobre isso que trata o próximo subitem.

5.3 Estratégias recentes do governo federal para ampliar a cobertura do RGPS

Como vimos até aqui, o fato de a previdência social ter se desenvolvido fundamentalmente apoiada no emprego — pois apenas cerca de 20% dos segurados do RGPS pertencem a outras categorias[24] — faz com que esteja sempre vulnerável às mudanças do mercado de trabalho assalariado. Assim, se há crescimento do emprego, com carteira

---

24. Cf. Brasil (fev. 2010, p. 2).

assinada, melhoria dos rendimentos médios reais, o acesso ao RGPS é ampliado; se há retração dessa forma de trabalho, a cobertura diminui. Em um contexto de aprofundamento do desemprego e do trabalho precarizado, amplia-se a quantidade de pessoas sem cobertura previdenciária e sem proteção ao trabalho. Na atualidade, são mais de 50 milhões de pessoas da população economicamente ativa sem vinculação previdenciária (IBGE, 2010). Entretanto, desde a instituição da seguridade social, a única medida de impacto na expansão da cobertura do RGPS foi o aperfeiçoamento da caracterização e definição das formas de acesso dos chamados "segurados especiais" da previdência social. Essa medida deu-se por meio da Lei n. 8.212, de 25 de julho 1991, que dispõe sobre a organização da seguridade social. Institui o plano de custeio, e dá outras providências, combinada com a Lei n. 8.213, que institui o plano de benefícios da previdência social, de 25 de julho 1991. O principal respaldo a essa ação governamental encontra-se na seguinte norma constitucional:

> o produtor rural, o parceiro, o meeiro e o arrendatário rurais e o pescador artesanal, bem como os respectivos cônjuges, que exerçam suas atividades em regime de economia familiar, sem empregados permanentes, contribuirão para a seguridade mediante a aplicação de uma alíquota sobre o resultado da comercialização da produção e farão jus aos benefícios nos termos da lei (Brasil, 2008b, art. 195, § 8°).

As mudanças na legislação, com base nessa orientação constitucional, resultaram em uma grande presença de trabalhadores rurais, pescadores artesanais e outros que atuam em regime de economia familiar, conforme dispõe o inciso acima. De acordo com o MPS, em dezembro de 2010, do total de 28.141.263 milhões de benefícios emitidos, existiam 8.377.553 correspondentes a beneficiários da área rural (Brasil, dez. 2010, p. 2). Essa proporção de cerca de 1/3 de benefícios rurais em relação aos urbanos foi alcançada na década de 1990[25] e vem

---

25. Cf. Nesta década, sobretudo nos anos de 1992 e, especialmente 1993, houve uma grande procura desse segmento ao RGPS, favorecido pela aprovação do Regulamento de Benefícios da Seguridade Social. Cf. Brasil (2006?).

se mantendo, apesar da gigantesca redução de trabalhadores rurais na PEA nos últimos anos: de 28,4% em 1992, para 16,3% em 2009 (IBGE, 2009, p. 270); e também do decréscimo de emissão de benefícios rurais, nesta década. Isto se deu, sobretudo, nos anos de 2003 (978.426 benefícios), 2004 (995.285 benefícios) e 2005 (968.946 benefícios), em que o número de benefícios emitidos foi menor que nos outros anos da década, como se pode comparar: 2002 (1.225.382 benefícios); 2006 (1.017.337 benefícios); e, 2007, com 1.016,342 benefícios — quantidade aproximada dos anos de 2008 e 2009 (Brasil, dez. 2010, p. 3).

Após essa iniciativa, as medidas direcionadas para a expansão da cobertura da previdência social, em geral, buscam combinar redução de contribuição associada à restrição de direitos, a exemplo do Plano Simplificado de Previdência Social (PSPS) e do Programa do Microempreendedor Individual (MEI), que discutiremos a seguir.

Contudo, é essencial registrar que, por meio da Emenda Constitucional n. 47, de 5 de julho de 2005 (em vigor na data de publicação, com efeitos retroativos à data de vigência da Emenda Constitucional n. 41, de 19 de dezembro de 2003), foi incluída uma norma que abre possibilidades para o desenvolvimento de programas que possam alcançar um grande número de pessoas de forma justa e equânime. Vejamos:

> A Lei disporá sobre sistema especial de inclusão previdenciário para atender a trabalhadores de baixa renda e àqueles sem renda própria que se dediquem exclusivamente ao trabalho doméstico no âmbito de sua residência, desde que pertencentes a famílias de baixa renda, garantindo-lhes acesso a benefícios de valor igual a um salário mínimo (Brasil, 2008b, art. 201, § 12).

Outro inciso faz menção ao já citado e possui a seguinte norma: "O sistema especial de inclusão previdenciária de que trata o § 12 deste artigo terá alíquotas e carências inferiores às vigentes para os demais segurados do Regime Geral de Previdência Social" (Brasil, 2008b, art. 201, § 13). Esses incisos têm suma importância por possibilitarem a adoção de medidas que permitam avanços rumo à universalização da previdência social. Mas os incisos 12 e 13 do art. 201 da Constituição Federal têm sido pouco usados pelo governo federal, ainda que sejam fundamentos de demandas dirigidas ao governo, como será mostrado.

Na realidade, os programas mais recentes do governo federal não exploraram estas normas no que elas têm de melhor, que é a possibilidade de assegurarem direitos iguais aos que possuem capacidades contributivas diferentes. Desse modo, seria possível impulsionar avanços à expansão da cobertura da previdência social de forma justa e conforme a realidade do país, ao contrário do que se percebe nos programas governamentais criados e medidas adotadas após a vigência das normas, dos quais são exemplos o Plano e o Programa a seguir.

O Plano Simplificado de Previdência Social (PSPS)

Este Plano foi instituído pela Lei Complementar n. 123, de 14 de dezembro de 2006,[26] e na essência reduz o percentual de contribuição dos contribuintes individuais que trabalham por conta própria e não possuem relação com empresa ou equiparada, de 20% para 11% sobre o valor do salário de contribuição.[27] A opção também poderá ser feita pelos contribuintes facultativos (estudantes, membros de congregações religiosas, entre outros). Essa contribuição reduzida entrou em vigor em abril de 2007, e não assegura o direito à aposentadoria por tempo de contribuição, apenas à aposentadoria por idade e por invalidez, pensão por morte e benefícios eventuais ou temporários (salário-maternidade, auxílio-doença e auxílio-reclusão), ainda que o contribuinte tenha a chance de modificar o plano em momentos futuros para ter acesso à aposentadoria por tempo de contribuição, complementando seu valor em até 20% do salário mínimo, em tantas parcelas quantas

---

26. Esta lei criou o Simples Nacional, em substituição ao Simples Federal, que existia desde 1996. Mais informações, cf. Pimentel (2010, p. 119-21).

27. Valor sobre o qual se contribui para o RGPS. No plano simplificado, o limite é um salário mínimo.

já tenham sido pagas. Essa estratégia é falha, porque não assegura o critério de equidade na participação e custeio sem comprometer o benefício de retorno ao contribuinte. Por isso, é uma estratégia que amplia o acesso de parcelas da população que está fora do sistema, mas restringe direitos e assume uma direção contrária à que regem os princípios da seguridade social e a noção de previdência como um contrato social, na perspectiva rousseauniana. Fortalece a visão de previdência como um seguro privado, que se apoa na relação de reciprocidade entre as contribuições prévias efetuadas pelos cidadãos e as prestações de retorno. É, pois, uma estratégia que legitima as desigualdades sociais, ao invés de buscar reduzi-las, expressando muito bem a visão de previdência social como um contrato social, nos termos defendidos por liberais, como John Rawls.

O Plano reconhece os limites de contribuição, mas o principal benefício — a aposentadoria por tempo de contribuição — só será acessível àqueles que "forem capazes" de superar "os limites de contribuição" e conseguirem recuperar as diferenças de contribuições em relação aos demais segurados da categoria de contribuintes individuais. Essa diretriz despreza a visão solidária de financiamento proposto para a seguridade social e responsabiliza individualmente os cidadãos pela sua "incapacidade contributiva", que também individualmente deve ser superada.

Dessa forma, apesar das possibilidades de crescimento na adesão, o PSPS não é uma estratégia que aponte para a universalização da cobertura tanto pelo valor da contribuição mensal, que ainda é elevado para grande parte do público que está fora do sistema, quanto pela pouca atração que exerce, ao restringir o acesso à aposentadoria por tempo de contribuição. Além disso, ainda que amplie a cobertura, da forma como está, não se apresenta como uma alternativa a ser reforçada, por se distanciar dos objetivos da seguridade social de afiançar universalização de cobertura e atendimento, assegurando direitos iguais aos que participam do custeio do sistema de modo diferente. Na realidade, esse plano simplificado é um incentivo, sem opções, à aposentadoria por idade. Passa a se constituir numa alternativa para as mulheres urbanas com 45 anos ou mais de idade e homens urbanos com 50 anos ou mais de idade, desempregados e com baixa "capacidade contributiva", nos termos exigidos pela previdência social, que poderiam se aposentar aos 60 e 65 anos de idade, respectivamente, com 15 anos de contribuições, com alíquota de 11% sobre o salário mínimo. O que o plano tem de pior é exatamente a negação da condição de trabalhadores dessas pessoas e o rebaixamento da proteção social para quem tem maior necessidade e menor capacidade contributiva.

Programa do Microempreendedor Individual (MEI)

O crescimento da participação dos que trabalham por conta própria no âmbito da PEA, que, em 2009, alcançou mais de 20% (IBGE, 2010, p. 65), conduziu o governo federal a criar um programa estimulando a formalização, particularmente daqueles empreendimentos individuais com faturamento anual de até R$ 36 mil, que têm, no máximo, um empregado. O Programa do Microempreendedor Individual (MEI) foi instituído pela Lei Complementar n. 128 de 19 de dezembro de 2008, e tem esse público como prioritário.

Na essência, o MEI é uma iniciativa que altera o sistema tributário brasileiro, estabelecendo uma nova faixa de enquadramento na base do Simples Nacional,[28] direcionada para o pequeno empreendedor que se encontra na informalidade. É uma faixa de cobrança diferenciada quanto à tributação e com vantagens para aquele empreendedor que desejava formalizar o seu negócio e enfrentava dificuldades com as exigências normativas. Por meio do programa, o empreendedor individual fica isento de impostos para o governo federal e tem alíquotas reduzidas para as demais contribuições. Diante disso, o

---

28. O Simples Nacional é um sistema simplificado de enquadramento e tributação de microempresas e empresas de pequeno porte, em condições vantajosas, estabelecidas de acordo com o tamanho e o setor do empreendimento.

custo de formalização reduz-se basicamente a 11% sobre o salário mínimo para a previdência social,[29] acrescido de R$ 1,00 de Imposto sobre Circulação de Mercadoria e Serviços (ICMS) para o Estado e R$ 5,00 de Imposto sobre Serviços (ISS) além outras taxas obrigatórios, porém reduzidas.[30]

O MEI tem formalização documental simplificada, gratuita e feita pela internet; acesso facilitado a linhas de crédito, com juros diferenciados; a possibilidade de participar da compras governamentais e emissão de notas fiscais; o acesso aos cursos de qualificação profissional do Serviço Brasileiro de Apoio às Micro e Pequenas Empresas (Sebrae); acesso aos direitos previdenciários: aposentadoria por invalidez (após um ano de contribuição), aposentadoria por idade no valor de um salário mínimo (após 15 anos de contribuição), auxílio-doença (após um ano de contribuição), salário-maternidade (após 10 meses de contribuição) e auxílio-reclusão para seus dependentes.

A meta do governo era a formalização até 2010 de um milhão de novos empreendedores individuais,[31] porém, esta meta somente foi alcançada em 2011.[32] Há uma lista de cerca de 170 ocupações que podem recorrer ao MEI, entre as quais se encontram: baleiro, barraqueiro, chaveiro, carroceiro, cabeleireiro, comerciante de artigos usados, comerciantes de perucas, comerciantes de redes para dormir, depiladora, engraxate, encanador, fabricantes de embalagens de papel, fabricantes de produtos de soja, livreiro, lavador de carro, lavadeira de roupa, maquiador, quitandeiro, rendeira, restaurador de livros, churrasqueiro ambulante etc.

---

29. Em 7 de abril de 2011 o governo reduziu o percentual de contribuição para a previdência social para 5% por meio da MP n. 529. Não houve nenhuma outra alteração no programa.

30. Mais informações sobre alíquotas disponíveis em: <http://www.previdencia.gov.br/conteudoDinamico.php?id=823>. Acesso em: 20 fev. 2011.

31. Disponível em: <http://www.previdencia.gov.br/conteudoDinamico.php?id=823>. Acesso em: 17 fev. 2011.

32. Em 7 de abril de 2011, em ato público no Palácio do Planalto, o governo comemorou o alcance da meta. Disponível em: <http://www.previdencia.gov.br/conteudoDinamico.php?id=823>. Acesso em: 7 abr. 2011.

Do ponto de vista da previdência social, a lógica desse programa é igual ao anterior, a diferença é que se destina ao empreendedor individual, enquanto o outro se destina ao cidadão que não se vincula à empresa. Para ambos, o que prevalece é a visão de seguro privado, é a lógica financeira. O "incentivo" para a constituição de vínculos à previdência social parte das condições objetivas e da capacidade de contribuição individual de cada cidadão e, como prestação de retorno, lhe são oferecidos benefícios que negam a sua condição de trabalhador. O benefício mais expressivo é a aposentadoria por idade, no valor de um salário mínimo. A aposentadoria por tempo de contribuição será acessível aos que efetuarem a complementação das contribuições mensais de 11% sobre o salário mínimo,[33] para 20% sobre o mesmo.

Assim, as críticas que se fazem ao programa são as mesmas feitas ao PSPS. As condições de vida, a superexploração, a condição estrutural do trabalho, o desemprego maciço prolongado não são considerados na definição dos critérios de acesso ao programa nem tampouco a efetiva equidade na participação do custeio. A contribuição reduzida fez-se acompanhada da redução das prestações de retorno. O mais contraditório é que esse programa pode até possibilitar a "regularização" de algumas ocupações precárias, dada a redução da carga tributária e o número expressivo de pessoas nessas condições. No entanto, ao mesmo tempo que "valoriza" as ocupações, reconhece-as formalmente. Os trabalhadores que nelas atuam têm essa condição negada, por meio dos benefícios a que têm direito no elenco de benefícios previdenciários, na medida em que não têm acesso à aposentadoria por tempo de contribuição. Na realidade, ambos os programas materializam a visão liberal de *contrato social* que legitima as desigualdades, estabelece princípios e diretrizes que permitem a convivência entre desiguais, sem pretender eliminar essas desigualdades, pois considera injusto apenas o que não beneficia a todos nem importa o quanto beneficia (Rawls, 1993).

---

33. E, para o microempreendedor, a partir do dia 7 de abril de 2011, foi reduzida para 5% sobre o salário mínimo, pela MP n. 529.

Participação no projeto Reduzir a informalidade por meio do diálogo social

Ainda no que se refere às iniciativas do governo sobre a universalização da previdência social, vale ressaltar e valorizar a participação do MPS no projeto "Reduzir a informalidade por meio do diálogo social",[34] iniciado em outubro de 2009, com duração prevista de 36 meses. O projeto é uma iniciativa do Dieese e visa refletir sobre o impacto da informalidade, elaborar diagnósticos e construir alternativas de enfrentamento, com a participação de instituições de pesquisa, órgãos do governo e representação dos trabalhadores.

Esse projeto reconhece e valoriza a construção de espaços para o diálogo com a sociedade, o levantamento dos problemas junto aos atores sociais e a recomendação de soluções referentes à informalidade em nível local e nacional, negociadas e implementadas de forma coordenada. Tem suporte financeiro do Fundo Multilateral de Investimentos (FUMIN) do Banco Interamericano de Desenvolvimento (BID) e tem como alvo os trabalhadores sem carteira assinada, cooperativados, pequenos empreendedores, entre outros.

No que diz respeito às ações do projeto, inicialmente foram escolhidos quatro Arranjos Produtivos Locais (APL) para serem implementados como pilotos, o modelo de intervenção com base no diálogo social. São eles: Confecção no Agreste Pernambucano; Comércio, em Porto Alegre (RS); Construção Civil, em Curitiba (PR); e Agricultura em Morrinhos (GO).

O projeto conta com um Comitê Técnico de Trabalho, constituído pelo BID, o Dieese, as Centrais Sindicais,[35] a Anfip, a Confederação Nacional dos Trabalhadores na Agricultura (CONTAG), o Ipea, a OIT, o MPS, MDS e o Ministério do Trabalho e Emprego.

---

34. As informações sobre o projeto foram obtidas em Brasil (dez. 2010). Disponível em: <http://www.DIEESE.org.br>, e ainda no *blog* "Retrato informal", disponível em: <http://www.DIEESE.org.br/informalidade/blog/>. Acesso em: 23 fev. 2011.

35. Central Única dos Trabalhadores (CUT); Central dos Trabalhadores e Trabalhadoras do Brasil (CTB); Central Geral dos Trabalhadores do Brasil (CGTB); Força Sindical; Nova Central Sindical de Trabalhadores (NCST); União Geral dos Trabalhadores (UGT).

Quanto à comunicação de massas, as ações do projeto ainda são limitadas. Além de matérias na impressa, o projeto criou um *blog* interativo para dialogar com interessados e disponibilizar informações sobre o andamento das atividades e sobre o tema informalidade.[36]

Ainda não é possível avaliar os desdobramentos e saldos do projeto. Todavia, reconhecemos que a sua concepção aponta no sentido inverso da orientação governamental adotada até o presente, no que se refere à estratégia de construção das propostas de enfrentamento da informalidade. Seu limite é a não participação de outros segmentos organizados da sociedade que debatem o assunto, a exemplo do Fipss, do MNCR, a não participação direta e massiva dos trabalhadores interessados e de outras instituições de pesquisa e pesquisadores individuais, que já acumularam muito sobre o assunto. Outra falta notada é do Ministério da Economia, pois não é possível pensar em estratégia de enfrentamento da informalidade sem que as diretrizes macroeconômicas adotadas no país estejam em conformidade com esse propósito. O tempo previsto para a duração do projeto também se apresenta como um aspecto limitador, ao se considerar a complexidade do tema, as diferenças econômicas e sociais entre as regiões geográficas do país, a necessidade de pesquisas estruturais sobre o tema. De qualquer modo, é preciso reconhecer a importância da iniciativa do Dieese e aguardar os resultados das experiências-piloto e, sobretudo, os desdobramentos para além delas. É preciso também reconhecer a importância da participação do governo federal no projeto, mesmo que o seu nível de envolvimento e compromisso com o mesmo não possa ainda ser avaliado.

Realização da I Conferência Mundial sobre o Desenvolvimento de Sistemas Universais de Seguridade Social, no Brasil

Entre as iniciativas do governo federal no debate sobre a universalização da seguridade social, merece ser citada a sua participação na

---

36. *Blog* "Retrato Informal". Disponível em: <http://www.DIEESE.org.br/informalidade/blog>. Acesso em: 23 fev. 2011.

organização e sede da I Conferência Mundial sobre o Desenvolvimento de Sistemas Universais de Seguridade Social, realizada em Brasília, no período de 1 a 5 de dezembro de 2010.[37] O principal objetivo da Conferência foi fomentar o debate sobre a construção de sistemas universais de seguridade social, os desafios da universalização e a necessidade de definição de agenda política e de estratégias de mobilização nacional e internacional em torno do assunto.[38] A Conferência contou com 677 delegados(as), de 90 países. Esses delegados representaram os governos, os movimentos populares, sociais e sindicais, as instituições acadêmicas e as agências intergovernamentais. As delegações foram compostas por 50% de delegados representantes da sociedade civil e 50% de representantes dos governos. Essa composição contribuiu para tornar a Conferência um espaço plural e para que os debates tivessem um conteúdo necessário na atualidade.

O tema centralmente debatido, como era de se esperar, foi a universalização da seguridade social, a partir da afirmação dos princípios de universalidade, equidade e integralidade em oposição aos discursos e às práticas de mercantilização das políticas sociais.

Nesse sentido, a Conferência indicou a necessidade de se discutir a seguridade social no marco de um conceito ampliado, que compreenda a previdência, a assistência social, a saúde, o trabalho, e também incorpore a segurança alimentar, econômica e ambiental, a educação, a habitação, mais o acesso à justiça, à terra, à água, entre outros.

As reflexões apontaram na direção de atribuir à seguridade social a promoção do "Trabalho Decente", a contribuição no combate à miséria e superação do preconceito étnico-racial e em relação às pessoas com deficiência, assim como o combate contra as iniquidades de gênero e geracional.

---

37. As informações oficiais sobre este evento foram obtidas por meio de informes elaborados por órgãos governamentais participantes, regulamento, composição de delegados, relatório final. Disponíveis em: <http://www.conselho.saude.gov.br/cm/INDEX.html>; <http://www.conselho.saude.gov.br/cm/informativo.html>; <http://www.conselho.saude.gov.br/cm/docs/regulamento_portugues.pdf>; <http://www.conselho.saude.gov.br/cm/como_participar.html>; <http://www.conselho.saude.gov.br/cm/INDEX.html>. Acesso em: 17 fev. 2011.

38. Cf. Brasil (5 dez. 2010).

Entre os pontos mais significativos debatidos, encontra-se o reconhecimento de que a universalização da seguridade, acima de tudo, pressupõe decisão política dos governos, associada à construção das condições para a sua viabilização. Isso requer ênfase no papel do Estado na adoção de novas lógicas de organização institucional e financeira, de modo a afirmar que o universalismo se opõe à focalização e pressupõe uma relação indissociável entre a esfera econômica e social.

A esperança é que o governo brasileiro incorpore estas orientações às suas decisões locais sobre a seguridade social, porque o que se percebe até aqui é exatamente o seu inverso.

De qualquer modo, embora nem a preparação da conferência, nem a sua realização no Brasil tenham apresentado repercussões nas posições assumidas do governo brasileiro em relação à previdência social, até o presente momento, considera-se a participação e sede do evento uma iniciativa governamental positiva.

Outras iniciativas

Outras estratégias do governo, de menor expressão, são as campanhas publicitárias e o Programa de Educação Previdenciária,[39] os quais, embora sejam relevantes, porque boa parte do público fora do sistema desconhece as formas de acesso, não resolvem os problemas

---

39. O Programa de Educação Previdenciária (PEP) é desenvolvido pelo INSS, desde 1999, com a finalidade de ampliar a cobertura previdenciária. As ações fundamentais estão centradas na informação e esforço de sedução dos cidadãos não contribuintes com o RGPS a fazê-lo. É um programa desenvolvido pelos servidores do INSS. Sua estrutura é constituída por coordenações e comitês localizados em todas as unidades do Instituto. É coordenado pela Coordenação de Educação Previdenciária vinculada à Diretoria de Atendimento do INSS, em Brasília. O Programa possui Representações Regionais de Educação Previdenciária vinculadas às Superintendências Regionais do INSS, as quais são responsáveis pela coordenação e supervisão das ações de educação previdenciária realizadas pelos Núcleos de Educação Previdenciária, em sua área de abrangência. Esses Núcleos estão localizados nas cem Gerências Executivas do INSS e nas mais de mil Agências da Previdência Social, e são responsáveis pela execução das ações de educação previdenciária. Estas informações e outras informações estão disponíveis em: <http://www.mps.gov.br/conteudoDinamico.php?id=35>. Acesso em: 10 nov. 2010.

estruturais da falta de recursos para contribuir no formato proposto pelo modelo em vigor.

Na realidade, a expansão da seguridade social no país tem ocorrido por meio da supervalorização dos programas de assistência social focalizados na pobreza extrema, tendo o Programa Bolsa Família como o centro dessa expansão. O PBF tem importância tal que, apesar de sua inegável natureza de programa de assistência social, na esfera federal é gerido, de forma exclusiva, por uma secretaria nacional criada especialmente para este fim.[40]

No que se refere à previdência social, o debate para a expansão da cobertura tem se dado a partir da viabilidade financeira individualizada do cidadão, a exemplo dos programas comentados, e não dos direitos a serem expandidos. Logo, as alterações promovidas na estrutura do sistema têm afetado mais os direitos, pela via da extinção, restrição de acesso e valorização de algumas espécies de benefícios (em detrimento de outras) do que as causas inibidoras do acesso a eles. De fato, as mudanças têm se caracterizado por restringir direitos e não por ampliá-los. Os propósitos da política de previdência social, de propiciar segurança aos trabalhadores, parecem ter sido esquecidos, como disse Esping-Andersen (2003, p. 15):

> A política de privatização na América Latina parece ter sido impulsionada puramente pela "eficiência", com pouca consideração para a maximização do bem-estar. Ao ler os capítulos deste livro, acho que não me deparei com um único caso em que a reforma da previdência foi guiada pelos objetivos do bem-estar.

E mais do que isso. Por um lado, os programas, projetos e medidas governamentais na área de previdência social, em geral, aparecem desarticulados das diretrizes macroeconômicas adotadas no país. Todavia, essa aparente desvinculação apenas favorece a não explicitação

---

40. Secretaria Nacional de Renda de Cidadania (Senarc). Informação disponível no portal: <http://www.mds.gov.br/bolsafamilia/gestaodescentralizada/tipos-de-gestao/gestao-federal>. Acesso em: 24 fev. 2011.

de que os programas relativos à previdência social são funcionais à política econômica adotada, pois atuam exatamente no reforço à "naturalização" das consequências dela, como a rotatividade no emprego, precarização do trabalho etc. Por outro lado, são programas, projetos e ações que não refletem as demandas e reclamações da população, visto que são desenvolvidos por técnicos que não mantêm qualquer interlocução com a sociedade. Na realidade, há mobilizações de várias categorias e segmentos populacionais, como os catadores de materiais recicláveis, mulheres, taxistas, sindicalistas, aposentados e pensionistas, entre outros, que reivindicam poder de decisão nos fóruns e espaços que tratam das mudanças na previdência social. Mas essas vozes não têm sido ouvidas. E, sem dúvida, uma das condições vitais para se avançar rumo à expansão da cobertura previdenciária de forma justa — considerando formas solidárias para redução das desigualdades sociais existentes no país, que se manifestam, inclusive, por meio do trabalho precário e do desemprego maciço prolongado — é a construção de espaços democráticos, com a efetiva representação dos segmentos organizados da classe trabalhadora para a construção dessas alternativas. Assim, é preciso democratizar as decisões sobre a previdência social, ampliando o controle democrático da sociedade sobre esta política social. É preciso também vinculá-las às diretrizes macroeconômicas vigentes, não no sentido funcional, atualmente adotado, mas como estratégias reais de proteção social. Nessa perspectiva, elas podem incidir efetivamente na redução das desigualdades sociais, para cuja efetivação o ônus deve recair sobre os setores da sociedade que concentram renda e são responsáveis pela superexploração dos trabalhadores e não sobre estes.

As iniciativas recentes do governo federal no sentido de ampliar os espaços de discussão específica sobre a política de previdência social são pouco significativas e até criticadas, a exemplo do Fórum Nacional sobre Previdência Social (FNPS),[41] cuja duração oficial se deu entre 12

---

41. As informações oficiais sobre o Fórum aqui registradas foram encontradas em Brasil (2007c); Brasil (2007d); Brasil (2007e); e ainda: <http://www.previdencia.gov.br/arquivos/office/4_081014-110013-181.pdf> pela análise das atas. E: <http://www010.dataprev.gov.br/

de fevereiro a 22 de agosto de 2007. O FNPS teve por objetivos: promover o debate entre os representantes dos trabalhadores, dos aposentados e pensionistas, dos empregadores e do governo, visando ao aperfeiçoamento e sustentabilidade dos regimes de previdência social e sua coordenação com as políticas de assistência social; subsidiar a elaboração de proposições legislativas e normas infralegais pertinentes; e submeter ao ministro da Previdência Social conclusões sobre os temas discutidos (Brasil, 2007e, art. 4°).

Esses objetivos arrolados por si já demonstram a noção de democracia que orientou o Fórum: ouvir alguns segmentos, mas a decisão final ficaria restrita ao ministro, na medida em que as propostas finais seriam submetidas a ele. Esse foi um dos motivos pelos quais o Fórum foi bastante criticado. Outro motivo foi a sua composição, que, embora tripartite,[42] provocou muito descontentamento;[43] e, sobretudo, o seu funcionamento, sem que a população tivesse acesso às informações e poder de opinar e decidir sobre os encaminhamentos.

Um exemplo da insatisfação foi a criação do Fórum Itinerante e Paralelo sobre Previdência Social (FIPPS),[44] representando uma

---

sislex/paginas/23/2007/6019.htm>.; <http://www.mps.gov.br/conteudoDinamico.php?id=56>. Acesso em: 17 fev. 2011.

42. *Representação governamental*: Ministério da Previdência Social; Casa Civil da Presidência da República; Ministério do Trabalho e Emprego; Ministério do Planejamento, Orçamento e Gestão; Ministério da Fazenda; Ministério do Desenvolvimento Social e Combate à Fome; e Secretaria Especial de Políticas para as Mulheres, da Presidência da República. *Representação dos trabalhadores*: Central Autônoma de Trabalhadores (CAT); Central Geral dos Trabalhadores (CGT); Central Geral dos Trabalhadores do Brasil (CGTB); Central Única dos Trabalhadores (CUT); Confederação Brasileira de Aposentados, Pensionistas e Idosos (Cobap). Confederação Nacional dos Trabalhadores na Agricultura (Contag); Força Sindical (FS); Nova Central Sindical de Trabalhadores (NCST); e Social-Democracia Social (SDS). *Representação dos empregadores*: Confederação Nacional da Agricultura e Pecuária do Brasil (CNA); Confederação Nacional do Comércio (CNC); Confederação Nacional das Instituições Financeiras (CNF); Confederação Nacional da Indústria (CNI); e Confederação Nacional do Transporte (CNT). Cf. Brasil (2007c).

43. Cf. Freitas et al. (2010).

44. O Fórum posteriormente passou a ser chamado Fórum Itinerante das Mulheres em Defesa da Seguridade Social (Fipss). Sua composição é a seguinte: Articulação de Mulheres Brasileiras (AMB), Articulação de Mulheres Negras Brasileiras (AMNB), Articulação das Mulheres Pescadoras, Campanha Nacional pelo Direito à Aposentadoria das Donas de Casa, Federação Nacional das Trabalhadoras Domésticas (Fenatrad), Marcha Mundial de Mulheres (MMM),

articulação do movimento de mulheres de todo o país, do campo e da cidade, para dar visibilidade às desigualdades enfrentadas por elas no mundo do trabalho, a falta de proteção social e suas propostas para a seguridade social e, no seu âmbito, o sistema previdenciário. A motivação imediata de criação do Fórum foi a falta de espaço no FNPS, como explicam as representantes do Fipps:

> Iniciamos nossa mobilização em abril de 2007 em resposta à ausência de espaço para a participação dos movimentos de mulheres no Fórum Nacional de Previdência Social (FNPS), criado pelo governo Lula naquele ano, no qual estávamos presentes apenas como observadoras e sem direito à voz. Lançamos uma carta aberta à sociedade e realizamos nossa primeira mobilização paralela em frente do Ministério da Previdência Social, no momento em que acontecia a reunião para discussão sobre a situação das mulheres no Sistema Previdenciário. Naquele primeiro momento, formávamos o Fórum Itinerante Paralelo sobre a Previdência Social (Freitas et al. 2010, p. 37-8).

A primeira etapa do Fórum foi de debates sobre temas gerais que possuem relação com o desenho atual do Sistema Previdenciário Brasileiro, como: o impacto das transformações demográficas na previdência; o papel das mulheres nas mudanças demográficas recentes; experiências internacionais de sistemas previdenciários; as reformas previdenciárias ocorridas no mundo; os impactos da desoneração das contribuições trabalhistas sobre a formalização do mercado de trabalho; a receita previdenciária; pensões não contributivas; previdência dos servidores públicos; Benefício de Prestação Continuada da Assistência Social; Regimes Próprios de Previdência Social; e a reforma previdenciária no governo Lula.

Movimento de Mulheres Camponesas (MMC), Movimento Interestadual de Quebradeiras de Coco Babaçu (MIQCB), Movimento de Mulheres Trabalhadoras Rurais/Nordeste (MMTR/NE). Tais redes sempre contaram com o apoio do Centro Feminista de Estudos e Assessoria (CFEMEA) e SOS Corpo — Instituto Feminista para Democracia, duas organizações não governamentais que têm na autonomia econômica das mulheres uma de suas linhas de frente de ação. Cf. Freitas et al. (2010, p. 7).

A segunda etapa consistiu na formulação de propostas para o redesenho do sistema com a apresentação, em linhas gerais, de projeções de longo prazo, compreendendo cenários até 2050, utilizando-se, para isso, quatro eixos: projeções demográficas, projeções de mercado de trabalho, desenho do plano de benefícios e transição da atividade para a inatividade, com o objetivo de subsidiar a tomada de decisões sobre a intervenção unificada do governo. Essa etapa foi muito tensionada pelas divergências que apareceram no decorrer das discussões.[45]

Ao final dos trabalhos foi apresentado quadro síntese das propostas sobre os nove eixos de discussão, com identificação das propostas consensuais e as controversas.[46] Merecem destaque as propostas sobre coordenação previdência-assistência social, entre as quais foram consideradas consensuais: 1) os benefícios assistenciais devem ser financiados por recursos gerais do Orçamento da Seguridade Social — esta recomendação refere-se basicamente ao BPC; 2) deve haver um benefício mínimo universal não contributivo, desenhado de modo a não desestimular a contribuição ao RGPS — essa proposta constitui uma espécie de acordo, devido às divergências no decorrer dos debates, se o BPC seria ou não transformado nesse benefício, desvinculado do valor do salário mínimo, o que foi rejeitado pelo MDS e, veementemente, pelas entidades sindicais; 3) deve-se buscar maior correlação entre benefícios e contribuições, destinando-se um subsídio à previdência para garantir o piso previdenciário de um salário mínimo — essa proposta mostra a visão de seguro privado predominante no Fórum, a intenção de sobrecarregar mais ainda os trabalhadores com os custos dos benefícios e a negação da existência do financiamento plural e solidário da seguridade social.

Foram consideradas propostas controversas: 1) é possível diferenciar os pisos previdenciário e assistencial, para diferenciar benefício

---

45. Como a participação nos debates era restrita, as tensões foram acompanhadas pelos debates na imprensa nacional e portais das entidades sindicais que participaram do Fórum.

46. Cf. Brasil (set. 2007f).

contributivo e não contributivo (aqui, mais uma vez, uma tentativa de desvincular os benefícios assistenciais do salário mínimo); 2) deve-se preservar a vinculação do piso previdenciário ao salário mínimo, sabendo-se que isto significa uma política de reajustes reais do salário mínimo, de acordo com a capacidade de financiamento da economia no longo prazo — essa proposta reflete mais uma tentativa de jogar sobre os trabalhadores o ônus do custeio dos benefícios, os valores que devem ter e até as consequências de possíveis resultados não positivos da política econômica vigente.

O Fórum não alcançou os objetivos pretendidos pelo governo, que, em última instância, era obter o apoio dos segmentos representativos dos trabalhadores e aposentados às propostas de mudanças da previdência que o governo Lula pretendia realizar naquele ano. As propostas não foram implementadas, porém continuam sendo consideradas pelo atual governo.

Outras ações mais gerais do governo, como a política de emprego, já comentada no Capítulo IV, tiveram repercussão na expansão da cobertura da previdência social, contudo, dadas as suas características mais fortes, como a rotatividade, a rendimento médio real dos salários pouco expressivos e a esmagadora maioria dos empregos criados terem o salário mínimo como renda, o impacto na cobertura da previdência é pouco consistente e efetivo, além de vulnerável à menor crise econômica.

Em face do volume de pessoas da PEA sem proteção social, das propostas debatidas na sociedade sem repercussão no âmbito do governo e das insuficientes iniciativas governamentais na direção de avanços rumo à universalização da cobertura previdenciária, o propósito do próximo item é realçar e debater algumas possibilidades não exploradas ou pouco exploradas pelo Estado brasileiro na perspectiva de universalização do RGPS, a partir de uma pequena amostra de propostas recentes dos movimentos organizados em defesa da ampliação do acesso à previdência social, bem como destacar aspectos que precisam ser enfrentados rumo à universalização do sistema.

5.4 Amostra de propostas dos movimentos sociais pela ampliação do acesso ao RGPS

No curso da pesquisa foram identificadas propostas que estão sendo esboçadas por alguns sujeitos sociais na direção da expansão do RGPS. Da mesma forma, ficaram evidentes alguns pontos que constituem entraves à universalização da previdência social. O propósito deste item é realçar e analisar algumas dessas propostas esboçadas por parcelas dos movimentos sociais, bem como enfatizar pontos percebidos como entraves que precisam ser enfrentados com vista à universalização da previdência social.

As propostas dos movimentos sociais serão destacadas conforme identificadas durante a pesquisa e analisadas em consonância com as reflexões desenvolvidas no curso deste trabalho.

Vale dizer que a ideia de dar voz a dois sujeitos sociais sobre o assunto, o Movimento Nacional de Catadores de Materiais Recicláveis (MNCR) e o Fórum Itinerante das Mulheres em Defesa da Seguridade Social (FIPSS), deveu-se a dois fatores, principais: 1) à persistência destes movimentos em defesa de suas propostas, numa conjuntura em que o fácil seria ceder em função da política de cooptação utilizada pelo governo federal; 2) a originalidade das iniciativas, embora as propostas não sejam integralmente novas. No Brasil, a luta por direitos previdenciários, historicamente, foi assumida pelos sindicalistas urbanos e trabalhadores do campo. É inusitado que trabalhadores inseridos nas relações informais de trabalho, no meio urbano, como os catadores de materiais recicláveis e movimentos de mulheres, a incorporem.

As propostas apresentadas por esses movimentos podem contribuir para a ampliação da cobertura da previdência social no país em face da grande informalidade do trabalho.

Aqui, inicialmente, é preciso retomar a localização das políticas sociais no capitalismo, demarcando de forma breve e genérica suas funções, possibilidades e limites neste modo de produção, bem como resgatar aspectos que configurem a seguridade social no Brasil, carac-

Possibilidades e limites das políticas sociais no capitalismo

O diálogo sobre as funções, possibilidades e limites da política social no capitalismo pressupõe que se tenha como referência, no curso do debate, que esta sociedade é dividida em classes sociais, com interesses antagônicos. A classe dos detentores dos meios de produção, que controla o trabalho e se apropria da riqueza socialmente produzida e a classe dos que possuem apenas a força de trabalho, de cuja venda sobrevive e se reproduz. A relação que se processa entre ambas, na produção, é de exploração da primeira sobre a segunda. Dessa relação, nascem a pobreza e as desigualdades sociais, como diz José Paulo Netto (2007, p. 142):

> nas sociedades em que vivemos — vale dizer, formações econômico-sociais fundadas na dominância do modo de produção capitalista —, pobreza e desigualdade estão intimamente vinculadas: é constituinte insuprimível da dinâmica econômica do modo de produção capitalista *a exploração*, de que decorrem a desigualdade e a pobreza (grifo do autor).

Diante disso, nas discussões acerca das funções das políticas sociais no capitalismo e das possibilidades de elas incidirem sobre as desigualdades sociais e a pobreza, negamos as teorias econômicas liberais que responsabilizam o indivíduo pela sua proteção e bem-estar, apregoando que ele só adquire o seu bem-estar no mercado atuando livremente em busca da satisfação de suas necessidades de bens e serviços. E uma vez alcançando o seu bem-estar econômico, este indivíduo maximizará o bem-estar da coletividade.

Dessa forma, o Estado liberal justifica suas políticas com base na igualdade de oportunidade e livre acesso dos indivíduos aos bens disponíveis, por meio do alargamento de suas capacidades e obrigações no mercado. Sob esta ótica, nega as políticas universais, apostando, em contrapartida, nas políticas seletivas e residuais. Em contraponto a essa visão, como já demonstramos no decurso desta reflexão, concordamos com a concepção marxista que define as políticas sociais pela sua natureza contraditória, capaz de atender às demandas do capital e do trabalho, por serem determinadas pela luta de classes e pela condição conjuntural de desenvolvimento do capitalismo (Faleiros, 2000a; Coutinho, 1997; Gough, 1978; Behring e Boschetti, 2006, entre outros). Com isso, podem atender aos interesses de acumulação do capital, de legitimação da dominação burguesa e também aos interesses de reprodução material da força de trabalho e alargamento da cidadania. Em outras palavras, as políticas sociais podem responder aos interesses dos trabalhadores, por meio de ganhos diretos (salários melhores) e indiretos (benefícios e serviços). Ao mesmo tempo, porém, podem beneficiar o capital, ao reduzirem o custo da reprodução da força de trabalho, ao reproduzirem as relações de exploração e ao favorecerem, de várias formas, o consumo e a acumulação do capital.

Portanto, as políticas sociais têm como uma de suas funções satisfazer a determinadas necessidades dos trabalhadores e, nessa condição, como instrumento de realização de direitos sociais, assumem relativa importância na redução das desigualdades sociais e no alargamento da cidadania. Todavia, não são capazes de eliminar globalmente as desigualdades sociais e assegurar a realização da cidadania plena[47] — o que só será possível na sociedade socialista. Nessa perspectiva, o horizonte mais largo que se pode ter para as políticas sociais no capitalismo é o de que incidam na redução da pobreza e das desigualdades sociais, em busca da igualdade de condições. Ainda assim, o seu alcance dependerá de algumas condições econômicas e políticas, entre elas, um período prolongado de crescimento econômico e uma

---

47. Neste trabalho cidadania é compreendida na acepção de Coutinho (1997, p. 146): "a capacidade conquistada por um (e no caso de uma democracia efetiva) por todos os indivíduos, de se apropriar de bens socialmente criados, de atualizarem todas as potencialidades de realização humana aberta pela vida social em cada contexto histórico".

correlação de forças favorável aos trabalhadores, estabelecida em função de suas lutas e organização.

Para localizar as políticas sociais no Brasil, nesse debate, cabe, em primeiro lugar, reconhecer que, no país, essas políticas têm sido marcadas pela prevalência da lógica liberal, em detrimento da perspectiva universalizante. Nem mesmo o fato de que as lutas desencadeadas no decorrer do processo constituinte, em 1988, tenham propiciado a inscrição de vários direitos sociais e apontado uma direção universalizante para as políticas sociais na Constituição Federal, promulgada naquele ano, foi suficiente para obstar o avanço do projeto neoliberal no país. O que sucedeu, então, nos anos posteriores à promulgação da Carta Constitucional foi que as políticas sociais ganharam uma conformação reducionista, com profundos limites de cobertura e abrangência. As políticas sociais, inclusive, que têm como base princípios e diretrizes universalizantes, como as políticas de seguridade social e a educação, têm sido realizadas de forma residual e restritiva. Essas restrições aparecem de diversas maneiras. No que se refere à previdência social, a restrição encontra-se, principalmente, no modo cada vez mais individualizado de participação dos trabalhadores no custeio do sistema, fugindo aos objetivos de participação solidária nesse custeio, conforme estabelecido constitucionalmente para a seguridade social.

O significado corroído de seguridade social

No tempo presente, comparativamente ao ano de sua instituição, a seguridade social apresenta-se com o seu significado corroído. Percebem-se frequentes negação e abandono de seus objetivos, por parte dos gestores e responsáveis pela efetivação das políticas que a compõem. Há grande resistência à plena concretização do modelo de financiamento plural e solidário estabelecido em 1988 pela Constituição Federal. Os trabalhadores são os mais responsabilizados pela sustentação do sistema e a evasão fiscal constitui marca da política de favorecimento a instituições públicas e privadas com obrigações legalmente definidas com o custeio da seguridade social. As frequentes contrarreformas constitucionais impuseram regressividade e limites de acesso aos direitos securitários, especialmente aos previdenciários. Além disso, há, em curso, um processo avançado de privatização da saúde e da previdência social. Há, também, a dispersão orçamentária e financeira, mediante a criação de fundos específicos, para a gestão separada dos recursos da saúde, previdência e assistência social. A gestão isolada de cada política está consolidada, bem como a negação da forma quatripartite de gestão, prevista constitucionalmente, porém, jamais experimentada. Neste quadro, nota-se, ainda, uma tendência à centralidade da assistência social e de seu uso político-ideológico como forma de legitimar o poder constituído, atenuar a pobreza e o desemprego maciço prolongado. Tudo isso corrobora para que exista um largo contingente da força de trabalho não vinculado a qualquer regime de previdência. Esses pontos revelam a face dilapidada do significado da seguridade social no país, em cujo contexto se insere a previdência social, para cumprir, de modo limitado, suas funções, como política de seguridade social.

As funções e a caracterização contemporânea da previdência social

Em quase 90 anos de existência, a história da previdência social não deixa dúvida de que esta é a política social brasileira que possui maior capacidade de redistribuição de renda e de viabilização de proteção social a uma grande quantidade de trabalhadores, simultaneamente. Em 2009, os mais de 40 milhões de trabalhadores sob sua cobertura mediante inscrição, entre os quais mais de 28 milhões que se encontravam usufruindo algum benefício previdenciário, representam um grande universo de pessoas, bem como investimentos superiores a R$ 224 bilhões, 7,5% do PIB (Brasil, dez. 2010, p. 2). Todavia, essas grandezas não representam o atendimento nem da metade das necessidades sociais no Brasil, cuja população em idade ativa estimada, em

2009, correspondeu a 162,8 milhões (IBGE, 2010, p. 129). Mesmo assim, a previdência social assume papel relevante no país e na qualidade de vida dos trabalhadores.

Uma breve reflexão sobre suas funções pode ajudar a compreendê-la como parte orgânica da seguridade social e, ao mesmo tempo, diferenciá-la no âmbito deste sistema. Assim, conforme estruturada, na atualidade, a política de previdência social pode incidir:

- na redução do custo da reprodução da força de trabalho para o capital, mesmo que o trabalhador esteja em pleno exercício de suas atividades, mediante o processamento de benefícios que complementam eventualmente sua renda, como: salário-maternidade, pensões acumulativas com salários (a exemplo da pensão por morte do segurado);
- na redução do custo da reprodução da força de trabalho para o capital, em períodos de incapacidade temporária ou permanente para o trabalho, pois os benefícios (auxílio-doença, aposentadorias por tempo de contribuição, por acidente de trabalho etc.) são pagos pelo fundo gerado com a participação direta dos trabalhadores (contribuições mensais à previdência social) e indireta de outros cidadãos (taxas como a antiga CPMF, os impostos arrecadados pelo governo federal, eventualmente aplicados na previdência, como recursos do tesouro, a exemplo do imposto de renda de pessoa física);
- na preservação da capacidade de consumo dos incapacitados temporária ou definitivamente por meio dos benefícios (auxílios, aposentadorias, abonos);
- na dinamização corrente da economia, sobretudo nos pequenos e médios municípios, e no seu reaquecimento nos períodos de crise de consumo, a exemplo do ocorrido na crise de 2008/2009, em que a previdência social foi um dos principais mecanismos usados pelo governo para amenizar os efeitos da crise, mantendo o consumo em níveis satisfatórios para o capital, mediante a elevação dos valores dos benefícios;

- no ajuste às regras e condições de trabalho impostas pelos empregadores aos trabalhadores, uma vez que alguns benefícios exigem carências (um determinado tempo de contribuição prévia) para que possam ser usufruídos e outros não são acessados, se houver registro de "demissão por justa causa" nos antecedentes do trabalhador, como é o caso do seguro--desemprego;

- no controle das condições de trabalho, especialmente no que diz respeito à segurança, uma vez que os empregadores serão taxados para o fundo específico de acidente de trabalho, conforme seja a incidência de acidentes e doenças ocupacionais em suas unidades de trabalho, ou seja: maior incidência maior taxação, menor incidência menor taxação;[48]

- na estabilidade no emprego diante de incapacidades provocadas por doenças ocupacionais ou acidentes de trabalho, na medida em que o empregador tem a obrigação de manter o contrato do trabalhador até um ano, após o término do benefício de natureza acidentária recebido pelo empregado;

- na redistribuição do fundo público, uma vez que a seguridade social é mantida por diversas fontes, inclusive do orçamento fiscal;

- na reprodução das relações de produção e legitimação do sistema capitalista, de várias formas, sobretudo pelo peso ideológico que carrega por representar, simbolicamente, a "materialização" de um dado *contrato social* envolvendo empregadores, trabalhadores e o Estado, a partir do qual todos podem obter algum tipo de ganho e vantagem.

Cada uma dessas funções terá maior ou menor repercussão, a depender da conjuntura econômica e política do país, ou seja, no con-

---

48. O controle é feito pelo número de benefícios de natureza acidentária registrados nos bancos de dados do INSS.

texto da correlação de forças estabelecidas na sociedade, as funções da previdência social podem ser alargadas ou inibidas.

Na cena contemporânea, as funções associadas à manutenção do consumo em níveis satisfatórios ao capital e, portanto, de aquecimento da economia em pequenos municípios, têm sido bastante valorizadas pelo governo federal, em detrimento de outras funções. O uso do sistema para amortecer os efeitos da crise, em 2008/2009, é exemplo do que se afirma.

Vale distinguir, também, que, embora a previdência social possa ser caracterizada como uma política com vocação universalizante, por ser uma política de seguridade social que se assenta em princípios que apontam nessa direção, sua caracterização contemporânea é marcada pela visão de seguro social, com tonalidade de seguro privado. Essa perspectiva é fortemente reforçada pelo sentido de *contrato social*, como o compromisso entre gerações de trabalhadores, hegemônico no âmbito dos órgãos gestores e realizadores desta política social. Logo, no tempo presente, a previdência social é marcada pelas restrições de acesso e afastamento dos princípios da seguridade social. Essas características são reforçadas pela individualização das contribuições sociais como forma de garantir a proteção social que ela viabiliza. É sobre esta marca que recaem as principais propostas de mudanças apresentadas pelos movimentos sociais, que serão analisadas neste item.

Traços do perfil das pessoas sem proteção previdenciária

No contexto de desestruturação do trabalho assalariado formal e de corrosão da seguridade social, amplia-se a mercantilização da proteção previdenciária, por meio dos fundos de pensão e das empresas de seguros privados, ao mesmo tempo criam-se grandes restrições de acesso à previdência social. Isso faz crescer o quantitativo de pessoas sem acesso à proteção previdenciária, sobretudo devido à insuficiência de renda. Na atualidade, estima-se que mais de 50 milhões de pessoas da força de trabalho no país estejam fora da cobertura previdenciária.

Se for considerada a faixa etária entre 16 e 64 anos de idade,[49] a maioria desse grupo é formada por homens, embora a diferença entre os dois sexos seja inferior a seis pontos percentuais. Os adultos em faixa etária mediana, entre 30 e 49 anos de idade, constituem a maior parte, com destaque para os que se encontram na casa dos 30 anos. No que se refere à renda, mais de 60% (Tabela 23) possuem a renda no valor de até um salário e mais de 83% (ibidem) ganham até dois salários. Os que possuem entre 4 e 7 anos de estudo são os que menos acessam a proteção previdenciária. Dessa maneira, fica evidente que o sistema previdenciário brasileiro recepciona os que têm renda mais elevada e mais anos de estudo.

No conjunto dos mais de 50 milhões da PEA total, com 10 anos e mais de idade, que, em 2009, não estavam vinculados a qualquer regime de previdência (IBGE, 2010, p. 129), encontram-se: desempregados, subempregados, ocupados que não possuem rendimentos suficientes para contribuírem de modo individual mensalmente para o sistema; cooperados ou associados que possuem uma cota-parte nos lucros para o próprio sustento, mas devido à natureza do objeto de trabalho nem sempre têm rendimentos mensais fixos; mulheres que se dedicam fundamentalmente às atividades domésticas e cuidados com a família e assim participam da reprodução social, mas não têm uma renda mensal; trabalhadores urbanos que sobrevivem do trabalho em regime de economia familiar (pequenos empreendimentos familiares, como barracas de comidas caseiras, organizadores de pequenos eventos festivos etc.); outras ocupações precarizadas (catadores de materiais recicláveis e os que atuam na chamada "economia solidária"), ocupações que compõem a lista de quase 200 que podem ser enquadradas pelo MEI[50] (lavadores de carros, engraxates, vendedores de

---

49. A análise realizada com base em microdados da PNAD dos anos de 2002, 2004, 2006 e 2008 no Capítulo IV.

50. Enquadramento definido pela Resolução CGSN n. 58, de 27 de abril de 2009, cujo anexo único com a relação das ocupações que podem ser enquadradas entrou em vigor no dia 1º de dezembro de 2010, encontrado em vários portais. Disponível em: <http://www.receita.fazenda. gov.br/legislacao/resolucao/2009/cgsn/Resol58.htm>. Acesso em: 23 fev. 2011.

balas, faxineiros, artesãos de cerâmica, de madeira, fabricantes de bijuterias, chaveiros etc.).

Em face disso, o horizonte que se pode almejar é que a previdência social avance na direção da cobertura do maior número possível de trabalhadores brasileiros, nos marcos do capitalismo, consolidando-se como uma política que reduz pobreza e desigualdades sociais, e que amplia as condições de cidadania para estes trabalhadores. É o que revelam as propostas do Movimento Nacional de Catadores de Materiais Recicláveis (MNCR) e do Fórum Itinerante das Mulheres em Defesa da Seguridade Social (FIPSS), apresentadas mais adiante.

Propostas que podem expandir o acesso à previdência social

No decorrer da pesquisa, identificamos diversas propostas direcionadas ao governo federal pelos movimentos sociais, sob a forma de reivindicações. As propostas aqui relacionadas aparecem como possibilidades ainda não exploradas (ou pouco exploradas) pelo governo federal, as quais apresentam potencial de avanço na direção da universalização da previdência social, nos marcos do capitalismo. Essas propostas, em conjunto, não são genuinamente originais. Ao ressaltá-las, não as consideramos acabadas nem negamos as adversidades da conjuntura à aceitação e viabilidade política delas. Todavia, são proposições que, em tese, apresentam viabilidade legal e econômica e podem imprimir importantes mudanças ao modelo atual de previdência social, tornando-o mais acessível.

Entre as propostas identificadas, a mais comum é a adoção de medidas similares às direcionadas aos trabalhadores rurais, que se enquadram no grupo dos chamados *segurados especiais*, para trabalhadores urbanos, que trabalham em regime de economia familiar. Essas propostas/reivindicações aparecem nos documentos do MNCR e do Fipss.

Antes de apresentá-las, vale recuperar os principais pontos do atual modelo adotado para os trabalhadores rurais, reconhecidos como *segurados especiais*.

Essa categoria de segurado foi criada pela Lei n. 8.212, de 24 de julho de 1991, que em seu art. 12, inciso VII c/c art. 195, § 8º da Constituição Federal, considera *segurado especial* o produtor, o meeiro, o parceiro e o arrendatário rurais e o pescador artesanal e seus cônjuges, que trabalham em regime de economia familiar, sem empregados permanentes. A contribuição dos *segurados especiais*, incluindo o empregador rural, corresponde a 2,1% sobre a receita bruta da comercialização de sua produção agrícola.[51] A Lei n. 11.718, de 23 de junho de 2008, traz algumas recomendações sobre as regras gerais referentes aos trabalhadores rurais, que compõem este grupo de segurados, entre as quais se destacam: até 31 de dezembro de 2010, para a obtenção da aposentadoria por idade, o trabalhador empregado e contribuinte individual rural teria que comprovar apenas o exercício da atividade rural; de 2010 a 2015, para fins de carência, para aposentadoria por idade, cada mês de contribuição seria multiplicado por três, até o limite de 12 meses no ano; de 2016 a 2020, a contagem será em dobro, o trabalhador rural empregado terá que contribuir pelo menos seis meses por ano para ter direito à aposentadoria por idade (Brasil, 2008d; Brasil, 1º a 15 ago. 2008, p. 1).

Essas regras, especialmente as que vigoraram até dezembro de 2010, representam o que há de mais avançado no âmbito da previdência social brasileira e constituem uma das mais significativas conquistas dos trabalhadores, no sentido de dar consistência ao significado de seguridade social, conforme definido na Constituição Federal, promulgada em 1988. Por isso, tornaram-se referências para os trabalhadores urbanos, que se encontram na informalidade e/ou atuam no trabalho cooperado ou associado, com limitada capacidade contributiva, como os catadores de materiais recicláveis.

No que se refere aos catadores, é preciso que se insira esta reivindicação no contexto da organização e luta desta categoria.[52] Vale

---

51. Cf. Brasil (1991a, art. 25).

52. As principais informações sobre a história do MNCR foram extraídas do portal do movimento, o qual foi acessado em 23 fev. 2010. Disponível em: <http://www.mncr.org.br/box_1/sua-historia>. Acesso em: 23 fev. 2011.

recuperar, então, que o Movimento Nacional de Catadores de Materiais Recicláveis (MNCR) surgiu em meados de 1999, com a realização do 1º Encontro Nacional de Catadores de Papel, em Belo Horizonte (MG) e foi oficialmente lançado, em junho de 2001, no 1º Congresso Nacional dos Catadores de Materiais Recicláveis, em Brasília. Esse evento reuniu mais de 1.700 catadores e nele foi construída e divulgada a *Carta de Brasília*, documento que expressa as necessidades destes trabalhadores que garantem seu sustento pela coleta de materiais recicláveis. Como demonstração da expansão de suas lutas, em 2003 aconteceu o 1º Congresso Latino-americano de Catadores em Caxias do Sul (RS), que reuniu catadores(as) de diversos países, do qual surgiu a *Carta de Caxias*, que foi utilizada como meio de disseminação da situação dos catadores da América Latina e unificação de suas lutas.

Naquele momento, o MNCR começa a demonstrar sua força nacional, a partir da ampliação das articulações regionais e fortalecimento da coordenação nacional. Muitas lutas foram travadas em todo o Brasil e conquistas alcançadas, inclusive a constituição de um Comitê Nacional dos Catadores em 2004, para discutir políticas públicas direcionadas para esse grupo populacional, e a realização de convênios com o governo federal, representado pelo MDS, cujo objeto era o fortalecimento da capacitação e formação profissional dessa categoria. Esses convênios foram executados nos anos de 2004 e 2005. Nesse processo de mobilização, em 2004, a categoria obteve registro na CBO e o tema da cobertura previdenciária ganhou amplitude no interior do movimento. Os anos subsequentes foram de intensas lutas. Em 2005, ocorreu o 2º Congresso Latino-americano de Catadores(as), uma continuidade da articulação latina que abre novas frentes de luta na busca de direitos para os catadores de outros países da América Latina. Em março de 2006, o MNCR realizou uma grande marcha até Brasília, levando suas demandas para o governo federal, exigindo a criação de postos de trabalho em cooperativas e associações, compreendidas como bases orgânicas do movimento. Esse evento tornou-se um marco histórico da luta dos catadores no Brasil. Cerca de 1.200 catadores, dos cerca de 800 mil existentes, marcharam e levaram suas reivindicações à Esplanada dos Ministérios, em Brasília. Entre as reivindicações, estava a criação de 40 mil novos postos de trabalho para catadores e de proteção previdenciária similar à que é prestada aos trabalhadores rurais, incluídos na categoria de *segurados especiais*. No ano de 2008, por ocasião do Festival Lixo e Cidadania, realizado em Belo Horizonte, foi entregue ao então presidente da República, Lula da Silva, a proposta dos catadores relacionadas à previdência social. Ainda assim, essa proposta não teve qualquer desdobramento, por iniciativa do Poder Executivo Federal. Ela tomou a primeira forma material por meio do PL n. 6.039, de autoria do Dep. Rodrigues Rollemberg (PSB-DF), o qual foi apresentado à Câmara Federal, em 15 de setembro de 2009.

O referido projeto propõe a alteração das Leis n. 8.212 e 8.213, ambas de 24 de julho de 1991, e do Decreto n. 3.048, de 6 de maio de 1999, para incluir o catador de material reciclável como *segurado especial* da previdência social. Diz o projeto:

> Art. 1º Acrescente-se ao art. 12, inciso VII, da Lei n. 8.212, de 24 de julho de 1991, ao art. 11, inciso VII, da Lei n. 8.213, de 24 de julho de 1991 e ao art. 9º, inciso VII, do Decreto n. 3.048, de 6 de maio de 1999 a seguinte alínea, reordenando a alínea "c" para "d":
> c) catador de material reciclável. (NR);
> Art. 2º Esta lei entra em vigor em cento e oitenta dias após sua publicação (Rollemberg, 2009).

A proposta foi analisada na Comissão de Seguridade Social e Família (CSSF) e o relator, o Dep. Mauro Nazif (PSB-RO), apresentou parecer favorável. Contudo, em 31 de janeiro de 2011, o referido PL foi arquivado pela Mesa Diretora da Câmara dos Deputados (Mesa), com base no artigo 105 do Regimento Interno da Câmara dos Deputados.[53]

---

53. Diz o Regimento Interno da Câmara dos Deputados Federais, em vigor: "Art. 105. Finda a legislatura, arquivar-se-ão todas as proposições que no seu decurso tenham sido submetidas à deliberação da Câmara e ainda se encontrem em tramitação, bem como as que abram crédito suplementar, com pareceres ou sem eles, salvo as: I — com pareceres favoráveis de todas as

Ressalta-se que, em 7 de dezembro de 2010, a Comissão de Legislação Participativa (CLP) da Câmara dos Deputados Federais realizou audiência pública para debater nova proposta de minuta de PL sobre a cobertura previdenciária dos catadores. Ao final dos debates, a proposta foi que o novo PL fosse subscrito pelo próprio MNCR. As propostas discutidas apontaram na direção do PL anteriormente citado: acesso à previdência social de forma compatível com as condições contributivas da categoria, sem prejuízo de direitos.

Vale ressaltar que as primeiras propostas sobre a proteção previdenciária dos catadores de materiais recicláveis nasceram de debates, inicialmente desenvolvidos no Fórum Estadual Lixo e Cidadania de Minas Gerais (FELC/MG), do qual o MNCR é membro.[54]

No ano de 2009, o Felc/MG, sob a responsabilidade do MNCR, da Associação dos Catadores de Papel, Papelão e Material Reaproveitável (Asmare) e da Fundação Estadual do Meio Ambiente (FEAM), realizou a pesquisa "Cartografia Socioambiental do Sistema de Coleta Seletiva em Minas Gerais", em 212 municípios do estado, na qual foram entrevistados 374 catadores (Felc/MG, mar. 2011, p. 10; 18). Essa pesquisa indicou que "62,1% dos que atuam como catadores nas ruas, 64,1% dos que atuam em lixões e 43% dos que atuam em organizações de catadores, o fazem há mais de seis anos" (Idem. ibidem, p. 22). No que se refere à previdência social, a pesquisa revelou que mais da metade dos entrevistados já havia contribuído ou estava contribuindo com a previdência social. Esse fato, segundo o FELC/MG, justifica a proposta realizada junto ao governo federal de viabilizar uma forma de acesso à previdência social mais compatível com as condições da categoria:

Comissões; II — já aprovadas em turno único, em primeiro ou segundo turno; III — que tenham tramitado pelo Senado, ou dele originárias; IV — de iniciativa popular; V — de iniciativa de outro Poder ou do Procurador-Geral da República. Parágrafo único. A proposição poderá ser desarquivada mediante requerimento do Autor, ou Autores, dentro dos primeiros cento e oitenta dias da primeira sessão legislativa ordinária da legislatura subsequente, retomando a tramitação desde o estágio em que se encontrava." O deputado Rollemberg foi eleito senador da República em 2010.

54. O Felc/MG é constituído por 18 entidades, entre elas o MNCR. Cf. Felc/MG (mar. 2011).

Enfim, um outro dado que surpreendeu positivamente na pesquisa foi o que evidenciou que, mais da metade dos catadores, 60,7% no caso dos catadores organizados, já contribuíram ou contribuem com o INSS, o que vem fortalecer a discussão do Fórum Estadual Lixo e Cidadania de Minas Gerais para a inclusão diferenciada dos catadores de materiais recicláveis na Previdência Social (Idem, ibidem, p. 28).

Vale lembrar que estes trabalhadores possuem renda bastante reduzida:

> Considerando a cadeia produtiva da reciclagem, os catadores de materiais reciclados atuam, sobretudo, na triagem e na coleta informal de materiais. Tal fato reflete na posição desfavorável dos catadores, na medida em que constituem o elo da cadeia produtiva com menor arrecadação (Felc/MG, jan. 2011, p. 32).

No que se refere ao Fórum Itinerante das Mulheres em Defesa da Seguridade Social (FIPSS), as principais propostas apresentadas são:

Seguridade Social para tod@s
> Para concretizar o processo de democratização e universalização da proteção social no Brasil, serão necessários dois movimentos simultâneos: o primeiro em direção à universalização da proteção social e o segundo em relação à diferenciação [...]
> Em uma sociedade como a brasileira, com um dos maiores índices de desigualdade, as políticas sociais têm necessariamente que tomar um caráter universalista e constituir-se em um instrumento de redistribuição e busca da equidade. No entanto, por ser um país que preserva desigualdades marcantes, mesmo com as políticas e sistemas universais, é preciso combinar o princípio da igualdade com o princípio de justiça que permita a construção de uma cidadania diferenciada. Isso quer dizer uma igualdade complexa, que tenha em conta singularidades e as profundas diferenças existentes.

Nossas propostas:
- Manter e efetivar o caráter público, universal, solidário e redistributivo da Seguridade Social no Brasil;

PREVIDÊNCIA SOCIAL NO BRASIL

- Valorizar e visibilizar o trabalho não remunerado, exercido predominantemente pelas mulheres, no âmbito doméstico, em atividades relacionadas à alimentação do grupo familiar, higiene da casa, educação d@s filh@s, cuidados com familiares idosos e enfermos. Como dito anteriormente (p. 21), os afazeres domésticos correspondem a cerca de 13% do PIB, e que equivaleram no ano de 2004 a 225,4 bilhões de reais. Mais ainda, que 82% daquele valor, cerca de 185 bilhões de reais foram gerados pelas mulheres;
- Reconhecer, para fins de aposentadoria, o trabalho realizado na reprodução social (não remunerado) pelas mulheres. Para além do debate sobre a Previdência Social, propõe-se a adoção de medidas que contribuam para a participação equitativa de homens e mulheres nos trabalhos remunerados e não remunerado; [...]
- Garantir a efetivação do Sistema Especial de Inclusão Previdenciária (parágrafos 12 e 13 do Art. 201 da CF) e aperfeiçoá-lo no sentido da ampliação da cobertura do sistema com vistas a beneficiar cidadãs e cidadãos que atualmente encontram-se excluídos da Previdência, como é o caso d@s trabalhador@s do setor informal e as mulheres que realizam o trabalho não remunerado na reprodução social;
- *Criar um regime de segurad@s especiais urbanos, que incorpore @s trabalhador@s informais que trabalham em regime de economia familiar. Esta população representa 40% da força de trabalho, completamente desprotegida pelo sistema previdenciário. Tal iniciativa atuaria como uma das mais importantes medidas de inclusão social d@s desempregad@s e trabalhador@s informais* (Freitas et al., 2010, p. 31-4; grifos nossos).

Como se percebe, as propostas apresentadas pelo Fipss estão centradas na confirmação do caráter universal da seguridade social e no reconhecimento das diferentes formas de trabalho desenvolvidas pelas mulheres, como meios de acesso à proteção previdenciária, o que é absolutamente compatível com o cenário atual de escassez de vagas de trabalho assalariado formal estável e com o trabalho informal acentuado nos últimos anos.

Tanto as propostas do MNCR quanto do Fipss podem ser caracterizadas como propostas de discriminações positivas, com vista à ampliação do acesso à previdência social. Nesse sentido, são propostas pertinentes e possíveis de serem viabilizadas, do ponto de vista legal e econômico, apesar das resistências políticas que possivelmente encontrarão.

Do ponto de vista legal, as exceções constantes na Constituição Federal, sobretudo os parágrafos 12 e 13 do art. 201, assegurariam respaldo à regulamentação destas reivindicações, ainda que os grupos e segmentos contemplados não fossem apresentados como *segurados especiais*. Esta exceção acha-se registrada formalmente na Constituição Federal para categorias específicas. Todavia, as normas constantes nos parágrafos supramencionados dão margem a novas exceções. Diz a norma:

> A lei disporá sobre sistema especial de inclusão previdenciária para atender a trabalhadores de baixa renda e àqueles sem renda própria que se dediquem exclusivamente ao trabalho doméstico no âmbito de sua residência, desde que pertencentes a famílias de baixa renda, garantindo-lhes acesso a benefícios de valor igual a um salário mínimo (Brasil, 2008a, art. 201, § 12).

Essa norma é complementada pela norma do parágrafo 13, do mesmo artigo. Vejamos: "O sistema especial de inclusão previdenciária de que trata o § 12 deste artigo terá alíquotas e carências inferiores às vigentes para os demais segurados do regime geral de previdência social" (Idem, art. 201, § 13). Portanto, do ponto de vista legal, em tese, nada impediria a efetivação das propostas apresentadas, ainda que sofressem pequenas diferenciações para o seu ajuste legal, sem prejuízo de seu conteúdo originário.

No que se refere à viabilidade econômica, já demonstramos em capítulos anteriores deste trabalho que a seguridade social tem sido superavitária, ano após ano, apesar da incidência da DRU. Destarte, se os recursos destinados à seguridade social fossem destinados exclusivamente à seguridade social, conforme determina a Constituição Federal, não só as propostas anteriormente apresentadas poderiam ser viabilizadas para atender a esses segmentos da classe trabalhadora, como também outros trabalhadores poderiam ser atendidos.

Aqui vale uma rápida aproximação matemática acerca da repercussão da não incidência da DRU sobre o orçamento da seguridade social, e a aplicação dos recursos da seguridade social exclusivamente para custear ações nessa área, no caso para a previdência social. Vamos tomar como exemplo o ano de 2005, em que houve o maior superávit da seguridade social, na primeira década do século, segundo a Anfip (2009, p. 50) — R$ 62,7 bilhões — e o maior número de pessoas da PEA, na faixa etária entre 16 e 64 anos, estimado pela PNAD, como estando fora da cobertura previdenciária — 39,2 milhões.[55] Nesse ano, o valor máximo do salário mínimo correspondeu a R$ 300,00[56] e a alíquota de contribuição do trabalhador para o RGPS era de 20% sobre o salário mínimo ao mês. Caso esse volume de recursos tivesse sido utilizado para cobrir a quota-parte referente ao trabalhador, cerca de 87 milhões de trabalhadores poderiam ter acessado à previdência social naquele ano. Ou seja, além de cobrir os custos dos estimados 39,2 milhões de trabalhadores da PEA, que naquele ano estavam sem cobertura previdenciária, mais 47,8 milhões poderiam ter tido acesso ao RGPS.[57] Se o exemplo adotado fosse aplicado ao ano de 2007, quando houve a redução da alíquota mensal de contribuição para 11% sobre o salário mínimo, para os contribuintes individuais,[58] o superávit da seguridade foi R$ 60,9 bilhões (Anfip, 2009, p. 50) e o valor máximo do salário mínimo correspondeu a R$ 380,00,[59] cerca de 121 milhões de pessoas

---

55. Cf. Tabela 18 usada neste trabalho.

56. De acordo com o Dieese, o salário mínimo em 2005 era R$ 260,00 de janeiro a abril e R$ 300,00 de maio a dezembro. Informação obtida em: <http://www.DIEESE.org.br/rel/rac/salminMenu09-05.xml>. Acesso em: 17 fev. 2011.

57. Considerando-se os dados acima mencionados, utilizou-se o seguinte cálculo: cada trabalhador contribuiria com R$ 60,00 por mês e com R$ 720,00 ao ano (alíquota de 20% sobre o salário mínimo mensal). Se dividirmos o valor de 62,7 bilhões (do superávit da seguridade naquele ano) pelo valor correspondente a R$ 720,00 (o equivalente ao custo de uma pessoa/ano), obteríamos o correspondente a 87.083,33 milhões, ou seja, 87 milhões de pessoas poderiam se vincular ao RGPS.

58. Plano Simplificado de Previdência Social (PSPS). Lembre-se de que em 7 de abril de 2011 este percentual de 11% sobre o salário mínimo foi reduzido para 5%, pela MP n. 529, para o microempreendedor, porém permaneceu 11% para o contribuinte individual sem relação com empresa e para o facultativo.

59. Segundo o Dieese o salário mínimo em 2007 era de R$ 350,00, de janeiro a março, e R$ 380,00, de abril a dezembro. Informação obtida em: <http://www.DIEESE.org.br/rel/rac/salminMenu09-05.xml>. Acesso em: 17 fev. 2011.

da PEA poderiam ter acessado o RGPS.[60] Isto é, além dos estimados 38,2 milhões[61] que estavam fora da cobertura, mais 83,2 milhões poderiam ter sido vinculadas ao RGPS.

Do ponto de vista das diferentes formas de participação dos trabalhadores no custeio da previdência social, com base no objetivo da *equidade na participação do custeio* previsto constitucionalmente, e também considerando precedentes existentes, é possível vislumbrar várias formas não exploradas exaustivamente pelo governo federal, das quais são exemplos: a) periodicidades diferentes para cobranças de alíquotas (bimensais, quadrimensais, anuais, bianuais etc.); b) contribuições não apenas individualizadas, mas também por associações, cooperativas, grupos etc.; c) incidência das alíquotas não necessariamente sobre a renda individual, mas sobre a produção e comercialização dos produtos dos grupos familiares, das cooperativas e associações ou ainda sobre o diferencial de rendimentos obtidos acima de um valor referencial, inicialmente estabelecido, como um salário mínimo *per capita* da associação, cooperativa, grupo familiar produtivo etc.; d) discriminações positivas que impliquem redução gradativa das alíquotas, dentro de uma escala móvel de valores, a partir de critérios ou indicadores sociais estabelecidos, que apontem na direção da: 1) elevação dos índices de desenvolvimento humano da categoria, grupo familiar ou grupo de produção, associação ou cooperativa, mediante a participação destes entes sociais (exemplo: elevação do nível educacional e de capacitação profissional, ampliação da educação sobre segurança no trabalho e uso de equipamentos de segurança individual etc.); 2) redução dos níveis de degradação do meio ambiente e das condições de vida em comunidade, pela partição desses atores sociais etc., entre outros.

---

60. Considerando-se os dados mencionados, utilizou-se o seguinte cálculo: cada trabalhador contribuiria com R$ 41,80, por mês e com R$ 501,60 ao ano (alíquota de 11% sobre o salário mínimo mensal). Se dividirmos o valor de 60,9 bilhões (do superávit da seguridade naquele ano) pelo valor correspondente a R$ 501,60 (o equivalente ao custo de uma pessoa/ano), obteríamos 121,4 milhões, ou seja, cerca de 121 milhões de pessoas poderiam se vincular ao RGPS.

61. Cf. Tabela 18 usada neste trabalho.

Critérios semelhantes aos apontados anteriormente já existem. No caso das discriminações positivas por metas alcançadas, já há aplicações direcionadas às empresas no custeio do sistema de acidente de trabalho. A redução de suas alíquotas de participação no custeio do sistema, em percentuais que variam de 1 a 3%, ocorre à proporção que são reduzidos os índices de acidentes, em suas unidades de trabalho. Por que não fazê-lo junto às cooperativas e associações de trabalhadores, em relação às suas alíquotas de participação na elevação do índice de desenvolvimento humano, conforme apontado?

Da mesma forma, já existem alíquotas sendo aplicadas sobre a comercialização dos produtos, no caso dos produtores rurais. Por que não estender essa fórmula a outros grupos urbanos, a exemplo dos catadores de materiais recicláveis? As alíquotas não apenas mensais também já foram introduzidas para o caso dos trabalhadores rurais. Por que não ampliá-las e aplicá-las a outras categorias de trabalhadores urbanos, com características semelhantes?

Essas e outras medidas, na mesma perspectiva, direcionadas aos segmentos que estão fora da cobertura previdenciária no modelo atual, como os grupos voltados para a produção para o próprio consumo, que compõem a chamada "economia solidária", e outras categorias, como as mais de 170 elencadas pela Resolução do Comitê Gestor do Simples Nacional,[62] já mencionada, aperfeiçoariam o modelo de previdência social adotado no Brasil.

É verdade que, para efetivá-las, medidas paralelas devem ser adotadas, com vista a reforçar o orçamento da seguridade social, para além do que já é fortalecido atualmente, a exemplo da não incidência da DRU sobre o orçamento da seguridade social.

Nessa perspectiva, uma medida essencial que vem sendo aventada por pesquisadores é inversão da lógica regressiva para a progressiva no financiamento da seguridade social.

---

62. Cf. Resolução CGSN n. 58, de 27 de abril de 2009, cujo anexo único com a relação das ocupações que podem ser enquadradas entrou em vigor no dia 1º de dezembro de 2010. Encontrado em vários portais. Disponível em: <http://www.receita.fazenda.gov.br/legislacao/resolucao/2009/cgsn/Resol58.htm>. Acesso em: 23 fev. 2011.

Na atualidade:

> A identificação das bases econômicas das fontes de financiamento da seguridade social mostra que menos de 10% das receitas destinadas às políticas de previdência, assistência social e saúde têm origem na tributação da renda do capital. Não há nenhuma fonte de custeio da seguridade social que tenha como base de incidência o patrimônio. A maior parte da arrecadação é feita por tributos que incidem sobre o consumo de bens e serviços ou sobre a contribuição direta dos próprios beneficiários das políticas, particularmente a da previdência social. As fontes de receita que têm características de contribuição direta são limitadas na sua progressividade, como é o caso da contribuição dos trabalhadores para a previdência social. Portanto, quem sustenta a seguridade social no Brasil são os trabalhadores e os mais pobres, impondo limites na capacidade redistributiva do Estado social, revelando que são os próprios beneficiários que pagam o custo das políticas que integram a seguridade social (Salvador, 2010, p. 390).

Nessa direção, é oportuna a afirmação de Pochmann e Dias (2010, p. 119):

> A busca da equidade social deveria ser regida pelo reconhecimento e pela valorização de distintos esforços realizados por variados segmentos sociais, bem como ser a favor da produção e da reprodução das novas fontes de riqueza nacional. Assim, benefícios desconectados da eficiência econômica — como herança, ou ganhos especulativos e financeiros improdutivos —, entre outros, precisam ser revistos à luz de um novo compromisso político-social com o desenvolvimento soberano e sustentável da nação.

Assim, a inversão da lógica *regressiva* para a *progressiva* no financiamento da seguridade social pressupõe ajustes no modelo atualmente utilizado para aplicação dos tributos sobre as fontes estabelecidas para financiar a seguridade social, por exemplo, reduzindo as alíquotas de contribuição para os que têm menor renda e, consequentemente, procedendo à sua ampliação para os de maior renda. Todavia, é preciso também ampliar a base de incidência da tributação, incluindo, por exemplo, herança, ou ganhos especulativos e financeiros improdutivos, conforme apontado acima por Pochmann e Dias (2010), o que diversificaria e fortaleceria mais ainda a base tributária atualmente em vigor.

Na mesma direção, vale também considerar proposta da Anfip de criar fontes de financiamento vinculadas às riquezas produzidas no país, a exemplo de uma parte dos dividendos oriundos da exploração do pré-sal.[63] Essa seria uma maneira, como diz a ANFIP (abr./jun. 2010, p. 12), de "resgatar as injustiças históricas que se tornaram uma constante na trajetória da Previdência Social pública, sempre em prejuízo dos aposentados e dos pensionistas". Além de reparar injustiças, o acréscimo desta fonte poderia ser um modo de assegurar o ingresso de milhões de novos contribuintes no RGPS que não têm capacidade contributiva individual, como os mais de 27,6 milhões[64]

---

63. Ao longo dos anos de 2009 e 2010, a Petrobras teve grande desempenho e tornou-se alvo de grandes especulações, o que a fez a segunda maior petroleira do mundo, atrás apenas da gigante americana Exxon. A empresa brasileira foi a responsável em 2010 pela maior venda de ações já realizada no mercado de capitais. Por trás desse crescimento e valorização das ações da empresa encontra-se o promissor cenário relacionado à exploração e produção de petróleo e gás natural de grandes reservatórios na camada pré-sal. A nova área de exploração mexe com os interesses e expectativas de pequenos e grandes investidores, e também tornou-se objeto de estudos para aqueles que defendem o fortalecimento da seguridade social. Nesse sentido, em setembro de 2009 a Anfip sugeriu emenda modificadora do PL n. 5.940/2009, incluindo a seguridade social como uma área de destinação de recursos oriundos do pré-sal para um Fundo Social a ser criado. A emenda foi subscrita pelo deputado Marcio França (PSB-SP) e foi aprovada no dia 24 de fevereiro de 2010 na Câmara dos Deputados, apesar das resistências da base de apoio do governo. A matéria tramitou no Senado e em 22 de dezembro de 2010, o presidente sancionou a Lei n. 12.351, que não incorporou o conteúdo da emenda modificadora. Na essência, o dispositivo aprovado estabelece que 5% dos recursos do fundo destinados ao combate à pobreza, com recursos advindos do pré-sal, serão repassados à previdência social, a partir de 2020, quando o pré-sal começa a ser jorrado e comercializado. Os recursos serão constituídos, dentre outros fatores, da parcela dos *royalties* que cabe à União, conforme estabelecido nos contratos de partilha de produção, bem como da receita advinda da comercialização de petróleo, de gás natural e de outros hidrocarbonetos fluidos da União. Esse fundo será vinculado à presidência da República e terá como finalidade *"constituir fonte regular de recursos para a realização de projetos e programas nas áreas de combate à pobreza, de seguridade social e de desenvolvimento da educação, da cultura, da ciência e tecnologia e da sustentabilidade ambiental"*. Cf. Anfip (abr./jun. 2010); PL n. 5.940/2009. Disponível em: <http://www.camara.gov.br/sileg/MostrarIntegra.asp?CodTeo832082>. Acesso em: 23 fev. 2011.

64. Cf. Tabela 23 neste capítulo.

que compõem a PEA e estão fora da cobertura previdenciária e não possuem essa capacidade contributiva, pois possuem rendimentos mensais no valor de até um salário mínimo.

Em 22 de dezembro de 2010, porém, foi sancionada a Lei n. 12.351, que dispõe sobre a exploração e a produção de petróleo, gás natural e outros hidrocarbonetos fluidos sob o regime de partilha de produção, em áreas do pré-sal e estratégicas. Cria o Fundo Social — FS e dispõe sobre sua estrutura e fontes de recursos, e outros assuntos, sem incorporar a proposição de incluir a seguridade social entre as áreas que serão beneficiadas com os recursos do FS, oriundos da exploração das camadas de pré-sal. Apenas as áreas inicialmente previstas pelo governo federal foram beneficiadas: educação, cultura, esportes, saúde pública, ciência e tecnologia, meio ambiente, mitigação e adaptação às mudanças climáticas. Apesar disso, consideramos importante a defesa da incorporação dessa fonte de financiamento à seguridade social, como o fez a Anfip, para que ela se torne cada vez menos vulnerável às intempéries do mercado.

Essas seriam algumas medidas e iniciativas capazes de reconhecer a condição de trabalhador para as pessoas que compõem essas categorias, grupos e segmentos sociais que estão fora da cobertura previdenciária, por incapacidade de contribuírem de modo individual para o sistema, conforme o modelo atual. Seriam, ainda, formas de reconhecimento e compensação das desvantagens sociais, a que foram submetidos esses grupos e segmentos da classe trabalhadora. Isto se processaria por meio do aprofundamento do significado da seguridade social e da previdência social, como um *contrato social* na perspectiva *rousseauniana,* a partir do fortalecimento dos objetivos da equidade social, especialmente o da equidade *na participação e custeio*, já recomendado pela Constituição Federal.

A pesquisa realizada mostrou que outros pontos relevantes devem ser enfrentados, com vista à universalização da previdência social como: as diretrizes da política macroeconômica que favorecem a concentração de renda, incompatível com as necessidades de expansão da previdência social; a política de emprego baseada na rotatividade nos postos de trabalho e nos baixos salários; a não realização plena dos objetivos da seguridade social, especialmente da equidade na participação e custeio do sistema, a diversidade da base de financiamento e gestão democrática do sistema; a grande expansão da informalidade, diante do desemprego maciço e prolongado. Neste item, somente um destes pontos foi comentado, a partir das propostas apresentada pelos sujeitos sociais anteriormente citados — a ampliação do ingresso de trabalhadores na informalidade. As reflexões sobre os demais pontos serão remetidos às considerações finais, sob o título "Possibilidades de avanços rumo à universalização da previdência social", por se constituírem inferências nossas que surgiram no decorrer deste trabalho.

Neste item, é importante dizer que consideramos o aprofundamento radical dos princípios da seguridade social condição fundamental, embora não exclusiva, para que se avance na direção da expansão do acesso à previdência social no Brasil pela via do trabalho, nos marcos do capitalismo. Por isso, a crítica incisiva à visão dominante no âmbito da previdência social, de que esta "é um contrato social [...] um pacto social, um contrato entre gerações, onde aqueles que estão no mercado de trabalho garantem os benefícios dos aposentados e pensionistas" (Brasil, jul. 2008, p. 1). Essa visão de contrato social dominante na previdência social restringe os princípios sobre os quais se sustentam a organização da seguridade social e, consequentemente, da própria previdência. É uma visão neoliberal de cunho privatizante, compatível com o que diz Boaventura de Sousa Santos (2010, p. 334-5):

> O projeto neoliberal de transformar o contrato social num contrato de direito civil como qualquer outro configura uma situação de fascismo contratual. Esta forma de fascismo ocorre hoje frequentemente nas situações de privatização dos serviços públicos, da saúde, da segurança social, da eletricidade, da água etc.

Ao negarmos essa visão, usando como contraponto a visão *rousseauniana*, não significa que adotemos a alternativa do *contrato social* e da social-democracia como alternativa ao capitalismo. Mas acreditamos nas possibilidades de avanços na direção da universalização da previdência social, sob a égide do sistema capitalista, a partir de mudanças no modelo atualmente adotado.

Consideramos, ainda, que a viabilidade das propostas apontadas e de outras que possam surgir na mesma perspectiva dependerá de um conjunto de condições capazes de impulsionar as lutas dos trabalhadores no tempo presente, em direção ao futuro. Temos pleno acordo com Netto (2007), quando diz que não existem razões para um otimismo avassalador nos dias correntes. Em um exercício prospectivo, os cenários que se podem vislumbrar não são alentadores para um futuro próximo. Em um primeiro cenário possível, "o futuro seria uma simples reprodução ampliada do presente" (Idem, ibidem, p. 162), ou seja:

> As brutais assimetrias econômico-sociais ficariam como que congeladas e as atuais linhas de clivagem da sociedade contemporânea conservar-se-iam substancialmente. A assistência aos extremamente pobres permaneceria como função estatal residual, e para aqueles situados pouco acima da linha da pobreza viria o socorro durkheimiano da solidariedade, vinculando a filantropia privada (religiosa, empresarial) — mediante a ação de organizações não governamentais e, ainda, do voluntariado — a projetos de combate à chamada "exclusão social": o apelo ao direito — uma vez já recortados os direitos — reiteraria a retórica da cidadania. [...] aqui a dinâmica do capital seria deixada a si mesma (Netto, 2007, p. 162-3).

Ao fazer a prospecção para um segundo cenário e incluir o da eventualidade de um novo surto reformista da sociedade, o autor considera esta possibilidade remota, que depende sobretudo da transposição da *onda longa recessiva* (Mandel, 1982); em sua opinião, não há evidências de que isso venha a acontecer. Na hipótese de essa ultrapassagem ser realizada, abrir-se-ia a possibilidade de um novo *contrato social*, capaz de enfrentar as barbáries da atualidade. É o que diz:

> Em ocorrendo tal ultrapassagem, e organizando-se em larga escala os esforços políticos e práticos dos segmentos sociais que se propõem a articular a universalização da cidadania com estruturas sociais classistas, é possível a constituição de um novo "contrato social" que enfrente as

expressões mais bárbaras de pobreza com políticas que transcendam limites puramente compensatórios. No fundo, este é o sonho social-democrata de um "capitalismo regulado" — mas, se a sua probabilidade (não a sua possibilidade) me parece reduzida, uma coisa é clara: sua arquitetura pouco terá em comum com os anteriores modelos de *Welfare*. De qualquer forma, um tal cenário se concretizando, abriria perspectivas que não existem na prospecção precedente (Netto, 2007, p. 163).

Como terceira possibilidade, apresenta-se um cenário de ruptura com o capitalismo, ou seja, com a ordem social e econômica fundada na propriedade privada dos meios de produção e na exploração do trabalho. Para Netto (2007, p. 165), esta possibilidade é

objetivamente possível e necessária, seja em função do desenvolvimento das forças produtivas materiais e humanas, seja em razão do risco iminente da plena barbarização da vida social, [e se] ela não está claramente desenhada no horizonte [...], isto não significa que se deva descartá-la.

A construção dessa possibilidade cabe a todos e a cada um de nós, que sonhamos com ela. Os caminhos não se apresentam tão luminosos, mas a convicção de sua necessidade já é uma esperança de que eles serão construídos.

A seguir, as considerações finais, sob o título "Possibilidades de avanços rumo à universalização da previdência social".

CONSIDERAÇÕES FINAIS

Possibilidades de avanços rumo à universalização da previdência social

O objetivo geral desta pesquisa foi identificar limites e possibilidades de universalização da cobertura da previdência social no Brasil, diante do aprofundamento da desestruturação do trabalho assalariado, dilapidação da seguridade social e elevado quantitativo de trabalhadores sem vinculação ao modelo atual de previdência social, contributivo e fundamentalmente dependente do trabalho assalariado formal.

Esse objetivo localiza-se na relação entre trabalho e previdência social. O percurso investigativo efetuado exigiu profunda incursão por essas e outras categorias teóricas com as quais se relaciona, como: Estado, políticas sociais e seguridade social. Além disso, foi necessário examinar uma densa massa de dados e informações sobre ambas as categorias. Tal percurso possibilitou o alcance do objetivo e a confirmação da hipótese da qual partimos.

A título de considerações finais, apresentamos, portanto, algumas indicações, a partir das análises realizadas, tendo o trabalho como referência central.

Sob a ótica marxiana, o trabalho é a atividade fundamental do gênero humano e o seu distintivo em relação aos demais seres da natureza. Como atividade do processo de trabalho, é a ação dos homens de transformar a natureza de modo consciente, guiada pelo fim de atender às suas necessidades. Assim, é condição natural e vital do gênero humano, em qualquer sociedade. É central na história da humanidade e estruturante da sociabilidade humana.

Na sociedade capitalista, em que a base da riqueza é a mercadoria, a força de trabalho é uma mercadoria especial que tem a finalidade de criar novas mercadorias e valorizar o capital. Na visão marxiana, o trabalho materializado na mercadoria possui duplo sentido. É dispêndio de força de trabalho especial, com a finalidade específica de produzir valores-de-uso para atender às necessidades sociais. É, também, no sentido fisiológico, dispêndio de força humana de trabalho e, como tal, trabalho abstrato que determina o valor das mercadorias.

Conceber o trabalho, sob estas duas dimensões, permite reconhecer a sua centralidade na estruturação do capitalismo contemporâneo e das relações sociais, mesmo diante da drástica redução da oferta e criação de novos postos de trabalho, associada ao uso de tecnologias avançadas para elevar a produtividade das empresas. Essa situação provocada pela reestruturação produtiva não tirou do trabalho a condição de gerar mais-valia. O trabalho não pago continua sendo a fonte de riqueza no capitalismo. Sob este modo de produção, há uma dependência orgânica do capital em relação ao trabalho assalariado. É da relação de exploração do capital sobre o trabalho assalariado que se origina a acumulação. Como não há capitalismo sem acumulação, a exploração do capital sobre o trabalho é inerente a este modo de produção. Logo, o trabalho assalariado sempre existirá no capitalismo.

O trabalho assalariado tornou-se condição de acesso à proteção social no capitalismo monopolista, no contexto *fordista/keynesiano*, quando se estruturaram os sistemas de proteção social, conformando o Estado social. Este é resultado de anos de lutas e pressão dos trabalhadores e igualmente do interesse do Estado em preservar as relações capitalistas.

Como foi amplamente discutido neste trabalho, as políticas sociais são produtos de relações complexas e contraditórias que se processam no âmbito da luta de classes. Elas são estruturadas quando interesses antagônicos estão em jogo e os sujeitos envolvidos na produção capitalista assumem compromissos e papéis determinantes para evitar perdas ou obter ganhos satisfatórios para as classes, grupos ou segmentos que representam. Anos de lutas e negociações são necessários para que uma correlação de forças equilibrada permita aos atores coletivos fazerem acordos que assegurem ganhos e benefícios para todos.

Nessa perspectiva é que a expansão das políticas sociais no pós-Segunda Guerra ocorreu condicionada aos novos compromissos e reposicionamentos por parte dos principais atores envolvidos na produção capitalista. O Estado assumiu novos papéis e poderes institucionais; o capital corporativo ajustou-se em alguns aspectos para seguir com maior segurança o percurso da lucratividade; e os trabalhadores, por meio de suas entidades representativas, assumiram novas funções nos processos de produção e no mercado. Foi esse equilíbrio de poder entre o trabalho organizado, o capital corporativo e o Estado, que permitiu a expansão das políticas sociais no período de 1945 a 1975, e a formação do Estado social.

O contexto histórico em que o desenvolvimento do Estado social se tornou possível nos países do capitalismo avançado, a partir de 1945, foi marcado pela mudança da correlação de forças no mundo, ao final da Segunda Guerra. Por um lado, os Estados Unidos surgiram como única potência capitalista hegemônica, líderes na tecnologia, na produção e com um aparato militar superior aos demais países do mundo. O dólar estava apoiado em um potente estoque de ouro e, naquela conjuntura, impôs-se como a moeda mais forte do planeta e tornou-se a moeda-reserva mundial pelos Acordos de *Bretton Woods*. Por outro lado, a União Soviética apareceu como potência mundial, fortalecendo o bloco dos países "socialistas", com o apoio da Europa Oriental, e posteriormente, da China, após a vitória da Revolução Chinesa, em 1949. Este cenário mostra a redução da base de exploração capitalista, o que favoreceu o equilíbrio de forças. Em face disso, o objetivo imediato dos Estados Unidos foi assegurar a estabilidade da Europa Ocidental e do Japão para reconstruir as relações capitalistas nestes países e inibir a expansão do bloco dos países "socialistas". Entre as medidas adotadas com essa finalidade, destacou-se o Plano Marshall, o qual constituiu um instrumento para que os Estados Unidos usassem o seu poder econômico para construir economias fortes com base em princípios capitalistas. A essa conjuntura do pós-Guerra, acrescenta-se a força do movimento organizado dos trabalhadores, que se expandiu favorecido pelo aumento da taxa de emprego.

Portanto, o Estado social resulta da necessidade de preservação e expansão das relações capitalistas na cena mundial, diante da expansão das economias "socialistas", da necessidade de expansão do capital para amortecer os efeitos da crise que devastou as economias capitalistas no Pós-Guerra, mas também resulta das lutas dos trabalhadores. Assim, o Estado social expandiu-se apoiado no pacto entre o capital e o trabalho, num contexto de longo crescimento econômico — a dita *onda longa expansiva* (Mandel, 1982),[1] e na correlação de forças no mundo, expressa pela chamada "Guerra Fria" entre o bloco de países capitalistas, liderado pelos Estados Unidos, e o bloco de países "socialistas", liderado pela União Soviética.

Sob essas condições, o Estado social estabeleceu-se em países de capitalismo avançado, cujas histórias econômicas, políticas e sociais atribuíram-lhe características próprias. Independentemente das diferenças, o Estado social consolidou-se sob o pacto *keynesiano* e cumpriu seu papel no crescimento econômico por meio do gasto público, incentivo ao pleno emprego e mediante a desregulação dos mercados financeiros para amortecer os efeitos de crise e evitar a fuga de capitais. Foi o período de maior desempenho da economia capitalista, com intenso crescimento econômico, elevadas taxas de lucro, acompanhados de redistribuição de renda, o que propiciou a ampliação da capacidade de consumo da classe trabalhadora.

---

1. Segundo Mandel, esta *onda longa com tonalidade expansionista,* iniciada nos anos 1940, na América do Norte, e entre 1945/48, nos demais países imperialistas, até 1973, durou até por volta de 1974/1975, quando uma nova onda com "tonalidade de estagnação" ganhou amplitude. Cf. Mandel (1982, sobretudo p. 83-5).

A generalização do trabalho assalariado, com rendimentos elevados, foi determinante para a consolidação dos sistemas de proteção social que tinham a seguridade social como eixo e o trabalho como via de acesso. Os trabalhadores acessavam os seguros sociais, mediante contribuição prévia, e os incapazes para o trabalho tinham assistência social como proteção.

As condições econômicas políticas e sociais internas de cada país atribuíu aos sistemas de seguridade social características próprias, determinando os seus respectivos alcances. Todavia, em qualquer desses países estes sistemas foram desenvolvidos para atender aos interesses dos trabalhadores, mas também às necessidades de acumulação do capital e de legitimação do sistema capitalista naquele contexto do capitalismo industrial fordista.

O Brasil não viveu a experiência de generalização do emprego nem de Estado social, na forma dos países do capitalismo avançado. Entretanto, a partir dos anos 1930 ganha expressão no país um sistema de proteção social destinado aos trabalhadores assalariados formais e aos seus dependentes econômicos. Seguindo esta lógica, este sistema desenvolveu-se em consonância com a correlação de forças políticas e a estruturação do mercado de trabalho até a década de 1980, quando foi instituída a seguridade social, em um momento histórico de lutas por direitos sociais e pela redemocratização do país. A seguridade social apontou uma nova lógica a ser considerada na organização da proteção social, menos dependente do trabalho assalariado formal, porém, essa não foi posta em prática plenamente. O contexto que se configurou sob o comando neoliberal, logo após a sua instituição, inibiu sua efetivação.

O cenário mundial, desde meados da década de 1970, foi se modificando. Uma nova correlação de forças foi se estabelecendo e uma nova crise do capital foi se expandindo.

O colapso do sistema financeiro mundial, acentuado pela decisão dos Estados Unidos de desvincular o dólar do ouro, a crise do comércio internacional, o aumento da inflação, o choque da elevação dos preços do petróleo em 1973 e a recessão econômica generalizada entre

1974 e 1975 são expressões da crise do capitalismo, que se manifestou nos anos 1970. Naquele momento, o padrão de acumulação e regulação fordista/keynesiano entrou em colapso, pondo fim ao *período de acumulação acelerada*. Do ponto de vista político, o bloco dos chamados países "socialistas" foi desestruturado, com a derrocada das economias dos principais países que lhe davam sustentação. Nesse contexto, ocorreu também a redução dos investimentos nos sistemas de proteção social comparativamente aos anos anteriores.

Diante disso, as décadas de 1970 e, sobretudo 1980, foram marcadas pela busca de um novo padrão de acumulação capitalista. Nas estratégias adotadas, o Estado e as corporações econômicas tiveram papéis relevantes. Os governos da Inglaterra, dos Estados Unidos e da Alemanha foram protagonistas das medidas neoliberais, ao assumirem em suas plataformas vários compromissos voltados para o desmonte dos direitos sociais; enxugamento da máquina estatal; redirecionamento do fundo público para atender aos interesses do capital; ataque aos sindicatos diminuindo o seu poder; reforma fiscal, reduzindo a taxação sobre os mais altos rendimentos. Paralelamente, as empresas começaram a modificar a organização da produção, por meio de novos métodos e processos de trabalho com base na microeletrônica. Com isso, a reestruturação produtiva, a redefinição das funções do Estado e a financeirização do capital sob as diretrizes do neoliberalismo constituíram as estratégias fundamentais no processo de construção de um novo padrão de acumulação. Harvey (2004c) chama-o de *acumulação flexível* e o caracteriza como um padrão que se apoia na flexibilidade dos processos de trabalho, dos mercados de trabalho, dos produtos e padrões de consumo, e pelo surgimento de novos setores de produção, novas formas de fornecimento de serviços financeiros, novos mercados e taxas intensificadas de inovação comercial, tecnológica e organizacional.

Sob a *acumulação flexível*, o mundo do trabalho foi modificado. A obsolescência de atividades e qualificações, a exigência de um perfil de trabalhador capaz de usar de forma intensa a sua capacidade intelectual em favor do capital, a redução da criação e oferta de novos postos de trabalho, a crescente cooptação do movimento sindical, a redução dos laços de solidariedade nos processos de trabalho e a maior heterogeneidade na composição da classe trabalhadora são fortes expressões das mudanças ocorridas.

Porém, essas e outras mudanças nos padrões de desenvolvimento não ocorreram simultânea e igualmente em todos os setores, países e regiões geográficas. A partir da década de 1980, no mundo capitalista, passou-se a conviver, ao mesmo tempo, com processos e relações de trabalhos impulsionados por novas regras e tecnologias avançadas, e com modelos arcaicos. Todavia, independentemente da intensidade das mudanças e das distâncias entre os modelos conviventes, a *acumulação flexível* impôs a expansão do desemprego, do trabalho precarizado, do exército de reserva e o desmantelamento dos direitos derivados e dependentes do trabalho assalariado estável. Estes fatores intensificaram a exploração e as desigualdades sociais em cada país e na relação entre países centrais e periféricos.

No Brasil, as mudanças referentes ao novo padrão de acumulação do capital começaram a se manifestar em meados da década de 1980, mas só se espraiaram a partir da segunda metade da década de 1990. O ajuste realizado baseou-se no mesmo padrão dos países periféricos. A financeirização do capital, a reestruturação produtiva e a reorientação das funções do Estado desenvolveram-se interligadas e determinaram mudanças na sociedade e no mundo do trabalho, que contribuíram para o aprofundamento das desigualdades sociais pela elevação da concentração de renda, o aprofundamento do desemprego prolongado, da precarização do trabalho e queda da renda média real dos trabalhadores. Além disso, essas mudanças tiveram impacto no sistema de proteção social, que começava a se estruturar, com a criação da seguridade social pela Constituição Federal de 1988. A mercantilização da saúde e da previdência social ganhou proporções significativas. Os direitos previdenciários foram duramente atacados pelas contrarreformas realizadas, sobretudo em 1998 e 2003, para dar lugar à expansão da previdência dos fundos de pensão e das empresas de planos privados.

As mudanças no mundo do trabalho também influenciaram a redução da cobertura da previdência social, historicamente dependente do trabalho assalariado. O quantitativo de trabalhadores sem esse tipo de proteção social cresceu e, com isso, observou-se a tendência de expansão da assistência social, por meio dos programas de transferência de renda.

Assim, esta pesquisa indicou que nas décadas de 1990 e 2000, em função dos processos atinentes ao padrão de *acumulação flexível*, o trabalho assalariado formal sofreu um profundo processo de desestruturação, e o significado da seguridade social foi profundamente corroído.

Quando foi instituída pela Constituição Federal de 1988, a seguridade social apoiou-se em vários objetivos a serem atendidos pelo poder público, por meio de sua organização. Esses objetivos articulados às definições constitucionais de seguridade social, saúde, previdência e assistência atribuíram um significado à seguridade social brasileira, que a aproximou da visão beveridgiana. A Constituição orientou o poder público a organizar um sistema amplo e coeso de seguridade social direcionado para assegurar direitos relativos à saúde, previdência e assistência social. Um sistema regido pelo princípio da equidade de participação no custeio e amparado em uma base diversificada de fontes de financiamento, que realizasse os seus gastos obedecendo aos fins que lhe eram próprios, respaldado em um orçamento único, elaborado pelos órgãos que o compunham. Um sistema com perspectiva universalizante e sob gestão democrática no modelo quadripartite, com representação trabalhadores, aposentados, empresários e governo. Essa orientação, porém, não foi seguida plenamente pelo poder público. Não há, no Brasil, um sistema coeso e consistente de seguridade social estruturado. Embora ainda exista o núcleo central do significado da seguridade social no texto constitucional, não obstante as corrosões promovidas pela ofensiva neoliberal, sua efetivação não se impôs de modo pleno. E essa corrosão vem ocorrendo para além das alterações textuais na Constituição Federal. Isso se deve à ação reativa do capital às conquistas dos trabalhadores obtidas no processo constituinte, que foi fortalecida pelo contexto lapidado pela ofensiva neoliberal, acentuada na década de 1990 e início do século XXI.

A seguridade social, ainda que apenas parcialmente efetivada, influenciou a expansão da cobertura da previdência social, sobretudo por possibilitar a equidade na participação do custeio do sistema e por esse custeio ser realizado a partir de um orçamento que se estrutura por meio de financiamento plural e solidário, com base em fontes diversificadas. Segundo o modelo de financiamento, em tese, quem tem maior renda deveria ter maior participação no custeio e quem tem menor renda, menor participação. A pesquisa apontou que a cobertura do sistema tem recaído especialmente sobre os trabalhadores, apesar disso, o modelo favoreceu o acesso de trabalhadores inseridos em relações informais de trabalho à previdência social.

Até a instituição da seguridade social, a cobertura da previdência social era basicamente dependente do trabalho assalariado formal. Quanto mais alto era o nível de assalariamento formal, maior a cobertura previdenciária, e quanto mais retraído o assalariamento formal, mais reduzida essa cobertura. Com a instituição da seguridade social, essa dependência reduziu-se, mas ainda há enorme dependência do sistema do nível de trabalho assalariado formal.

No decorrer do século XX e início deste século XXI, as oscilações na cobertura previdenciária, associadas à condição do trabalho assalariado formal, destacaram-se em três períodos: entre 1930 e 1987, quando ocorreu expansão da cobertura; de 1988 a 2000, quando houve retração, apesar de oscilação positiva no ano de 1989; e de 2004 até o presente, em que há uma nova tendência de retomada da cobertura. Os indicadores do trabalho, a abertura legal para que qualquer cidadão maior de 16 anos possa participar do sistema e o orçamento da seguridade social influenciaram nas oscilações recentes e possibilitaram que o Regime Geral de Previdência Social (RGPS) pudesse contar, atualmente, com 80% dos seus contribuintes na condição de empregados e 20% de pessoas da população economicamente ativa vinculadas a relações informais de trabalho. A grande participação dos trabalhadores rurais no sistema e de outras categorias que compõem os chamados *segurados especiais*, com uma participação diferenciada no custeio do sistema, também é uma condição que reflete a importância do formato de financiamento da seguridade para a cobertura previdenciária.

Todavia, a desconstrução do significado de seguridade social não foi contida. Ela tem sido permanente, intensa e suas expressões marcantes. São exemplos dessa desconstrução: a negação e não realização integral dos objetivos da seguridade social; as resistências à plena efetivação da forma de financiamento plural e solidária, com base na equidade na participação do custeio; os desvios de recursos do orçamento da seguridade social para fins diferentes dos que lhe são determinados, sobretudo por meio da incidência da Desvinculação de Receita da União (DRU), para atender aos objetivos da política econômica comprometida com o capital financeiro; a crescente vinculação de fontes de financiamento a gastos específicos, comprometendo outras ações, a exemplo das receitas das contribuições sociais sobre a folha de pagamento para o custeio dos gastos com pagamento de benefícios do RGPS; a extinção do Conselho Nacional de Seguridade Social; a disseminação da concepção da previdência social como um *contrato social* entre gerações de trabalhadores, confirmando-a como um seguro social, cada vez mais distante da visão de seguridade social e mais próxima da visão dos seguros privados, sustentados em quotas individualizadas, que condicionam as prestações de retorno; a organização e gestão isolada de cada política de seguridade social, negando a forma de gestão quatripartite orientada pela Constituição Federal; as frequentes mudanças no texto constitucional, impondo regressividade aos direitos relativos à previdência social e saúde; a crescente privatização da saúde; a dispersão orçamentária e financeira, mediante a criação de fundos específicos para a gestão dos recursos de modo separado; a tendência à centralidade da assistência social no âmbito da seguridade social e intensificação do uso político-ideológico dessa política para legitimação do poder constituído, atenuação da pobreza e "naturalização" do desemprego; grande contingente de pessoas da PEA não vinculadas a qualquer regime de previdência, entre outros.

Essas expressões da desconstrução do significado da seguridade social são significativas e repercutem no nível de proteção e qualidade de vida dos trabalhadores. O desvio de recursos da seguridade social para manutenção do superávit primário, mediante a incidência da DRU no orçamento da seguridade social, no período de 2000 a 2008, representou uma média anual em torno de R$ 26,4 bilhões, com maior destaque para os anos de 2007 e 2008, em que essa incidência representou R$ 39,1 bilhões em cada ano (Anfip, 2009, p. 50). Esse desvio, entre outras coisas, inibiu a cobertura previdenciária e a oferta de serviços de saúde à população.

Investigando com maior detalhamento as condições para universalização da previdência social, neste contexto de desestruturação do trabalho e da seguridade social, conforme se apresentaram nas últimas décadas do século XX e na primeira década do século XXI, percebemos que as mudanças dos indicadores do trabalho, como a taxa de ocupação, nível de ocupação, taxa de atividade e taxa de desocupação associada ao percentual de pessoas com carteira de trabalho assinada e ao nível da renda média real refletiram na expansão ou retração da cobertura da previdência social. Desses indicadores, os três últimos demonstraram o maior peso na cobertura. Ou seja, quando ocorreram, simultaneamente, maior percentual de pessoas com carteira de trabalho assinada, menor taxa de desocupação, maior rendimento médio mensal, ocorreu, consequentemente, maior nível de acesso à previdência social.

Ao analisarmos o comportamento desses indicadores na primeira década do século XXI, percebemos que, no conjunto, houve melhoria, comparativamente às duas décadas anteriores. Porém, nem a diferença foi substancial, nem todos os indicadores conseguiram níveis melhores. Além disso, a melhoria ocorrida não impactou nas características gerais estruturais do país, nos aspectos econômicos e sociais. O país continua tendo um elevadíssimo percentual de concentração de renda, elevado índice de pobreza, desemprego crônico prolongado, os empregos criados são rotativos, sem estabilidade, com baixa massa salarial, e as políticas sociais são residuais e de pouco alcance social. A proteção social aos desempregados é reduzida e os programas existentes são limitados. As estratégias de ampliação da proteção social aos desempregados usadas pelo governo federal, em anos recentes, conduzem a uma crescente centralidade da assistência social, no âmbito da seguridade social, pela via dos programas de transferência de renda que alcançam parte dos desempregados. Nota-se que esses programas se expandiram, sustentados pelos limites de acesso à previdência social, pela crescente privatização da saúde e pelo interesse de legitimação política e ideológica dos governos Fernando Henrique e, sobretudo, Lula da Silva, que os criaram e expandiram.

No que se refere à previdência social, embora esta tenha melhorado a sua cobertura a partir de 2004, essa cobertura favoreceu basicamente a população ocupada, empregada. Os programas destinados aos que possuem menor renda e estão na informalidade são insuficientes e reduzem direitos. Além disso, ainda há mais de 50 milhões de pessoas da população economicamente ativa fora de sua cobertura.

O sistema tem absorvido uma proporção maior de homens, que possuem renda mais elevada e maior nível de escolaridade, dentre os que compõem a população economicamente ocupada, e têm ficado fora do sistema os que possuem menor rendimento, entre os quais mais de 60% ganham até um salário mínimo e apresentam menor nível de escolaridade.

Isso revela que as características econômicas e sociais estruturais do país, definidas pela concentração de renda e profundas desigualdades sociais, associadas ao desemprego maciço prolongado, baixa massa salarial, rotatividade no emprego, crescimento da informalidade, não aplicação plena dos objetivos da seguridade social e das recomendações constitucionais relacionadas ao seu orçamento e a insuficiência de rendimentos, sobretudo por falta de acesso ao trabalho assalariado estável, são os grandes entraves ao ingresso na previdência social.

Esses obstáculos devem ser avaliados no contexto econômico e político do país e das economias capitalistas, em esfera mundial, movidos pela *onda longa recessiva*, desde meados da década de 1970. Nesse sentido, as iniciativas recentes do governo federal para reverter esse quadro são limitadas. Em primeiro lugar porque se apoiam numa visão neoliberal de previdência social como *contrato social* entre gerações de trabalhadores, o que a distancia dos objetivos gerais de seguridade social e responsabiliza exclusivamente o trabalhador pelo custeio do sistema, negando a perspectiva de compromisso plural e solidário orientado pela Constituição Federal, ao definir a previdência social como política de seguridade social. As iniciativas do governo federal são limitadas também porque se apoiam em uma política de emprego baseada no rendimento mínimo do trabalho e na alta rotatividade e em outras diretrizes macroeconômicas que favorecem aos interesses do capital em detrimento dos interesses dos trabalhadores e, assim, apenas acentuam as características estruturais do país.

Dessa forma, ao analisar as características atuais da previdência social no contexto da desestruturação do trabalho e da seguridade social, o perfil dos que estão fora do sistema e as estratégias gerais adotadas pelo governo federal nos últimos anos em relação à ampliação da cobertura previdenciária, esta pesquisa apontou que os principais limites para a expansão da previdência social rumo à sua universalização são: a grande dependência do trabalho assalariado formal, o qual em função do papel que cumpre no processo de acumulação do capital não se generaliza na sociedade nem no âmbito da classe trabalhadora; o novo modo de organização da economia capitalista mundial com base em um padrão de acumulação presidido pelo capital financeiro articulado aos grandes grupos industriais transnacionais, e os processos deletérios relativos ao trabalho e às políticas sociais a ele vinculados, a exemplo da desestruturação do trabalho assalariado formal; a não realização plena dos objetivos da seguridade social; a ausência de controle democrático da sociedade sobre a previdência social; o crescimento das ocupações baseadas em relações informais de trabalho; os limites da política de emprego do governo federal e a tendência à legitimação do "trabalho desprotegido" como alternativa ao desemprego estrutural; o papel contraditório do Estado e das políticas sociais, sempre sujeitos às pressões do capital; o controle do capital sobre o trabalho, por meio do Estado, e a dilapidação da seguridade social.

Todavia, apesar dos limites apontados, e considerando-se o conjunto de análises desenvolvidas no decorrer deste trabalho, mais as reivindicações direcionadas ao governo brasileiro pelos setores organizados da sociedade, e ainda as pesquisas e estudos anteriormente realizados na área de seguridade social, revisitados neste percurso investigativo, avaliamos que há possibilidades ainda não exploradas pelo governo brasileiro. É seguro, portanto, afirmar que é possível imprimir avanços na direção da universalização da previdência social nos marcos do capitalismo. Para tanto, é necessário que algumas medidas sejam adotadas, dentre as quais destacamos:

Reorientação da política macroeconômica do país

As políticas sociais não podem ser vistas isoladamente do contexto econômico e político. Nesse sentido, ao se pretender avanços para essas políticas no cenário contemporâneo, torna-se essencial que seja pautada a reorientação política das diretrizes macroeconômicas que vêm sendo adotadas pelo governo federal neste início de século XXI, em seguimento ao que já vinha sendo feito por governos anteriores. Esse ponto assume relevância singular quando a política social a qual se pretende imprimir perspectiva universalizante é a previdência social.

A política de juros altos para atrair os especuladores externos e favorecer o capital financeiro não tem sintonia com uma política que se volta para assegurar crescimento econômico, orientado para a desconcentração de renda em favor dos trabalhadores, tão necessária à universalização da previdência social, cujo principal limite de acesso é a insuficiência de renda dos que estão fora de sua cobertura. Não combina também com a destinação prioritária do fundo público para expansão e fortalecimento das políticas sociais. Assim, avanços rumo à universalização da previdência social pressupõem a reorientação das diretrizes macroeconômicas atualmente adotadas. É preciso que haja crescimento econômico com distribuição de renda, por meio do trabalho, em índices bem superiores aos que têm ocorrido no Brasil. Além disso, é preciso reverter a lógica de reduzir o índice de Gini pela diminuição contínua da renda média dos trabalhadores ocupados.

A distribuição de renda no país para ser efetiva deve ocorrer pela sua desconcentração das mãos dos poucos que retêm quase tudo, como aponta o mais recente Relatório de Desenvolvimento Humano (PNUD, 2010). Diante disso, a concentração de renda no país precisa, em primeiro lugar, ser desnaturalizada e, em segundo lugar, desconstruída por meio de medidas efetivas que conduzam à alteração do retrato do Brasil como um dos países mais desiguais do mundo. Da mesma forma, a renda do trabalho necessita sair de níveis tão baixos, interromper a queda constante na participação da renda total do país e se constituir, de fato, em um mecanismo de qualidade de vida, desenvolvimento humano e equidade distributiva.

As diretrizes macroeconômicas voltadas apenas para a exportação já provaram não serem as melhores alternativas para a redução da pobreza. A riqueza nacionalmente produzida deve ser usufruída por todos os que participam de sua produção e deve ser reinvestida no país.

A estrutura econômica do país precisa ser mais diversificada, com amplo favorecimento dos setores que têm maior capacidade de gerar emprego. Nessa perspectiva, é valiosa a diretriz voltada para a consolidação do parque industrial, com apoio às pequenas e médias empresas. É valiosa, também, a diretriz de aumentar a renda do trabalho como mais um mecanismo gerador de novos empregos, pois o aumento dessa renda gera demanda por serviços e provoca a expansão deste campo da economia e a geração de mais postos de trabalho. É igualmente vital manter a inflação controlada e a capacidade de consumo.

A realização da reforma agrária continua sendo um dos pontos prioritários da agenda dos movimentos organizados da sociedade. É preciso que ela saia das pautas de reivindicações e entre na agenda política do governo, com a mesma urgência que tem para a sociedade, especialmente para os movimentos dos trabalhadores rurais sem terra. Isso garantirá mais ocupações, mais emprego, mais alimentos nas mesas dos brasileiros, maior capacidade de fixação dos trabalhadores no campo e maior possibilidade de acesso à previdência social.

As diretrizes macroeconômicas devem apontar, ainda, para a criação de uma estrutura tributária que viabilize a progressividade dos impostos, reduzindo a sobrecarga sobre os trabalhadores e, para o limite e controle do uso do fundo público pela iniciativa privada.

A política social precisa ser vista não apenas como uma carga tributária para os capitalistas, pois ela é também uma força produtiva, como diz Ian Gough (2003, p. 43): "[...] la política social es, o puede ser, una fuerza productiva. Es un error tratar a la política social, aún en la era de los mercados globales, simplemente como una carga en las economias capitalistas".* Precisa, assim, ser valorizada e priorizada como mecanismo de reprodução da força de trabalho e manutenção da força de trabalho desocupada e, sobretudo, como um instrumento de realização de direitos para o conjunto da sociedade.

A previdência social, como uma política social, não pode ser tratada pelas diretrizes macroeconômicas fundamentalmente como um instrumento dinamizador da economia, e os fundos de pensão como poupanças internas úteis ao desenvolvimento econômico do país. Ela precisa ser vista como um elemento indissociável do trabalho, ainda que este trabalho não seja assalariado formal, como não o é o trabalho em regime de economia familiar dos trabalhadores rurais, com cobertura previdenciária assegurada. A condição de trabalhador, no desenvolvimento das diferentes atividades econômicas, sejam elas vinculadas à produção para o próprio consumo ou à produção de mercadorias, como unidades primárias de riqueza, deve garantir o acesso à previdência social, ter esse direito assegurado, independentemente de sua capacidade de contribuição individual. Essa é uma diretriz equalizadora vital em uma sociedade desigual como a brasileira. O significado constitucional da seguridade social aponta nessa direção.

---

* A política social é, ou pode ser, uma força produtiva. É um erro tratar a política social, embora na era dos mercados globais, simplesmente como uma carga nas economias capitalistas.

Política de emprego com novas características

A ampliação de novos postos de trabalho é determinante para os trabalhadores e para a expansão da cobertura da previdência social, porém somente isso não basta. É preciso que haja estabilidade no emprego, com garantias legais e efetivas. A grande rotatividade no emprego produz tensões, inseguranças e não gera direitos vinculados ao trabalho e, quando gera, dificulta o seu usufruto. Desse modo, a política de emprego deve se orientar para a geração de novos postos de trabalho formais, assegurando estabilidade e elevação da renda do trabalho, tanto por meio da elevação do salário mínimo, quanto da média dos salários reais mensais dos trabalhadores. A renda do trabalho precisa reverter a tendência de queda para a de crescimento no conjunto da renda total do país. **A** política de emprego deve se voltar, também, para assegurar uma jornada máxima de trabalho de até **30** horas semanais, como condição essencial à saúde do trabalhador, à preservação de sua capacidade produtiva e à ampliação de novos postos de emprego, e à valorização da força de trabalho. Da mesma forma, deve promover a saúde do trabalhador e evitar que os benefícios previdenciários sejam vistos como uma "caixa de socorro" nos momentos de doença ou compensação pela incapacidade ao trabalho temporária e definitiva. Eles precisam funcionar como segurança e meio para ampliar a qualidade de vida do trabalhador e de sua família em situações específicas.

A política de emprego com essas características deve se desenvolver articulada às diretrizes macroeconômicas que assumam orientação, conforme mencionada anteriormente.

Fortalecimento de todos os objetivos da seguridade social

Especialmente a equidade na participação do custeio; a diversidade da base de financiamento e o caráter democrático e descentralizado da administração, mediante gestão quadripartite.

1. EQUIDADE DE PARTICIPAÇÃO NO CUSTEIO: a concepção de seguridade que funda a organização da previdência social, legitimada pela sociedade brasileira; o perfil dos cidadãos que se encontram fora da cobertura previdenciária; e a condição superavitária continuada da seguridade social durante a primeira década deste século, todos mostrados neste trabalho, conduzem à convicção de que, sem a *efetiva equidade de participação no custeio,* movida pela perspectiva da *igualdade* e *liberdade* que orientam o *contrato social* na visão *rousseauniana,* não haverá avanços reais rumo à universalização da cobertura da previdência social no Brasil. No tempo presente, universalização da previdência significa o acesso dos mais de 50 milhões de trabalhadores fora do sistema. A *efetiva equidade de participação no custeio* implica conceber a previdência social como uma política de proteção às diferentes formas de trabalho, apoiada em uma visão de *contrato social,* na perspectiva *rousseauniana,* solidário e democrático. Essa perspectiva é compatível com um modelo de previdência social como política de seguridade social, para cujo sistema cada um contribua conforme sejam as suas condições, e usufrua os benefícios e serviços conforme sejam as suas necessidades. Desse modo, não deve haver lugar para as propostas que condicionam as prestações de retorno às contribuições individualmente efetuadas. Ao contrário, estas prestações de retorno devem ser determinadas pelas necessidades dos trabalhadores vinculados ao sistema, as quais se manifestam por suas condições econômicas, educacionais, de saúde, de trabalho, entre outras. Tais prestações, definidas pelas necessidades e não pela participação no custeio, devem estar voltadas para a plena expansão das capacidades e personalidade do indivíduo. Essa inversão na lógica atual de custeio dos benefícios previdenciários é condição para o resgate da concepção de seguridade social e para a universalização da previdência social, nos termos aludidos. É também condição para o fortalecimento da visão de previdência social como um *contrato social* que aponte para a igualdade de condições, para *o desenvolvimento de todos e de cada um,* extirpando a visão neoliberal de *contrato social* que move a instituição na atualidade e torna o *seguro social* um *seguro sob responsabilidade individual.*

Outra medida essencial para que a *equidade de participação no custeio* se viabilize é a inversão de outra lógica que prevalece na seguridade, com impacto direto na previdência social: a forma *regressiva* de financiar a seguridade social precisa se tornar *progressiva*. Os empregadores, as instituições financeiras, os grandes proprietários, que possuem maior renda, devem ter maior participação no financiamento e custeio da seguridade social do que os trabalhadores. Como esta lógica está atualmente invertida, é urgente reorientá-la.

2. DIVERSIDADE DA BASE DE FINANCIAMENTO: embora a base de financiamento da seguridade social seja diversificada e por isso tenha assegurado sua condição superavitária, a participação de cada fonte de financiamento no custeio das ações não tem sido explorada dentro de suas capacidades, a exemplo da Contribuição Social sobre o Lucro Líquido (CSLL) das empresas e instituições financeiras. A participação no custeio tem sido centralizada nas contribuições sociais, recaindo o ônus principalmente sobre os trabalhadores, conforme demonstrado no corpo deste trabalho. Assim, é preciso reequilibrar essa participação e manter a base de financiamento atualmente existente, assegurando-lhe maior progressividade pela inclusão de novos componentes essenciais à gradatividade da tributação, como o patrimônio, as grandes propriedades, as heranças, os rendimentos financeiros e especulativos de pessoas físicas e jurídicas. Ademais, outras fontes vinculadas às riquezas produzidas no país devem ser acrescidas, a exemplo de uma parte dos dividendos oriundos da exploração do pré-sal.

Ainda no que diz respeito ao financiamento da seguridade social, é fundamental a manutenção do orçamento único da seguridade social assentado na base existente, preservando-se o cumprimento de todas as blindagens e recomendações estabelecidas pela Constituição Federal para a sua elaboração e execução, em especial a destinação exclusiva dos recursos da seguridade social para custear as suas próprias ações. Isso impõe ao governo, entre outras medidas, a revisão da PEC 233 no que se refere à contribuição da seguridade social, conforme apontado neste texto, e a não aplicação da DRU sobre esse orçamento.

3. CARÁTER DEMOCRÁTICO E DESCENTRALIZADO DA ADMINISTRAÇÃO, MEDIANTE GESTÃO QUADRIPARTITE, COM PARTICIPAÇÃO DOS TRABALHADORES, DOS EMPREGADORES, DOS APOSENTADOS E DO GOVERNO NOS ÓRGÃOS COLEGIADOS: este constitui o terceiro princípio essencial à universalização do acesso à previdência social. É uma maneira já prevista constitucionalmente de exercício do controle democrático da sociedade sobre a seguridade social. Porém, apesar da previsão constitucional, isso jamais funcionou. No que se refere ao controle democrático da sociedade sobre a previdência social, desde a unificação dos CAPs e IAPs na década de 1960, ele jamais existiu.

Em 1991 foram instituídos o Conselho Nacional de Seguridade Social, o Conselho Nacional de Previdência Social, os Conselhos Estaduais e Municipais de Previdência Social (Brasil, 1991b). Contudo, em maio de 1999 foram extintos o Conselho Nacional de Seguridade Social e os Conselhos Estaduais e Municipais,[2] quando um grande número de municípios nem chegou a ter estes órgãos colegiados funcionando. Em 2003, foram restabelecidos os Conselhos por Gerências Executivas, por meio do Decreto n. 4.874, de 11 de novembro de 2003. Mas as ações destes conselhos recentemente criados seguiram a lógica do funcionamento dos antigos órgãos existentes, ou seja, burocráticos e limitados à legitimação das ações governamentais. Para se avançar na direção da universalização da previdência social, é preciso que o controle democrático da sociedade sobre esta política social ocorra para além destes espaços colegiados. De qualquer modo, tanto a gestão quadripartite quanto o controle democrático da sociedade sobre a previdência social são condições essenciais ao avanço dessa política rumo à universalização.

A concepção de *contrato social* em Rousseau baseia-se na defesa intransigente da liberdade e igualdade entre os cidadãos e da democracia radical, em que sejam atribuídos poderes limitados ao Estado e seja assegurada plena autonomia e absoluta supremacia à sociedade civil, à vontade geral. Portanto, apesar dos limites da política social no

---

2. O CNSS e os Estaduais e Municipais de previdência social extintos pela MP n. 1.799/98 (edição 5, de 13 maio 1999).

capitalismo e da concepção de previdência social como *contrato social*, segundo a radicalmente democrática visão *rousseauniana*, avançar rumo a sua universalização é possível, mas requer um horizonte para a seguridade social no país como um direito desigual. Isto significa apontar para a igualdade de condições de todos os cidadãos, não apenas no que tange ao acesso a rendas e ao trabalho, mas às demais políticas sociais como saúde, educação, cultural, lazer etc. Isso significaria viabilizar possibilidades efetivas de cada trabalhador ter a previsão desta proteção, usufruindo direitos comuns a todos, independentemente da sua capacidade contributiva individual, e de ter a condição de decidir sobre os rumos da previdência social. Para que isso ocorra, é preciso um conjunto de fatores, entre eles, a alteração da correlação de forças no país, de modo a imprimir a radicalização da democracia na sociedade brasileira e o efetivo controle democrático sobre essa política social.

Ampliação do ingresso de trabalhadores na informalidade no RGPS

É preciso que haja novas medidas com vista à garantia do acesso dos trabalhadores que se encontram nas relações informais de trabalho à previdência social. Tais medidas devem levar em conta as reivindicações das categorias ocupacionais e de movimentos organizados dos trabalhadores, a exemplo dos mencionados no curso deste trabalho. Nessa perspectiva, as propostas e discriminações positivas, apontadas pelo MNCR e pelo Fipss, são pertinentes e possíveis de serem viabilizadas, no contexto das reorientações apontadas.

Da mesma forma, apresentam-se como viáveis: a criação de outras formas de definição de alíquotas a serem cobradas para categorias ocupacionais, grupos familiares e segmentos que compõem os 27,6 milhões de trabalhadores da PEA, com idade entre 16 e 64 anos, que, em 2008, estavam fora da cobertura previdenciária e ganhavam até um salário mínimo,[3] a adoção de periodicidades trimestrais, semestrais,

---

3. CF. Tabela 23 neste trabalho.

anualis etc.; novas formas de custeio em que as contribuições poderiam ser não individualizadas, mas por sujeitos coletivos (associações, cooperativas, grupos etc.) com a incidência sobre a produção e comercialização dos produtos ou sobre a renda global gerada por esses sujeitos. Ademais, outras discriminações positivas poderiam ser criadas, que implicassem a redução gradativa das alíquotas, dentro de uma escala móvel de valores, a partir de critérios ou indicadores sociais que apontassem, por exemplo, para a elevação dos índices de desenvolvimento humano da categoria ou outro sujeito coletivo, mediante a participação destes entes.

Essas iniciativas seriam capazes de reconhecer a condição de trabalhador das pessoas que compõem essas categorias, grupos e segmentos sociais que estão fora da cobertura previdenciária, por incapacidade de contribuírem individualmente para o sistema. Seriam, também, formas de reconhecimento e compensação das desvantagens sociais a que foram submetidos esses grupos e segmentos da classe trabalhadora historicamente. Esta modalidade de reparação da injustiça social dar-se-ia por meio do aprofundamento do significado da seguridade social e da previdência social como um *contrato social* na perspectiva *rousseauniana*, a partir do fortalecimento dos objetivos da seguridade social, especialmente o da equidade *na participação e custeio, já recomendado pela Constituição Federal.*

Finalmente, é preciso enfatizar que o aprofundamento radical dos princípios da seguridade social é condição fundamental, embora não a única, para que se avance na direção da expansão do acesso à previdência social, nos marcos do capitalismo. Esta é a razão de ser da nossa crítica incisiva à visão dominante, no âmbito da previdência social, de contrato social como contrato entre gerações, o qual reduz a dimensão da previdência social a seguro individual, desvinculando-a do conceito de seguridade. O contraponto da perspectiva *rousseauniana*, apontado no debate, não implica que adotemos a opção do *contrato social* e da social-democracia como alternativa ao capitalismo. Mas que acreditamos nas possibilidades de avanços na direção da universalização da previdência social, ainda sob a égide do sistema capitalista, a partir de mudanças no modelo atualmente adotado.

A viabilidade das propostas apontadas depende de condições que impulsionem as lutas dos trabalhadores, no tempo presente, de forma a alterar a correlação de forças a seu favor.

Este trabalho voltou-se, assim, essencialmente, ao objetivo de discutir possibilidades de fortalecimento da previdência social como uma política social fundamental aos trabalhadores, no âmbito do capitalismo. Contudo, as análises desenvolvidas evidenciaram os profundos limites das políticas sociais no capitalismo, da mesma forma que indicaram a superação deste modo de produção e construção do socialismo como única forma de realização plena e emancipação humana.

Referências bibliográficas

ABREU, Marcelo de Paiva. O Brasil no Século XX: a economia. In: IBGE. *Estatística do século XX*. Rio de Janeiro: IBGE, 2006. p. 347-356.

AFONSO, Luís Eduardo; FERNANDES, Reynaldo. *Uma estimativa dos aspectos distributivos da previdência social no Brasil*. São Paulo: ScieloBrazil, 2005. Disponível em: <www.scielo.br/pdf/rbe/v59n3/a01v59n3.pdf>. Acesso em: 9 abr. 2009.

ALVES, Giovanni. *O novo (e precário) mundo do trabalho*: reestruturação produtiva e crise do sindicalismo. São Paulo: Boitempo, 2000.

_____. Trabalho e sindicalismo no Brasil: um balanço crítico da "década neoliberal" (1990-2000). In: *Revista de Sociologia Política*, Curitiba, n. 19, p. 71-94, 2002. Disponível em: <www.scielo.br/scielo.php?>. Acesso em: 6 ago. 2006.

AMORIM, Brunu; GONZALEZ, Roberto. O seguro-desemprego como resposta à crise no emprego: alcance e limites. *Nota Técnica Ipea*, Brasília, ago. 2009.

ANDERSON, Perry. Além do neoliberalismo. In: SADER, Emir; GENTILI, Pablo (Org.). *Pós-neolibaralismo*: as políticas sociais e o Estado democrático. 3. ed. Rio de Janeiro: Paz e Terra, 1996. p. 197-202.

ANDRADE, Priscilla Maia de. A economia solidária é feminista? A Política Nacional de Economia Solidária sob o olhar de gênero. In: *Revista Ser Social*, Programa de Pós-graduação em Política Social do Departamento de Serviço Social, Universidade de Brasília. n. 10, p. 139-70, jul./dez. 2008. (Política Social — Saúde.)

ANFIP. *Análise da Seguridade Social em 2003.* Brasília: Anfip, maio 2004.

_____. *Análise da Seguridade Social em 2004.* Brasília: Anfip, abr. 2005.

_____. *Análise da Seguridade Social em 2007.* Brasília: Anfip, maio 2008.

_____. *Análise da Seguridade Social em 2008.* Brasília: Anfip, maio 2009.

_____. *Análise da Seguridade Social em 2009.* Brasília: Anfip, jul. 2010.

_____. *Seguridade e desenvolvimento*: um projeto para o Brasil. Brasília: Anfip, 2003.

_____. Associação Nacional dos Auditores Fiscais da Receita Federal. *Análise da Seguridade Social em 2006.* Brasília: Anfip, mar. 2007.

_____. *Revista de Seguridade Social.* Brasília: Anfip, abr./jun. 2008.

_____. *Revista de Seguridade Social.* Brasília: Anfip, abr./jun. 2010.

_____. *Revista de Seguridade Social.* Brasília: Anfip, jul./set. 2008.

ANTUNES, Ricardo. *Os sentidos do trabalho*: ensaio sobre a afirmação e a negação do trabalho. 6. ed. São Paulo: Boitempo, 2003.

_____. *Adeus ao trabalho?* Ensaios sobre as metamorfoses e a centralidade do mundo do trabalho. 10. ed. São Paulo: Cortez/Ed. da Unicamp, 2005.

_____. Século XXI: a nova era da precarização estrutural do trabalho? In: ROSSO, Sadi Dal; FORTES, José Augusto Abreu Sá (Org.). *Condições de trabalho no limiar do século XXI.* Brasília: Época, 2008.

_____. Apresentação. In: MESZÁROS, István. *Para além do capital*: rumo a uma teoria da transição. 3. reimpr. Tradução de Paulo Cezar Castanheira e Sérgio Lessa. São Paulo: Boitempo, 2009. (Col. Mundo do Trabalho.)

_____. Trabalho e precarização numa ordem neoliberal. Capítulo II. In: _____. A *cidadania negada.* Campinas, [2004]. Disponível em: <www.edu.uy/ciclobasico/unidade2/Antunes.pdf>. Acesso em: 6 jan. 2006.

APPOLINÁRIO, Fábio *Dicionário de metodologia científica*: um guia para a produção do conhecimento científico. São Paulo: Atlas, 2004.

ARAUJO, José Prata. Os novos fundamentos da política de bem-estar social. In: GUIMARÃES, Juarez (Org.). *As novas bases da cidadania*: políticas sociais, trabalho e previdência social. São Paulo: Editora Fundação Perseu Abramo, 2010. v. 2: 2003-2010 — O Brasil em transformação, p. 45-52.

BEHRING, Elaine R. *Brasil em contra-reforma*: desestruturação do Estado e perda de direitos. São Paulo: Cortez, 2003.

_____. Política Social no capitalismo tardio. 3. ed. São Paulo: Cortez, 2007.

_____. Trabalho e seguridade social: o neoconservadorismo nas políticas sociais. In: _____; ALMEIDA, Maria Helena Tenório de. *Trabalho e seguridade social, percursos e dilemas*. São Paulo: Cortez, 2008. p. 152-74.

_____. Expressões políticas da crise e as novas configurações do Estado e da sociedade civil. In: *Serviço Social*: Direitos sociais e competências profissionais. Brasília: CFESS/Abepss, 2009a. p. 69-86.

_____. Política social no contexto da crise capitalista. In: *Serviço Social*: Direitos sociais e competências profissionais. Brasília: CFESS/Abepss, 2009b. p. 301-21.

_____. Fundamentos de política social. In: *Serviço Social e Saúde*: Formação e trabalho profissional, 2006. Disponível em: <http://www.fnepas.org.br/pdf/servico_social_saude/texto1-2.pdf>. Acesso em: 24 jun. 2010.

_____; BOSCHETTI, Ivanete. *Política social*: fundamentos e história. São Paulo: Cortez, 2006. (Biblioteca Básica de Serviço Social, v. 2.)

_____; ALMEIDA, Maria Helena Tenório de. *Trabalho e seguridade social, percursos e dilemas*. São Paulo: Cortez, 2008.

BELTRÃO, Kaizô Iwakami et al. O idoso e a previdência social. In: CAMARANO, Ana Amélia. *Muito além dos 60*: os novos idosos brasileiros. Rio de Janeiro: Ipea, 1999. p. 307-18.

BELUZZO, Luiz Gonzaga. Prefácio. In: CHESNAIS, F. *A finança mundializada*. São Paulo: Boitempo, 2005. p. 7-16.

BENSAÏD, Daniel. Apresentação: uma crítica da emancipação política. Tradução de Wanda Caldeira Brant. In: MARX, Karl. *Sobre a questão judaica*. Tradução de Nélio Schneider. São Paulo: Boitempo, 2010.

BERZOINI, Ricardo. A superação das políticas neoliberais na previdência e no trabalho. In: GUIMARÃES, Juarez (Org.). *As novas bases da cidadania*: políticas sociais, trabalho e previdência social. São Paulo: Editora Fundação Perseu Abramo, 2010. v. 2: 2003-2010 — O Brasil em transformação, p. 45-52.

BEVERIDGE, William. *O Plano Beveridge*: relatório sobre o seguro social e serviços afins. Rio de Janeiro: José Olympio, 1943.

BORON, Atílio. *A coruja de Minerva*: mercado contra democracia no capitalismo contemporâneo. Petrópolis: Vozes, 2001.

BOSCHETTI, Ivanete. *Assistência social no Brasil*: um direito entre originalidade e conservadorismo. 2. ed. Brasília: GESST/SER/UnB, 2003.

_____. Seguridade social e projeto ético-político do serviço social: que direitos para qual cidadania? In: *Serviço Social & Sociedade*, São Paulo, n. 79, p. 108-132, nov. 2004.

_____. Implicações da reforma da previdência na seguridade social brasileira. In: *Psicol. Soc.*, v. 15, n. 1, p. 57-96, jan./jun. 2003. Disponível em: <www.scielo.br/cgi-bin/wxi.exe/iah>. Acesso em: 20 jul. 2005.

_____. Implicações da reforma da previdência na seguridade social brasileira. In: *Psicologia&Sociedade*, v. 15, n. 1, p. 57-96, jan./jun. 2003. Disponível em: <http://www.scielo.br/scielo.php?script=sci_arttext&pid=S0102-71822003000100005>. Acesso em: 20 jul. 2010.

_____. *Seguridade social e trabalho, paradoxo na construção das políticas de previdência e assistência social no Brasil*. Brasília: Letras Livres, 2006.

_____. Seguridade social pública ainda é possível. In: *Revista Inscrita*. Brasília: CFESS, n. X, p. 31-36, nov. 2007.

_____. Seguridade social na América Latina. In: _____ et al. (Org.). *Política social no capitalismo*: tendências contemporâneas. São Paulo: Cortez, 2008a. p. 174 a 195.

_____. Seguridade social 20 anos depois: caminhos do desmonte. In: _____. *20 anos da Constituição cidadã*: avaliação e desafios da seguridade social. Brasília: Anfip, 2008b. p. 103-108.

_____. Prefácio. In: BEHRING, Elaine Rossetti; ALMEIDA, Maria Helena Tenório de. *Trabalho e seguridade social, percursos e dilemas*. São Paulo: Cortez, 2008c. p. 13-16.

_____. A política de seguridade social no Brasil. In: *Serviço Social*: Direitos sociais e competências profissionais. Brasília: CFESS/Abepss, 2009. p. 323-338.

_____. Trabalho, direitos e projeto ético político profissional. In: *Revista Inscrita*. Brasília: CFESS, n. XI, p. 37-44, maio 2009.

OSCHETTI, Ivanete; SALVADOR, Evilásio. Orçamento da seguridade social e política econômica: perversa alquimia. In: *Serviço Social & Sociedade*, São Paulo, v. 87, p. 25-57, 2006.

BRASIL. Constituição (1988). *Constituição da República Federativa do Brasil*. 41. ed. atual. e ampl. São Paulo: Saraiva, 2008a.

_____. *Proposta de Emenda à Constituição*: PEC 233. Altera o Sistema Tributário e dá outras providências. Brasília: Presidente da República Federativa do Brasil, 2008b.

_____. Ministério da Previdência Social. Secretaria de Previdência Social. Anuário *Estatístico da Previdência Social 2007*, Brasília: SPS-MPS, v. 16. 2008c.

_____. Presidência da República. Lei n. 11.718, de 20 de junho de 2008. Acrescenta artigo à Lei n. 5.889, de 8 de junho de 1973, criando o contrato de trabalhador rural por pequeno prazo; estabelece normas transitórias sobre a aposentadoria do trabalhador rural; prorroga o prazo de contratação de financiamentos rurais de que trata o § 6º do art. 1º da Lei n. 11.524, de 24 de setembro de 2007; e altera as Leis ns. 8.171, de 17 de janeiro de 1991, 7.102, de 20 de junho de 1993, 9.017, de 30 de março de 1995, e 8.212 e 8.213, ambas de 24 de julho de 1991. *Diário Oficial da União*, Brasília, n. 118, seção 1, p. 2, 23 jun. 2008d.

_____. Câmara dos Deputados Federais. Comissão de Legislação Participativa. Requerimento n. 129, de 2010, que requer a realização de Audiência Pública para inclusão dos Catadores de Materiais Recicláveis no RGPS. Brasília: Câmara dos Deputados, 2010.

_____. Constituição (1988). *Constituição da República Federativa do Brasil*. 16. ed. São Paulo: Atlas, 2000.

_____. Constituição (1988). *Constituição da República Federativa do Brasil*. 35. ed. atual. e ampl. São Paulo: Saraiva 2005.

_____. Ministério da Previdência Social (MPS). *Folder*: evolução histórica da previdência social. Brasília: Assessoria de Comunicação Social/MPS, 1994.

_____. Presidência da República. Decreto n. 6.214, de 26 de setembro de 2007. Regulamenta o benefício de prestação continuada da assistência social devido à pessoa com deficiência e ao idoso de que trata a Lei n. 8.742, de 7 de dezembro de 1993, e a Lei n. 10.741, de 1º de outubro de 2003, acresce parágrafo ao art. 162 do Decreto n. 3.048, de 6 de maio de 1999. *Diário Oficial da União*, Brasília, n. 188, seção 1, p. 16, 28 set. 2007a.

_____. Presidência da República. Decreto n. 6.042, de 12 de fevereiro de 2007. Altera o Regulamento da Previdência Social, aprovado pelo Decreto n. 3.048, de 6 de maio de 1999, disciplina a aplicação, acompanhamento e avaliação do Fator Acidentário de Prevenção (FAP) e do Nexo Técnico Epidemiológico e dá outras providências. *Diário Oficial da União*, Brasília, n. 31, seção 1, p. 2, 13 fev. 2007b.

_____. Presidência da República. Decreto n. 6.019, de 22 de janeiro de 2007. Institui o Fórum Nacional da Previdência Social e dá outras providências. *Diário Oficial da União*, Brasília, edição extra, n. 15-A, seção 1, p. 13, 22 de fev. 2007c.

_____. Ministério da Previdência Social. Gabinete do Ministro. Portaria n. 86, de 5 de março de 2007. Designa membros do Fórum Nacional de Previdência Social. *Diário Oficial da União*, Brasília, n. 44, seção 1, p. 15-16, 6 mar. 2007d.

_____. Ministério da Previdência Social. Gabinete do ministro. Portaria n. 101, de 13 de março de 2007. Aprova o Regimento Interno do Fórum Nacional de Previdência Social (FNPS). *Diário Oficial da União*, Brasília, n. 50, seção 1, p. 43, 6 mar. 2007e.

_____. Ministério da Previdência Social. Secretaria Executiva. Cópia master dos debates e acordos do FNPS, set. 2007. Brasília: MPS, v. 3, 21 set. 2007f.

_____. Ministério da Previdência Social. *Informe de Previdência Social*, Brasília, MPS, v. 20, n. 10, 20f, out. de 2008.

_____. Ministério da Previdência Social. *Informe de Previdência Social*, Brasília, MPS, v. 22, n. 1, 16f, jan. de 2010.

_____. Ministério da Previdência Social. *Informe de Previdência Social*, Brasília, MPS, v. 22, n. 2, 16f, fev. de 2010.

_____. Ministério da Previdência Social. *Informe de Previdência Social*, Brasília, MPS, v. 22, n. 12, 16f, dez. de 2010.

_____. Ministério da Previdência Social. Secretaria de Previdência Social. *Informe de Previdência Social*, Brasília, SPS-MPS, v. 20, n. 12, 24f, dez. 2008.

_____. Ministério da Previdência Social. Secretaria de Previdência Social. *Informe de Previdência Social*, Brasília, SPS-MPS, v. 17, n. 1, jan. 2005.

BRASIL. Ministério da Previdência Social. Secretaria de Previdência Social. *Previdência em Questão*, Brasília, SPS-MPS, n. 1, 16 a 31 jul. 2008.

_____. Ministério da Previdência Social. Secretaria de Previdência Social. *Previdência em Questão*, Brasília, SPS-MPS, n. 2, 1º a 15 ago. 2008.

_____. Ministério da Previdência Social. Secretaria de Previdência Social. *Anuário Estatístico da Previdência Social*: suplemento histórico — 1980-2005. Brasília: SPS-MPS, [2006?]. v. 3.

_____. Ministério da Previdência Social. Secretaria de Previdência Social. *Anuário Estatístico da Previdência Social 2005*. Brasília: SPS-MPS, 2006. v. 14.

_____. Ministério da Previdência Social. Secretaria de Previdência Social. Anuário *Estatístico da Previdência Social 2006*. Brasília: SPS-MPS, 2007. v. 15.

_____. Ministério da Previdência Social. Secretaria de Previdência Social. Anuário *Estatístico da Previdência Social 2008*. Brasília: SPS-MPS, 2009. v. 17.

_____. Ministério da Previdência Social. Secretaria de Previdência Social. *Panorama da previdência social brasileira*. Apresentação em *power point*. São Paulo, jun. 2008. Disponível em: <www.mps.gov.br>. Acesso em: 6 abr. 2009.

_____. Ministério da Previdência Social. Secretaria de Previdência Social. *Boletim Estatístico da Previdência Social*, Brasília, v. 15, n.12, dez. 2010. Disponível em: <www.mps.gov.br>. Acesso em: 23 fev. 2011.

_____. Ministério da Saúde. Elementos para uma agenda sobre sistemas universais de seguridade social. In: CONFERÊNCIA MUNDIAL SOBRE O DESENVOLVIMENTO DE SISTEMAS UNIVERSAIS DE SEGURIDADE SOCIAL, 1. Relatório final em português, Brasília, MS, 5 dez. 2010. Disponível em: <http://www.conselho.saude.gov.br/cm/INDEX.html>. Acesso em: 17 fev. 2011.

_____. Ministério do Desenvolvimento Social e Combate à Fome. Movimento Nacional de Catadores de Materiais Recicláveis. Análise do custo de geração de postos de trabalho na economia urbana para o segmento dos catadores de materiais recicláveis. Relatório final. Brasília, 2006. (Mimeo.)

_____. Ministério do Trabalho e Emprego (MTE). *Atlas da economia solidária no Brasil*. MTE, 2007. Disponível em: www.mte.gov.br/seg_desemp/default. asp. Acesso em: 10 jan. 2009.

BRASIL. Ministério do Trabalho e Emprego (MTE). Avaliação do seguro-desemprego, *Texto.* MTE, 2001. Disponível em: <www.mte.gov.br/seg_desemp/default.asp>. Acesso em: 10 jan. 2009.

_____. Presidência da República. Decreto n. 4.874, de 11 de novembro de 2003. Acresce artigo ao Regulamento da Previdência Social, aprovado pelo Decreto n. 3.048, de 6 de maio de 1999. *Diário Oficial da União*, Brasília, n. 220, seção 1, p. 130, 12 nov. 2003.

_____. Presidência da República. Decreto n. 5.209, de 17 de setembro de 2004. Regulamenta a Lei n. 10.836, que cria o Programa Bolsa-Família, e dá outras providencias. *Diário Oficial da União*, Brasília, n. 181, seção 1, p. 3, 20 set. 2004.

_____. Presidência da República. Decreto n. 5.749, de 12 de abril de 2006. Altera o caput do art.18 do Decreto n. 5.209, de 17 de setembro de 2004, dispondo sobre atualização de valores referenciais para caracterização das situações de pobreza e extrema pobreza no âmbito do Programa Bolsa-Família, previsto no art. 2º, §§ 2º e 3º da Lei n. 10.836, de 9 de janeiro de 2004. *Diário Oficial da União*, Brasília, n. 71, seção 1, p. 1, set. 2006.

_____. Presidência da República. Decreto n. 6.917, 30 de julho de 2009. Altera os artigos 18, 19 e 20 do Decreto n. 5.209, de 17 de setembro de 2004, que regulamenta a Lei n. 10.836, de 9 de janeiro de 2004, que cria o Programa Bolsa-Família. *Diário Oficial da União*, Brasília, n. 145, seção 1, p. 2, 31 jul. 2009.

_____. Presidência da República. Lei n. 11.258, de 30 de dezembro de 2005. Altera a Lei n. 8.742, de 7 de dezembro de 1993 que dispõe sobre a organização da assistência social para acrescentar o serviço de atendimento às pessoas que vivem em situação de rua. *Diário Oficial da União*, Brasília, n. 1, seção 1, p. 1, 2 jan. 2006.

_____. Presidência da República. Lei n. 12.351, 22 de dezembro de 2010. Dispõe sobre a exploração e a produção de petróleo, de gás natural e de outros hidrocarbonetos fluidos, sob o regime de partilha de produção, em áreas do pré-sal e em áreas estratégicas; cria o Fundo Social (FS) e dispõe sobre sua estrutura e fontes de recursos; altera dispositivos da Lei n. 9.478, de 6 de agosto de 1997 e dá outras providências. *Diário Oficial da União*, Brasília, n. 245, seção 1, p. 1, 23 dez. 2010.

_____. Presidência da República. Lei n. 7.998, de 11 de janeiro de 1990. Regula o programa do seguro-desemprego, o abono salarial, institui o Fundo de Amparo ao Trabalhador e dá outras providências. *Diário Oficial da União*, Brasília, n. 9, seção 1, p. 874, 12 jan. 1990a.

_____. Presidência da República. Lei n. 8.069, de 13 de julho de 1990. Dispõe sobre o Estatuto da Criança e do Adolescente (ECA) e dá outras providências. *Diário Oficial da União*, Brasília, n. 135, seção 1, p. 1, 16 jul. 1990b.

_____. Presidência da República. Lei n. 8.212, de 24 de janeiro de 1991, que dispõe sobre a organização da seguridade, institui plano de custeio e dá outras providências. *Diário Oficial da União*, Brasília, n. 142, seção 1, p. 1, 25 jul. 1991a.

_____. Presidência da República. Lei n. 8.213, de 24 de janeiro de 1991. Dispõe sobre o plano de benefícios da previdência social e dá outras providências. *Diário Oficial da União*, Brasília, n. 142 seção 1, p. 121, 25 jul. 1991b.

_____. Presidência da República. Lei n. 8.742 de 7 de dezembro de 1993 — Lei Orgânica da Assistência Social. Dispõe sobre a organização da assistência social e dá outras providências. *Diário Oficial da União*, Brasília, n. 233, seção 1, p. 1, 8 dez. 1993.

_____. Presidência da República. Lei Complementar n. 101, de 4 de maio de 2000. Estabelece normas de finanças públicas voltadas para a responsabilidade na gestão fiscal e dá outras providências. *Diário Oficial da União*, Brasília, n. 86, seção 1, p. 1, 5 maio 2000a.

_____. Presidência da República. Lei Complementar n. 128 de 19 de dezembro de 2008. Altera a Lei Complementar n. 123, de 14 de dezembro de 2006, altera as Leis ns. 8.212, de 24 de julho de 1991, 8.213, de 24 de julho de 1991, 10.406, de 10 de janeiro de 2002 — Código Civil, 8.029, de 12 de abril de 1990 e dá outras providências. *Diário Oficial da União*, Brasília, n. 248, seção 1, p. 1, de 22 dez. 2008.

_____. Presidência da República. Lei n. 10.835, 8 de janeiro de 2004. Institui a renda básica de cidadania e dá outras providências. *Diário Oficial da União*, Brasília, n. 6, seção 1, p. 1, 9 de jan. 2004a.

_____. Presidência da República. Lei n. 10.836, 9 de janeiro de 2004. Cria o Programa Bolsa-Família e dá outras providências. *Diário Oficial da União*, Brasília, n. 6, seção 1, p. 1, 12 jan. 2004b.

_____. Presidência da República. Lei n. 11.727, de 23 de junho de 2008. Dispõe sobre medidas tributárias destinadas a estimular os investimentos e a modernização do setor de turismo, a reforçar o sistema de proteção tarifária brasileiro, a estabelecer a incidência de forma concentrada da Contribuição para o PIS/Pasep e da Contribuição para o Financiamento da Seguridade Social (Confins) na produção e comercialização de álcool; altera as Leis ns. 10.865, de 30 de abril de 2004, 11.488, de 15 de junho de 2007, 9.718, de 27 de novembro de 1998, 11.196, de 21 de novembro de 2005, 10.637, de 30 de dezembro de 2002, 10.833, de 29 de dezembro de 2003, 7.689, de 15 de dezembro de 1988, 7.070, de 20 de dezembro de 1982, 9.250, de 26 de dezembro de 1995, 9.430, de 27 de dezembro de 1996, 9.249, de 26 de dezembro de 1995, 11.051, de 29 de dezembro de 2004, 9.393, de 19 de dezembro de 1996, 8.213, de 24 de julho de 1991, 7.856, de 24 de outubro de 1989, e a Medida Provisória n. 2.158-35, de 24 de agosto de 2001 e dá outras providências. Alterada pela Lei n. 11.827, de 20 de novembro de 2008. *Diário Oficial da União*, Brasília, n. 119, seção 1, p. 2, 24 jun. 2008.

_____. Presidência da República. Lei n. 6.179, de 11 de dezembro de 1974. Institui amparo previdenciário para maiores de setenta anos de idade e para inválidos, e dá outras providências. *Diário Oficial da União*, Brasília, n. 239, seção 1, p. 1, 12 dez. 1974a.

_____. Presidência da República. Medida Provisória n. 525, de 7 de abril de 2011. Altera a Lei n. 8.212, de 24 de julho de 1991, no tocante à contribuição previdenciária do microempreendedor individual. *Diário Oficial da União*, Brasília, n. x, seção 1, p. 1, 8 abr. 2011. Disponível em: <www.ibge.gov.br/home/estatistica/populacao/trabalhoerendimento/pnad/microdados.shtm>; <www.sidra.ibge.gov.br/bda/pesquisas/pnad/default.asp>. Acesso em: 11 mar. 2010.

_____. Presidência da República. Medida Provisória n. 1.799-5, de 13 de maio de 1999 — *DOU*, 14 maio 1999. Altera dispositivos da Lei n. 9.649, de 27 de maio de 1998, que dispõe sobre a organização da presidência da República e dos ministérios e dá outras providências. *Diário Oficial da União*, Brasília, n. 91, seção 1, p. 1, 14 maio 1999.

CARDOSO, Adalberto Moreira. A filiação sindical no Brasil. *Dados*: Revista de ciências sociais, Rio de Janeiro, v. 44, n. 1, p. 15-52, 2001.

_____. Sindicalismo, trabalho e emprego. In: IBGE. *Estatística do século XX*. Rio de Janeiro: IBGE, 2006. p. 247-287.

CARDOSO, Fernando Henrique. Comentário sobre os conceitos de superpopulação relativa e marginalidade. *Notas*. [São Paulo?] [1977?]. Disponível em: <http://www.rexlab.ufsc.br:8080/more/>. Acesso em: 11 mar. 2010.

CARNOY, Martin. *Estado e teoria política*. 4. ed. Tradução de equipe de tradutores do Instituto de Letras da Puccamp. Campinas: Papirus, 1994.

CARONE, Edgar. *Revoluções do Brasil contemporâneo*: 1922-1938. 4. ed. São Paulo: Ática, 1989.

CASTEL, Robert. *As metamorfoses da questão social*: uma crônica do salário. Tradução de Iraci D. Poleti. Petrópolis: Vozes, 1998. (Col. Zero à Esquerda.)

CHESNAIS, F. *A mundialização do capital*. São Paulo: Xam, 1996.

_____. *A finança mundializada*. São Paulo: Boitempo, 2005.

CFESS. Conselho Federal de Serviço Social. Carta de Maceió. In: ENCONTRO NACIONAL CFESS, 29., CRESS, Maceió, set. 2000.

COHN. Amélia. *Previdência social e processo político no Brasil*. São Paulo: Moderna, 1980.

CORIAT, Benjamim. *El taller y el cronómetro, ensayo sobre el taylorismo, el fordismo y la producción em masa*. México: Siglo Vientiuno Editores, 1985.

COSTA, Emília Viotti da. *Da monarquia à república*: momentos decisivos. 5. ed. São Paulo: Brasiliense, 1985.

COUTINHO, C. N. Notas sobre cidadania e modernidade. In: *Revista Praia Vermelha*, Rio de Janeiro, UFRJ, n. 1, 1997.

_____. *Marxismo e política*: a dualidade de poderes e outros ensaios. 3. ed. São Paulo: Cortez, 2008.

DELGADO, Guilherme. O setor de subsistência na economia brasileira: gênese histórica e formas de reprodução. In: JACCOUD, Luciana (Org.). *Questão social e políticas sociais no Brasil contemporâneo*. Reimpr. Brasília: Ipea, 2009. p. 19-50.

DELGADO, Guilherme. *O setor de subsistência na economia brasileira*: gênese histórica, reprodução e configuração contemporânea. Texto para discussão n. 1.025. Brasília, Ipea, jul. 2004. Disponível em: <www.IPEA.gov.br>. Acesso em: 9 set. 2005.

DELGADO, Guilherme. *Reforma Tributária e suas implicações para os direitos sociais (seguridade social)*. Nota digitada. Brasília, 2008.

DIEESE. Departamento Intersindical de Estatísticas e Estudos Socioeconômicos. Transformações no mercado de trabalho e desafios para a Previdência Social no Brasil. *Nota Técnica*, Brasília, Dieese, n. 46, jul. 2007. Disponível em: <http://www.DIEESE.org.br/notatecnica/nota.xml>. Acesso em: 23 jun. 2010.

_____. Previdência social brasileira. *Anuário dos trabalhadores*. 6. ed. São Paulo: Dieese, 2005.

_____. Previdência social brasileira. *Anuário dos trabalhadores*. 9. ed. São Paulo, 2008.

_____. Previdência social brasileira. *Salário mínimo nominal e necessário*. Brasília: Dieese, 2010.

Disponível em: <http://www.DIEESE.org.br/rel/rac/salminMenu09-05.xml>. Acesso em: 18 de fev. 2011.

_____. Previdência social brasileira: concepção constitucional e tentativas de desconstrução. *Nota Técnica*, Brasília, Dieese, n. 51, set. 2007. Disponível em: <http://www.DIEESE.org.br/notatecnica/nota.xml>. Acesso em: 23 jun. 2010.

ESPING-ANDERSEN, G. As três economias políticas do *Welfare State*. In: *Lua Nova*, São Paulo, Marco Zero/Cedec, n. 24, set. 1991.

_____. Uma perspectiva transatlântica da privatização latino-americana. In: COELHO, Vera Schattan P. (Org.). *A reforma da previdência social na América Latina*. Rio de Janeiro: Editora FGV, 2003.

FALEIROS, Vicente de Paula. *A política social do Estado capitalista*. 8. ed. rev. São Paulo: Cortez, 2000a.

_____. A questão da reforma da previdência social no Brasil. In: *Revista Ser Social*. Programa de Pós-graduação em Política Social do Departamento de Serviço Social, Universidade de Brasília, n. 7, p. 97-116, jul./dez. 2000b. (Seguridade Social.)

_____. Previdência social: conflitos e consensos. In: *Revista Ser Social*. Programa de Pós-graduação em Política Social do Departamento de Serviço Social,

Universidade de Brasília, n. 11, p. 29-74, jun./dez. 2002. (Política Social — Previdência.).

FERNANDES, Florestan. *The negro in Brazilian society*. Nova York: Columbia University Press, 1969.

_____. *A Constituição inacabada*: vias históricas e significado político. São Paulo: Estação Liberdade, 1989.

_____. *A ditadura em questão*. São Paulo: T. A. Queiroz, 1982.

_____. *Mudanças sociais no Brasil*/Apresentação de Marco Antonio Vila. 4. ed. rev. São Paulo: Global, 2008a.

_____. *Sociedade de classes e subdesenvolvimento*/Apresentação de Paul Singer. 5. ed. rev. São Paulo: Global, 2008b.

FLEURY, S. A seguridade inconclusa. In: _____. *A era FHC e o governo Lula*: transição? Brasília: Inesc, 2004.

FÓRUM ESTADUAL LIXO E CIDADANIA DE MINAS GERAIS (FELC/MG). *Cartografia socioambiental do sistema de coleta seletiva*. Belo Horizonte: FELC/MG, mar. 2011.

_____. *Manual para organização e negociação dos serviços*: sistema de coleta seletiva com participação dos catadores. Belo Horizonte: FELC/MG, jan. 2011.

FREITAS, Isabel; MORI, Natalia; FERREIRA, Verônica (Org.). *A seguridade social é um direito das mulheres. Vamos à luta!* Brasília: CFEMEA: MDG3 Fund, 2010. 68 p.

FURTADO, Celso. Entrevista concedida a Eduardo Pereira Nunes. In: IBGE. *Estatística do século XX*, Rio de Janeiro: IBGE, 2006. p. 11-24.

GENTIL, Denise Lobat. A política fiscal e a falsa crise do sistema de seguridade social no Brasil: análise financeira do período recente. In: SICSÙ, João (Org.). *Arrecadação, de onde vem? E gastos públicos, para onde vão?* São Paulo: Boitempo, 2007. p. 29-36.

GORZ, André. *Metamorfose do trabalho*: crítica da razão econômica. São Paulo: Annablume, 2003.

GOUGH, Ian. *Capital global, necesidades básicas y políticas sociales*. Traducção de Valéria Durán e Hermán Seiguer. Buenos Aires: Miño y Dávila/Ciepp, 2003.

GOUGH, Ian. *Economia política del Estado del bienestar*. Traducção de Gerório Rodriguez Cabrero. Madri: H. Blume Ediciones, 1978.

GRANEMANN, Sara. Processos de trabalho e serviço social. In: *Capacitação em Serviço Social e Política Social*. Brasília: Cead/UnB. módulo 2, p. 153-166, 1999.

_____. Necessidades da acumulação capitalista. In: *Revista Inscrita*. Brasília, CFESS, ano VI, n. IX, p. 29-34, nov. 2004.

_____. O processo de produção e reprodução social: trabalho e sociabilidade. In: *Serviço Social*: Direitos sociais e competências profissionais. Brasília: CFESS/Abepss, p. 223-238, 2009.

GRUPPI, Luciano. *Tudo começou com Maquiavel*: as concepções de Estado em Marx, Engels, Lênin e Gramsci. 4. ed. Porto Alegre: L&PM Editores, 1983.

HARVEY, David. Espaços de Esperança. São Paulo: Loyola, 2004a.

_____. O novo imperialismo. São Paulo: Loyola, 2004b.

_____. *Condição pós-moderna*. 13. ed. São Paulo: Loyola, 2004c.

HOCHMAN, Gilberto. Previdência e assistência social nos anuários estatísticos do Brasil. In: IBGE. *Estatística do século XX*. Rio de Janeiro: IBGE, 2006. p. 179-216.

HUSSON, M. *Miséria do capital*: uma crítica ao neoliberalismo. Lisboa: Terramar, 1999.

IAMAMOTO, Marilda Vilela. *Serviço social em tempo de capital fetiche*: capital financeiro, trabalho e questão social. São Paulo: Cortez, 2007.

_____. Estado, classes trabalhadoras e política social no Brasil. In: BOSCHETTI, Ivanete; BEHRING, Elaine Rossetti; SANTOS, Silvana M. de Moraes et al. (Org.). *Política social no capitalismo, tendências contemporâneas*. São Paulo: Cortez, 2008a. p. 13 a 43.

_____. Os espaços sócio-ocupacionais do assistente social. In: *Serviço Social*: Direitos sociais e competências profissionais. Brasília, CFESS/Abepss, p. 341--376, 2009.

_____. *Trabalho e indivíduo social*. 3. ed. São Paulo: Cortez, 2008b.

_____; CARVALHO Raul. *Relações sociais e serviço social no Brasil*: esboço de uma interpretação histórico-metodológica. 2. ed. São Paulo: Cortez, 1983.

IANNI, Octavio. *Estado e capitalismo*. São Paulo: Brasiliense, 2004a.

_____. *Capitalismo, violência e terrorismo*. Rio de Janeiro: Civilização Brasileira, 2004b.

INSTITUTO BRASILEIRO DE GEOGRAFIA ESTATÍSTICA (IBGE). *Notas metodológicas*. Brasília: IBGE, 2006. Disponível em: <www.ibge.gov.br/pme>. Acesso em: 12 fev. 2006.

_____. *Pesquisa Nacional por Amostra de Domicílios — PNAD/2004*. Notas técnicas e comentários. Brasília: IBGE, nov. 2005. Disponível: <www.ibge.gov.br>. Acesso em: 12 fev. 2006.

_____. *Pesquisa Nacional por Amostra de Domicílios — PNAD/2007*. Síntese de indicadores. Brasília: IBGE, 2008.

_____. *Pesquisa Nacional por Amostra de Domicílios — PNAD/2008*. Síntese de indicadores. Brasília: IBGE, 2009.

_____. *Pesquisa Nacional por Amostra de Domicílios — PNAD/2009*. Síntese de indicadores. Brasília: IBGE, 2010.

_____. *Pesquisa Nacional por Amostra de Domicílios — PNAD/2008*. Microdados. Disponível em: <www.ibge.gov.br/home/estatistica/populacao/trabalhoerendimento/pnad2008/microdados.shtm>; <www.sidra.ibge.gov.br/bda/pesquisas/pnad/default.asp>. Acesso em: 11 mar. 2010.

_____. *Pesquisa Nacional por Amostra de Domicílios — PNAD/2001-2007*. Microdados. Disponível em: <www.sidra.ibge.gov.br/home/estatistica/populacao/trabalhoeendimento/pnad/microdados.sgtm>; <www.sidra.ibge.gov.br/bda/pesquisas/pnad/default./asp>. Acesso em: 11 mar. 2010.

_____. *Pesquisa Nacional por Amostra de Domicílios. PNAD 1987, 1988, 1989, 1990, 1992, 1993, 1995, 1996, 1997, 1998, 1999*. Microdados. Disponível em: <www.ibge.gov.br/home/estatistica/populacao/trabalhoerendimento/pnad/microdados.shtm>; <www.sidra.ibge.gov.br/bda/pesquisas/pnad/default.asp>. Acesso em: 11 mar. 2010.

INESC — Instituto de Estudos Socioeconômicos. *Nota Técnica*, Brasília, n. 140, abr. 2008.

IPEA — Instituto de Pesquisa Econômica Aplicada. *Radar Social-2005*. Brasília: Ipea, 2005.

IPEA. *Radar Social-2006*. Brasília: Ipea, 2006.

_____. *Políticas sociais acompanhamento e análise*. Edição especial (1995-2005). Brasília: Ipea, n. 13., 2007.

_____. *Políticas sociais acompanhamento e análise*. Brasília: Ipea, n. 15, mar. 2008.

_____. PNAD 2007: primeiras análises, mercado de trabalho, trabalho infantil, previdência. In: *Comunicado da Presidência*, Brasília: Ipea, v. 2, n. 10, 30 set. 2008.

_____. PNAD 2008: primeiras análises, demografia, trabalho e previdência. In: *Comunicado da Presidência*. Brasília, Ipea, v. 2, n. 31, 1º out. 2009.

KRISCHKE, Paulo J. *O contrato social ontem e hoje*. São Paulo: Cortez, 1993.

LEONARD, Peter. Introducción a la edición española. In: GOUGH, Ian. *Economia política del Estado del bienestar*. Tradução de Gerório Rodriguez Cabrero. Madri: H. Blume Ediciones, 1978.

LOCKE, John. Two treatsises of civil government. Tradução de Cid Knipell Moreira. Londres: Everyman's Library, 1966. p. 117-241. In: WEFFORT, Francisco (Org.). *Os clássicos da política*. 10. ed. São Paulo: Ática, 2000. v. 2.

LUCIO, Clemente Ganz. *Transformações no mercado de trabalho e desafios para a previdência social no Brasil*. Texto técnico. Brasília, Dieese, 21 mar. 2007. Disponível em: <http://www.previdenciasocial.gov.br/arquivos/office/4_081010-120047-369.pdf>. Acesso em: 23 jun. 2010.

MABEL, Sandro. Proposta de Emenda à Constituição n. 31-A, de 2007. Altera o Sistema Tributário Nacional, unifica a legislação do imposto sobre operações relativas à circulação de mercadorias e prestação de serviços de transporte interestadual e intermunicipal e de comunicação e outras providências. *Relatório e substitutivo do relator da Comissão Especial para emitir parecer sobre a matéria*. Brasília: Câmara dos Deputados, 29 out. 2008.

MACPHERSON, C. B. Ascensão e queda da justiça econômica. In: KRISCHKE, Paulo J. *O contrato social ontem e hoje*. São Paulo: Cortez, 1993. p. 265-82.

MALLOY, James M. *Política de previdência social no Brasil*. Rio de Janeiro: Graal, 1986.

MANDEL, Ernest. *Crítica do eurocomunismo*. Lisboa: Antídoto, 1978.

_____. *O capitalismo tardio*. Tradução de Carlos Eduardo Silveira Matos, Regis de Castro Andrade e Dinah de Abreu Azevedo. São Paulo: Abril Cultural, 1982. (Col. Os Economistas.)

MANDEL, Ernest. *A crise do capital*: os fatos e a sua interpretação marxista. São Paulo: Ensaio; Campinas: Unicamp, 1990.

_____. *O lugar do marxismo na história*. 2. ed. São Paulo: Xamã, 2001.

MARINHO, Luiz. A previdência social de nossos netos. Artigo jornalístico. *O Globo*, Rio de Janeiro, 7 out. 2007. Disponível em: <www1.previdencia.gov. br/docs/pdf/artigo_A-Previd%EAncia-Social-de-nossos-netos.pdf>. Acesso em: 6 abr. 2009.

MARSHALL, T. H. *Cidadania, classe social e status*. Tradução de Meton Porto Gadelha. Rio de Janeiro: Zahar, 1967.

MARX, Karl. *O capital*. Tradução de Reginaldo Sant'Anna. 12. ed. Rio de Janeiro: Bertrand Brasil, 1988a. p. 1-579. Livro 1. v. I.

_____. *O capital*. Tradução de Reginaldo Sant'Anna. 12. ed. Rio de Janeiro: Bertrand Brasil, 1988b. p. 583-932. Livro 1. v. II.

_____. *Contribuição à crítica da economia política*. São Paulo: Martins Fontes, 2003.

_____. Processo de trabalho e processo de valorização. In: ANTUNES, Ricardo (Org.). *A dialética do trabalho*: escritos de Marx e Engels. 2. ed. São Paulo: Expressão Popular, 2005a. p. 35-69.

_____. Salário, preço e lucro. In: ANTUNES, Ricardo (Org.). *A dialética do trabalho*: escritos de Marx e Engels. 2. ed. São Paulo: Expressão Popular, 2005b. p. 71-123.

_____. Crítica ao programa de Gotha. In: ANTUNES, Ricardo (Org.). *A dialética do trabalho*: escritos de Marx e Engels. 2. ed. São Paulo: Expressão Popular, 2005c. p. 125-153.

_____. *Sobre a questão judaica*. Tradução de Nélio Schneider. São Paulo: Boitempo, 2010.

_____. *Grundrisse: manuscritos econômicos de 1857-1858*: esboços da crítica da Economia Política. Tradução de Mario Duayer, Nélio Schneider, Alice Helga Werner e Rudiger Hoffman, Rio de Janeiro: Boitempo/UFRJ, 2011. p. 792.

_____; ENGELS, Friedrich. *O Manifesto Comunista*. Tradução de Maria Lucia Como. Rio de Janeiro: Paz e Terra, 1998. (Col. Leitura.)

_____. *A ideologia alemã*. Tradução de L. Cláudio de Castro. São Paulo: Martins Fontes, 2002.

MATTOSO, J. *A desordem do trabalho*. São Paulo: Scritta, 1995.

_____. O Brasil herdado. In: SADER, Emir; GARCIA, Marco Aurélio (Org.). *Brasil entre o passado e o futuro*. São Paulo: Editora Fundação Perseu Abramo: Boitempo, 2010. p. 31-56.

MELLO, Leonel Itaussu Ameida. John Locke e o individualismo liberal. In: WEFFORT, Francisco (Org.). *Os clássicos da política*. 10. ed. São Paulo: Ática, 2000. v. 2.

MENDONÇA, Sérgio; FIGUEIREDO Ademir. In: GUIMARÃES, Juarez (Org.). *As novas bases da cidadania*: políticas sociais, trabalho e previdência social. São Paulo: Editora Fundação Perseu Abramo, 2010. v. 2: 2003-2010 — O Brasil em transformação, p. 89-100.

MESA-LAGO, Carmelo. *As reformas da previdência na América Latina e os seus impactos nos princípios de seguridade social*. Tradução da Secretaria de Políticas de Previdência Social. Brasília: Ministério da Previdência Social, 2007.

MESZÁROS, István. *Para além do capital*: rumo a uma teoria da transição. 3. reimpr. Tradução de Paulo Cezar Castanheira e Sérgio Lessa. São Paulo: Boitempo, 2009. (Col. Mundo do Trabalho.)

MINAS GERAIS. Assembleia Legislativa do Estado de Minas Gerais. Gerência-Geral de Taquigrafia e Publicação. In: REUNIÃO ESPECIAL DA COMISSÃO DE PARTICIPAÇÃO POPULAR, 2., *Notas Taquigráficas*, 4ª sessão legislativa da 16ª legislatura da Assembleia Legislativa do Estado de Minas Gerais, 7 jun. 2010.

MOTA, Ana Elizabete. *Cultura da crise e seguridade social*. São Paulo: Cortez, 1995.

_____ (Org.). *O mito da assistência social*: ensaios sobre Estado, política e sociedade. 2. ed. rev. e ampl. São Paulo: Cortez, 2008.

_____. Crise contemporânea e as transformações na produção capitalista. In: *Serviço Social*: Direitos sociais e competências profissionais. Brasília: CFESS/ Abepss, 2009a. p. 51-68.

_____. Serviço Social e Seguridade Social: uma agenda recorrente e desafiante. In: *Em pauta*, revista da Faculdade de Serviço Social da Universidade do Estado do Rio de Janeiro. Rio de Janeiro: Renavan, n. 20, p. 127-139, 2009b.

MOTA, Ana Elizabete (Org.). Seguridade social brasileira: desenvolvimento histórico e tendências recentes. In: *Serviço Social e Saúde*: formação e trabalho profissional. [2006.] Disponível em: <http://www.fnepas.org.br/pdf/servico_social_saude/texto1-2.pdf>. Acesso em: 24 jun. 2010.

_____. Redução da pobreza e aumento da desigualdade: um desafio teórico-político ao serviço social brasileiro. In: _____ (Org.). *As ideologias da contrarreforma e o serviço social*. Recife: Editora Universitária/UFPE, 2010. p. 13-67.

NAVARRO, V. *Neoliberalismo y Estado del bienestar*. 2. ed. Barcelona: Ariel, 1998.

NETTO. J. Paulo. O Marx de Sousa Santos: uma nota polêmica. In: *Praia Vermelha*: Estudos de política e teoria social, revista acadêmica. Rio de Janeiro: PPGESS/UFRJ, 1997. v. I, n. I, p. 123-166.

_____. Desigualdade, pobreza e serviço social. In: *Em Pauta*, revista da Faculdade de Serviço Social da Universidade do Estado do Rio de Janeiro. Rio de Janeiro, Renavan, n. 19, p. 135-70, 2007.

_____. Introdução ao método da teoria social. In: *Serviço Social*: Direitos sociais e competências profissionais. Brasília: CFESS/Abepss, p. 668-670, 2009.

_____; BRAZ, Marcelo. *Economia política*: uma introdução crítica. São Paulo: Cortez, 2006. (Biblioteca Básica de Serviço Social, v. 1.)

NUN, José. Superoblación relativa, ejército industrial de reserva y masa marginal. *Revista Latinoamericana de Sociologia Buenos Aires*, v. 5, n. 2, p. 180-225, jul. 1969.

O'CONNOR, J. *The fiscal crisis of the State*. S/l: St James Press, 1973.

OLIVEIRA, Francisco de. *Crítica à razão dualista*: o ornitorrinco. São Paulo: Boitempo, 2003a.

_____. Prefácio. In: BEHRING, Elaine R. *Brasil em contrarreforma*: desestruturação do Estado e perda de direitos. São Paulo: Cortez, 2003b.

OLIVEIRA, Jaime A. de Araújo; TEIXEIRA, Sônia M. Fleury. *(Im)previdência social*. Petrópolis: Vozes/Associação Brasileira de Pós-graduação em Saúde Coletiva (Abrasco), 1985.

PANITCH. *Comparative Polítical Studies*. Londres, v. 10, n. 1, p. 78, 1977.

PEREIRA, Potyara A. P. Vicissitudes da pesquisa e da teoria no campo da política social. In: *Revista Ser Social*. Programa de Pós-graduação em Política

Social do Departamento de Serviço Social, Universidade de Brasília, p. 53-93, jul./dez. 2001. (Pesquisa em Serviço Social e Política Social, n. 9.)

_____. *Necessidades humanas*: subsídios à crítica dos mínimos sociais. 2. ed. São Paulo: Cortez, 2002.

_____. Alternativas socialistas às políticas sociais neoliberais. In: *Revista Ser Social*. Programa de Pós-graduação em Política Social do Departamento de Serviço Social, Universidade de Brasília, p. 195-222, jul./dez. 2003. (Propostas Alternativas ao Neoliberalismo, n. 13.)

_____. *Política social, temas & questões*. São Paulo: Cortez, 2008.

PIMENTEL, José. A previdência vive um novo tempo. In: GUIMARÃES, Juarez (Org.). *As novas bases da cidadania*: políticas sociais, trabalho e previdência social. São Paulo: Editora Fundação Perseu Abramo, 2010. v. 2: 2003-2010 — O Brasil em transformação, p. 111-26.

PISÓN, José Martinez. *Políticas de bienestar*: un estúdio sobre los derechos sociales. Madri: Tecnos, 1998.

PNUD. Programa das Nações Unidas para o Desenvolvimento. *Relatório de Desenvolvimento Humano 2009*. Brasil: PNUD, 2010. Disponível em: <http://hdr.undp.org/en/media/HDR_2009_PT_Complete.pdf>. Acesso em: 5 fev. 2010.

POCHMANN, Marcio. *O emprego na globalização*: a nova divisão internacional do trabalho e os caminhos que o Brasil escolheu. São Paulo: Boitempo, 2001.

_____. *O trabalho sob fogo cruzado*. São Paulo: Contexto, 2002.

_____. Gasto social, o nível de emprego e a desigualdade da renda do trabalho no Brasil. In: SICSÙ, João (Org.). *Arrecadação, de onde vem? E gastos públicos, para onde vai?* São Paulo: Boitempo/RLS, 2007.

_____. Economia social e do trabalho: a superterceirização do trabalho. In: *Debates Contemporâneos*. Campinas: Unicamp, abr.2008.

_____; DIAS, GUILHERME. A sociedade pela qual se luta. In: SADER, Emir; GARCIA, Marco Aurélio (Org.). *Brasil entre o passado e o futuro*. São Paulo: Editora Fundação Perseu Abramo: Boitempo, 2010. p. 111-32.

PRADO JR., Caio. *História econômica do Brasil.* São Paulo: Brasiliense, 1945.

_____. *Formação do Brasil contemporâneo*. 9. reimpr. da 23. ed. de 1994. Taubaté: Brasiliense, 2006.

PRADO JR., Caio. *História econômica do Brasil*. 48. reimpr. da 1. ed. de 1945 atual. em 1970 e *post-scriptum* em 1976. Taubaté: Brasiliense, 2008.

PRATA, José de Araújo. Os novos fundamentos da política de bem-estar social. In: GUIMARÃES, Juarez (Org.). *As novas bases da cidadania*: políticas sociais, trabalho e previdência social. São Paulo: Editora Fundação Perseu Abramo, 2010. v. 2: 2003-2010 — O Brasil em transformação, p. 127-34.

RAWLS, John. A justiça como equidade. In: KRISCHKE, Paulo J. *O contrato social ontem e hoje*. São Paulo: Cortez, 1993. p. 155-91.

ROLLEMBERG, Rodrigo. Projeto de Lei n. 6.039/2009. Altera as Leis ns. 8.212, de 24 de julho de 1991, 8.213, de 24 de julho de 1991 e o Decreto n. 3.048, de 6 de maio de 1999, para incluir o catador de material reciclável como segurado especial da previdência social. Brasil. Câmara dos Deputados. 15 set. 2009. Disponível em: <http://www.camara.gov.br/internet/sileg/Prop_Detalhe. asp?id=449788>. Acesso em: 19 fev. 2011.

ROUSSEAU, Jean-Jacques. Princípios do direito político. In: KRISCHKE, Paulo J. *O contrato social ontem e hoje*. São Paulo: Cortez, 1993. p. 118-28.

_____. *Do contrato social*. Tradução de Pietro Nassetti. São Paulo: Martins Claret, 2000. (Col. A obra-prima de cada autor.)

SADER, Emir. Brasil, de Getúlio a Lula. In: SADER, Emir; GARCIA, Marco Aurélio (Org.). *Brasil entre o passado e o futuro*. São Paulo: Editora Fundação Perseu Abramo: Boitempo, 2010. p. 11-30.

SALVADOR, Evilásio. *Fundo público e seguridade social no Brasil*. São Paulo: Cortez, 2010.

SANDRONI, Paulo. *Novíssimo dicionário de economia*. 14. ed. São Paulo: Best Seller, 2004.

SANTOS, Boaventura de Sousa. *Pela mão de Alice*: o social e o político na pós-modernidade. 4. ed. São Paulo: Cortez, 1997.

_____. *A gramática do tempo*: para uma nova cultura política. 3. ed. São Paulo: Cortez, 2010.

SANTOS, Silvana Mara de M. Questões e desafios da luta por direitos. In: *Revista Inscrita*. Brasília, CFESS, n. X, p. 25-30, nov. 2007.

SILVA, Maria Lucia Lopes da. *Previdência social um direito conquistado*. 2. ed. Brasília, Edição do Autor, 1997.

SILVA, Maria Lucia Lopes da. *Reflexões sobre financiamento e gasto da seguridade social no Brasil*. Texto utilizado para Avaliação da Disciplina Tópicos Especiais de Políticas Sociais do Programa de Pós-graduação em Política Social do SER/UnB. Profa. Jorge Abrahão, jul. 2005.

_____. *Trabalho e população em situação de rua no Brasil*. São Paulo: Cortez, 2009.

SINGER, Paul. A força crescente da Economia solidária. In: GUIMARÃES, Juarez (Org.). *As novas bases da cidadania*: políticas sociais, trabalho e previdência social. São Paulo: Editora Fundação Perseu Abramo, 2010. v. 2: 2003-2010 — O Brasil em transformação, p. 69-76.

SOARES, L. *Os custos sociais do ajuste neoliberal na América Latina*. São Paulo. Cortez, 2000.

SOUSA, Daniele Neves. Reestruturação capitalista e trabalho: notas críticas da economia solidária. In: *Revista Katálisis*. Florianópolis, UFSC, v. 2, n. 1, p. 53-60, jan./jun. 2008.

SOUSA, J. Pereira de (Org.). *80 anos de previdência social*: a história da previdência social no Brasil — um levantamento bibliográfico, documental e iconográfico. Brasília: MPAS, 2002.

SOUZA, Celina. Federalismo e descentralização na Constituição de 1988: processo decisório, conflitos e alianças. In: *Revista de Ciências Sociais*, Rio de Janeiro, v. 44, n. 3, p. 513-60, 2001. Disponível em: <http://www.scielo.br/pdf/dados/v44n3/a03v44n3.pdf>. Acesso em: 22 jun. 2010.

STEIN, Rosa Helena. Configuração recente dos programas de transferência de renda na América Latina: focalização e condicionalidade. In: BOSCHETTI, Ivanete et al. (Org.). *Política social no capitalismo*: tendências contemporâneas. São Paulo: Cortez, 2008a. p. 196 a 219.

THEODORO, Mário. As Bases da política de Apoio ao Setor Informal no Brasil. Brasília, Ipea, set. 2000. (Texto para Discussão, n. 762.) Disponível em: <www.ipea.gov.br>. Acesso em: 9 set. 2005.

_____. *O Estado e os diferentes enfoques sobre o informal*. Brasília, Ipea, nov. 2002. Disponível em: <www.ipea.gov.br>. Acesso em: 9 set. 2005. (Texto para Discussão, n. 919.)

_____. As características do mercado de trabalho e as origens do informal no Brasil. In: JACCOUD, Luciana (Org.). *Questão social e políticas sociais no Brasil contemporâneo*. Reimpr. Brasília: Ipea, 2009. p. 91-126.

UNIVERSIDADE FEDERAL FLUMINENSE. Núcleo de Avaliação de Políticas (NAP). Segurança Alimentar e Nutricional entre os Beneficiários do Programa Bolsa Família. In: VAITSMAN, Jeni; SOUSA, Rômulo Paes. *Avaliação de políticas e programas do MDS*: Resultados Bolsa-Família e Assistência Social. Brasília, Sagi/MDS, 2007a. v. 2, p. 99-115.

_____. Avaliação do Benefício de Prestação Continuada (BPC). In: VAITSMAN, Jeni; SOUSA, Rômulo Paes. *Avaliação de políticas e programas do MDS*: Resultados Bolsa-Família e Assistência Social. Brasília, Sagi/MDS, 2007b. v. 2, p. 285-340.

VIANA, Maria Lucia Teixeira Werneck. Que reforma? O sistema brasileiro de proteção social, entre a previdência e a seguridade. In: *Revista Ser Social*. Revista do Programa de Pós-graduação em Política Social do Departamento de Serviço Social, Universidade de Brasília, p. 75-104, jul./dez. 2002. (Política Social e Previdência, n. 11.)

VIEIRA, Evaldo. *Os direitos e a política social*. 2. ed. São Paulo: Cortez, 2007.

WEFFORT, Francisco (Org.). *Os clássicos da política*. 10. ed. São Paulo: Ática, 2000. v. 2.

_____ (Org.). *Os clássicos da política*. 13. ed. São Paulo: Ática, 2002. v. 1.

Portais consultados

Centro Feminista de Estudo e Assessoria (CFEMEA)
http://www.cfemea.org.br;

Departamento Intersindical de Estatística e Estudos Socioeconômicos (Dieese)
http://www.DIEESE.org.br;
http://www.DIEESE.org.br/rel/rac/salminMenu09-05.xml;
www.DIEESE.org.br/informalidade/blog/;

Movimento Nacional dos Catadores de Materiais Recicláveis (MNCR)
http://mncr.org.br;
http://www.mncr.org.br/box_1/sua-historia;

Ministério do Desenvolvimento Social e Combate à Fome (MDS)
http://www.mds.gov.br;
http://www.mds.gov.br/saladeimprensa/noticias/2011/fevereiro/bolsa-familia-chega-a-12-9-milhoes-de-familias-e-atinge-meta-de-atendimento;

Ministério da Fazenda (MF)

http://www.receita.fazenda.gov.br/legislacao/resolucao/2009/cgsn/Resol58.htm).

Ministério da Previdência Social (MPS)

http://www.previdenciasocial.gov.br; http://www.previdencia.gov.br/conteudoDinamico.php?id=823;
http://www.mps.gov.br/conteudoDinamico.php?id=35;
http://www.previdencia.gov.br/arquivos/office/4_081014-110013-181.pdf;
http://www010.dataprev.gov.br/sislex/paginas/23/2007/6019.htm;
http://www.mps.gov.br/conteudoDinamico.php?id=56.

Ministério da Saúde (MS)

http://portal.saude.gov.br/portal/saude/default.cfm;
http//conselho.saude.gov.br/cm/video_conf.html;
http://www.conselho.saude.gov.br/cm/INDEX.html; http://www.conselho.saude.gov.br/cm/informativo.html; http://www.conselho.saude.gov.br/cm/docs/regulamento_portugues.pdf; http://www.conselho.saude.gov.br/cm/como_participar.html.

Ministério do Trabalho e Emprego (TEM)

http://www.mte.gov.br/codefat/leg_segdesemprego.asp.

Câmara dos Deputados Federal

http://www.camara.gov.br/internet/sileg/Prop_Detalhe.asp?id=449788.

Sobre a Autora

MARIA LUCIA LOPES DA SILVA assistente social (UFMA), mestre e doutora em Política Social (UnB), Professora da Universidade de Brasília — UnB, Pesquisadora do Grupo de Estudos e Pesquisas em Seguridade Social e Trabalho — GESST/UnB/CNPq e autora dos livros *Previdência Social, um direito conquistado* (2. ed. em 1997) e *Trabalho e população em situação de rua no Brasil* (Cortez, 2009) e artigos na área de Previdência, Assistência Social, Trabalho e População em Situação de Rua. Servidora pública federal, concursada, com atuação na formulação e gestão de políticas públicas na área de seguridade social (saúde, previdência e assistência social), nas três esferas de governo, no Brasil (município, Distrito Federal e União). Coordenou o Serviço Social do INSS (1996-1999). Foi Gerente de Qualidade e Reconhecimento de Direitos do INSS (1999-2000), Gerente de Serviços aos Clientes e superintendente da Fundação de Seguridade Social (GEAP), no Distrito Federal e membro de sua Diretoria Nacional (2001-2003). Presidiu o Instituto de Assistência Social e Cidadania (IASC), na cidade do Recife/PE (2003 -2004). Foi a primeira assessora do governo Lula em assuntos relacionado à População em Situação de Rua, permanecendo nessa função, no MDS nos anos de 2005 e 2006. Continua assessorando fóruns, entidades e movimentos de pessoas em situação de rua, na condição de pesquisadora do tema. Foi Coordenadora-Geral de Regulação e Ações Intersetoriais do Depart° de Benefícios Assistenciais

(SNAS/MDS, 2006 a 2009). Atuou no Sistema Integrado de Atenção à Saúde do Servidor (SIASS) unidade dos Ministérios do Trabalho e da Previdência Social (MT/MPS) entre setembro de 2011 e junho de 2912, quando aposentou-se e passou a exercer exclusivamente a docência. Sempre teve participação ativa nos movimentos sociais (movimento estudantil, movimento sindical, movimento popular, partidário e também em conselhos de categoria profissional), tendo sido a primeira presidente do Diretório Acadêmico Livre de Serviço Social da UFMA, Presidente do Conselho Regional de Serviço Social 1ª Região/MA, sócia fundadora e dirigente do Sindicato dos Previdenciários do Maranhão (Sintsprev/MA), dirigente da CUT São Luis e CUT Maranhão, diretora da Federação Nacional dos Sindicatos de Trabalhadores em Saúde, Previdência e Assistência Social (Fenasps) e primeira tesoureira do Conselho Federal de Serviço Social (CFESS), nessa condição, o representou na coordenação do Fórum Nacional dos Trabalhadores do SUAS. Atualmente compõe a coordenação do Fórum Nacional de Defesa de Direitos e Políticas para população em situação de rua.

LEIA TAMBÉM

▶ **TRABALHO E POPULAÇÃO EM SITUAÇÃO DE RUA NO BRASIL**

Maria Lucia Lopes da Silva

1ª edição (2009)
296 páginas
ISBN 978-85-249-1499-7

A degradação do trabalho é compreendida pela autora como uma determinação fundante na expansão da população em situação de rua, rompendo, assim, com análises que subjetivam sua causalidade. A investigação minuciosa demonstra a fragilidade das políticas públicas na garantia de direitos para uma população vitimizada e exposta às mais agudas formas de violação dos direitos humanos.

LEIA TAMBÉM

▶ **ECONOMIA POLÍTICA**
uma introdução crítica

BIBLIOTECA BÁSICA / SERVIÇO SOCIAL - Volume 1

José Paulo Netto
Marcelo Braz

7ª edição - 2ª reimpressão (2012)
272 páginas
ISBN 978-85-249-1761-5

Essa obra permite a compreensão da constituição e do desenvolvimento do modo de produção capitalista, bem como das principais categorias de análise a partir das quais Marx elaborou sua genial crítica.

Mantendo-se fiéis à impostação teórico-metodológica do filósofo alemão, bem como incorporando às suas lições o que de mais fecundo produziu a chamada tradição marxista, os autores fornecem elementos principais para o debate sobre as condições de existência do capitalismo e, o que é mais importante, de sua superação, rumo a uma organização societária onde o ser social possa realmente ver-se emancipado dos processos alienantes e potencialmente barbarizantes impostos pelo capital.

LEIA TAMBÉM

▶ **CULTURA DA CRISE E SEGURIDADE SOCIAL**
um estudo sobre as tendências da previdência e da assistência social brasileira nos anos 80 e 90

Ana Elizabeth Mota

6ª edição (2011)
248 páginas
ISBN 978-85-249-0601-5

A autora produz um livro essencial para compreender os novos processos hegemônicos na era neoliberal do capitalismo brasileiro. E formula os termos do desafio de sua superação, de construção de políticas sociais e de alternativas hegemônicas para que a democracia volte a ser um horizonte possível no Brasil.

LEIA TAMBÉM

▶ **POLÍTICA SOCIAL NO CAPITALISMO**
tendências contemporâneas

Ivanete Boschetti
Elaine Behring
Silvana Mara de Morais dos Santos
Regina Célia Tamaso Mioto (Orgs.)

2ª edição - 1ª reimpressão (2012)
334 páginas
ISBN 978-85-249-1407-2

Este livro evidencia a tensa relação existente entre o atendimento das necessidades dos trabalhadores e do capital, o núcleo duro que perpassa o campo de todas as políticas sociais. O retrocesso dos direitos e a subtração de benefícios já conquistados se legitimam mediante a formação de uma outra cultura – não mais tendo como o objeto a crise, mas as Loas ao crescimento econômico – à base da formação de consensos ideopolíticos em torno de novos mecanismos de enfrentamento da desigualdade